改正戸籍法義解　全

増永正一著

大正三年再版

改正戸籍法義解　全

日本立法資料全集　別巻
1425

信山社

判事
法學士　増永正一著

改正　戸籍法義解　全

東京　成文閣

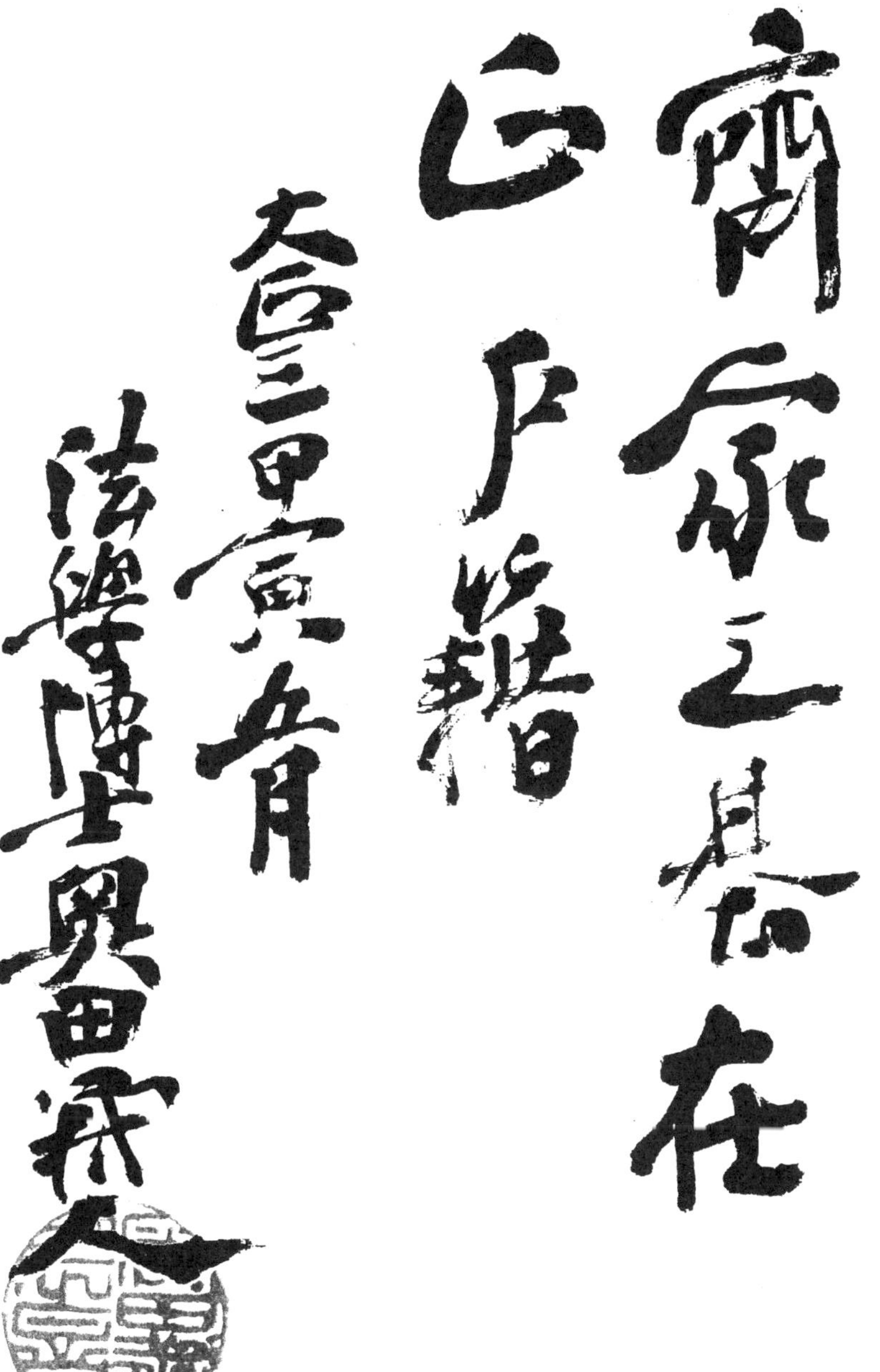
大正三甲寅年六月
法學博士奥田義人

序

戸籍制度ハ人ノ身分ヲ公證シテ權利義務ノ基礎ヲ明カニシ又戸數人口ヲ詳ニシテ政務ノ基本ヲ定ムルコトヲ目的トス蓋人ノ身分ノ正確ヲ期スルニ非サレハ以テ權利義務ノ關係ヲ確定スルニ由ナク又戸數人口ノ正確ヲ期スルニ非サレハ以テ一般政務ノ本旨ヲ貫徹スルニ由ナケレハナリ而シテ戸籍法ハ實ニ戸籍制度ノ運用ニ必要ナル手續法ナルヲ以テ苟モ職トシテ戸籍事務ニ鞅掌スル者ハ勿論日常其適用ヲ受クヘキ一般人民ニ於テモ亦之ニ通曉スルコト極メテ緊要ナリ

今春改正戸籍法公布セラレ不日之ヲ實施セラルルノ時ニ

當リ增永判事ハ戸籍法義解ヲ著述シ世ニ公表セントスルヲ聞キ之ヲ閲スルニ其解説極メテ穏健詳密ニシテ單ニ同法ノ規定ノミナラス屢々民法其他ノ關係法規ニ論及シ以テ能ク其本義ヲ闡明スルニ努メタリ故ニ實務家ハ之ヲ其參考ト爲スニ足ルヘク一般人民ハ之ヲ其指針ト爲スニ足ルヘシ聊カ所見ヲ敍シテ序ト爲ス

大正三年五月

法學博士　鈴木喜三郎

凡例

一　本書ハ逐條體ニ戸籍法ノ大要ヲ說述シ併セテ實體法規其他本法ト密接ノ關係ヲ有スル法令ニ論及シタリ是レ或ハ本書題目ノ範圍ヲ脫スルノ嫌ナキニ非スト雖モ本法ノ性質上寔ニ已ムヲ得サル所ニ屬ス。

二　本書ノ說明ニ關シテハ或ハ簡略ニ失シタルモノアリ或ハ同趣旨ノ規定ニ關シ之ヲ繰返シタルモノアリ或ハ前ニ爲シタル說明ニ讓リタルモノアリテ行文ノ一致ヲ缺クモノ寡シトセス是レ唯一意專心讀者ノ便利饒カランコトヲ顧慮シタルニ因ル讀者請フ之ヲ諒セヨ。

三　本書ノ著作ニ關シ田山卓爾長谷川平次郎兩氏ノ多大ナル援助ヲ享ク其厚情ト勞力トヲ深謝ス

四　本書中本法トハ大正三年三月三十日法律第二十六號戸籍法ヲ指シ舊法トハ明治三十一年六月十五日法律第十二號戸籍法ヲ指ス

五　本書括弧內ノ憲ハ憲法、民ハ民法、民訴ハ民事訴訟法、人訴ハ人事訴訟手續法、非訟ハ非訟事件手續法、裁構ハ裁判所構成法、刑ハ刑法、刑施ハ刑法施行法、舊刑ハ舊刑法、刑訴ハ刑事訴訟法、國ハ國籍法、華ハ華族令、公證ハ公證人法、市ハ市制、町村ハ町村制、寄ハ改正寄留法、舊戸手ハ舊戸籍法取扱手續ノ略ニシテ三一年七月法二一號、三二年九月內務省令五一號ハ外國人ノ養子入夫ニ關スル法律、省令、三八年三月法六二號、大正三年三月法二八號ハ戸主ニ非サル者授爵ニ關スル法律、四三年四月法三九號、大正三年三月法二九號ハ皇族ノ戸籍ニ關スル法律、三七年二月勅令四五號、四一年七月勅令一八〇號ハ陸海軍現役軍人結婚條例、三三年法五一號ハ救育所ニ在ル孤兒ノ後見ニ關スル法律、三三年內務省令一一號ハ棄兒迷兒遺兒ノ後見ニ關スル省令ヲ指ス

六　括弧內ノ數字ハ法文ノ條項ヲ示スモノニシテ例ハ民、七三八トアルハ民法第七百三十八條ヲ指シ單ニ一五トアルハ本法第十五條ヲ指スカ如シ

大正三年五月

著者識

改正 戸籍法義解目次

第二章　戶籍簿……二四

第三章　戶籍ノ記載手續……三六

第十九條　戶籍記載順序……五二
第二十條　戶籍記載ノ基本……五四
第二十一條　戶籍記載事項……五六
第二十二條　書類受理後ノ手續……六一
第二十三條　新戶籍編製ノ手續、舊戶籍抹消手續及ヒ胎兒相續人……六三
第二十四條　復籍拒絶ノ記載手續……六五
第二十五條　家督相續人指定ノ記載手續……六八
第二十六條　離籍又ハ廢家ニ因ル除籍手續……六九
第二十七條　除籍手續……七〇
第二十八條　戶籍ノ用字、數字ノ用字及ヒ訂正ノ方式……七三
第二十九條　文末ノ認印……七六
第三十條　戶籍用紙ノ掛紙……七六
第三十一條　轉籍ノ取扱手續……七七
第三十二條　屆書送付手續……七八

第四章　届出

第一節　通則

第二節　出生

第三節　認知……一七七

第四節　養子緣組……一九四

第八節　親權及ヒ後見……二五九

第一款　親　權……二五九

第二款　後　見……二六七

第十二節　推定家督相續人ノ廢除……三四四

第五章　戸籍ノ訂正……四二一

第六章　抗　告……四三一

第七章　罰則

第八章　附則

附

寄留法

總論

改正戸籍法義解目次　畢

改正 戸籍法義解

法學士 增永正一 著

緒言

第一 戸籍法ノ本義

戸籍法ハ戸籍制度ノ運用ニ必要ナル手續ヲ定メタルモノニシテ戸籍制度ハ一面ニ於テハ國家ヲ構成スヘキ民衆ノ戸數人口ヲ詳ニシ他ノ一面ニ於テハ法律上ニ於ケル各人ノ身分ヲ公證スルヲ以テ其目的トス抑モ國家カ其民衆ヲ保護シテ福利ヲ增進シ其安寧幸福ヲ圖ルニハ必スヤ先ツ戸數人口ヲ詳ニシ以テ之ヲ一般政務ノ基本ト爲ササルヘカラス即チ軍隊ノ配置編成、行政區畫ノ組織、租税ノ賦課其他警察及ヒ敎育制度ノ設置等總テ戸數人口ノ多寡精粗ヲ標準トシテ之ヲ確定スルコトヲ必要トスルカ故ニ國家カ常ニ其保護スヘキ民衆ヲ詳ニスルハ實ニ政務ノ要道ニシテ若シ之ヲ詳ニスルニ非サレハ以テ民衆保護ノ策ヲ施スニ由ナク一般政務ノ本旨ヲ貫徹スルコト能ハサルナリ之レ戸籍制度ヲ完備シテ戸數人口ヲ詳ニスルノ必要アル所以ナリ又人ハ法律上種々ナル身分ヲ有シ其身分ニ隨伴シテ種々ナル權利義務ヲ生ス卽チ夫婦ノ關係ハ婚姻ニ因リテ始マリ養子縁組、私生子認知、離婚、離縁其他死亡國籍ノ喪失等ニ因リテ親族法又ハ相續法上一定ノ身分ヲ取得シ又ハ之ヲ喪失ス又公權及ヒ私權ノ享有ハ出生ニ始マリ其他身分ノ得喪變更ハ同時ニ種々ナル權利義務ヲ發生、消滅又ハ變更セシムルモノナルヲ以テ其權利義務ノ基本タル人ノ身分ハ常ニ之ヲ嚴正確實ナラシムルノ要アルコト明カナリ之レ戸籍制度ヲ完備シテ人ノ身分ヲ公證スルノ必要アル所以ナリ

戸籍制度ノ目的トスル所ハ實ニ上述ノ如クニシテ之ヲ運用スルニ付テハ最モ嚴正確實ヲ期スル爲メ公ノ信用ヲ有スル一定ノ吏員ヲシテ其事務ヲ管掌セシメ一定ノ公簿ヲ設備シテ之ニ戸籍及ヒ身分ニ關スル事項ヲ登錄シテ之ヲ公證スルコトヲ要シ又其公簿ハ常ニ之ヲ實際ノ事實ト一致セシムル爲

メ戸籍又ハ身分ニ變更ヲ生シタルトキハ其事項ハ必ス其公簿ヲ主管スヘキ吏員ニ屆出ヲ爲サシムルノ要アリ故ニ本法ハ先ツ戸籍事務ハ之ヲ市町村長ヲシテ管掌セシメ各市町村長ハ戸籍簿ヲ設ケテ戸籍及ヒ身分ニ關スル事項ヲ登錄シ又之ニ登錄スヘキ事項ニ付テハ一定ノ屆出義務者ヲ定メテ之ニ其屆出ヲ爲スヘキコトヲ命シタリ便チ出生、認知、養子緣組、養子離緣、婚姻、離婚、親權及ヒ後見、隱居、死亡及ヒ失踪、家督相續、推定家督相續人廢除、家督相續人ノ指定、入籍離籍及ヒ復籍拒絕、廢家及ヒ絕家、分家及ヒ廢絕家再興、國籍ノ喪失、氏名族籍ノ變更及ヒ襲爵、轉籍及ヒ就籍竝ニ戸籍ノ訂正等是ナリ尙ホ是等ノ事項中婚姻、離婚、養子緣組、離緣、隱居、私生子認知竝ニ家督相續人ノ指定及ヒ取消等ノ行爲ハ民法ノ規定ニ依リ市町村長ニ屆出ヲ爲スニ因リテ始メテ其效力ヲ生スヘキモノナルヲ以テ其屆出ハ效力發生ノ條件タルモノトス

第二　戸籍法ノ沿革

本邦ニ於テハ明治維新以前マテ戸籍法規ニ關スル成例ナク唯寺院ニ於テ過去帳ト稱スル簿冊ニ單ニ死者ヲ記載シタルニ過キス明治四年四月四日ニ

至リ初メテ戸籍ニ關スル布告ヲ發布シテ戸籍法三十三則ヲ設ケ區劃制定、戸長設置、戸籍編制、戸籍官吏、戸籍ノ增減加除、送入籍ノ方法、寄留、戸籍檢查、用紙、用字、書式其他ノ手續ヲ定メ同五年正月布告第四號ヲ以テ戸籍編制、死者屆方期限、送籍證其他多少ノ修正ヲ加ヘ又同六年五月第百七十七號達、同七年七月布告第七十四號、同十九年九月內務省令第十九號、同年十月內務省令第二十二號其ノ他布告又ハ布達ヲ以テ戸籍事務ニ關スル法規ヲ制定シ若クハ改廢シテ各人ノ地位及ヒ身分ハ洽ク公簿ニ依リ公證セラルルニ及ヒタリ接テ民法ノ制定公布セラレタルヲ以テ明治三十一年六月十五日法律第十二號戸籍法ヲ公布シ同三十一年六月勅令第百二十三號ヲ以テ同年七月十六日ヨリ之ヲ施行セラレ從來ノ面目ヲ一新シタリト雖モ尙ホ其規定不完全ニシテ現時ノ實際ニ適合セサルモノ鮮カラサルニ因リ司法省ニ於テハ大正元年十月戸籍法中改正法案ヲ起稿シ更ニ又其稿ヲ革メ同三年二月全部修正案ヲ脫稿シ第三十一回帝國議會ニ提出シ其協贊ヲ經テ同年三月三十日法律第二十六號ヲ以テ戸籍法改正法律トシテ公布セラレタリ

第三　改正ノ要點

本法ニ於テ舊法ノ規定ヲ改正シタル點寡カラスト雖モ其實質上ノ改正ニシテ而カモ全般ニ通スル重ナルモノヲ擧クレハ大要左ノ如シ

一　身分登記ノ廢止　舊法ニ於テハ戸籍登記ノ外身分登記ノ制ヲ設ケ身分ニ關スル屆出アリタルトキハ之ヲ身分登記簿ニ記載シ更ニ之ヲ戸籍簿ニ移記スルコトヲ要シタル爲メ全ク重復ノ手數ヲ要シ且之カ保存ニ付テモ頗ル不便ヲ感シタリ加之身分登記簿ハ實際上之ヲ利用スルモノ殆ント絶無ニシテ全ク其必要ヲ認メサルカ故ニ本法ニ於テハ全然之ヲ廢止シ之ニ代フルニ戸籍簿ノ記載事項ヲ詳密ナラシメ以テ戸籍簿ヲシテ舊法ニ於ケル身分登記簿及ヒ戸籍簿ノ效用ヲ兼ネシムルコトトセリ

二　戸籍吏及ヒ戸籍役場ノ廢止　舊法ニ於テハ戸籍吏及ヒ戸籍役場ナル名稱ヲ設ケ實際上戸籍事務ハ市町村長カ市役所又ハ町村役場ニ於テ之ヲ取扱フニ拘ハラス形式上戸籍吏ト市町村長及ヒ戸籍役場ト市役所又ハ町村役場トハ全ク區別セラレ其資格ヲ異ニスル爲メ實際上頗ル煩雜、不便ニシテ特ニ兩者ヲ區別スヘキ何等ノ必要ナキヲ以テ本法ニ於テハ斯ル特別ノ名稱ヲ廢止シ戸籍事務ハ市町村長及ヒ市役所又ハ町村役場ヲシテ直ニ之ニ當ラシムルコトトセリ

三 職權ニ依ル戸籍ノ記載　舊法ニ於テハ戸籍ヲ記載スヘキ事項ハ裁判所ノ命令、當事者ノ屆出又ハ申請アルニ非サレハ假令明白ナル事實ト雖モ戸籍吏ハ職權ヲ以テ之ヲ記載スルコトヲ得ス從テ戸籍簿ノ記載カ實際ノ事實ト符合セサル幾多ノ事例ヲ生シ民法上ノ行爲ノ效力等ニ影響ヲ及ホスコト寡カラサルヲ以テ本法ニ於テハ戸籍ノ記載ハ裁判所ノ命令若クハ當事者ノ屆出又ハ申請等ニ依ルコトヲ原則トスルモ例外トシテ明白ナル一定ノ事實ニ付テハ市町村長ハ職權ヲ以テ之カ記載ヲ爲スコトヲ得ルモノトシ以テ戸籍ノ記載ノ可及的正確ヲ期シタリ(二〇、三九、六四、六五)

四 罰則ノ改正　舊法ニ於テハ自己又ハ他人ノ利ヲ圖リ若クハ他人ヲ害スル目的ヲ以テ身分又ハ戸籍ニ關シ詐僞ノ屆出若クハ申請ヲ爲シタル者ハ四年以下ノ懲役又ハ百圓以下ノ罰金ニ處スル旨ヲ規定セルモ之レ刑法第

百五十七條ノ規定ト甚シク其刑ノ權衡ヲ失スルノミナラス右ノ場合ニ於テハ通常刑法ニ依リ之ヲ處罰シ得ルヲ以テ本法ニ於テハ右ノ罰則ヲ廢止シテ只刑法ノ適用ヲ受クヘカラサル場合ノミニ付キ特別ノ罰則ヲ設ケタリ(一八〇)

其他詳細ナル改正ノ諸點ニ付テハ右本條ノ條下ニ至リテ說明スヘシ

第一章　戸籍事務ノ管掌

國家ハ法人ニシテ自ラ其事務ヲ處理スルコト能ハサルカ故ニ國家カ戸籍法ヲ施行スルニ丁リテモ其戸籍事務ヲ執行スヘキ機關ヲ設クルコトヲ要ス則チ其事務ヲ擔當スヘキ吏員ト其執務ノ場所トヲ明定セサルヘカラス是レ本章ニ於テ戸籍事務管掌ノ規定ヲ設ケ其事務ヲ處理セシムルニハ何人ヲ以テ之ニ當ラシムヘキヤ又如何ナル場所ニ於テ之ヲ爲サシムヘキヤ及ヒ其事務ノ監督幷ニ責任ヲ定メタル所以ナリ

第一條　戸籍ニ關スル事務ハ市町村長之ヲ管掌ス

舊、一、二

戸籍事務ノ管掌者

本條ハ戸籍ニ關スル事務ハ市町村長ヲシテ之ヲ管掌セシムルコトヲ定ム戸籍トハ人ノ身分ニ得喪變更ヲ生スヘキ出生、死亡及ヒ婚姻等ノ事實並ニ一家ノ戸主及ヒ家族ノ本籍、是等ノモノノ家ニ於ケル關係、其他親族關係等身分ニ關スル事項ヲ公證スルモノニシテ之ニ關スル一切ノ事務ヲ總稱シテ戸籍事務ト稱ス蓋シ國家ハ國土ト民衆ト之ヲ統治スル主權者トヨリ成リ各個人ハ國家ノ臣民タルノ資格ヲ有スルノ故ヲ以テ國家ニ對シ服從ノ義務アルト同時ニ國家ハ恒ニ各個人ニ對シ其資格ヲ明白ナラシメ且國土ノ何レノ地點ニ在ルヲ問ハス之ニ保護ニ加フルコトヲ要ス然ルニ各個人ハ其好尙ニ從ヒ處々ニ轉輾散在スルヲ以テ比較的民衆ニ近接シテ其所在ヲ知悉スルニ利便ナル吏員ヲシテ民衆ノ人口ヲ調査セシメ其身分ヲ公證セシメ以テ民衆ノ福利ヲ計ルノ必要アリ於茲乎自治團體ノ機關ニシテ國家行政ノ一部ヲ分擔シ民衆ニ近接スル市町村長ヲシテ之ヲ管掌セシムルモノトス固ヨリ戶籍ニ關スル事務ハ國家事務ノ一部ニシテ自治團體ノ事務ニ屬セサルコト明白ナリト雖モ市町村長ハ市制、町村制ニ依リ市町村會ニ於テ推薦シ官ノ認可ヲ得タルモノニシテ自治團體ヲ統轄シ之ヲ代表シ倂セテ國ノ行政事務ノ一部ヲ分擔スルノ職務權限ヲ有スル吏員ナルヲ以テ國家ノ事務タル戶籍事務ヲ市町村長ヲシテ取扱ハシムルハ叙上ノ實際上ノ便宜ト相竢テ之カ正確ヲ期スル所以ニシテ最モ其當ヲ得又其任ニ適シタルモノト謂フヘシ舊法ニ於テハ市町村長ヲ以テ戶籍吏トス卜規定セルモ市町村長ハ便チ戶籍吏ナルヲ以テ本法ハ戸籍吏ナル無用ノ名稱ヲ廢止シタルコトハ既ニ緒言ニ於テ一言シタルカ如シ(市、七二、七三、八七、町村、六〇、乃至六四、七二、)而シテ本條ニ所謂事務トハ戸籍ニ關スル事務ノ總括的意義ナリ

舊、三

第二條　市町村長ハ自己又ハ自己ト家ヲ同シクスル者ニ關スル戸籍事件ニ付キ其職務ヲ行フコトヲ得ス

市町村長ノ除斥

本條ハ市町村長ニ付キ除斥ノ場合ヲ定ム卽チ除斥トハ市町村長カ戸籍事件ヲ取扱フニ付ヤ或ル特定ノ事件ニ於テ職務執行ヲ禁止スルノ謂ニシテ法律カ一旦市町村長ニ與ヘタル職務權限ヲ制限シ以テ其職務執行ノ公平ヲ維持シ間接ニ戸籍制度ノ信用ヲ確保スルノ一方法タルニ外ナラス此制度ノ必要ハ裁判官カ訴訟事件ヲ處理スル上ニ於テ裁判ノ威信ヲ維持スル爲メ裁判官ヲ除斥シ又公證人カ公證事務ヲ執ル場合ニ於テ公正證書ノ威信ヲ把持シ且公平ノ觀念ニ因リ公證人ノ除斥ヲ必要トスルト異ナラス故ニ本法ニ於テモ民刑訴訟法及ヒ公證人法ノ規定ニ傚ヒ市町村長ノ除斥卽チ職務禁止ノ場

合ヲ定メタルモノトス(民訴、三二、非訟、五、刑訴、四〇、公證、二二)本條ニ所謂戸籍事件トハ戸籍ニ關スル個個ノ事務卽チ個別的ノ意義ナリ前條ニ所謂戸籍ニ關スル事務ト對照シテ其區別ヲ知ルヘシ

市町村長ハ自己又ハ自己ト家ヲ同シクスル者ノ戸籍事件ノ取扱ヲ爲スコトヲ得ス自己ノ戸籍事件トハ市町村長カ戸籍事件ノ當事者タル場合ヲ謂フ例ヘハ市町村長カ婚姻又ハ離婚ノ當事者ナル場合又ハ出生其他ノ届出ヲ爲シタル場合ノ如シ是等ノ場合ニ於テハ其届出ヲ爲シタル市町村長ハ自ラ其届出ヲ受理シ又戸籍ニ之ヲ記載スルカ如キ一切其職務ヲ行フ能ハサルモノトス家ヲ同シクスルトハ市町村長ト同一戸籍ニ在ル者ヲ指シ事實上ノ同居者ヲ指シタルニ非ス故ニ戸籍事件ノ當事者カ市町村長ト其戸籍ヲ異ニスルトキハ其者カ市町村長ト親族ナルト否ト又事實上同居スル者ナルト否トヲ問ハス除斥ノ原因トナルコトナシ然レトモ之ト同時ニ其當事者カ市町村長ト同一ノ戸籍ニ在ル者ニ係ル事件ナルトキハ縱令親族關係ヲ有セサル場合ニ於テモ尚ホ除斥ノ原因アルモノトス蓋シ市町村長カ自ラ戸籍事件ノ當事

除斥者ノ取扱ヒタル事件ノ效力

者ナルトキハ勿論市町村長ト同一戸籍ニ在ル者カ其當事者ナルトキハ其戸籍事件ニ付キ直接ノ利害關係ヲ有スルヲ以テ通常嚴正ナル職務ノ執行ヲ期待スルコト能ハサレハナリ而シテ市町村長ト同一戸籍ニ在ラサル者カ戸籍事件ノ當事者ナル場合ニ於テハ縦令其當事者カ市町村長ト親族ナルトキ又ハ事實上同居者ナルトキト雖モ市町村長ハ其事件ニ付キ戸籍上直接ノ利害關係ヲ有セサルヲ以テ市町村長ヲシテ之カ職務ヲ執行セシムルモ大ナル弊害ナカルヘシト認メ本條ハ斯ル場合ヲ除斥ノ原因ト爲ササリシナリ

市町村長カ本條ニ違反シテ其職務ヲ行ヒタルトキハ其利害關係人ハ抗告ノ方法ヲ以テ取消ヲ求ムルコトヲ得ルヤト謂フニ此場合ニ於ケル戸籍事件ノ效力ニ關シ直接規定ナシト雖モ市町村ハ職務執行ヨリ除斥セラレタル戸籍事件ニ付テハ全然職務執行ヲ禁止セラレタルニ因リ其事件ニ付テハ其事務ニ關與スルノ職務權限ヲ有セサルモノト謂フヘシ左レハ其職務權限ヲ有セサル者ノ取扱ヒタル事件ハ無資格者ノ爲シタル行爲ト同シク無效ノ行爲ナリト斷スルニ遲疑セサルナリ故ニ執務ノ無效ヲ主張スルニ付キ利益ヲ有

スル者(所謂利害關係人)ハ市役所又ハ町村役場ノ所在地ヲ管轄スル區裁判所ニ抗告ヲ申立テ以テ其取消ヲ求ムルコトヲ得ヘシ(一六九、以下)

市町村長カ本條ノ規定ニ依リ除斥セラルル戸籍事件ニ付テハ其代理スヘキ吏員代ハリテ其職務ヲ行フモノトス然ルニ本條カ舊戸籍法第三條ノ如ク特ニ代理スヘキ者ノ規定ヲ設ケサリシハ本來戸籍事務ハ國家ノ事務ナレトモ市町村長カ本法ノ規定ニ依リ委任セラレ市町村長ノ管掌ニ屬シタルモノナルヲ以テ其代理順序モ亦當然市町村制ニ從ヒ之ヲ定ムヘキモノナレハナリ(市制、九六、九八、町村制、七九)尙ホ其代理スヘキ吏員ニ付テハ第七條ニ於テ說明スヘシ

舊、五

第三條 戸籍事務ハ市役所又ハ町村役場ノ所在地ヲ管轄スル區裁判所ノ一人ノ判事又ハ監督判事之ヲ監督ス

戸籍事務ノ監督ニ付テハ司法行政ニ關スル規定ヲ準

用ス

本條ハ戸籍事務ノ監督機關及ヒ監督權ノ內容ヲ定ム

第一項ハ卽チ國家ハ其戸籍事務ヲ市町村長ニ委任シ之ヲ管掌セシムト雖モ國家ハ常ニ其事務ノ執行カ適切ニシテ且充分ナルヤ否ヤヲ監視シ弊害アルトキハ之ヲ矯正シ以テ戸籍制度ノ完全ナル發達ヲ圖リ其信用ヲ增進セシムルノ要アルカ故ニ本條ハ國家ノ機關タル區裁判所ノ判事ヲシテ直接ニ戸籍事務ヲ監督セシムルモノトセリ卽チ戸籍事務ノ監督機關ヲ擧クレハ左ノ如シ

一 市役所又ハ町村役場ノ所在地ヲ管轄スル區裁判所ノ一人ノ判事又ハ監督判事ハ專ラ戸籍ニ關スル事務ヲ監督ス　一人ノ判事トハ區裁判所ニ判事一人ヲ置キタル場合ヲ謂ヒ又二人以上ノ判事アルトキハ其一人ニ監督ヲ命スルヲ以テ之ヲ監督判事ト謂フ

二 司法大臣及ヒ市役所又ハ町村役場ノ所在地ヲ管轄スル控訴院ノ長及ヒ

方裁判所ノ長ハ司法行政ノ監督ニ關スル規定ノ準用ニ依リ戸籍ニ關スル事務ヲ監督ス　司法行政ノ監督ニ關スル規定トハ裁判所構成法第三十四條以下ノ規定ヲ指シタルモノニシテ司法大臣カ各裁判所及ヒ檢事局ヲ監督シ控訴院長カ其控訴院及ヒ其管轄區域內ノ下級裁判所ヲ監督シ又地方裁判所長カ其裁判所及ヒ其管轄區域內ノ下級裁判所ヲ監督スルト同シク司法大臣以下ハ市町村長ノ戸籍事務ヲ監督スルモノトス

第二項ハ監督權ノ內容ニシテ卽チ戸籍事務ニ對スル監督權ハ司法行政ノ監督ニ關スル規定ノ準用ニ依リ市町村長カ不適當又ハ不充分ニ取扱ヒタル事務ニ付キ其注意ヲ促シ及ヒ適當ニ其事務ヲ取扱フコトヲ之ニ訓令スルヲ得ルモノトス而シテ市町村長ニシテ其職務ノ內外ヲ問ハス其地位ニ不相應ナル行狀アリタルトキハ司法行政ノ監督ニ依リ之ニ諭告ヲ爲スコトヲ得ルヤ否ヤヲ按スルニ司法機關ニ於テ戸籍事務ノ監督ヲ爲スニ付テハ司法行政ノ監督ニ關スル規定ヲ準用スルニ過キサルヲ以テ市町村長其人ノ監督ニ關シテハ行政機關タル上級官廳ノ監督ニ屬スルカ故ニ此點ニ付テハ司法行政

ニ關スル規定ヲ準用スルコトヲ得スト信ス

市町村長ハ以上ノ司法行政ノ監督ニ服スル外戸籍事務ニ付テモ亦一般ノ行政監督ニ服シ其上級機關ノ監督權ニ依リ種種ナル懲戒罰ヲ受ケ(市、一七〇、町村、一五〇)尚ホ其職務懈怠ニ付キ本法第百七十八條ノ制裁アルモノトス

舊、六

市町村長ノ責任

第四條 市町村長カ其職務ノ執行ニ付キ届出人其他ノ者ニ損害ヲ加ヘタルトキハ其損害カ市町村長ノ故意又ハ重大ナル過失ニ因リテ生シタル場合ニ限リ之ヲ賠償スル責ニ任ス

本條ハ市町村長カ戸籍事務ノ執行ニ因リテ生シタル損害賠償ノ責任ヲ定ム卽チ市町村長カ戸籍事務ヲ執行スルニ丁リ其職務上ノ義務ニ違反シタルトキハ前條ノ規定ニ依リ監督機關ノ監督ニ服從スル外其職務ノ執行ニ付キ故意又ハ重大ナル過失ニ因リ不法ニ届出人其他ノ者ノ私權ヲ侵害シタルトキハ之ニ因リテ生シタル損害賠償ヲ爲スノ債務ヲ負ハシムルモノトス届出

損害賠償ノ要件

人トハ戸籍事件ニ關シ屆出ヲ爲ス者ヲ指シ其他ノ者トハ市町村長ノ戸籍事務ニ關スル不法行爲ニ因リ直接ニ損害ヲ蒙リタル者ヲ總稱ス例ヘハ屆出事件ノ本人及ヒ其承繼人其他屆出事件ニ付テノ利害關係人ノ如キ之ニ屬ス然レトモ市町村長カ戸籍事務ニ付キ屆出人其他ノ者ニ對シ損害賠償ノ責任ヲ負フニハ左ノ條件ヲ具備スルコトヲ要ス

一 市町村長カ現實ニ屆出人其他ノ者ニ損害ヲ加ヘタルコト　卽チ市町村長カ不法ニ職務ヲ執行スルモ之ニ因リ屆出人其他ノ者カ現實ニ損害ヲ蒙ラサルトキハ未タ市町村長ノ賠償責任ヲ生スルコトナシ

二 市町村長ノ戸籍事務ノ執行ニ付キ損害ヲ生シタルコト　市町村長カ戸籍事務ニ非サル行爲ニ付キ或ル人ニ損害ヲ加ヘタルトキハ民法其他ノ規定ニ依リ損害賠償ノ責任ヲ負フヘキコト勿論ニシテ敢テ本條ノ關スル所ニ非ス本條ノ規定ニ依ル賠償責任ハ市町村長カ戸籍事務ヲ執行スルニ當リ或人ニ損害ヲ生セシメタル場合ニ關スル特別ノ責任ナリ

三 市町村長ノ職務ノ執行ト其損害トカ直接ノ因果關係ヲ有スルコト　市

町村長ノ戸籍ニ關スル職務上ノ行爲カ直接ノ原因トナリテ屆出人其他ノ者ニ損害ノ結果ヲ生セシメタルモノナルコトヲ要ス

四　市町村長ノ故意又ハ重大ナル過失ニ因リテ損害ヲ生シタルコト　故意トハ市町村長カ不法ナル職務ノ執行ニ因リ屆出人其他ノ者ニ損害ヲ加フヘキコトヲ冀望シ又ハ是等ノ者ニ損害ヲ生セシムヘキコトヲ豫見シタル場合ヲ謂ヒ重大ナル過失トハ普通ノ注意ヲ加フルニ於テハ屆出人其他ノ者ノ損害ヲ防止シ得ヘキニ拘ハラス其注意ヲ加ヘサリシ場合ヲ謂フ

賠償方法

市町村長ノ負擔スヘキ賠償義務ノ性質ハ民法上ノ不法行爲ニ外ナラサルヲ以テ市町村長カ自ラ右ニ掲ケタル條件ヲ具備スルモノト認メタルトキハ屆出人其他ノ者ニ對シ任意ニ賠償債務ヲ履行スヘシト雖モ賠償責任又ハ其金額ニ付キ論爭アルトキハ民事裁判所ノ判決ニ因リ之ヲ解決スルコトヲ要ス裁判所ハ其判斷ニ因リ果シテ市町村長ニ賠償責任アリト認ムルトキハ普通金錢ヲ以テ其賠償ノ方法ヲ定ムルモノナレトモ其損害カ財産上ニ關セスシテ名譽ヲ毀損シタルモノナルトキハ裁判所ハ被害者ノ請求ニ因リ市町村

舊、二

特別ノ市ノ戸籍事務

長ニ對シ名譽ヲ回復スルニ適當ナル處分ヲ命スルコトヲ得ルモノトス（民、七一〇、以下）

第五條　市制第六條及ヒ第八十二條第三項ノ市ニ在リテハ本法中市、市長及ヒ市役所ニ關スル規定ハ區、區長及ヒ區役所ニ之ヲ準用ス

本條ハ特ニ繁榮ナル市ノ戸籍ニ關スル特別ノ事項ヲ定ム卽チ市制第六條ノ市トハ勅令ヲ以テ指定スル市ノ區ニシテ特ニ之ヲ法人ト爲スモノヲ謂ヒ現今ニ於テ指定セラレタル市ハ東京、京都及ヒ大阪ノ三市ナリ（明治四十四年九月二十二日勅令第二百三十九號）又市制第八十二條第三項ノ市トハ處務便宜ノ爲メ區ヲ畫シ區長並ニ其代理者ヲ置ク場合ニ於テ内務大臣カ區長ヲ特ニ有給吏員ト爲スヘキコトヲ指定シタル市ヲ謂ヒ現今ニ於テ指定セラレタル市ハ名古屋市ノミナリ（明治四十四年九月二十二日内務省令第十四號）是等ノ市ハ孰レモ戸口頗ル殷賑ニシテ繁榮ヲ極メタル大都會ナルヲ以テ其行政區畫ヲ數個ノ區ニ分割シタルモノナリ故ニ是等ノ市ニ於ケル戸籍事務ニ關スル本法ノ規定中市、市長及ヒ市役所ハ全ク

戸籍事務ニ關係ナキモノトス例ヘハ戸籍事務ハ區長之ヲ管掌シ(一)從テ除斥、監督及ヒ損害賠償ノ責任ニ關スル前三條ノ規定ハ區長ニ準用セラレ戸籍ハ區ノ區域内ニ本籍ヲ定メタル者ニ付キ之ヲ編製シ其正本ハ區役所ニ之ヲ備フヘキ(九、一一)カ如シ其他類例極メテ多クシテ殆ント枚擧スルニ遑ナシ

舊、二一六

市町村制ヲ施行セサル地

第六條　市制町村制ヲ施行セサル地ニ在リテハ本法中市町村、市町村長及ヒ市役所並ニ町村役場ニ關スル規定ハ之ニ相當スル地區、吏員及ヒ公署ニ之ヲ準用ス

前項ノ場合ニ於テ市町村長ノ職務ヲ行フ吏員ノ事務ヲ代理スル吏員ナキ地ニ在リテハ其地ヲ管轄スル地方裁判所ノ長司法大臣ノ認可ヲ得テ豫メ其代理者ヲ定ム

本條ハ市町村制ヲ實施セサル地ニ於ケル戸籍事務ニ關シテ特別ノ事項ヲ定ム

第一項、戸籍ニ關スル事務ハ第一條ニ於テ市町村長ヲシテ之ヲ管掌セシムル事ヲ定メタレトモ市制、町村制ヲ實施セサル地卽チ北海道、沖縄縣(町村、一五七)小笠原島、伊豆七島、對馬國其他鹿兒島縣下ニ於ケル或ル島嶼(明治二十二年一月十七日勅令第一號)ニ在リテハ戸長又ハ村役人カ市町村長ノ職務ヲ行フニ因リ是等ノ吏員ヲシテ戸籍ニ關スル事務ヲ取扱ハシムルコトト爲ス故ニ右ノ結果トシテ本法中市町村、市町村長及ヒ市役所竝ニ町村役場ニ關スル規定ハ總テ之ニ相當スル地區、吏員及ヒ公署ニ之ヲ準用セラルルモノトス

代理者

第二項、市町村長ノ差支アル場合ニ於テハ助役其事務ヲ代理スレトモ市町村長ヲ置カサル地ニ在リテハ其事務ヲ代理スヘキ者ナキコト往往ニシテ之レ有リ故ニ管轄地方裁判所長ハ司法大臣ノ認可ヲ得テ豫メ其代理者ヲ定メ置クヘキモノトス(市七二、七五、九六、町村六〇、六三、七九)

代理者ノ除斥、責任

第七條 第二條及ヒ第四條ノ規定ハ戸籍事務ヲ管掌スル吏員ノ代理者ニ之ヲ準用ス

本條ハ除斥及ヒ責任ニ關スル規定ヲ戸籍事件ノ代理取扱者ニ準用スルコ

トヲ定ム卽チ代理者トハ前條ニ述ヘタル如ク市制、町村制ヲ施行セル地ニ在リテハ助役若クハ區收入役ヲ指稱ス助役トハ市制、町村制ニ依リ推薦若クハ公選セラレ官ノ認可ヲ受ケ就職シタルモノヲ謂ヒ區收入役トハ市長ノ任命若クハ選擧ニ依リ就職シタルモノヲ謂フ而シテ助役モ亦差支アルトキ又ハ除斥ノ理由アルトキハ一般ノ行政事務ニ付キ代理ヲ爲スヘキ者之ヲ代理ス又市制、町村制ヲ施行セサル地ニ在リテハ市町村長ニ相當スヘキ吏員ノ一般行政事務ヲ代理スヘキ者ヲ謂ヒ若シ其代理ヲ爲スヘキ者ナキトキハ前條第二項ニ依リ地方裁判所長カ定メタル代理者ヲ謂フ市町村長又ハ市町村長ニ相當スル吏員ノ差支アルカ又ハ除斥ノ理由アルカノ場合ニ於テハ是等ノ代理者カ戸籍事件ヲ取扱フモノナレトモ其代理者カ戸籍事件ヲ取扱フ場合ニ於テモ第二條ノ除斥ニ關スル規定ヲ準用セラルルヲ以テ代理者ニシテ自己又ハ自己ト家ヲ同シクスル者ニ關スル戸籍事件ニ付キ其職務ヲ行フコトヲ得ス例ヘハ其代理者カ養子緣組ノ當事者ナルトキ又ハ其家族カ婚姻ヲ爲シタル事件ニ關スル場合ノ如シ又代理者カ取扱ヒタル事件ニ付テハ第四條ノ

旧、二一
七

手数料

準用アルヲ以テ代理者ノ取扱ニ係ル戸籍事件ニ付キ屆出人其他ノ者ニ損害ヲ加ヘタルトキハ其損害カ代理者ノ故意又ハ重大ナル過失ニ因リテ生シタル場合ニ限リ之ヲ賠償スルノ責ニ任スルモノトス

第八條

本法ノ規定ニ依リテ納付スル手數料ハ之ヲ市町村ノ收入トス

手數料ノ額ハ勅令ヲ以テ之ヲ定ム

本條ハ手數料ノ歸屬ヲ定ム

第一項ハ本法ノ規定ニ依リ納付スル手數料卽チ戸籍ノ謄本、抄本又ハ戸籍ノ記載ヲ要セサル事項及ヒ日本ノ國籍ヲ有セサル者ニ付テノ屆出並ニ屆出事件受理ノ證明書ノ交付及ヒ戸籍簿其他書類ノ閲覽等ニ因リ徵收スル手數料ハ之ヲ戸籍事務ヲ取扱フ市町村ノ收入ト爲スヘキモノトス(一四、六七)

第二項ハ手數料ノ金額ハ時ニ或ハ增減變更ノ必要ヲ生スヘキカ故ニ勅令ヲ以テ之ヲ定ムヘキモノト爲シタリ

第二章　戸籍簿

戸籍簿

國家ハ各個人ノ地位及ヒ身分ヲ公證シ以テ各個人ノ人格權ヲ保護スルコトヲ要ス故ニ各個人カ國家ノ基本タル如何ナル家ニ屬シ如何ナル戸主、家族ノ關係ナルヤヲ詳密ナラシムル爲メ全國一定ノ公證記錄ヲ設ケ一家族ノ地位及ヒ身分ヲ登錄シ以テ戸主、家族ト社會若クハ國家トノ交渉ヲ明白ナラシムルモノトス此公證記錄ヲ稱シテ戸籍簿ト謂フ

舊、一七
○戸籍編製ノ原則

第九條　戸籍ハ市町村ノ區域内ニ本籍ヲ定メタル者ニ付キ戸主ヲ本トシテ一戸毎ニ之ヲ編製ス

本條ハ戸籍編製ノ原則ヲ定ム卽チ戸籍ハ市町村ノ區域内ニ本籍ヲ定メタル者ニ付キ一戸毎ニ之ヲ作ルヘキモノニシテ各個人毎ニ之ヲ作ルヘキモノニ非ス抑本邦ニ於テハ家族制ヲ以テ國家ノ基礎ト爲スカ故ニ苟モ人タルモノハ必ス或ル家ニ屬スルコトヲ要シ何レノ家ニモ屬セサル人アルコトヲ認ムルコトヲ得サルナリ而シテ本籍トハ此家ノ本據地ヲ指稱シ又戸籍ハ一家

族ノ集團ニ基キ戸主ヲ本トシ一戸卽チ一家毎ニ之ヲ編製シテ以テ家族制ノ本質ヲ表彰シ實際ノ利便ヲ計ルヲ目的トシタリ

舊、一七

戸籍編綴ノ順序

第十條　戸籍ハ地番號ノ順序ニ從ヒ之ヲ編綴シテ帳簿ト爲ス

一ノ市町村内ニ各別ニ地番號ヲ附シタル二個以上ノ區畫アル場合ニ於テハ其區畫ノ順序ハ市町村長之ヲ定ム

本條ハ戸籍編綴ノ順序ヲ定ム

第一項、抑戸籍ヲ編綴スルニハ人ノ族稱ヲ基本トシテ戸籍ニ記載スルモノ例ヘハ華族、士族又ハ平民ト區別シテ編綴スルモノ之ヲ族稱主義ト謂ヒ又地ニ就テ戸籍ヲ編綴スルモノ例ヘハ地番ノ順序ヲ追ヒ順次本籍人ヲ記載スルモノ之ヲ屬地主義ト謂フ族稱主義ニ依ルトキハ族稱ニ因ル調査ヲ嚴密ナラシムルノ利アレトモ民衆ノ饒キ時ニ脫漏アルヲ免レス且檢索、點檢ニ不便アルヲ以テ本籍地番ノ順序ヲ追フテ順次之ヲ編綴シ以テ一般ノ調査ヲ便ナラシメ且其遺漏ナキコトヲ期スルニ如カス故ニ本法ハ屬地主義ヲ採用セリ而シテ本籍ハ市町村ノ區域內ニ於ケル或ル土地ニ之ヲ定ムルモノナルヲ以テ其土地ノ番號ヲ戸籍ニ記載シ其地番ノ順序ニ依リ一番地ヨリ順次之ヲ編綴シテ帳簿ト爲スヘキモノトス地番トハ土地臺帳ニ記載セル土地ノ番號ヲ指スモノニシテ戸番號ノ謂ヒニ非ス

第二項、市町村ノ區域ハ數多ノ少部落タル大字ノ如キモノヲ合併シテ成レルモノ多キヲ以テ一市町村內ニ各別ニ地番號ヲ附シタル二個以上ノ區畫アルコトハ實際上鮮カラサルカ故ニ甲ノ區畫ヲ先キニシ乙ノ區畫ヲ後ニ爲スヘキヤハ專ラ市町村長ノ意見ニ依ルコトヲ定メタリ但同一地番內ニ數個ノ戸籍アルトキト雖モ妄リニ符號ヲ附スルコトヲ得サルナリ

舊、一七二

第十一條　戸籍ハ正副二本ヲ設ク

正本ハ之ヲ市役所又ハ町村役場ニ備ヘ副本ハ監督區裁判所之ヲ保存ス

戸籍ノ正本副本

本條ハ戸籍ニ正副二本ヲ設クルコト及ヒ其保存手續ヲ定ム卽チ戸籍ハ正副二本ヲ作製シ一通ヲ正本トシテ市役所又ハ町村役場ニ備ヘ他ノ一通ヲ副本トシテ市役所ハ町村役場ヲ管轄スル區裁判所ニ提出シテ其裁判所ニ之ヲ保存セシムルモノトス斯ク正副所ヲ異ニシテ保存スルトキハ市町村長又ハ戸籍事件ヲ取扱フ者ヲシテ不正ノ記載ヲ爲シ又ハ猥リニ變更、挿入又ハ削除ヲ爲スコトヲ得サラシメ又他ノ一面ニ於テ天災、不可抗力其他ノ事由ニ因リ戸籍ノ滅失又ハ毀損スルコトアルモ何レカ一方罹災ヲ免ルルノ實益アルヘキヲ以テナリ

新戸籍ノ副本

舊、一九四

第十二條　新ニ戸籍ヲ編製シタルトキハ市町村長ハ遲滯ナク其副本ヲ監督區裁判所ニ送付スルコトヲ要ス

本條ハ新ニ戸籍ヲ編製シタルトキハ其副本ヲ監督區裁判所ニ提出スキコトヲ定ム卽チ戸籍ハ正副二本ヲ作製シ市役所又ハ町村役場ト監督區裁判所トノ双方ニ於テ之ヲ保管スルコトハ前條ニ於テ述ヘタル所ナリ故ニ本條ハ家督相續(民、九六四)家督相續回復(民、九六六)其他ノ事由ニ因リ戸主ノ更迭アリ

タルトキ又ハ分家、廢絶家再興(民、七四三)若クハ一家創立ニ因リ(民、七三三、三項七三五、三項、七四〇、七四二)新ニ戸籍ヲ編製シタルトキハ市町村長ハ遲滯ナク其副本ヲ作リ之ヲ監督區裁判所ニ送付スルヲ要スルコトヲ定メ以テ市役所又ハ町村役場ハ監督區裁判所トノ兩所ニ保存セラルル戸籍トノ一致ヲ保ツコトヲ謀リタルモノトス

舊、一七四、一二

戸籍簿ノ保存

第十三條　戸籍簿ハ事變ヲ避クル爲メニスル場合ヲ除ク外市役所又ハ町村役場外ニ之ヲ持出スコトヲ得ス

本條ハ戸籍簿ヲ濫リニ持出サザルコトヲ定ム卽チ戸籍簿ハ各個人ノ地位及ヒ身分ヲ登錄シタル最モ貴重ナル書類ナルヲ以テ市役所又ハ町村役場ニ於テ大切ニ之ヲ保管スルコトヲ要ス故ニ事變ヲ避クル場合ノ外猥リニ市役所又ハ町村役場外ニ之ヲ持出スコトヲ許ササルナリ從テ裁判所又ハ豫審判事ノ命令、囑託若クハ檢事其ノ他ノ官廳ヨリ照會アリタル場合ト雖モ市町村長ハ斷然之ヲ拒絶セサルヘカラス若シ夫レ裁判所其他ノ命令又ハ囑託アリタル場合ト雖モ之ヲ提出スルコトヲ許ストキハ日日ノ執務ニ差支ヲ生シ又

公衆ノ閲覽、謄本若クハ抄本ノ付與ニ關シ寡カラサル不便ヲ來タシ充分其效用ヲ全フスルコト能ハサルニ至リ而カモ紛失ノ虞ナキヲ保スヘカラス之レ本條ノ規定アル所以ナリ事變ヲ避クル爲メトハ水火、天災若クハ地變、戰爭又ハ擾亂其他ノ事由ニ因リ戶籍簿ノ滅失毀損ヲ防ク爲メ他所ニ避クル必要アル場合ヲ謂フナリ

舊、一七
四、一三

第十四條 戶籍簿ヲ閲覽シ又ハ戶籍ノ謄本若クハ抄本ノ交付ヲ受ケントスル者ハ手數料ヲ納付シテ之ヲ請求スルコトヲ得

手數料ノ外郵送料ヲ納付シテ謄本又ハ抄本ノ送付ヲ請求スルコトヲ得

市町村長ハ正當ノ理由アル場合ニ限リ前二項ノ請求ヲ拒ムコトヲ得此場合ニ於テハ書面ヲ以テ其旨ヲ請求者ニ告知スルコトヲ要ス

戸籍簿ノ閲覽、謄本抄本ノ交付

謄本抄本ノ送付

第十四條　謄本又ハ抄本ハ市町村長之ヲ作リ原本ト相違ナキ旨ヲ附記シ且之ニ職氏名ヲ署シ職印ヲ押捺スルコトヲ要ス

本條ハ戸籍簿ノ閲覽及ヒ謄本又ハ抄本交付ノ手續ヲ定ム

第一項、各個人カ保有スル社會上ノ地位及ヒ身分ハ何人ト雖モ之ヲ知リテ時ニ或ハ之ヲ援用スルヲ必要ト爲スカ故ニ不動產其他ノ登記簿ノ如ク命令ヲ以テ定ムル所ノ手數料ヲ納付シテ戸籍簿中自己ニ關スル部分ト將又他人ニ關スル部分トヲ問ハス其閲覽若クハ謄本又ハ抄本ノ交付ヲ請求スルコトヲ得ルモノト爲ス而シテ市町村長ハ直ニ其請求ニ應スヘキ職務ヲ有シ之ヲ怠リタルトキハ過料ノ制裁ヲ受ク(一七八)

第二項ハ戸籍ノ謄本又ハ抄本ノ請求者カ其手數料ノ外郵送料ヲ納付シテ其送付ヲ請求シタルトキハ市町村長ハ其請求者ニ對シ之ヲ送付スルヲ得セシムヘキコトヲ定メ專ラ請求者ノ便宜ヲ圖レリ

閲覧、交付ノ拒絶

第三項ハ市町村長ハ正當ノ理由アル場合ニ限リ前ニ述ヘタル戸籍簿ノ閲覧又ハ謄本、抄本ノ交付若クハ是等ノ書類ノ送付ヲ拒ミ得ヘキコトヲ定メタルモノニシテ正當ノ理由アル場合トハ例ヘハ請求者カ手數料又ハ送料ヲ納付セサルトキ又ハ之ヲ納付シタルモ其金額カ不足ナルトキ若クハ水火其他ノ事變ニ因リ實際上之ヲ許スコト能ハサルトキノ如キ又例ヘハ人ノ名譽ヲ毀損スル目的ニテ家庭ノ狀態ヲ公表スル爲メ右ノ請求ヲ爲スコト明白ナル場合ノ如キモ亦之カ請求ヲ拒絶スヘキ正當ノ理由アルモノト謂フヘシ市町村長ハ右ノ請求ヲ拒絶セントスルトキハ書面ヲ以テ其旨ヲ請求者ニ告知スルコトヲ要ス其告知ヲ爲スニ付テノ費用ハ市役所又ハ町村役場ノ負擔タルモノトス

謄本抄本ノ方式

第四項ハ謄本又ハ抄本ハ市町村長之ヲ作ルコト及ヒ之ヲ作ルニ付テノ方式ヲ定メタルモノニシテ此場合ニ於テハ例ヘハ「此謄(抄)本ハ戸籍ノ原本ト相違ナキコトヲ認證ス」ト謂フカ如ク附記シ且之ニ職氏名ヲ署シ職印ヲ押捺スルヲ要スルコトヲ定メタリ故ニ原本ト相違ナキ旨ヲ記載セス又ハ之ヲ記載

スルモ職氏名ヲ署セス若クハ捺印ヲ缺如スルトキハ謄本又ハ抄本タルノ效力ナカルヘシ

舊、一七
四、一一四

戸籍簿ノ再製補完

第十五條　戸籍簿ノ全部若クハ一部カ滅失シタルトキ又ハ滅失ノ虞アルトキハ司法大臣ハ其再製又ハ補完ニ付キ必要ナル處分ヲ命ス但滅失ノ場合ニ於テハ其旨ヲ告示スルコトヲ要ス

本條ハ戸籍簿ノ再製又ハ補完ニ關スル手續ヲ定ム卽チ戸籍簿ハ市役所又ハ町村役場ニ於テ嚴重ニ保管スルモノナレトモ時ニ或ハ水火、紙蝕、戰亂又ハ市町村長ノ過失、懈怠其他ノ事由ニ因リ其全部若クハ一部カ滅失シ又ハ滅失セントスルノ虞ナシトセス斯ル場合ニ於テハ司法大臣ハ市町村長ヲシテ戸籍簿ノ再製又ハ補完ニ付キ必要ナル處分ヲ命スルモノトス再製トハ戸籍簿ノ全部カ滅失シタル場合ニ於テ新ニ之ヲ作製スルコトヲ謂ヒ補完トハ戸籍簿ノ一部カ滅失又ハ毀損シタル場合ニ其滅失又ハ毀損シタル部分ヲ補充ス

簿、一七三

ルコトヲ謂ヒ必要ナル處分トハ屆書、申請書其他ノ書類又ハ副本ニ依リテ戶籍簿ノ再製又ハ補完ヲ爲スカ如ク又副本モ其他ノ關係書類モ共ニ全滅シタルトキハ關係人ニ命シテ一定ノ期間內ニ各其地位及ヒ身分ニ關スル屆出ヲ爲サシムル等機宜ニ適シタル處分ヲ爲スコトヲ謂フ尚ホ滅失ノ場合ニ於テハ其旨ヲ告示シ以テ一般ノ世人ニ之ヲ周知セシムルコトヲ要ス

除籍簿

第十六條　家督相續、廢絕家其他ノ事由ニ因リ戶籍ノ全部ヲ抹消シタルトキハ其戶籍ハ之ヲ戶籍簿ヨリ除キ別ニ編綴シ除籍簿トシテ之ヲ保存ス

除籍簿ノ保存期間ハ司法大臣之ヲ定ム

本條ハ除籍簿ノ保存手續ヲ定ム

第一項、戶籍ハ戶主ヲ本トシテ之ヲ編製シ之ニ戶主ノ氏名ヲ第一ニ掲クルコトヲ要スルカ故ニ家督相續又ハ家督相續回復(民、九六四、九六六)ノ如キ戶主ノ變動ヲ生スヘキ場合ニ於テハ前戶主ノ家族ハ新戶主ノ戶籍ニ入ルヲ以テ

前ノ戸籍ハ其全部ヲ抹消スヘク又廢家(民、七六二)絶家(民、七六四)其他ノ事由ニ因リ戸籍ノ全部ヲ抹消シタルカ如キ場合ハ其抹消シタル部分ヲ戸籍簿ヨリ取除キ除籍簿トシテ之ヲ保存スヘキモノトス是レ後ニ家督相續回復又ハ身分回復ノ場合ニ於テ前戸籍ノ必要ヲ生スルノミナラス之ニ依ラサレハ知ルコトヲ得サル事項ニ付テハ最モ肝要ナリ例ヘハ舊戸籍ニ依リ新戸籍ヲ編製スルトキハ舊戸籍ニ抹消シアルモノハ新戸籍ニ移記セサルヲ以テ舊戸籍ニ依ルニ非サレハ知ルヲ得サル場合ノ如シ

第二項ハ除籍簿ヲ保存スヘキ期間ハ司法大臣カ省令ヲ以テ別ニ之ヲ定ムヘキモノト爲セリ

舊、一七四
除籍簿ノ保存、閲覽、謄本、抄本及ヒ其再製補完

第十七條　第十三條乃至第十五條ノ規定ハ除籍簿及ヒ除カレタル戸籍ニ之ヲ準用ス

本條ハ除籍簿ノ保存其閲覽、謄本、抄本ノ請求及ヒ其再製、補完ニ關スル事項ヲ定ム即チ前條ノ規定ニ依リ編製シタル除籍簿及ヒ除カレタル戸籍ハ戸籍

簿ト同シク市役所又ハ町村役場ニ於テ保存シ事變ヲ避クル爲ニスル場合ノ外其他ノ場所ニ持出スコトヲ得ス(一三)又之ヲ利用セント欲スル者ハ手數料ヲ納付シテ閲覽、謄本又ハ抄本ノ請求ヲ爲シ得ヘク(一四)又其全部若クハ一部カ滅失シ又ハ滅失ノ虞アルトキハ司法大臣ハ其再製又ハ補完ニ付キ必要ナル處分ヲ命スヘキコト(一五)等總テ戸籍簿ト同一ナリ詳細ハ以上ノ準用規定ニ關スル説明ヲ參照スヘシ而シテ除カレタル戸籍トハ除籍簿ニ編綴セラルル各個ノ戸籍ヲ謂フナリ換言スレハ除籍簿トハ除カレタル數多ノ戸籍ヲ編綴シタル簿冊ノ義ニシテ其簿冊ニ編綴セラルル各個ノ戸籍ヲ稱シテ除カレタル戸籍ト稱シ除籍簿ト之ヲ區別セルナリ

第三章　戸籍ノ記載手續

本章ハ戸籍ニ記載スヘキ事項、順序及ヒ其方法等ヲ規定シタルモノトス

舊、一七六

第十八條　戸籍ニハ左ノ事項ヲ記載スルコトヲ要ス

一　戸主、前戸主及ヒ家族ノ氏名
二　戸主ノ本籍
三　戸主カ華族又ハ士族ナルトキハ其族稱
四　家族カ戸主ト族稱ヲ異ニスルトキハ其族稱
五　戸主及ヒ家族ノ出生ノ年月日
六　戸主又ハ家族ト爲リタル原因及ヒ年月日
七　戸主並ニ家族ノ實父母ノ氏名及ヒ戸主並ニ家族ト實父母トノ續柄

八　戸主又ハ家族カ養子ナルトキハ其養親竝ニ實父母ノ氏名及ヒ養子ト養親竝ニ實父母トノ續柄

九　戸主ト前戸主及ヒ家族トノ續柄

十　家族ノ配偶者又ハ家族ヲ經テ戸主ト親族關係ヲ有スル者ニ付テハ其家族トノ續柄

十一　他家ヨリ入リテ家族ト爲リタル者カ他ノ家族トノミ親族關係ヲ有スルトキハ其續柄

十二　他家ヨリ入リテ戸主又ハ家族ト爲リタル者ニ付テハ其原籍、原籍ノ戸主ノ氏名及ヒ其戸主ト戸主又ハ家族ト爲リタル者トノ續柄

十三　後見人又ハ保佐人アル者ニ付テハ後見人又ハ保佐人ノ氏名、本籍及ヒ其就職竝ニ任務終了ノ年月

日

十四　其他戸主又ハ家族ノ身分ニ關スル事項

本條ハ戸籍ニ記載スルヲ要スル事項ヲ列擧ス以下各號ニ付キ説明セム

一　戸主、前戸主及ヒ家族ノ氏名　本邦ニ於テハ今尙ホ家族制ヲ維持セルヲ以テ家ノ存在ヲ認ムルコトハ第九條ニ於テ述ヘタルカ如シ從テ家アレハ家ノ首長タル戸主アリ又家ノ構成員タル家族アリテ一ノ集團ヲ成ス卽チ戸主トハ一家ノ統轄者ニシテ家族ニ對シ一定ノ權利、義務ヲ有スル者ヲ謂ヒ(民、七三五、七三七、七三八、七四一、七四三、七四六、七四七、七四九、七五〇)前戸主トハ現戸主ノ前ニ戸主タリシ者ニシテ例ヘハ死亡、隱居、國籍喪失、他家ヘ入籍、女戸主ノ入夫婚姻又ハ入夫ノ離婚等ノ原因ニ因リ其戸主權ヲ喪失シタル者ヲ謂ヒ(民、九六四)又家族トハ一家ノ構成員ニシテ戸主ノ家ニ在ル親族竝ニ其配偶者及ヒ民法第七百三十七條、第七百三十八條ニ依リテ家族ト爲リタル者ヲ謂フ(民、七三二、七三七、七三八)前戸主ノ氏名ヲ記載スルハ現戸主カ自己ノ地位及ヒ身分ヲ承繼シタル淵源ヲ明カニスル爲メ必要アリ

二　戸主ノ本籍　戸主ノ本籍トハ第九條ニ依リ市町村ノ區域內ニ定メタル本據地ヲ指ス戸籍ニハ戸番號ヲ附スルモノニ非スシテ土地臺帳面ノ地番號ヲ記載スヘキモノトス之ヲ例ヘハ東京市麴町區三番町六番地トカ埼玉縣北足立郡浦和町三番地トカノ如ク記載スルノ類ナリ(一〇)其地番號カ數个ノ番地ニ跨ルトキハ各番地ヲ倂記シ若クハ本籍アル家ノ建設セラレタル地番號ノミヲ記載スルモ差支ナシ土地カ二个町村ニ跨ルトキハ戸主ノ冀望ニ依リ本籍ヲ定ムヘキ一ノ町村ノ番地ヲ附シ又數十个ノ地番ニ跨ルトキハ其內ノ一个ヲ戸主ニ選擇セシメ之ヲ記載シ他ヲ省タモ便宜ノ方法ナリト謂フヘシ而シテ本號ノ記載ヲ爲サシムルノ要ハ本籍ノ所在ヲ知リ且戸籍編製ノ順序ヲ定ムルカ爲メナリ

三　戸主カ華族又ハ士族ナルトキハ其族稱　族稱トハ華族、士族及ヒ平民ヲ謂ヒ本邦ノ如キ社會階級ヲ定メタル國ニ在リテハ族稱ハ社會上ノ地位ニシテ華族及ヒ士族ハ一ノ貴號ナリト謂フヲ得ヘシ故ニ戸主カ華族又ハ士族ナルトキハ戸籍ニ其貴號ヲ記載スルコトヲ要ス然レトモ華族又ハ士族ニ非サル者ハ總テ平民ナルヲ以テ特ニ平民ニ付テハ其族稱ヲ戸籍ニ記載スルノ要ナキモノトセリ是レ舊法ニ改正ヲ加ヘタル重ナル一點ナリトス

四 家族カ戸主ト族稱ヲ異ニスルトキハ其族稱　本號ノ場合ハ例ヘハ士族ノ家族カ舊刑法ニ依リ士族ノ稱號ヲ褫奪セラレタルトキ又ハ華族ノ家族ニシテ死刑、懲役等ノ宣告ヲ受ケ其裁判確定シタルトキ若クハ華族ノ體面ヲ汚辱スル失行アリタルトキハ華族ヲ除カレテ平民トナルニ因リ其家族ヲ特ニ平民ト記載スル如シ(舊刑、三一、三號、刑施、三七、華、二二、二四)

五 戸主及ヒ家族ノ出生ノ年月日　年齢ノ記載ヲ爲サシムルノ要ハ各個人ノ能力ヲ明カニシ家督相續ニ付テハ其ノ順位ヲ知リ又各個人ノ同一ヲ證明スル爲ニ最モ重要ナルモノトス(民、九七〇、三)

六 戸主又ハ家族ト爲リタル原因及ヒ年月日　戸主ト爲リタル原因トハ例ヘハ前戸主ノ死亡、隱居、國籍喪失、婚姻又ハ養子縁組ノ取消ニ因リテ其家ヲ去リタルトキ、女戸主ノ入夫婚姻又ハ離婚(民、九六四)分家又ハ廢絶家再興(民、七四三)一家創立(民、七三三、三項、七三五、三項、七四〇、七二)ノ如キヲ謂ヒ家族ト爲リタル原因トハ例ヘハ出生(民、七三三、七三五)庶子又ハ私生子ノ認知(民、八二七、七三三、七三五)婚姻又ハ離婚(民、七八八、七三九)養子緣組又ハ養子離緣(民、八六一、七三九)及ヒ親族入籍(民、七三七、七三八)ノ如キヲ謂フ是等ノ原因及ヒ年月日ヲ記載スルノ要ハ家長タルノ責任ノ起點ヲ明カニシ又家族ニ付テハ相續權ノ順序ヲ知ルニ在リ又家族ト爲リタル原因中ニハ出生最モ衆キヲ以テ出生以外ニ家族ト爲リタル者ニ在リテハ出生ノ年月日ト家族ト爲リタル年月日ト混同シ易キヲ以テ出生以外ノ事由ニ因リテ家族ト爲リタル者ニ付テハ家族ト爲リタル原因及ヒ年月日ヲ記載スルヲ要シタル所以ナリ

七　戸主竝ニ家族ノ實父母ノ氏名及ヒ戸主竝ニ家族ト實父母トノ續柄　本號ノ記載ヲ爲サシムルノ要ハ人ノ出所タル血統ノ連絡ヲ明カナラシメ且親族關係ヲ知ルニ在リ

八　戸主又ハ家族カ養子ナルトキハ其養親竝ニ實父母ノ氏名及ヒ養子ト養親竝ニ實父母トノ續柄　本號ノ記載ヲ爲サシムルノ要ハ戸主又ハ家族カ

養子ナルトキハ養親及ヒ實父母ノ氏名竝ニ各其續柄ヲ記載セシメ血族關係及ヒ緣組關係ヲ明カナラシムルニ在リ

九 戶主ト前戶主及ヒ家族トノ續柄　卽チ戶主ト前戶主トノ續柄及ヒ戶主ト家族トノ續柄ヲ記載シ其親族關係ヲ明カナラシムルモノトス

十 家族ノ配偶者又ハ家族ヲ經テ戶主ト親族關係ヲ有スル者ニ付テハ其家族トノ續柄　七號乃至十號ニ所謂續柄トハ親族關係ヲ謂ヒ親族トハ之ヲ狹義ニ解スルトキハ血統ノ相連絡スルモノヲ謂ヒ又之ヲ廣義ニ解スルトキハ獨リ血統ノ連絡セルモノノミナラス婚姻又ハ養子緣組ニ因リ血統ノ連絡セルカ如ク法律上認メラレタルモノヲモ謂フ我カ民法ハ後段ノ說ヲ採リ六親等內ノ血族、配偶者及ヒ三親等內ノ姻族ヲ親族ト稱ス(民、七二五)親族關係ハ頗ル複雜ナルカ故ニ以下ノ分類ヲ以テ之ヲ說明スヘシ

甲 血族關係　血族關係トハ血統ノ相連絡セル間柄ニシテ直系尊屬、直系卑屬及ヒ傍系親ノ三ニ別ツ

(イ) 直系尊屬　直系尊屬トハ自己ノ出ツル所ノ血統ヲ謂フモノニシテ

父母(一)、祖父母(二)、曾祖父母(三)、高祖父母(四)、高祖父母ノ父母(五)、高祖父母ノ祖父母(六)、卽チ是レナリ而シテ其親等ハ親族間ノ世數ヲ算シテ之ヲ定ムルモノトス(民、七二六)括弧內ノ數字ハ卽チ其親等ヲ示ス以下之ニ傚フ

(ロ)　直系卑屬　直系卑屬トハ自己ヨリ出ツル所ノ血統ヲ謂フモノニシテ子(一)(長二以下ノ男女、庶子、私生子ヲ含ム)孫(二)、曾孫(三)、玄孫(四)、來孫(五)、昆孫(六)、卽チ是ナリ但シ(イ)母カ戸主タル場合ト雖モ長二男女(次ヲ用ウルモ差支ナシ)ト稱ス(ロ)女戸主ト其子トノ續柄ニ付テハ父異ルモ出生ノ順序ニ從ヒ長二男女ト稱ス(ハ)庶子、私生子ト其實母ノ父母トノ間ニハ單ニ孫ト稱ス(ニ)庶子、私生子ニハ長二男女ト稱セス單ニ庶子又ハ私生子ト稱ス(ホ)庶子ノ次ニ生シタル子ト雖モ嫡出子ナルトキハ長男ナリ若シ庶子カ嫡出子タルノ身分ヲ取得シタルトキハ(民、八三六)嫡出子タル身分取得ノ前後ニ因リ長二男女ノ區別ヲ爲ス(ヘ)雙タ子、三ツ子ハ出生時ノ順序ニ依リ長二三男女ノ區別ヲ爲ス(ト)入夫ト妻ノ私生子ノ續柄ハ妻ノ私生子ト稱ス(チ)子ノ養子、庶子及ヒ私生子ハ單ニ孫ト稱ス

(八) 傍系親　傍系親トハ共同ノ始祖ニ因ル血統ノ連絡セルモノヲ謂フ兄弟姉妹(二)、甥姪(三)、姪孫(四)、曾姪孫(五)、玄姪孫(六)、伯叔父母(三)、從兄弟姉妹(四)、從姪(五)、從姪孫(六)、伯叔祖父母(四)、伯叔從父母(五)、再從兄弟姉妹(六)、曾祖伯叔父母(五)、從祖伯叔父母(六)、高祖父母ノ兄弟姉妹(六)、卽チ是ナリ而シテ傍系ノ親等ヲ定ムルニハ其一人又ハ其配偶者ヨリ共同ノ始祖卽チ血統ノ出テタル者ニ遡リ更ニ其始祖ヨリ他ノ一八ニ下ルマテノ世數ヲ算出スルモノトス(民、七二六、二項)

乙

養親、養子　養子緣組ハ養親子關係ヲ創設スルモノニシテ血統ヲ重スル思想ト家名ノ斷絕ヲ防止スルノ必要トニ淵源セルモノニシテ養子ハ嫡出子タル身分ヲ取得シ養親ハ實ノ親ト同シキ身分ヲ取得ス從テ養子ト養親及ヒ其血族トノ間ニ於テハ養子緣組ノ日ヨリ血族間ニ於ケルト同一ノ親族關係ヲ生スルモノトス(民、七二七)而シテ養子ト養親及ヒ其血族トノ親族關係ハ離緣ニ因リテ消滅シ又養親カ他家ヨリ入リタルモノニシテ其家ヲ去リタルトキハ養親及ヒ其者ノ實家ノ血族ト養子トノ親族關係ハ消滅スルモノトス然レトモ養親カ本家、分家又ハ廢絕家再興ヲ爲スニ因リ其家ヲ去リタル場合ハ親族關係存續ス(民、七三一)尚ホ又養子ノ親族カ養家ニ在ル間ハ養子ノ離緣ニ因リテ親族關係ヲ失ハサレトモ養子ノ配偶者、直系卑屬又ハ其配偶者カ養子ノ離緣ニ因リ之ト共ニ養家ヲ去リタルトキハ其者ト養親及ヒ其血族トノ親族關係ハ當然消滅スルモノトス(民、七三〇)養子ノ養家ニ於ケル稱呼ハ養父、養母、養祖父、養祖母ト稱シ又養子カ女子ナル場合ト雖モ養子ト稱ス

丙 繼父母、繼子　繼父母、繼子ハ本來姻族ナレトモ古來ノ慣習ニ從ヒ人爲ヲ以テ血統ノ相連絡セル如ク擬シ以テ親子間ニ於ケルト同シキ親族關係ヲ生セシムルモノナリ(民、七二八)繼父母、繼子ノ關係ハ實質上姻族ナル結果其親族關係ハ繼子ノ父母ノ離婚ニ因リテ止ミ又夫婦ノ一方カ死亡シタル場合ニ於テ生存配偶者カ其家ヲ去ルニ因リテ亦其關係止ムナリ例ヘハ繼母カ離婚シタルトキハ其繼母ト夫ノ子トノ繼親子關係ハ當然消滅シ又繼母ノ夫カ死亡シタル場合ニ於テ繼母カ其家ニ在ル間ハ繼親子ノ關係存續スルモ若シ繼母カ實家ニ復歸スルカ又ハ更ニ他家ニ嫁シ

テ其家ヲ去リタルトキハ繼親子ノ關係ハ當然消滅スヘキカ如シ(民、七二九)然レトモ繼母カ本家相續、分家又ハ廢絶家再興ヲ爲スニ因リ其家ヲ去リタル場合ハ繼子トノ親族關係ハ消滅スルコトナキナリ(民、七三一)而シテ繼父母トハ自己カ生レ又ハ養子ト爲リタル後母又ハ父ノ配偶者ト爲リタル者ニシテ自己ノ家ニ入リタル者ヲ謂ヒ繼子トハ自己ノ婚姻セサル前ニ配偶者カ生ミ又ハ養子ト爲シタル者ニシテ自己ノ家ニ在ル者ヲ謂フナリ是等ノ者ヲ戸籍ニ記載スルニハ繼父、繼母又ハ繼子男、繼子女ト稱スヘシ但(一)女戸主ノ養子ト入夫トノ間ニハ繼父子關係ヲ生スルモ親子關係ヲ生セス(二)私生子ト入夫トノ間ニハ繼父子關係ヲ生ス(三)祖父母ニハ血族關係ヲ生セシムルノ擬制ナキヲ以テ繼祖父母ト稱スヘカラス此點ハ養子關係ト異ナル一點ナリ(民、七二八)

丁

嫡母、庶子　嫡母ト庶子トハ親子間ニ於ケルト同シキ親族關係ヲ生スルモノニシテ嫡母トハ婚姻外ニ生シタル私生子ヨリ父ノ正妻ヲ呼フ語ニシテ庶子トハ婚姻外ニ生シタル私生子ニシテ父ノ認知シタルモノヲ

謂フ（民七二八、八二七）

戊　配偶者　配偶者トハ夫婦ノ一方ヨリ他ノ一方ヲ指スノ語ニシテ妻ハ夫ノ配偶者、夫ハ妻ノ配偶者ナリ而シテ戸主ノ配偶者ヲ妻又ハ夫ト稱シ父又ハ母戸主ナル場合ニハ其子ノ妻ヲ婦（民法ノ用語ニ非サレトモ慣行ニ依リ婦ト稱ス）ト稱ス再婚ノ場合ト雖モ後妻ト稱セス單ニ妻ト稱ス

癸　姻族關係　姻族トハ婚姻ニ因リ夫婦ノ一方ト其配偶者ノ血族トノ間ニ生スル親族關係ヲ謂フ而シテ姻族關係ハ婚姻ニ因リテ生シタルヲ以テ離婚ニ因リテ止ムハ當然ナレトモ若シ夫婦ノ一方カ死亡シタル場合ニ於テ生存配偶者カ其家ニ在ル間ハ存續スルモノトス但生存配偶者カ其家ヲ去リタルトキハ其姻族關係ノ消滅スルコトハ繼親子關係ノ消滅ニ關シ右ニ說明シタルト同シ例ヘハ離婚ノ結果夫カ妻ノ父母、兄弟姊妹、伯叔父母ニ對スル姻族關係ハ消滅スヘク又例ヘハ夫死亡ノ後妻カ實家ニ復歸シ又ハ更ニ他家ニ嫁シタルトキハ夫ノ父母、兄弟姊妹、甥姪ニ對スル姻族關係ハ消滅スルカ如キ是レナリ（民、七二九）但其家ヲ去リタルハ本

家相續、分家又ハ廢絶家再興ヲ爲スカ爲メナルトキハ例外トシテ姻族關係ハ消滅セサルナリ(民、七三一)入夫ノ妻(即チ女戸主)ノ父母ト雖モ單ニ妻ノ父母ト稱ス

尙ホ親族關係ニ付テハ本條ノ末ニ附シタル圖解ヲ參照スヘシ

十 號ニ所謂家族ノ配偶者トハ例ヘハ戸主甲ノ弟乙カ丙女ト婚姻シテ丙カ夫ノ家ニ入リ甲ノ家族ト爲リタルカ如シ此場合ニハ弟ノ妻、即チ乙妻丙ト戸籍ニ記載スヘク又他ノ家族ヲ經テ戸主ト親族關係ヲ有スル者トハ前例ヲ以テスレハ乙丙ノ間ニ子ノ出生アリタルトキ其子ハ父ノ乙ヲ經テ戸主タル甲ト親族關係ヲ有スルモノニシテ之ト戸主トノ續柄ハ甥若クハ姪ナリト謂フカ如シ

十一 他家ヨリ入リテ家族ト爲リタル者カ他ノ家族トノミ親族關係ヲ有スルトキハ其續柄　本號ノ場合例ヘハ妻カ前婚家ニ於テ生シタル子ヲ夫其他ノ者ノ同意ヲ得テ其家ニ引取リタルカ如キヲ謂フ(民、七三八)

十二 他家ヨリ入リテ戸主又ハ家族ト爲リタル者ニ付テハ其原籍、原籍ノ戸

主ノ氏名及ヒ其戸主ト戸主又ハ家族ト爲リタル者トノ續柄　他家ヨリ入リテ戸主ト爲リタル者トハ例ヘハ入夫婚姻(民、七三六)指定又ハ選定ニ因ル家督相續人(民、九七九、九八一、乃至九八三)養子カ家督相續ヲ爲シタルカ如キヲ謂ヒ(民、九七〇、八六〇)他家ヨリ入リテ家族ト爲リタル者トハ例ヘハ婚姻(民、七八八)離婚(民、七三九)養子縁組(民、八六一)養子離縁(民、七三九)庶子又ハ私生子ノ認知(民、八二七、七三三、七三五)親族入籍(民、七三七、七三八)等ニ因リテ戸主ノ家族ト爲リタル者ヲ謂フ本號ノ記載ヲ爲サシムルノ要ハ各人ノ出所及ヒ血統ノ連絡ヲ明カナラシムルニ在リ

十三　後見人又ハ保佐人アル者ニ付テハ後見人又ハ保佐人ノ氏名、本籍及ヒ其就職竝ニ任務終了ノ年月日　後見ハ未成年者ニ對シ親權ヲ行フ者ナキトキ又ハ親權ヲ行フ者カ管理權ヲ有セサルトキ若クハ心神喪失ノ常況ニ在ル者ニ對シテ禁治産ノ宣告アリタルトキ開始スルモノニシテ(民、九〇〇、七)後見人トハ是等無能力者ノ身體及ヒ財産ヲ保護、監督スヘキ私法上ノ職務ヲ有スル者ヲ謂ヒ(民、九二一、九二九)後見人ノ任務終了トハ例ヘハ未成年

者カ成年ニ達シタルトキ又ハ後見人ノ更迭シタルトキ若クハ禁治産ノ宣告カ取消サレタルカ如キヲ謂ヒ(民、一〇)又保佐人ヲ附スル場合ハ心神耗弱者、聾者、啞者、盲者及ヒ浪費者ニ付テ本人、配偶者、四親等內ノ親族、戶主又ハ檢事ヨリ裁判所ニ請求シテ準禁治産ノ宣告ヲ得タルトキニシテ(民、一一、一三)保佐人トハ準禁治産者保護ノ機關ニシテ法律カ特定シタル法律行爲ニ關シ同意權ヲ有スル者ヲ謂ヒ(民、一二)保佐人ノ任務終了トハ準禁治産取消ノ宣告アリタルトキ又ハ保佐人ノ更迭アリタルトキノ如キヲ謂フ(民、一三)後見人及ヒ保佐人ニ付テハ第八節ニ於テ詳說スヘシ後見人ハ被後見人ニ代ハリテ法律行爲ヲ爲シ又ハ之ニ同意ヲ與ヘ又保佐人ハ準禁治産者ノ法律行爲ニ付キ同意ヲ與フルノ職務權限ヲ有シ其責任頗ル重大ナルヲ以テ之ヲ戶籍ニ記載シテ周知セシメ其任務終了ノ場合ニ於テモ亦之ヲ戶籍ニ記載シテ公示スルノ必要アリ

十四　其他戶主又ハ家族ノ身分ニ關スル事項　以上一號乃至十三號ニ揭ケタル事項ノ外戶主又ハ家族ノ身分ニ異動ヲ生シタルトキハ屆出又ハ申請

親族關係圖解

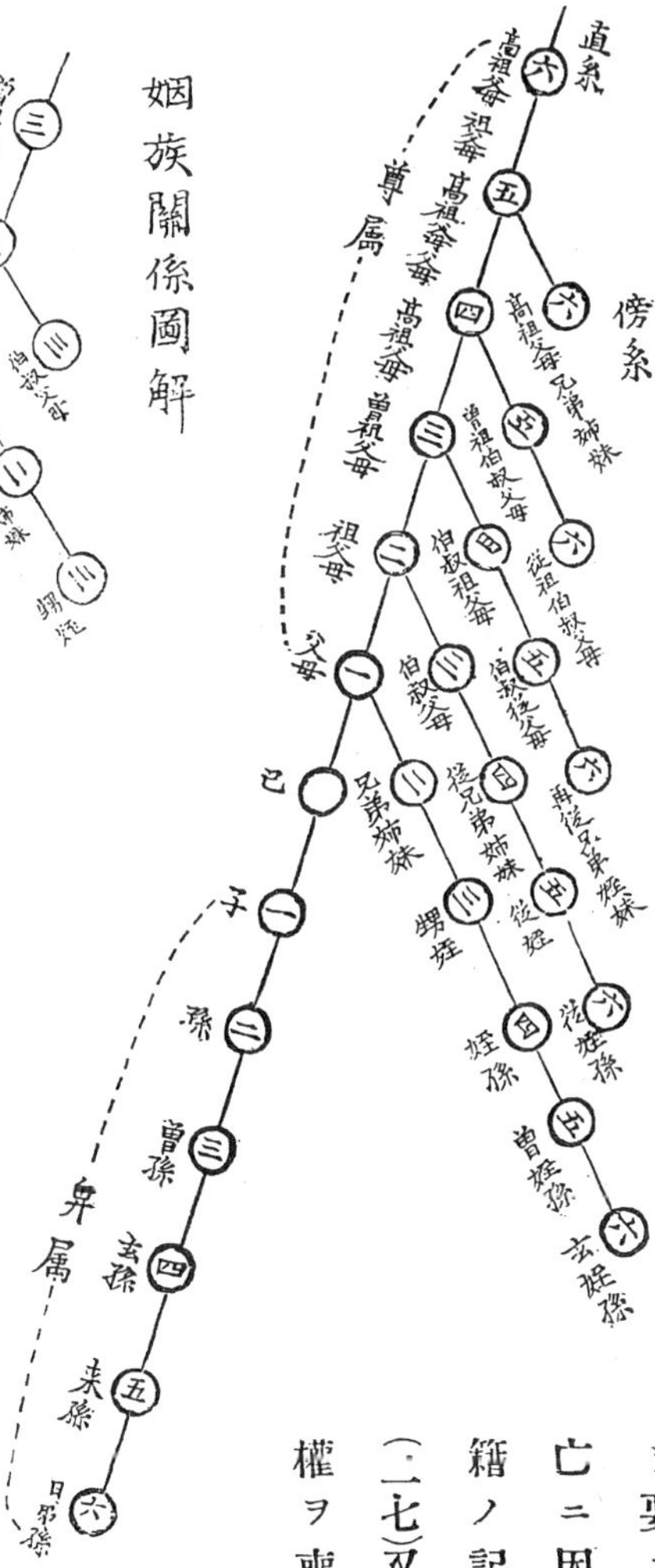

直系　傍系　尊屬　卑屬

姻族關係圖解

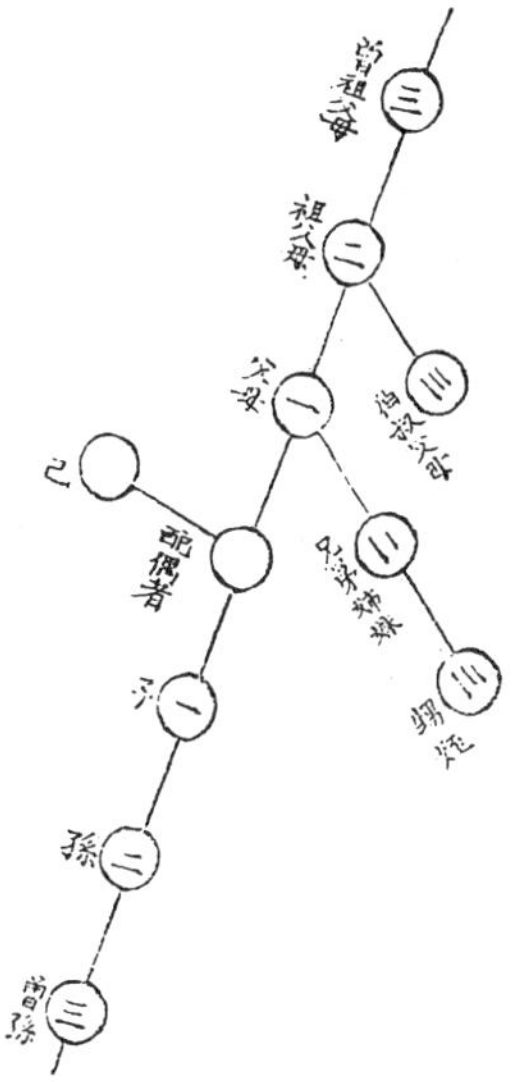

其他ニ因リ戸籍ニ記載スルコトヲ要ス例ヘハ死亡ニ因リ戸籍除籍ノ記載ヲ爲シ(一一七)又ハ父カ親權ヲ喪失シタル爲メ母カ之ヲ行フトキハ母ノ戸籍ニ其旨ヲ記載スヘキカ如シ(民、八九六)

第十九條　戸主及ヒ家族ノ氏名ノ記載ハ左ノ順序ニ依ル

第一　戸主

第二　戸主ノ直系尊屬

第三　戸主ノ配偶者

第四　戸主ノ直系卑屬及ヒ其配偶者

第五　戸主ノ傍系親及ヒ其配偶者

第六　戸主ノ親族ニ非サル者

直系尊屬ノ間ニ在リテハ親等ノ遠キ者ヲ先ニシ直系卑屬又ハ傍系親ノ間ニ在リテハ親等ノ近キ者ヲ先ニス

舊、一七七

戸籍ヲ編製シタル後家族ト爲リタル者ニ付テハ戸籍ノ末尾ニ記載スルコトヲ要ス

本條ハ戸籍ニ記載スヘキ氏名ノ順序ヲ定ム即チ戸主及ヒ家族ノ氏名ヲ戸籍ニ記載ヲ爲スニハ戸主ハ一家ノ首腦ニシテ其統轄者ナルヲ以テ

第一ニ　戸主

第二ニ　戸主ノ直系尊屬ヲ高祖父母ノ祖父母、高祖父母ノ父母、高祖父母、祖父母、父母ノ順序ニ依リ親等ノ遠キ者即チ始祖ヨリ先キニ順次記載シ

第三ニ　戸主ノ配偶者即チ夫又ハ妻ヲ記載シ

第四ニ　戸主ノ直系卑屬及ヒ其配偶者ヲ子、孫、曾孫、玄孫、來孫、昮孫ノ順序ヲ以テ親等ノ近キ者ヨリ先キニ順次記載シ以テ家督相續ノ順位ヲ明カナラシメ

第五ニ　戸主ノ傍系親及ヒ其配偶者ヲ兄弟姉妹、甥姪、伯叔父母、姪孫、從兄弟姉妹、伯叔父母、曾姪孫、從姪、伯叔從父母、曾祖伯父母、玄姪孫、從姪孫、再從兄弟姉妹、

從祖伯叔父母、高祖父母ノ高祖父母ノ兄弟姉妹ノ如キ順序ヲ以テ親等ノ近キ者ヨリ先キニ順次記載シ

第六ニ　最後ニ戸主ノ親族ニ非サル家族ヲ記載スルモノトス

戸籍ノ編製後出生又ハ他家ヨリ入ルニ因リ戸籍ニ記載ヲ爲ス場合ニ於テハ右ニ述ヘタル順序ニ拘ラス戸籍ノ末尾ニ之ヲ記載スルコトヲ要ス

舊、二二、一七八

第二十條　戸籍ノ記載ハ届出、報告、申請若クハ請求、證書若クハ航海日誌ノ謄本又ハ裁判ニ依リ之ヲ爲ス

戸籍記載ノ基本

本條ハ戸籍ノ記載ヲ爲スニ付テノ基本ヲ示ス卽チ戸籍ノ記載ヲ爲スニハ後ニ述フル所ノ適法ナル届出(六九、九五、一〇〇、一一六)報告(一二〇)申請(一六四一六五)請求(一〇二)證書(六一、六二)若クハ航海日誌ノ謄本(七五、一二三)又ハ裁判三九、六四、六五)ヲ基本ト爲シ之ニ依リ其記載ヲ爲スヲ要スルコトヲ市町村長ニ命シタルモノニシテ市町村長ハ是等ノ書類存在セサルトキハ戸籍ノ記載ヲ爲ス能ハサルモノトス然レトモ戸籍ノ記載ハ實際ノ事實ト吻合スルコト

ヲ要スルヲ以テ本條ノ原則ニ對シ本法ハ新ニ例外規定ヲ設ケ市町村長ノ職權ヲ以テ之ヲ記載ヲ爲スコトヲ得ルモノト爲シタリ則チ第一、戸籍ノ記載カ法律上許スヘカラサルモノナルコト又ハ其記載ニ錯誤若クハ遺漏アルコトヲ發見シタル場合ニ於テ市町村長カ其旨ヲ屆出人又ハ屆出事件ノ本人ニ通知スルコト能ハサルトキ若クハ通知ヲ爲シタルモ戸籍訂正ノ申請ヲ爲ス者ナキトキハ市町村長ハ監督區裁判所ノ許可ヲ得テ戸籍ノ訂正ヲ爲スコトヲ得(三九)第二、市町村長カ戸籍事件ノ屆出ヲ怠リタル者アルコトヲ知リタルトキ相當ノ期間ヲ定メ屆出義務者ニ對シ屆出ノ催告ヲ爲スモ之ニ應セサル場合又ハ催告ヲ爲スコト能ハサル場合ニ於テ市町村長ハ監督區裁判所ノ許可ヲ得テ戸籍ノ記載ヲ爲スコトヲ得(六四)第三、市町村長カ屆出ヲ受理シタル場合ニ於テ屆書ニ欠缺アリタル爲メ戸籍ノ記載ヲ爲スコト能ハサルトキハ屆出義務者ニ對シ追完ノ催告ヲ爲スモ之ニ應セサル場合又ハ其催告ヲ爲ス能ハサル場合ニ於テハ市町村長ハ監督區裁判所ノ許可ヲ得テ戸籍ノ記載ヲ爲スコトヲ得ルモノトス(六五)

舊、一七 八、二八

第二十一條 戸籍ニハ第十八條ニ掲ケタルモノノ外左ノ事項ヲ記載スルコトヲ要ス

一 届出又ハ申請ノ受附ノ年月日、事件ノ本人ニ非サル者ノ届出又ハ申請ニ係ル場合ニ於テハ届出人又ハ申請人ノ資格及ヒ氏名、他ノ市町村長又ハ官廳ヨリ届書又ハ申請書ノ送付ヲ受ケタル場合ニ於テハ其受附ノ年月日及ヒ發送者ノ職氏名

二 報告又ハ請求ノ受附ノ年月日及ヒ報告者又ハ請求者ノ職氏名

三 證書又ハ航海日誌ノ謄本ノ受附ノ年月日及ヒ證書又ハ航海日誌ノ作製者竝ニ謄本發送者ノ職氏名

四　戸籍ノ記載ヲ命シタル裁判ノ年月日及ヒ裁判所

本條モ尚ホ戸籍ノ記載事項ヲ列擧ス即チ前條ニ於テ戸籍ノ記載ハ屆出、報告、申請、請求、證書、航海日誌ノ謄本又ハ裁判ニ依リ之ヲ爲スヘキコトヲ定メタルヲ以テ本條ハ戸籍記載ノ基本ト爲リタルモノヲ具體的ニ記載スルヲ要スルコトヲ定メタリ

一　屆出又ハ申請ノ受附ノ年月日、事件ノ本人ニ非サル者ノ屆出又ハ申請ニ係ル場合ニ於テハ屆出人又ハ申請人ノ資格及ヒ氏名、他ノ市町村長又ハ官廳ヨリ屆書又ハ申請書ノ送付ヲ受ケタル場合ニ於テハ其受附ノ年月日及ヒ發送者ノ職氏名　屆出又ハ申請ノ受附ノ年月日ヲ記載シテ書類ヲ受理シタル日ヲ明カニシ事件ノ本人ニ非サル者ノ屆出又ハ申請ニ係ル場合ニ於テハ屆出人又ハ申請人ノ資格及ヒ氏名ヲ記載シテ事件ノ本人ニ非サル適格者ノ屆出又ハ申請ニ依ルコトヲ明カニシ又他ノ市町村長若クハ官廳ヨリ屆書又ハ申請書ノ送付ヲ受ケタル場合ニ於テハ其受附ノ年月日及ヒ

發送者ノ職氏名ヲ記載シテ其受附ノ年月日竝ニ發送者ノ職氏名ヲ明カナラシムルコトヲ要ス屆出トハ例ヘハ出生(六九)死亡(一一六)婚姻(一〇〇)又ハ養子緣組(九五)ノ如キ場合ニ於テ屆出義務者若クハ當事者ヨリ其旨ヲ屆出ツルカ如キヲ謂ヒ事件ノ本人トハ當該事件ノ目的トナリ居ル當事者ヲ指シ事件ノ本人ニ非サル者ノ屆出トハ例ヘハ出生又ハ死亡ノ場合ハ出生者若クハ死亡者自ラ屆出ヲ爲スコトハ固ヨリ不能ナルヲ以テ出生者ノ父母、出生者又ハ死亡者ノ戶主又ハ同居者其他ノ者ヲシテ屆出ヲ爲サシムルカ如ク(七二、一一七)又例ヘハ屆出事件ノ本人カ未成年者若クハ禁治產者ナルトキハ親權ヲ行フ者又ハ後見人ヨリ屆出ヲ爲スカ如ク(四九)本人ニ非サル者ノ申請トハ例ヘハ戶籍ノ記載ニ錯誤、遺漏アリタルトキ又ハ其記載カ法律上許スヘカラサルトキ利害關係人カ裁判所ノ許可ヲ得テ戶籍ノ訂正ヲ申請スル場合ノ如ク(一六四)屆出人又ハ申請人又ハ申請人ノ資格トハ前例ヲ以テスレハ父母、戶主、同居者、親權者又ハ後見人及ヒ利害關係人ト稱スルカ如キヲ謂フ

二　報告又ハ請求ノ受附ノ年月日及ヒ報告者又ハ請求者ノ職氏名　本號ノ記載ヲ爲スノ要ハ報告又ハ請求ノ受附ノ年月日及ヒ報告者若クハ請求者ヲ明カナラシムルニ在リ報告トハ例ヘハ死刑ノ執行アリタルトキ監獄ノ長タル典獄ヨリ監獄所在地ノ市町村長ニ死亡ノ報告ヲ爲スカ如ク(一二〇)又請求トハ例ヘハ檢事カ婚姻ノ無效又ハ取消ノ訴ヲ提起シ其裁判カ確定シタルトキ戸籍ノ訂正ヲ請求スルカ如シ(一〇二、二項)

三　證書又ハ航海日誌ノ謄本ノ受附ノ年月日及ヒ證書又ハ航海日誌ノ作製者竝ニ謄本發送者ノ職氏名　本號ノ記載ヲ爲スノ要ハ證書又ハ航海日誌ノ謄本ノ受附ノ年月日及ヒ證書又ハ航海日誌ノ作製者竝ニ謄本發送者ヲ明カナラシムルニ在リ證書トハ例ヘハ外國ニ在ル日本人カ身分ニ關スル事務ヲ取扱フ吏員ニ申請シテ其國ノ方式ニ從ヒ屆出事件ニ關スル身分證書ヲ作ラシメタル場合ヲ謂ヒ外國ニ於テ證書ヲ作ラシメタル日本人ハ一个月内ニ其證書ノ謄本ヲ其國ニ駐在スル日本ノ大使、公使又ハ領事ニ之ヲ提出スルコトヲ要シ大使、公使又ハ領事ハ一个月内ニ外務大臣ニ發送シ外務大臣ハ更ニ之ヲ十日內ニ本人ノ本籍地ノ市町村長ニ發送スヘキモノニシテ大使、公使又ハ領事カ其國ニ駐在セサルトキハ屆出義務者ハ一个月內ニ本籍地ノ市町村長ニ其證書ノ謄本ヲ發送スルコトヲ要ス(六一、六二)航海日誌トハ船舶ノ航海中日日ノ出來事ヲ記載スル爲メ船舶內ニ常ニ備付ケアル帳簿ヲ謂ヒ戶籍事件ヲ航海日誌ニ記載スル場合及ヒ手續ニ付テハ船舶ノ航海中ニ出生又ハ死亡シタル者アリタルトキハ艦長又ハ船長ハ出生若クハ死亡ノ屆出ニ關スル事項ヲ航海日誌ニ記載シテ署名捺印シ艦船カ日本ノ港ニ著シタルトキハ艦長又ハ船長ハ遲滯ナク其謄本ヲ著港地ノ市町村長ニ發送スヘク又艦船カ外國ノ港ニ著シタルトキハ艦長又ハ船長ハ遲滯ナク其謄本ヲ其國ニ駐在スル日本ノ大使、公使又ハ領事ニ發送シ大使、公使又ハ領事ハ一个月內ニ之ヲ外務大臣ニ發送シ外務大臣ハ更ニ之ヲ十日內ニ本籍地ノ市町村長ニ發送スヘキモノトス(七五、一二三)

四　戶籍ノ記載ヲ命シタル裁判ノ年月日及ヒ裁利所　本號ノ記載ヲ爲スノ要ハ戶籍ノ記載ヲ命シタル裁判ノ日附及ヒ裁判所名ヲ明カナラシムルニ

在リ戸籍ノ記載ヲ命シタル裁判トハ例ヘハ市町村長ノ請求ニ因リ區裁判所カ戸籍ノ訂正又ハ記載ヲ許可シタル裁判ノ如シ(三九、六四、六五)

舊、一八

書類受理後ノ手續

第二十二條　市町村長カ屆書、報告書其他ノ書類ヲ受理シタルトキハ其書類ニ受附ノ番號及ヒ年月日ヲ記載スルコトヲ要ス

本籍地ノ市町村長ハ前項ノ手續ヲ爲シタル後遲滯ナク戸籍ノ記載ヲ爲スコトヲ要ス

本條ハ市町村長カ書類ヲ受理シタル場合ニ執ルヘキ手續ヲ定ム即チ市町村長カ屆書、報告書其他ノ書類ヲ受理シタルトキハ其書類ニ受附ノ番號及ヒ年月日ヲ記載シ且本籍地ノ市町村長ナルトキハ遲滯ナク戸籍ノ記載ヲ爲スヲ要スルコトヲ定メタルモノナリ

第一項、受理トハ屆書、報告書、請求書、申請書、證書又ハ航海日誌ノ謄本若クハ戸籍ノ記載ヲ命スル裁判ノ書類ヲ受領シ適法ナルコトヲ認メタルトキノ意

義ニシテ單ニ書類ニ手ヲ觸レタルノミニテハ受理シタルモノト謂フヘカラス故ニ市町村長ハ是等ノ書類ヲ受取リ審査ヲ遂ケ不適法ナルコトヲ認メタルトキハ宜シク之ヲ却下シ又ハ書類ニ缺漏若クハ誤謬アリタルトキハ之ヲ補正セシムヘキモノトス又受理シタル書類ニ受附番號及ヒ年月日ヲ記載スルヲ要スルコトハ婚姻、協議上ノ離婚、養子縁組、協議上ノ養子離縁、隱居竝ニ家督相續人ノ指定及ヒ其取消ハ戶籍ニ記載セラレタルト否トヲ問ハス市町村長ニ對スル屆出其モノニ因リテ其效力ヲ生スルヲ以テ（民、七七五、八一〇、八四七、八六四、七五七、九八〇）其年月日ヲ明カナラシムルコト寔ニ肝要ナリ又屆出若クハ申請等ノ期間アルモノニ付テハ法定ノ期間ニ其屆出又ハ申請等ヲ爲シタリヤ否ヤヲ明確ナラシムル爲メ其年月日ニ付キ重キヲ置ク所以ナリ而シテ市町村長カ戶籍ノ記載ヲ爲スニ付テモ亦其受附順ニ依ルヘキコト言フヲ俟タス

第二項、受附ケタル書面ニ受附番號及ヒ年月日ヲ記載シタル後本籍地ノ市町村長ニ在リテハ遲滯ナク戶籍ノ記載ヲ爲スコトヲ要シ正當ナル理由ナク

シテ徒ニ遲疑、遷延スルコトヲ許サス本條ニ定メタル受附番號及ヒ年月日ノ記載ハ其市役所又ハ町村役場ニ留メ置クヘキ書面ノミニ止マラス他ノ市町村長ニ送付スヘキ書面ニ關シテモ亦其記載ヲ爲スヘキモノトス

舊、一七九

第二十三條　家督相續、家督相續回復其他戸主ノ變更ヲ生スヘキ事項ニ付キ屆出、申請又ハ請求アリタルトキハ其屆出、申請又ハ請求及ヒ前戸主又ハ戸主ノ名義ヲ有セシ者ノ戸籍ニ依リテ新戸籍ヲ編製スルコトヲ要ス

前項ノ場合ニ於テハ前戸主又ハ戸主ノ名義ヲ有セシ者ノ戸籍ニ事由ヲ記載シテ之ヲ抹消スルコトヲ要ス

家督相續人カ胎兒ナルトキハ其出生ノ記載ヲ爲スマテハ前二項ノ手續ヲ爲スコトヲ要セス此場合ニ於テ

第二十三條

ハ前戸主ノ戸籍中戸主ニ關スル部分ヲ抹消シ家督相續人カ胎兒ナル旨ヲ記載スルコトヲ要ス

新戸籍編製ノ手續

本條ハ戸主ノ更迭ニ因ル戸籍編製ノ手續ヲ定ム

第一項、戸籍ニハ劈頭第一ニ戸主ノ氏名ヲ記載スヘキカ故ニ(一九)戸主ノ更迭アリタル毎ニ新戸籍ヲ編製スルコトヲ原則トス故ニ第一項ハ家督相續、家督相續回復其他戸主ノ變更ヲ生スヘキ事項ニ付キ屆出、申請又ハ請求アリタルトキハ其屆出、申請又ハ請求及ヒ前戸主又ハ戸主ノ名義ヲ有セシ者ノ戸籍ヲ基本トシテ新戸主ノ戸籍ヲ編製スルヲ要スルコトヲ定メタリ戸主ノ名義ヲ有セシ者トハ家督相續回復ノ判決ニ因リテ戸主ヲ罷メラレタルモノニシテ戸主ノ名義ヲ不法ニ用キタル者ヲ謂フ(民、九六六)新ニ戸籍ヲ編製スル場合ニ於テ他ノ戸籍ニ入籍、死亡其他ノ事由ニ因リ除籍若クハ抹消セラレタル者ニ付テハ之ヲ轉載スルコトヲ要セス

舊戸消手續

第二項ハ新ニ戸籍ヲ編製スル場合ニ於テ前戸主ノ戸籍又ハ戸主ノ名義ヲ

胎兒カ相續人ナル場合

舊、一八

有セシ者ノ戸籍ニ家督相續若クハ家督相續回復其他ノ事由ヲ記載シテ前戸籍ヲ抹消スヘキコトヲ定メタリ而シテ其抹消シタル戸籍ハ戸籍簿ヨリ除キ之ヲ除籍簿ニ編入スヘキモノトス(一六)

第三項、戸主ノ更迭ニ關シテハ新ニ戸籍ヲ編製スルコト及ヒ前戸主又ハ戸主ノ名義ヲ有セシ者ノ戸籍ヲ抹消スヘキコトハ前ニ述ヘタルカ如クナレトモ胎兒ハ相續ニ付テハ法律上ノ擬制ニ依リ未タ生マレサル子ヲ既ニ生マレタルモノト看做シテ相續人タル地位ニ對シ保護ヲ加フルニ過キサルヲ以テ(民、九六八、九九三)第三項ハ家督相續人タル胎兒カ出生シ其出生ノ記載ヲ爲スマテハ第一項及ヒ第二項ノ規定卽チ新ニ戸籍ヲ編製スルコト及ヒ前戸主又ハ戸主ノ名義ヲ有セシ者ノ戸籍ニ其事由ヲ記載シテ之ヲ抹消スルコト等ノ手續ヲ爲スコトヲ要セス單ニ前戸主ニ關スル部分ヲ抹消シ家督相續人カ胎兒ナル旨ヲ記載スルヲ要スルコトヲ定メタリ

第二十四條　復籍拒絕ノ屆出アリタルトキハ復籍拒絕

第二十四條　者ノ戸籍ニ届出ノ要旨ヲ記載スルコトヲ要ス
前項ノ手續ヲ爲シタル後新戸籍ヲ編製スルトキハ之ニ復籍拒絶ニ關スル事項ヲ移記スルコトヲ要ス
復籍ヲ拒絶セラレタル者カ死亡シ其他復籍スルコトナキニ至リタルトキハ復籍拒絶ニ關スル事項ヲ抹消スルコトヲ要ス

復籍拒絶ノ記載手續

本條ハ復籍拒絶ノ記載手續ヲ定ム
第一項ハ復籍拒絶ノ届出アリタルトキハ復籍ヲ拒絶シタル者ノ戸籍ニ届出ノ要旨ヲ記載スルヲ要スルコトヲ定メ以テ離婚又ハ養子離縁ニ因リ復籍セントスル場合ニ於ケル便覽點檢ニ備フルモノトス復籍拒絶トハ家族カ婚姻又ハ養子縁組ヲ爲スニハ戸主ノ同意ヲ得ルコトヲ要シ家族カ若シ之ニ違反シテ婚姻又ハ養子縁組ヲ爲シタルトキハ戸主ハ其婚姻又ハ養子縁組ノ日ヨリ一年内ノ離籍ヲ爲シ又ハ復籍ヲ拒絶スルコトヲ得又婚姻若クハ養子縁

組ニ因リテ他家ニ入リタル者カ更ニ婚姻又ハ養子縁組ニ因リテ他家ニ入ラント欲スルトキハ婚家若クハ養家及ヒ實家ノ戸主ノ同意ヲ得ルコトヲ要シ若シ之ニ違反シテ婚姻又ハ縁組ヲ爲シタルトキハ之ニ同意セサリシ戸主ハ前同斷復籍ヲ拒絶スルコトヲ得ルカ如キ場合ヲ指稱ス（民、七五〇、七四一）故ニ本條ニ所謂復籍拒絶者トハ以上ノ規定ニ依リ復籍ヲ拒絶シタル戸主ノ謂ヒニ外ナラス

第二項ハ復籍拒絶ノ記載ヲ爲シタル後新戸籍ヲ編製スル場合ニ關ス卽チ前項ニ依リ復籍拒絶者ノ戸籍ニ其旨ノ記載ヲ爲シタル後戸主ノ變更又ハ全戸他ノ市町村ニ轉籍スル場合等ニ於テ新戸籍ヲ編製スルトキハ舊戸籍ノ記載中復籍拒絶ニ關スル事項モ亦新戸籍ニ之ヲ移記スルコトヲ要スルモノトス蓋之ヲ新戸籍ニ移記セサルトキハ復籍ヲ拒絶セラレタル者カ後日離婚又ハ離縁等ノ場合ニ於テ果シテ復籍ヲ爲スコトヲ得ルヤ否ヤヲ知ルニ由ナケレハナリ

第三項ハ復籍ヲ拒絶セラレタル者カ死亡シ其他復籍スルコトナキニ至リ

タルトキハ最早復籍拒絶ニ關スル戶籍ノ記載ヲ存スルノ必要ナキヲ以テ復籍拒絶ニ關スル事項ヲ抹消スルヲ要スルコトヲ定メタリ復籍スルコトナキニ至リタルトキトハ例ヘハ復籍ヲ拒絶セラレタル者カ一家ヲ創立シ又ハ日本ノ國籍ヲ喪失シタル場合ノ如シ

舊、一五、一八五

家督相續人指定ノ記載手續

第二十五條 家督相續人指定ノ屆出アリタルトキハ其指定ヲ爲シタル者ノ戶籍ニ屆出ノ要旨ヲ記載スルコトヲ要ス

本條ハ家督相續人指定ノ記載手續ヲ定ム卽チ家督相續人指定ノ屆出アリタルトキハ指定者ノ戶籍ニ屆出ノ要旨ヲ記載スルコトヲ要ス指定者ノ戶籍ニ之ヲ記載シ置カサルトキハ戶籍ヲ一覽スルモ家督相續人ノ指定アリタルコトヲ知リ難ク爲ニ指定ノ意思ヲ貫徹スルノ途ナキカ故ニ本條ノ規定ヲ設ケ家督相續人指定ニ關スル戶籍ノ記載ヲ爲サシメ相續開始ノ場合ニ容易ニ指定家督相續人アルコトヲ知ラシムルニ在リ家督相續人ノ指定トハ法定ノ

推定家督相續人ナキ場合ニ於テ被相續人カ自己ノ相續人ニ指定スルヲ謂ヒ其指定セラレタルモノヲ指定家督相續人ト謂フナリ(民、九七九)

舊、一八〇、一八二

離籍又ハ廢家ニ因ル除籍手續

第二十六條 離籍又ハ廢家ニ因ル除籍ノ手續ハ離籍セラレタル者ノ一家創立又ハ廢家ヲ爲ス者ノ入籍ノ手續アリタル後之ヲ爲スコトヲ要ス

本條ハ離籍又ハ廢家ニ因ル除籍ノ手續ヲ定ム即チ離籍又ハ廢家ニ因ル除籍ヲ爲スニ付テノ手續ハ離籍セラレタル者ノ一家創立又ハ廢家ヲ爲ス者ノ入籍ノ手續アリタル後之ヲ爲スコトヲ要ス離籍セラレタル者カ一家創立ヲ爲サス又ハ廢家者カ他家ヘ入籍ノ手續ヲ爲ササル前ニ除籍ヲ爲ストキハ縱令後ニ至リ是等ノ者ノ一家創立若クハ入籍ノ手續ヲ爲スト雖モ一時無籍者ヲ生シ公ノ秩序ヲ害スルヲ以テナリ故ニ本條ハ無籍者ヲ生セシメサルコトヲ確保スル爲メ規定セラレタルモノトス是亦改正ノ一點ナリ離籍トハ家族ハ戸主ノ意ニ反シテ居所ヲ定ムルコトヲ得サルニ因リ家族カ戸主ノ同意ヲ

得スシテ居所ヲ定メタルトキハ戸主ハ相當ノ期間ヲ定メ其指定シタル場所ニ居所ヲ轉スヘキ旨ヲ催告シテ之ニ應セサルトキハ離籍スルコトヲ得ルカ如キ(民、七四九)又家族カ婚姻又ハ養子緣組ヲ爲スニハ戸主ノ同意ヲ得ルコトヲ要スルカ故ニ家族カ之ニ反シテ婚姻又ハ緣組ヲ爲シタルトキハ戸主ハ一年內ニ離籍スルコトヲ得ルカ如キヲ謂ヒ(民、七五〇)是等ノ場合ニ於テ離籍セラレタル者カ戸主ノ家ノ家族タルコトヲ得サルニ至リタルトキハ自ラ一家ヲ新設スルモノトス廢家トハ新ニ家ヲ立テタル者又ハ家督相續ニ因リ戸主ト爲リタル者カ本家ノ相續、再興其他正當ノ事由ニ因リ裁判所ノ許可ヲ得テ其家ヲ廢シテ他家ヘ入ルヲ謂フ(民、七六二)

舊、一八
七、一八
九

第二十七條　一戸ノ全員又ハ一戸內ノ一人若クハ數人ヲ戸籍ヨリ除クヘキトキハ事由ヲ記載シテ戸籍ノ全部又ハ一部ヲ抹消スルコトヲ要ス

除籍セラルヘキ者ノ本籍カ他ノ市町村ニ轉屬スル場

合ニ於テハ前項ノ手續ハ入籍ノ通知ヲ受ケタル後之ヲ爲スコトヲ要ス但入籍地ノ市町村長カ屆出ヲ受理シタルトキハ此限ニ在ラス

前項ノ規定ハ一家創立ノ屆出ニ因リ除籍ヲ爲スヘキ場合ニ之ヲ準用ス

本條ハ一戶ノ全員又ハ數人若クハ一人ヲ除籍スル手續ヲ定ム

第一項ハ一戶ノ全員又ハ一戶内ノ數人若クハ一人ヲ戶籍ヨリ除クトキハ戶籍ニ除籍ノ事由ヲ記載シ且除籍スヘキ部分ノ全員又ハ數人若クハ一人ヲ抹消スルヲ要スルコトヲ定メタリ抹消スルトハ頟書欄ハ其儘ニ存シ氏名欄ノミ朱抹スルカ如シ一戶ノ全員ヲ戶籍ヨリ除クトキトハ例ヘハ(一)本籍ヲ他ノ市町村ニ移轉シタルトキ(一五八(二))戶主カ家族ト共ニ志望ニ因リ外國ノ國籍ヲ取得シ日本ノ國籍ヲ喪失シタルトキ(國、二〇、二一)(三)一戶ノ全員カ複本籍ヲ有シタルヲ以テ眞實ナラサル部分ノ籍ヲ除クトキノ如シ(一六四)又一戶内ノ一人若クハ數人ヲ除クトキトハ例ヘハ分家又ハ廢絕家再興(民七四三)婚姻又ハ離婚(民、七八八、七三九)養子緣組若クハ養子離緣(民、八六一、七三九)私生子認知(民、八二七、七三三)離籍ニ因ル一家創立(民、七四九、七五〇)又ハ民法第七百三十七條及ヒ第七百三十八條ニ依ル親族入籍ノ如シ

第二項ハ除籍セラルヘキ者ノ本籍カ他ノ市町村ノ區域ニ轉屬(移轉)スヘキ特別ノ場合例ヘハ甲市ヨリ乙町ヘ本籍ノ移轉スルトキ又ハ甲市ノ女カ乙町ノ男ニ嫁シテ乙ノ家ニ入ルカ如キ場合ニハ其入籍スヘキ市町村長ヨリ入籍濟ノ通知ヲ竢テ除籍ヲ爲スヘキコトヲ定メタルモノニシテ斯ク爲ササルトキハ無籍者ヲ生スルノ虞アルヲ以テナリ故ニ入籍地ノ市町村長カ屆出ヲ受理シタルトキハ右ノ手續ヲ執ルニ及ハス

第三項ハ他ノ市町村ノ區域內ニ一家創立ノ屆出ニ因リ原籍地ニ於テ除籍ヲ爲スヘキトキハ前項ノ準用ニ依リ一家創立地ノ市町村長ヨリ入籍ノ通知ヲ受ケタル後之ヲ爲スヘキコトヲ定メタルモノニシテ其理由ハ前項ニ同シ一家創立トハ家族制ヲ採レル我國ニ在リテハ人トシテ必ス家ナカルヘカラ

舊、二九、一九一

ス故ニ家ナキ人アルコトヲ認ムヘカラサルニ因リ父母共ニ知レサル者、戸主ノ家ニ入ルコトヲ得サル者、離籍セラレタル者又ハ復籍ヲ拒絶セラレタル者ハ一家ヲ新ニ創設スルコトハ第二十六條ニ述ヘタルカ如シ(民、七三三、三項、七三五、三項、七四二)

第二十八條　戸籍ノ記載ヲ爲スニハ略字又ハ符號ヲ用ヰス字畫明瞭ナルコトヲ要ス

年月日ヲ記載スルニハ壹貳參拾ノ文字ヲ用ウルコトヲ要ス

文字ハ之ヲ改竄スルコトヲ得ス若シ訂正、挿入又ハ削除ヲ爲シタルトキハ其字數ヲ欄外ニ記載シ又ハ文字ノ前後ニ括弧ヲ附シ市町村長之ニ認印シ其削除ニ係ル文字ハ尚ホ明カニ讀得ヘキ爲メ字體ヲ存スルコト

戸籍ノ用字

ヲ要ス

本條ハ戸籍ノ記載ノ用字及ヒ文字ノ訂正等ノ方式ヲ定ム

第一項ハ戸籍ノ記載ヲ爲スニハ略字又ハ符號ヲ用ヰス字畫明瞭ナルヲ要スルコトヲ定メタルモノニシテ戸籍ノ嚴正ト確實トヲ期待スルニ付キ其記載スル文字ヲシテ鮮明ニシテ且正確ナラシメントスルニ在リ略字トハ裁判ヲ才半ト記載シ離婚ヲ离昏ト記載スルカ如キヲ謂ヒ符號トハ文字ニ代用スル形象ヲ謂ヒ字畫明瞭トハ正シキ字體ヲ以テ記載ヲ爲シ走リ書キ曖昧ナル文字ヲ用ウルヲ許ササルノ法意ナリ蓋シ正確ナラサル文字ハ變造、誤讀又ハ誤寫ノ惧アルヲ以テナリ

數字ノ用例

第二項ハ年月日ヲ記載スルニハ壹貳參拾ノ字ヲ用ウルヲ要スルコトヲ定メタルモノニシテ年月日ノ記載ヲ爲スニ付キ一二三十ノ字ヲ用ウルコトヲ得ス年月日ハ戸籍上最モ重要ニシテ各個人ノ身分權又ハ公權ニ付キ多大ナル影響アルヲ以テ誤謬ヲ未然ニ防キ且容易ニ改竄スルコトヲ得サラシムル

ニ在リ

第三項ハ文字ハ改竄スルコトヲ得ス若シ訂正、挿入又ハ削除ヲ爲シタルトキハ其字數ヲ欄外ニ記載シ又ハ文字ノ前後ニ括弧ヲ附シ市町村長之ニ認印其削除ニ係ル文字ハ尙ホ明カニ讀得ヘキ爲メ字體ヲ存スルヲ要スルコトヲ定メタルモノニシテ改竄トハ塗リ消シ又ハ小刀若クハ護謨ヲ以テ銷磨シ或ハ文字ノ上ニ太ク描寫スルカ如キヲ謂フ然レトモ市町村長カ戸籍ノ記載ヲ爲スニ當リテモ絕對ニ脫字又ハ誤字ナキコトヲ保セサルヲ以テ訂正、挿入又ハ削除ヲ爲シタルトキハ本項ニ定メタル方式ニ依ルコトヲ要ス削除スヘキ文字ノ上ニ朱線ヲ引クカ如キ方法ニ依ルコトハ通例ニシテ漆黑ニ塗抹スルコトヲ禁シタルモノトス

訂正、挿入又ハ削除ヲ爲スコトハ戸籍ノ記載ヲ爲ス當時ニ限ルモノニシテ後ニ至リテ其記載ニ錯誤又ハ遺漏アルコトヲ發見シタルトキハ第三十九條ニ定メタル手續ニ依ルニ非サレハ其訂正、挿入又ハ削除等ヲ爲シテ戸籍ノ補正ヲ爲スコトヲ得サルモノトス

第二十八條

舊、一九一、三一

文末ノ認印

第二十九條　戸籍ノ記載ヲ爲ス毎ニ市町村長ハ其文末ニ認印スルコトヲ要ス

本條ハ戸籍記載ノ文末ニ認印スルコトヲ定ム卽チ市町村長ハ戸籍ノ記載ヲ爲シタルトキハ正確ナルコトヲ確保シ且何人カ取扱ヒタルヤヲ明カナラシメ又後日ニ至リ追記スルコトヲ得サラシムル爲メ戸籍ノ記載ヲ爲ス毎ニ必ス其文末ニ認印スヘキモノトス

舊、一九二

戸籍用紙ノ掛紙

第三十條　戸籍用紙中ノ一部分ヲ用ヰ盡シタルトキハ掛紙ヲ爲スコトヲ得此場合ニ於テハ市町村長ハ職印ヲ以テ掛紙ト本紙トニ契印ヲ爲スコトヲ要ス

本條ハ戸籍用紙ニ掛紙ヲ爲ス手續ヲ定ム卽チ戸籍ノ記載事項多クシテ戸籍用紙中ノ一部ヲ用ヰ盡シ事項欄ニ餘白ナキニ至リタルトキハ本紙ヘ掛紙ヲ貼附シテ繼續記載ヲ爲スコトヲ得ヘキ便宜規定ヲ設ケタルモノニシテ掛

紙ハ脫落又ハ剝取シ易キヲ以テ掛紙ヲ爲シタル場合ニ於テハ其確實ヲ期スル爲メ掛紙ト本紙トニ職印ヲ以テ契印ヲ爲スコトヲ要スルモノトス

舊、三三、三四

第三十一條

届出事件ノ本人ノ本籍カ一ノ市町村ヨリ他ノ市町村ニ轉屬スル場合ニ於テハ届出ヲ受理シタル市町村長ハ戸籍ノ記載ヲ爲シタル後遲滯ナク届書ノ一通ヲ他ノ市町村長ニ送付スルコトヲ要ス

轉籍ノ取扱手續

本條ハ轉籍ノ場合ニ届書ヲ他ノ市町村長ニ送付スル手續ヲ定ム卽チ届出事件ノ本人ノ本籍カ届出ニ因リ一ノ市町村ノ區域ヨリ他ノ市町村ノ區域ニ轉屬スル場合トハ例ヘハ甲町ノ人カ乙村ニ分家、廢絕家再興、他家ノ相續、一家創立、婚姻又ハ養子緣組、離婚又ハ養子離緣ニ因ル復籍、親族入籍若クハ本籍地移轉ノ場合ノ如シ而シテ東京市ノ人カ大阪市ノ人ト婚姻又ハ養子緣組ヲ爲シテ東京市ノ人ハ大阪市ノ人ノ家ニ入ルカ如キ場合ニ於テ其届出ヲ受理シタル大阪市ノ區長ハ戸籍ノ記載ヲ爲シタル後遲滯ナク届書ノ一通ヲ東京市ノ區長ニ送付スルコトヲ要シ東京市ノ區長ハ之ニ基キ戸籍ノ記載ヲ爲シ且入籍ノ通知アリタル後之カ除籍ノ手續ヲ爲スヘキモノトス(二七、二項)

第三十二條　前條ノ場合ヲ除ク外他ノ市町村長カ戸籍ノ記載ヲ爲スヘキ必要アル場合ニ於テハ屆出ヲ受理シタル市町村長ハ遲滯ナク屆書ノ一通ヲ他ノ市町村長ニ送付スルコトヲ要ス

舊、三五

屆書送付ノ手續

本條ハ他ノ市町村長カ戸籍ノ記載ヲ爲ス場合ニ屆書ノ一通ヲ送付スヘキコトヲ定ム卽チ屆出事件ノ本人ノ本籍カ前條ニ定メタル如ク甲地ヨリ乙地ニ轉屬セサルモ他ノ市町村長カ戸籍ノ記載ヲ爲スヘキ必要アル場合ニ於テハ屆出ヲ受理シタル市町村長ハ遲滯ナク屆書ノ一通ヲ他ノ市町村長ニ送付スルコトヲ要ス例ヘハ出生ノ屆出ヲ本籍地外ナル出生地又ハ所在地ニ於テ爲シタルトキハ之ヲ受理シタル出生地又ハ所在地ノ市町村長ハ屆書ノ一通ヲ本籍地ノ市町村長ニ送付スヘキカ如シ

舊、二六

本籍分明、本籍ヲ有スルニ至リタル場合

第三十三條 本籍分明ナラサル者又ハ本籍ナキ者ニ付キ屆出ヲ受理シタル後其者ノ本籍カ分明ト爲リタル旨又ハ其者カ本籍ヲ有スルニ至リタル旨ノ屆出アリタル場合ニ於テハ前二條ノ規定ハ其屆書及ヒ前ニ受理シタル屆書ニ付キ之ヲ適用ス

本條ハ本籍分明ト爲リ又ハ本籍ヲ有スルニ至リタル場合ノ手續ヲ定ム卽チ本籍分明ナラサル者又ハ本籍ナカリシ者ニ付キ屆出アリ或市町村長ニ於テ之ヲ受理シタル後其者ノ本籍カ分明ト爲リ又ハ本籍ヲ有スルニ至リタルトキハ屆出人又ハ屆出事件ノ本人ヨリ更ニ其旨ノ屆出ヲ爲シ(四五)其本籍地ノ市町村長ニ於テ戶籍ノ記載ヲ爲スヘキモノナルヲ以テ其本籍カ前ニ屆出ヲ受理シタル市町村長ノ管轄區域內ナルトキハ其前後ノ屆出ニ基キ直ニ戶籍ノ記載ヲ爲セハ足ルト雖モ若シ其本籍カ他ノ市町村ノ區域內ナルトキハ其市町村長ヲシテ戶籍ノ記載ヲ爲サシムル爲メ前ニ受理シタル屆書及ヒ後

ニ受理シタル届書ヲ共ニ戸籍ノ記載ヲ爲スヘキ市町村長ニ送付スルノ必要アルコト明カナリ故ニ本條ハ其届出事件ノ本人ノ本籍カ他ノ市町村ニ屬スル場合ニ於テハ第三十一條ノ規定ニ依リ右前後ノ届書ヲ他ノ市町村長ニ送付スヘク其外他ノ市町村長カ戸籍ノ記載ヲ爲スヘキ必要アル場合ニ於テハ第三十二條ノ規定ニ依リ前後ノ届書ヲ他ノ市町村長ニ送付スヘキコトヲ定メタルモノナリ而シテ本籍分明ナラサル者トハ本籍ヲ有スルコト明カナルモ何處カ本籍ナルヤ一時判明セサルモノヲ謂ヒ本籍ナキ者トハ日本人ニシテ何處ニモ本籍ヲ全然有セサルモノヲ謂フナリ

舊、三六

届書ニ非サル書面ニ因リ戸籍ノ記載ヲ爲ス場合

第三十四條 前三條ノ規定ハ届書ニ非サル書面ニ因リ戸籍ノ記載ヲ爲スヘキ場合ニ之ヲ準用ス此場合ニ於テハ市町村長ハ其受附ケタル書面ノ謄本ヲ作リ其謄本ヲ送付スルコトヲ要ス

本條ハ届書ニ非サル書面ニ因リ戸籍ノ記載ヲ爲スヘキ場合ニ於テ前三條

書面ノ代用

ノ規定ヲ準用スルコトヲ定ム卽チ(一)届出事件ノ本人ノ本籍カ届出ニ因リテ一ノ市町村ノ區域ヨリ他ノ市町村ノ區域ニ轉屬スル場合(三一)(二)本籍カ轉屬スルニ非サルモ他ノ市町村長ニ於テ戸籍ノ記載ヲ爲スヲ要スル場合(三二)(三)本籍分明ナラサル者若クハ本籍ナキ者ニ付キ届出ヲ受理シタル後其者ノ本籍カ分明トナリ又ハ其者カ本籍ヲ有スルニ至リタル場合(三三)等ニ關シ他ノ市町村長ニ於テ戸籍ノ記載ヲ爲スヲ要スルトキハ届出ヲ受理シタル市町村長ハ届書ノ一通ヲ他ノ市町村長ニ送付スルヲ要スル規定カ届書ニ非サル書面便チ報告書、申請書、請求書、證書又ハ航海日誌若クハ裁判ノ謄本(二〇)ニ基キテ戸籍ノ記載ヲ爲スヘキ場合ニ準用セラルルヲ以テ是等ノ書面ヲ受理シタル市町村長ハ戸籍ノ記載ヲ爲スヘキ他ノ市町村長ニ遲滯ナク報告書、申請書、請求書、證書又ハ航海日誌若クハ裁判ノ謄本一通ヲ送付スルコトヲ要ス

市町村長カ受理シタル報告書、申請書、請求書、證書又ハ航海日誌若クハ裁判ノ謄本等ハ多クハ一通ナルカ故ニ市町村長ハ是等ノ書面ニ依リ謄本ヲ作リ本書ヲ其市役所又ハ町村役場ニ留置キ其作リタル謄本ヲ他ノ市町村長ニ送

付スルコトヲ要スルモノトセリ之レ實際ノ便宜ニ基キ設ケラレタル規定ナリトス

舊、一八八

第三十五條　屆出事件ノ本人ノ本籍カ他ノ市町村ニ轉屬スル場合ニ於テハ入籍地ノ市町村長ハ戸籍ノ記載ヲ爲シタル後除籍地ノ市町村長ニ入籍ノ通知ヲ爲スコトヲ要ス但入籍地ノ市町村長カ屆出ヲ受理シタルトキハ此限ニ在ラス

前項ノ規定ハ市町村長カ一家創立ノ屆出ニ因リ除籍ヲ爲スヘキ場合ニ之ヲ準用ス

入籍ノ通知

本條ハ入籍ヲ爲スヘキ場合ノ手續ヲ定ム

第一項、一戸ノ全員又ハ一戸內ノ一人若クハ數人ヲ戸籍ヨリ除クヘキ一般ノ手續ニ付テハ第二十七條ノ定ムル所ニシテ又屆出事件ノ本人ノ本籍カ甲ノ市町村ノ區域ヨリ乙ノ市町村ノ區域ニ轉屬スル場合ニ於テ屆書ヲ受理シタル市町村長ハ戸籍ノ記載ヲ爲シタル後屆書ノ一通ヲ他ノ市町村長ニ送付スヘキ手續ニ關シテハ第三十一條ニ定ムル所ナレトモ尙ホ同一ノ場合ニ於テ入籍地ノ市町村長カ入籍ノ手續ヲ爲シタルトキハ特ニ第　項ノ手續ヲ盡サヽルヘカラス即チ屆出事件ノ本人ノ本籍カ甲ノ市町村ノ區域ヨリ乙ノ市町村ノ區域ニ轉屬スル場合例ヘハ婚姻其他ノ事由ニ因リ東京市本郷區ヨリ横濱市ヘ入籍スルトキハ入籍ノ手續ヲ爲シタル横濱市長ハ本郷區長ニ對シ特ニ入籍濟ノ通知ヲ爲スコトヲ要ス從テ本郷區長ハ其入籍ノ通知ニ依リ除籍ノ手續ヲ爲スコトヲ得ルモノトス要スルニ第二十七條ハ除籍ヲ爲スニ付キ盡サヽルヘカラサル手續ヲ定メ第三十一條ハ受理シタル屆書ノ一通ヲ他ノ市町村長ニ送付スヘキ手續ヲ定メ本條第一項ハ入籍ヲ爲スヘキ場合ニ踐ムヘキ手續ヲ定メタルモノニシテ是等ノ規定ハ相密接シ又三者鼎立シテ分離スヘカラサル關係アルモノト謂フヘシ而シテ本條ノ入籍ノ通知ト第三十一條ノ屆書ノ送付トハ同時ニ之ヲ爲スコト多カルヘシト雖モ或ハ屆書ノ送付ヲ爲スコトヲ要セス單ニ入籍ノ通知ノミヲ爲スコトアルヘキカ故ニ第三

十一條ト本條トハ別個ノ規定ヲ爲シタル所以ナリ但入籍地ノ市町村長カ屆出ヲ受理シタルトキハ戶籍ノ記載ヲ爲シタル後屆書ノ一通ヲ除籍地ノ市町村長ニ送付スヘキヲ以テ(三一)此場合ニ於テハ特ニ入籍ノ通知ヲ爲スコトノ要ナキモノトス

第二項、一家創立ノ場合例ヘハ離婚又ハ離緣ヲ爲シタル者カ實家ニ復籍セントスルニ丁リ實家ノ廢絕シタルニ因リ復籍スヘキ家ナキトキ(民、七四⊙)又ハ實家アレトモ復籍拒絕若クハ離籍セラレタルトキ(民、七四二)若クハ庶子、私生子カ父又ハ母ノ家ノ戶主ノ同意ヲ得ル能ハサル爲メ其家ニ入ルコトヲ得サリシトキノ如キハ一戶ヲ創立スルコトハ屢々述ヘタル所ニシテ(民、七三五、三項)其者ノ本籍ハ東京市本鄕區ナレトモ一家ヲ創立スヘキ地ハ千葉町ナルトキハ第二項ニ依リ第一項ヲ準用シテ千葉町長ハ戶籍ノ記載ヲ爲シタル後入籍濟ノ旨ヲ本鄕區長ニ通知スルコトヲ要ス而シテ本鄕區長ハ其通知ニ因リ除籍ノ手續ヲ爲スヘキナリ(二六)

舊、三七

第三十六條 戶籍ノ記載手續ヲ完了シタルトキハ屆書

其他受理シタル書類ハ本籍人及ヒ非本籍人ニ區別シ本籍人ニ關スルモノハ戸籍編綴ノ順序ニ從ヒテ之ヲ編綴シ非本籍人ニ關スルモノハ事件ノ種類ニ依リ各別ニ之ヲ編綴シ且各目錄ヲ附スルコトヲ要ス

戸籍ノ記載ヲ要セサル事項ニ付キ受理シタル書類ハ之ヲ合綴シ且目錄ヲ附スルコトヲ要ス日本ノ國籍ヲ有セサル者ニ關スル事項ニ付キ受理シタル書類亦同シ

本條ハ受附ケタル書類ノ處理ニ關スル手續ヲ定ム

第一項、戸籍ノ記載ヲ爲スニ付テ受附ケタル書類ハ本籍人、非本籍人ノ區別ヲ爲シ而シテ本籍人ニ關スルモノ即チ屆書、屆出ノ筆記書、報告書、申請書、請求書、證書又ハ航海日誌若クハ裁判ノ謄本及ヒ之ニ附屬スル委任狀、同意書其他ノ書類ハ戸籍ノ記載ヲ完了シタルトキハ地番號ノ順序ニ依リ編綴セラレタ

第三十六條

ル戸籍簿ノ順序ニ從ヒ(一〇)之ヲ編綴シ且之ニ目錄ヲ附シ又非本籍人ニ關スル受附書類ハ戸籍ニ記載スルコト能ハサルヲ以テ之ヲ受理シタル儘之ヲ出生、認知、養子緣組、養子離緣、婚姻、離婚、親權及ヒ後見、隱居、死亡及ヒ失踪、家督相續、推定家督相續人ノ廢除、家督相續人ノ指定、入籍離籍及ヒ復籍拒絶、廢家及ヒ絶家、分家及ヒ廢絶家再興、國籍喪失、氏名族稱ノ變更及ヒ襲爵、轉籍及ヒ就籍ノ分類ヲ以テ各別ニ之ヲ編綴シ且之ニ目錄ヲ附スルコトヲ要ス是レ照合ニ便ナラシメ索引ニ易カラシメ併セテ書類ノ散逸ヲ防クカ爲メナリ

第二項、戸籍ノ記載ヲ要セサル事項ニ付キ届出ヲ受理シタルトキ及ヒ日本ノ國籍ヲ有セサル者ニ關スル事項ニ付キ届出ヲ受理シタルトキハ其書類ヲ合綴シ且之ニ目錄ヲ附スルコトヲ要ス戸籍ノ記載ヲ要セサル事項ニ付キ届出ヲ受理シタルトキトハ例ヘハ胎兒認知ノ届出(八二)及ヒ認知セラレタル胎兒カ死體ニテ生レタル場合ニ於テ其旨ノ届出(八六)アリタルトキヲ謂ヒ是等ノ場合ニ於テハ胎兒ハ未タ戸主又ハ家族ニ非サルコト勿論ナレハ其身分ニ關スル事項トシテ戸籍ニ記載スルコトヲ要セサルナリ(一一八、一一四號、二一三)

以上ノ書類ノ保存ヲ爲スコトハ戸籍ノ記載ヲ爲スニ付キ基本ト爲リタル書類ハ戸籍ト各一致スルコトヲ證シ從テ戸籍ノ記載ニ錯誤遺漏アルトキハ彼此校査ヲ爲スノ便ニ供セシムルノ必要アルカ故ナリ

舊、三八、一項

受附書類ノ保存

第三十七條 前條第一項ノ書類ハ一个月毎ニ遲滯ナク之ヲ監督區裁判所ニ送付スルコトヲ要ス

本條ハ屆書其他ノ書類ノ保存方法ヲ定ム卽チ本籍人、非本籍人ニ關スル屆書其他受附ケタル書類ハ前條ニ依リ編綴シ一个月毎ニ取纒メ遲滯ナク之ヲ監督區裁判所ニ送付スルコトヲ要シ監督區裁判所ハ是等送付ヲ受ケタル書類ヲ保存スルモノトス茲ニ一个月毎トハ一个月分ト云フト同シク毎月一日ヨリ末日マテニ受理シタル書類ヲ前條第一項ニ依リ編綴シタル上翌月早々之ヲ監督區裁判所ニ送付スルコトヲ要ストノ意ナリ故ニ之ヲ期間ト解シ書類ヲ受理シタル日ヨリ起算シテ一个月毎ニ各書類ヲ送付スヘキモノト誤解スヘカラス

舊、三八、二項

受附書類ノ保存期間

第三十八條　第三十六條ノ書類ノ保存期間ハ司法大臣之ヲ定ム

本條ハ届書其他ノ書類ノ保存期間ヲ定ム卽チ本籍人、非本籍人ニ關スル戶籍ノ記載ヲ要スル事項ニ付テノ屆出其他受附ケタル書類及ヒ戶籍ノ記載ヲ要セサル事項ニ付テノ届出幷ニ國籍ヲ有セサル者ニ關スル受附書類等ノ保存ヲ爲スヘキ期間ニ付テハ司法大臣ニ委任シテ之ヲ定メシムルモノトス是等ノ書類ハ前ニ一言シタル如ク戶籍ノ記載ニ錯誤又ハ遺漏アリタルヤ否ヤヲ校査シ又戶籍ノ全部若クハ一部カ滅失シタル場合ニ備フルモノトス（一五）

新設舊、四〇

第三十九條　戶籍ノ記載カ法律上許スヘカラサルモノナルコト又ハ其記載ニ錯誤若クハ遺漏アルコトヲ發見シタル場合ニ於テハ市町村長ハ遲滯ナク屆出人又ハ屆出事件ノ本人ニ其旨ヲ通知スルコトヲ要ス但其

錯誤又ハ遺漏カ市町村長ノ過誤ニ出テタルトキハ此限ニ在ラス
前項ノ通知ヲ爲スコト能ハサルトキ又ハ通知ヲ爲シタルモ戸籍訂正ノ申請ヲ爲ス者ナキトキハ市町村長ハ監督區裁判所ノ許可ヲ得テ戸籍ノ訂正ヲ爲スコトヲ得前項但書ノ場合亦同シ
裁判所其他ノ官廳、檢事又ハ吏員カ其職務上戸籍ノ記載ニ錯誤又ハ遺漏アルコトヲ知リタルトキハ遲滯ナク屆出事件ノ本人ノ本籍地ノ市町村長ニ其旨ヲ通知スルコトヲ要ス

本條ハ市町村長カ戸籍ノ訂正ヲ爲スヘキ手續ヲ定ム
第一項ハ戸籍ノ記載カ不法ナルトキ又ハ錯誤若クハ遺漏アルトキハ利害

關係人ハ其訂正ヲ申請スルコトヲ得ルカ故ニ(一六五)市町村長カ其事實ヲ發見シタルトキハ屆出人又ハ屆出事件ノ本人ニ其旨ヲ通知シ以テ之カ訂正ノ手續ヲ督勵スルコトヲ定ム但錯誤又ハ遺漏カ全ク市町村長ノ過失又ハ誤謬ニ出テタルトキハ次ニ述フルカ如ク市町村長ハ自ラ進ンテ監督區裁判所ノ許可ヲ得テ之ヲ訂正スルコトヲ得ルカ故ニ此場合ニ於テハ當事者ニ對シ通知ヲ爲スコトヲ要セス戶籍ノ記載カ法律上許スヘカラサルモノナルコトトハ例ヘハ戶籍ニ外國人又ハ法人ニ關スル事項ヲ記載シタルカ如キヲ謂ヒ錯誤トハ戶籍ノ記載カ實際ノ事實ト符合セサルコトヲ謂ヒ遺漏トハ戶籍ニ記載スヘキ事項ヲ脫落シタルコトヲ謂フナリ監督區裁判所トハ市役所、町村役場ノ所在地ヲ管轄スル區裁判所ノ義ナリ市町村長ハ區裁判所判事ノ司法行政監督ノ下ニ在ルヲ以テ此文字ヲ用キタリ尙ホ第五章ノ說明ヲ參照スヘシ

戶籍ノ記載カ不法ナルトキ又ハ錯誤若クハ遺漏アルトキハ屆出人又ハ屆出事件ノ本人ノ申請ニ因リテ之ヲ訂正スルヲ原則トス又一旦戶籍ニ記載セラレタル以上ハ一ノ公文書ナルヲ以テ其作成者タル市町村長ト雖モ敢テ漫

ニ之ヲ補正スルコトヲ得ヘキニ非ス然レトモ如何ナル場合ニ於テモ届出人又ハ届出事件ノ本人ノ申請ヲ竢ツニ非サレハ記載ノ不法ナルコト又ハ錯誤若クハ遺漏ヲ補正シ得ストキハ戸籍ノ記載ハ實際ノ事實ト甚タシク懸隔ヲ生シ到底之ヲ收拾スルノ期ナキニ至ルヘシ故ニ第二項ハ特定ノ場合ニ於テ市町村長ハ監督區裁判所ノ許可ヲ得テ職權上戸籍ノ訂正ヲ爲スコトヲ得ヘキヲ定メタルモノニシテ緒言ニ於テ一言シタル如ク本法中新設ニ係ル規定中最モ注目スヘキ一點ナリトス而シテ市町村長カ職權上戸籍ノ訂正ヲ爲スヘキ場合ハ左ノ如シ

一　戸籍ノ記載カ法律上許スヘカラサルモノナルコト又ハ其記載ニ錯誤若クハ遺漏アルコトヲ届出人又ハ届出事件ノ本人ニ通知ヲ爲スコト能ハサルトキ　通知ヲ爲スコト能ハサルトキトハ例ヘハ是等ノ者カ死亡シ又ハ其所在分明ナラサル場合ノ如シ

二　前號ノ通知ヲ爲シタルモ戸籍訂正ノ申請ヲ爲ス者ナキトキ　例ヘハ届出人又ハ届出事件ノ本人カ無能力者ト爲リ且其法定代理人ナカリシカ如

シ

三　錯誤又ハ遺漏カ市町村長ノ過誤ニ出テタルトキ　錯誤又ハ遺漏カ市町村長ノ過誤ニ出テタルトキハ其責任固ヨリ市町村長ニ在リテ届出人又ハ届出事件ノ本人ノ關スル所ニ非サルカ故ニ市町村長自ラ進ンテ其補正ノ手續ヲ爲スコトヲ要ス

第三項ハ裁判所其他ノ官廳、檢事又ハ吏員カ其職務上戸籍ノ記載ニ錯誤又ハ遺漏アルコトヲ知リタルトキハ遲滯ナク届出事件ノ本人ノ本籍地ノ市町村長ニ之ヲ通知スルノ義務アルコトヲ定メ以テ各方面ヨリ戸籍ノ訂正ヲ爲スヘキコトヲ督勵セシメントスルニ在リ

新設

第四十條　同一ノ事件ニ付キ數人ノ届出義務者ヨリ各別ニ届出アリタル場合ニ於テ後ニ受理シタル届出ニ因リテ戸籍ノ記載ヲ爲シタルトキハ前ニ受理シタル届出ニ基キ其戸籍ノ訂正ヲ爲スコトヲ要ス

本條ハ重複屆出アリタル場合ノ手續ヲ定ム卽チ同一事件ニ付キ屆出義務ヲ負フ者數人アル場合少カラス例ヘハ出生ノ場合ニ於テハ第一父母、第二戶主、第三同居者、第四分娩ニ立會ヒタル醫師又ハ產婆、第五分娩ヲ介抱シタル者ノ如キ（七二）又死亡ノ場合ニ於テハ第一戶主、第二同居者、第三家主、地主又ハ土地家屋ノ管理人ノ如キ（一一七）者カ其順位ニ於テ各屆出義務者タルモノニシテ殊ニ死亡ノ場合ニ於テハ其順序ニ拘ラス屆出ヲ爲スコトヲ得ルモノナレハ若シ同一事件ニ付キ數人ノ屆出義務者ヨリ各別ニ屆出アリタル場合ニ於テハ市町村長ハ前ニ受理シタル屆出ニ因リテ戶籍ノ記載ヲ爲スヲ以テ本則トス從テ若シ後ニ受理シタル屆出ニ因リテ戶籍ノ記載ヲ爲シタルトキハ其記載ハ不當ナルヲ以テ前ニ受理シタル屆出ニ基キ更ニ其戶籍ノ訂正ヲ爲スコトヲ要スルモノトス然レトモ前後ノ屆出中同一ノ點ニ付テハ更ニ之ヲ訂正スルノ要ナキコト言ヲ俟タス而シテ本條ハ前後ノ屆出ノ孰レカ眞正ノ事實ナルヤハ固ヨリ之ヲ問ハサルカ故ニ實際上前ノ屆出カ錯誤ニシテ後ノ屆出カ眞正ナルトキト雖モ前ニ受理シタル屆出ニ基キ其記載ヲ訂正シタル上

更ニ前條ニ依リ戸籍訂正ノ手續ヲ爲スヘキナリ

第四十一條 行政區畫又ハ土地ノ名稱ノ變更アリタルトキハ戸籍ノ記載ハ訂正セラレタルモノト看做ス但其記載ヲ更正スルコトヲ妨ケス

地番號ノ變更アリタルトキハ戸籍ノ記載ヲ更正スルコトヲ要ス

第一項ハ行政區畫ノ名稱又ハ土地ノ名稱ノ變更アリタル場合ニ於ケル戸籍ノ訂正ニ關スルモノナリ卽チ行政區畫又ハ土地ノ名稱ノ變更ハ行政法規ニ依リ之ヲ公表セラルルモノニシテ何人ニモ顯著ナル事項ニ屬スルヲ以テ特ニ戸籍訂正ノ手續ヲ履踐スルコトナク法律上當然其訂正アリタルモノト看做サルルナリ然レトモ是等ノ事項カ戸籍ノ記載ト符合セサルトキハ實際上不便ヲ生スルヲ以テ市町村長ハ獨斷ヲ以テ之ヲ更正スルコトヲ妨ケサルモノトス行政區畫ノ名稱ノ變更トハ府縣市町村ノ名稱ヲ變更スルヲ謂フ例

舊、一一九 三

行政區畫又ハ土地ノ名稱ノ變更

へハ千葉町ヲ千葉市ト改稱シ澁谷村ヲ澁谷町ト改稱スルカ如シ土地ノ名稱ノ變更トハ行政區畫中ノ區域ニ屬スル土地ノ名稱ヲ改稱スルコトヲ謂フナリ例ヘハ市町村ヲ更ニ區畫シタル字ノ名稱ヲ改稱スルカ如シ

地番號ノ變更

第二項ハ戶籍ニ記載セル地番號ノ變更アリタルトキハ市町村長ハ必ス戶籍ノ記載ヲ更正スヘキコトヲ定ム此場合ニ於テハ市町村長ハ屆出人又ハ屆出事件ノ本人ノ申請及ヒ監督區裁判所ノ許可ヲ受クルコトナク單獨ニテ戶籍ニ新ナル地番號ヲ記載シ其新番號ニ基キ戶籍ヲ編綴セサルヘカラス地番號ノ變更トハ春木町五番地ヲ割キ五番地ノ一、五番地ノ二ト爲シ或ハ五番地六番地ヲ合併シテ五番地ト爲シタルカ如キヲ謂フナリ

舊戶手、一七

第四十二條

市町村ノ區域ノ變更アリタルトキハ戶籍及ヒ之ニ關スル書類ハ之ヲ當該市町村ニ引繼クコトヲ要ス

市町村區域ノ變更ニ因ル戶籍ノ引繼

本條ハ戶籍其他書類ノ引繼ニ關スル手續ヲ定ム卽チ行政區畫ノ名稱ノ變

更ニ付テハ前條ニ於テ述ヘタル如ク當然戸籍ノ記載ハ訂正セラレタルモノト看做サレ且市町村長ハ隨時ニ其記載ヲ更正スルコトヲ得ルニ過キスト雖モ若シ行政處分ニ因リ市町村ノ區域ヲ變更シタルトキ例ヘハ麴町區中ノ某町ヲ神田區ニ屬セシメタル如キ場合ニ於テハ麴町區長ハ其神田區ニ組入レラレタル某町ニ屬スル戸籍及ヒ之ニ關スル書類一切ヲ神田區長ニ引繼クコトヲ要スルモノトス是レ固ヨリ事理ノ當然ナルカ如シト雖モ戸籍其他書類ノ引繼ニ關スル規定ナキトキハ或ハ分屬セル部分ノ戸籍其他ノ書類ヲ引繼クヘキヤ或ハ又神田區長ハ之カ引繼ヲ受クヘキニ非スシテ新ニ戸籍ヲ作ルヘキヤノ疑問ヲ避クルト事務ノ簡捷正確トヲ期スルカ爲ニ特ニ設ケタルモノトス而シテ市町村ノ區域ノ變更ト同時ニ其名稱ノ變更ヲ生シタルトキハ戸籍其他ノ書類ヲ受繼キタル市町村長ハ前條ノ規定ニ依リ戸籍ノ記載ヲ更正スヘキコト勿論ナリ

第四章 届出

第二章ニ戸籍簿、第三章ニ戸籍ノ記載手續ニ關スル規定ヲ設ケタレトモ市町村長カ戸籍事務ヲ取扱フニ膺リテハ届出、申請又ハ其他書類ノ受理ニ因リ初メテ其職務ヲ執行スルコトヲ得ルモノニシテ市町村長自ラ進ミテ其職務ヲ行フコトヲ得サルヲ本則トス但タ戸籍ノ記載ト實際ノ事實トニ付キ統一ヲ謀ル爲メ或ル特定ノ場合ニ限リ例外トシテ市町村長ヲシテ職權上戸籍ノ記載ヲ爲スコトヲ得セシムルニ過キス(三九、六四、六五)是レ恰モ裁判官カ訴訟ノ提起ヲ待テ其事件ヲ審理スルコトヲ得ルト同シク全ク受方ノ性質ヲ有シ働方ノ性質ヲ有スルモノニ非ス故ニ市町村長カ戸籍ノ記載ヲ爲スニ付テノ基本タル届出ニ關スル規定ヲ前章ニ接キテ本章ニ之ヲ規定シタル所以ナリ本章ニ於テハ單リ届出ニ關スル規定ノミナラス報告、申請、請求、證書又ハ航海日誌若クハ裁判ノ謄本等苟モ戸籍事務ニ關スルモノハ總テ之ヲ網羅シタリ其然ル所以ハ届出ニ關スルモノ極メテ饒多ナルヲ以テナリ

第一節 通則

本節ハ第二節以下ニ規定スル所ノ各種ノ屆出其他ニ關スル通則ヲ定ム故ニ第三節以下ニ於テ特別規定ナキ限リハ本節ノ規定カ總テノ屆出、申請其他ノ事件ニ適用アルモノニシテ若シ通則ノ規定ヲ適用シ難キモノニ關シテハ第二節以下ニ特別規定ヲ設ケタルヲ以テ此場合ニハ通則ノ規定カ適用ナクシテ特別規定ニ從フヘキモノトス例ヘハ通則ノ第四十三條ニ「屆出ハ屆出事件ノ本人ノ本籍地又ハ屆出人ノ所在地ニ於テ之ヲ爲スコトヲ要ス」トアルカ故ニ屆出人ノ選擇ニ因リ屆出事件ノ本人ノ本籍地又ハ屆出人ノ所在地ニ於テ屆出ヲ爲スコトヲ原則ト爲シ以テ一般ノ屆出、申請其他ノ事件ニ之ヲ適用セラルレトモ家督相續、家督相續回復及ヒ胎兒ノ相續ニ關スル屆出ニ付テハ第百三十條ニ前略「被相續人ノ本籍地ニ於テ之ヲ爲スコトヲ要ス」トノ例外規定アルヲ以テ是等ノ屆出ヲ爲ス場合ニハ通則ノ規定ノ適用ナク被相續人ノ本籍地ニ於テ之ヲ爲スコトヲ要スルカ如シ其他ハ之ヲ類推スヘシ

舊、四二

屆出地ノ原則

第四十三條　屆出ハ屆出事件ノ本人ノ本籍地又ハ屆出人ノ所在地ニ於テ之ヲ爲スコトヲ要ス

本條ハ屆出地ノ原則ヲ定ム卽チ戶籍ニ關スル屆出ハ屆出事件ノ本人ノ本籍地又ハ屆出人ノ所在地ニ於テ之ヲ爲スコトヲ本則ト爲ス故ニ屆出人ハ屆出事件ノ本人ノ本籍地又ハ所在地ノ內孰レカ自己ノ便宜トスル一方ニ於テ屆出ヲ爲スコトヲ要ス從テ其一方ニ屆出ヲ爲シタルトキハ他ノ一方ニ屆出ヲ爲スコトヲ要セス屆出地トハ屆出人又ハ屆出事件ノ本人(二一)ヨリ觀察シ屆出行爲ヲ爲スヘキ地域ヲ謂ヒ市町村長ヨリ觀察スレハ之ヲ受理スヘキ戶籍事務ノ管轄地域ヲ謂フ所在地トハ寄留地ハ勿論一時ノ滯在地ヲモ包含スルモノトス但本條ノ特別規定少カラス例ヘハ出生ノ屆出ハ出生地(七〇)汽車又ハ航海日誌ヲ備ヘサル船舶中ノ出生ノ屆出ハ到著地(七一)航海中ノ出生ニ付キ航海日誌ノ謄本ヲ送付スルハ著港地(七五)胎內ニ在ル子ノ認知ノ屆出ハ認知者ノ本籍地(八二)養子緣組ノ屆出ハ養親ノ本籍地又ハ所在地(九二)婚姻ノ

屆出ハ夫ノ本籍地又ハ所在地若シ入夫婚姻若クハ婿養子緣組ノ場合ハ妻ノ所在地(一〇一)後見人又ハ保佐人ノ就職若クハ任務終了ノ屆出ハ被後見人又ハ準禁治產者ノ本籍地若クハ後見人又ハ保佐人ノ所在地(一一三、一一四)死亡ノ屆出ハ死亡地(一一八)水火其他事變ニ因ル死亡ノ報告ハ死亡者ノ本籍地(一一九)死刑執行及ヒ在監人ノ死亡ノ報告ハ監獄所在地(一二〇)行路死亡ノ報告ハ死亡地(一二二)汽車又ハ航海日誌ヲ備ヘサル船舶中ノ死亡屆出ハ到著地(一二三、七一)航海中ノ死亡ニ付キ航海日誌ノ謄本ヲ送付スルハ著港地(一二三、七五)家督相續、家督相續回復及ヒ胎兒ノ相續ニ付テノ屆出ハ被相續人ノ本籍地(一三〇)轉籍ノ屆出ハ轉籍地(一五九)就籍ノ屆出ハ就籍地(一六一)等ニ於テ之ヲ爲スコトヲ要シ若クハ之ヲ爲スコトヲ得ルカ如シ而シテ屆出人又ハ屆出事件ノ本人カ復數ナル場合ニ於テハ特別ノ規定ニ依リ其一方ノ本籍地又ハ所在地ニ於テノミ其屆出ヲ爲スコトヲ得ルモノトス例ヘハ養子緣組ノ屆出ニ付テハ養親ノ本籍地又ハ所在地ニ於テ之ヲ爲スコトヲ要シ(九二)婚姻ノ屆出ニ付テハ夫ノ本籍地又ハ所在地ニ於テ之ヲ爲スコトヲ要スルカ如シ(一〇二)

第四十四條 日本ノ國籍ヲ有セサル者ニ關スル屆出ハ其寄留地又ハ屆出人ノ所在地ニ於テ之ヲ爲スコトヲ要ス

所在地ノ市町村長カ屆書ヲ受理シタルトキハ之ヲ寄留地ノ市町村長ニ送付スルコトヲ要ス

本條ハ日本ノ國籍ヲ有セサル者ニ關スル屆出地ヲ定ム即チ日本ノ國籍ヲ有セサル者ハ固ヨリ本籍ヲ有セサルヲ以テ其者ニ關スル事項ニ付テハ屆出ハ本籍地ニ於テ之ヲ爲スコト能ハサルハ勿論ナリ故ニ屆出人ノ選擇ヲ以テ屆出事件ノ本人ノ寄留地又ハ屆出人ノ所在地ニ於テ之ヲ爲スコトヲ要ス寄留地トハ人カ九十日以上本籍地外ニ居住スル場合ニ於ケル其居住地ヲ指稱ス(寄、一)所在地トハ居住九十日ニ充タサル場合ニ於ケル居住地ヲ指稱ス然レトモ前條ノ所在ハ廣ク解釋シ寄留地及ヒ狹義ノ所在地ヲ包含スト解スヘキナリ而シテ本條ノ場合ニ於テ所在地ノ市町村長カ屆書ヲ受理シタルトキハ之ヲ寄留地ノ市町村長ニ送付スルコトヲ要ス日本ノ國籍ヲ有セサル者トハ日本人以外ノ人ヲ指スカ故ニ(國、一)本來日本人ナレトモ本籍ヲ有セサル者及ヒ本籍ノ分明ナラサル者ニ關スル届出ハ前條ニ依リ届出人ノ所在地ニ於テ之ヲ爲スヘキモノトス

新設

本籍分明、新ニ本籍ヲ有シタル者ノ届出

第四十五條　本籍分明ナラサル者又ハ本籍ナキ者ニ付キ届出アリタル後其者ノ本籍カ分明ト爲リタルトキ又ハ其者カ本籍ヲ有スルニ至リタルトキハ届出人又ハ届出事件ノ本人ハ其事實ヲ知リタル日ヨリ十日内ニ届出事件ヲ表示シテ届出ヲ受理シタル市町村長ニ其旨ヲ届出ツルコトヲ要ス

本條ハ本籍ノ分明又ハ本籍ヲ新ニ有シタル者ノ届出手續ヲ定ム卽チ届出人ノ所在地ニ於テ本籍分明ナラサル者又ハ本籍ナキ者ニ付キ届出アリタル後其者ノ本籍カ分明トナリタルトキ又ハ其者カ新ニ本籍ヲ有シタルトキハ

届出人又ハ届出事件ノ本人ハ其事實ヲ知リタル日ヨリ十日ノ期間内ニ届出事件ヲ表示シテ前ニ届出ヲ受理シタル市町村長ニ對シ其旨ヲ届出ツルコトヲ要ス本條ト第三十三條トノ關係ニ付テ述フレハ第三十三條ハ即チ前ニ述ヘタル届出アリタル後其者ノ本籍カ分明トナリタルトキ又ハ其者カ新ニ本籍ヲ有スルニ至リタルトキ其本籍地カ他ノ市町村ナルトキハ届出ヲ受理シタル市町村長ハ届書及ヒ前ニ受理シタル届書ヲ他ノ市町村長ニ送付スヘキコト則チ市町村長ノ爲スヘキ手續ヲ定メタルモノニシテ本條ハ之ト趣ヲ異ニシ同一ノ場合ニ於テ届出人若クハ届出事件ノ本人ハ其事實ヲ知リタル日ヨリ十日内ニ届出ヲ受理シタル市町村長ニ其旨ノ届出ヲ爲スコト乃チ届出義務ニ關スル規定ナリトス

舊、四三

第四十六條　届出ハ書面又ハ口頭ヲ以テ之ヲ爲スコトヲ得

届出ノ方式

本條ハ届出ハ書面又ハ口頭ヲ以テ之ヲ爲スヘキコトヲ定ム舊法ニ依レハ

正當ノ事由アルニ非サレハ口頭ノ屆出ヲ爲スコトヲ許サヽリシヲ以テ多クノ場合ニ於テ書面ニ依ル屆出ヲ爲スコトヲ要シタレトモ本法ハ實際ノ便宜ニ鑑ミ屆出人ノ自由ナル選擇ニ任シ或ハ書面或ハ口頭ヲ以テ之ヲ爲スコトヲ得セシムルモノトセリ(五七、口頭屆出手續)而シテ屆書二通ヲ要スルトキハ口頭屆出筆記者モ亦二通ヲ作成スルコトヲ要スルハ勿論ナリ

屆出人カ署名捺印シタル書面ヲ以テ適法ナル屆出ヲ爲ストキハ其書面ハ郵便、使其他何等ノ方法ニ依リ之ヲ提出スルモ市町村長ハ之ヲ受理スルコトヲ要ス又使ヲ以テスル場合ニ於テモ其使者ハ法律上ノ所謂代理人ニ非サルヲ以テ委任狀ヲ提出シテ其權限ヲ證明スルコトヲ要セサルナリ

第四十七條　屆書ニハ左ノ事項ヲ記載シ屆出人之ニ署名、捺印スルコトヲ要ス

一　屆出事件

二　屆出ノ年月日

三　届出人ノ出生ノ年月日及ヒ本籍
届出事件ニ因リ届出事件ノ本人ニ隨ヒテ家ヲ去リ、他家ニ入リ其他身分ニ變更ヲ生スル者アル場合ニ於テハ届書ニ其者ノ氏名、出生ノ年月日竝ニ本籍及ヒ身分變更ノ事由ヲ記載スルコトヲ要ス

本條ハ一般ノ届書ノ記載事項及ヒ其方式ヲ定ム卽チ届書ニ記載スルコトヲ要スル事項ハ左ノ如シ

一　届出事件　届出事件トハ届出ノ目的タル事項ヲ謂フ例ヘハ子ノ出生ナレハ其出生ノ事實ヲ記載スルカ如ク其事件ノ内容ヲ表示スルモノトス

二　届出ノ年月日　本號ノ記載ヲ爲サシムルハ各事件ニ從ヒ届出ヲ爲スヘキ期間ノ定メアルモノアリ例ヘハ出生又ハ死亡ノ如シ又届出ニ因リ或行爲カ效力ヲ生スルモノアリ例ヘハ養子緣組、養子離緣、婚姻、離婚及ヒ隱居ノ如シ故ニ果シテ法定ノ期間内ニ届出ヲ爲シタルヤ否ヤ又何日其行爲カ效

力ヲ生シタルヤヲ知ルノ要アレハナリ而シテ届出ノ年月日トハ現實市町村長ニ届書ヲ提出シ若クハ到達スヘキ日ヲ指スモノトス

三　届出人ノ出生ノ年月日及ヒ本籍　本號ノ記載ヲ爲サシムルノ要ハ届出人ノ人達ヒナキヤ否ヤヲ知ルニ在リ殊ニ出生ノ年月日ヲ記載セシムルノ要ハ届出人カ果シテ行爲能力ヲ有スルヤ否ヤヲ判別スルカ爲メナリ外國人ナルトキハ其本國ノ暦法ニ從ヒ其生年月日ヲ記載スルモ妨ケナシ又生年月日ヲ知ル能ハサルトキハ其部分ニ付テハ之ヲ不詳ト記載スルノ外ナシ例ヘハ明治十年一月日不詳ト記載スルカ如シ本籍ニ付テモ亦本籍ナキトキ又ハ分明セサルトキハ其旨ヲ記載スルコトヲ要ス但市町村長ハ特ニ重要ト認ムル事項ヲ記載セサル届書ヲ受理スルコトヲ得サルハ後ニ述フヘシ(五三)

届出事件ニ因リ届出事件ノ本人ニ隨ヒテ家ヲ去リ、他家ニ入リ其他身分ニ變更ヲ生スル者アル場合ニ於テハ届書ニ其者ノ氏名、出生ノ年月日竝ニ本籍及ヒ身分變更ノ事由ヲ記載スル事ヲ要ス届出事件ニ因リ届出事件ノ本人ニ隨ヒテ家ヲ去リ、他家ニ入ル者トハ例ヘハ(一)離籍セラレタル者ト共ニ家ヲ去ルヘキ者又ハ離籍セラレタル者カ一家ヲ創立シタルニ因リ之ニ隨ヒテ其家ニ入ル者(一三九、一四〇、民、七五〇、七四五)(二)復籍拒絶又ハ復籍スヘキ家ノ廢絶ニ因リ一家ヲ創立シタルトキ之ニ隨ヒテ家ニ入ル者(一四二、民、七四〇、七四二、七四五)(三)復籍スヘキ者カ廢絶シタル實家ヲ再興シタルニ因リ之ニ隨ヒテ家ニ入ル者(九五、五號但書、一〇四、五號、但書、民、七四〇、七四五)(四)廢家者カ他家ヘ入籍スルニ隨ヒテ其家ニ入ル者(一四三、民、七六二、七六三)(五)絶家ノ家族カ一家ヲ創立シタルトキ之ニ隨ヒテ其家ニ入ル者(一四四、民、七六四、七四五)(六)分家、廢絶家再興者ニ隨ヒテ其家ニ入ル者(一四五、一四六、民、七四三、七四五)(七)戸主ニ非サル者爵ヲ授ケラレタルニ因リ一家ヲ創立シタルトキ之ニ隨ヒテ家ニ入ル者(三十八年三月法、六二號、大正三年三月法、二八號、民、七四五)(八)皇族ヨリ臣籍ニ入リ及ヒ臣籍ヨリ出テ皇族ト爲リタル者カ一家ヲ創立シタルトキ之ニ隨ヒテ家ニ入ル者(四十三年四月法、三九號、大正三年三月法、二九號民、七四五)ノ如キ場合ニシテ是等ノ者ハ民法ノ規定ニ依リ妻ハ夫ニ隨ヒテ其家ニ入リ若クハ其家ヲ去リ養子ハ養親ニ從ヒテ其家ニ入リ若クハ其家ヲ去リ又戸主カ他家ニ入ルトキハ其家族モ亦其家ニ入ルヲ以テナリ屆出事件ニ因リ身分ニ變更ヲ生スル者トハ例ヘハ庶子カ父母ノ婚姻ニ因リテ嫡出子タル身分ヲ取得シ(一〇〇、民、八三六、一項)又婚姻中父母カ認知シタル私生子ハ嫡出子タル身分ヲ取得スルカ如シ(八一、民、八三六、二項)舊法ニ於テハ本項ノ場合ヲ各種ノ屆書記載事項中ニ掲ケタレトモ(舊法、一〇二、一四八、一四九、一五二、一五三、一五五)本法ハ通則ノ規定ヲ以テ一般ニ之ヲ適用セシムルコトト爲シ以テ規定ノ簡潔ヲ謀レリ

屆書ニハ右ニ述ヘタル事項ヲ記載シ屆出人之ニ署名、捺印スルコトヲ要ス屆出人若シ印形ヲ所有セサルトキハ署名スルノミヲ以テ足リ署名スルコト能ハサルトキハ名ヲ代署セシメ捺印スルノミヲ以テ足リ又署名スルコト能ハス且印形ヲ有セサルトキハ名ヲ代署セシメ拇印スルノミヲ以テ足ル以上ノ場合ニ於テハ屆書ニ其事由ヲ附記スルコトヲ要スルハ後ニ規定スル所ナリ(六八)

第四十八條

屆出人ト屆出事件ノ本人ト異ナルトキハ

届出ノ方式

届書ニ其續柄ヲ記載スルコトヲ要ス

届出人カ家族ナルトキハ届書ニ戸主ノ氏名及ヒ届出人ト戸主トノ續柄ヲ記載スルコトヲ要ス

本條モ亦届出ノ方式ヲ定ム

届出ハ届出事件ノ發生シタル本人ヨリ之ヲ爲スコトヲ通例ト爲セトモ事件ノ性質ニ因リテハ本人ヨリ届出ヲ爲ス能ハサル場合又ハ之ヲ爲スヘカラサル場合モ亦鮮シトセス其最モ顯著ナルモノニ付テ之ヲ謂ヘハ出生、死亡又ハ失踪ノ如シ從テ第一項ハ届出人ト届出事件ノ本人ト異ナルトキハ其届書ニ届出人ト届出事件ノ本人トノ續柄ヲ記載スルヲ要スルコトヲ定メタリ茲ニ續柄トハ親子兄弟、夫妻ノ如キ親族關係ノミナラス出生届出義務者タル戸主、同居者、分娩ニ立會ヒタル醫師又ハ産婆及ヒ分娩ヲ介抱シタル者(七二)死亡届出義務者タル戸主、同居者、家主、地主又ハ土地若クハ家屋ノ管理人(一一七)及ヒ棄兒發見者(七八)等ヲ包含スルモノトス而シテ此續柄ヲ記載スルノ必要ハ例ヘハ嫡出子ノ届出ハ父之ヲ爲シ又私生子ノ届出ハ母之ヲ爲スヲ以テ届出ツヘキ子ノ父若クハ母ナルコト卽チ届出人タルノ資格ヲ明カナラシムルニ在リ親族關係ニ付テハ第十八條ニ詳説シタル所ナリ之ヲ參照スヘシ

第二項ハ届出人カ家族ナルトキハ届書ニ戶主ノ氏名及ヒ届出人ト戶主トノ續柄ヲ記載スルヲ要スルコトヲ定メタリ届出人カ家族ナルトキハ例ヘハ戶主甲者ノ長男乙者カ其子丙者ノ出生アリタルニ因リ其届出ヲ爲スニ方リテハ届書ニ戶主ノ氏名及ヒ届出人ト戶主トノ續柄卽チ戶主甲者長男乙者ト記載スルカ如シ届出人ト戶主トノ續柄ヲ記載セシムルノ要ハ如何ナル家ニ屬スル家族ナルヤ又如何ナル戶主ト家族トノ關係ナルヤヲ明カナラシムルニ在リ

第四十九條　届出ヲ爲スヘキ者カ未成年者又ハ禁治產者ナルトキハ親權ヲ行フ者又ハ後見人ヲ以テ届出義務者トス但出生、死亡其他單純ノ事實ニ關スル届出ハ

法定代理人ニ依ル屆出

未成年者又ハ禁治産者モ亦之ヲ爲スコトヲ得
親權ヲ行フ者又ハ後見人カ屆出ヲ爲ス場合ニ於テハ屆書ニ左ノ事項ヲ記載スルコトヲ要ス

一　屆出ヲ爲スヘキ者ノ氏名、出生ノ年月日及ヒ本籍

二　無能力ノ原因

三　屆出人カ親權ヲ行フ者又ハ後見人ナルコト

本條ハ法定代理人カ屆出義務者タルコト及ヒ屆書ノ記載事項ヲ定ム即チ第一項ハ未成年者又ハ禁治産者ハ或ハ思慮不充分或ハ全ク思慮ナクシテ自覺的ニ行動スルコト能ハサルニ因リ屆出ヲ爲スヘキ者カ是等ノ無能力者ナルトキハ其法定代理人タル親權者又ハ後見人ヲ以テ屆出義務者ト爲シ以テ其屆出ヲ爲サシムヘキコトヲ定メタリ然レトモ其屆出事件カ出生、死亡其他單純ナル事實ニ關スルトキハ是等ノ無能力者ハ其法定代理人ニ依ルコトヲ要セス自ラ屆出ヲ爲スコトヲ得ルモノトス是レ充分ノ能力ヲ有セ

年齢計算法

スト雖モ極メテ單純ナル事實ニシテ苟モ屆出事件ノ性質及ヒ效果ヲ理會スルニ足ルヘキ意思能力ヲ有スル以上ハ自ラ處理セシムルモ差支ナシト認メタルヲ以テナリ未成年者トハ滿二十年ニ達セサル者ヲ謂ヒ(民、三)年齢ヲ計算スルニハ明治三十五年法律第五〇號ニ依リ民法第百四十三條ノ規定ヲ適用スヘク從テ明治二十七年三月二十五日生ノ者ハ大正三年三月二十四日ヲ以テ成年ニ達シタルモノトス禁治產者トハ瘋癲、白痴其他心神喪失ノ常況ニ在ル者ニ對シ裁判所カ禁治產ノ宣告ヲ爲シタル者ヲ謂ヒ(民、七)親權ヲ行フ者トハ未成年ノ子ト同一戸籍ニ在ル父又ハ母ニシテ其子ノ監護、敎育及ヒ財產ノ管理ヲ爲スノ權ヲ有スル者ヲ謂ヒ(民、八七七、八七九、八八四)後見人トハ親權ヲ行フ者ナキ未成年者及ヒ禁治產者ニ對シ監護、敎育及ヒ財產ノ管理ヲ爲ス權ヲ有スル者ヲ謂フ(民、九〇〇、九二一、九二三)親權及ヒ後見人ノ資格竝ニ選任ニ關シテハ第八節ニ於テ詳說スヘシ

出生、死亡其他單純ナル事實ニ關スル事件ナルトキ未成年者又ハ禁治產者カ其屆出ヲ爲サス其法定代理人モ亦之ヲ爲ササルトキハ法定代理人ハ第七

章ニ定メタル制裁ヲ免レサルモノトス蓋シ届出ニ付テハ其届出權利者ト届出義務者トヲ區別スルコトヲ要ス即チ無能力者カ意思能力ヲ有スル場合ト雖モ出生死亡其他單純ナル事實ニ關スル届出義務者ハ依然其法定代理人ナルコトハ第一項ノ明文ニ徵シ明白ニシテ其ノ無能力者ハ單ニ是等ノ届出ヲ爲スコトヲ得ヘキ權利ヲ有スルニ過キサルナリ而シテ本來届出義務懈怠ノ制裁ハ届出義務者ニノミ之ヲ科スヘキモノナレハ是等無能力者カ届出權利者タル場合ト雖モ其法定代理人ニ於テ其届出義務ヲ負フ以上ハ其懈怠ニ因リ制裁ヲ免レサルハ勿論ニシテ無能力者ニ其制裁ヲ科スルコトヲ得サルナリ

法定代理人カ爲ス届書記載事項

第二項ハ親權ヲ行フ者又ハ後見人カ未成年者若クハ禁治產者ノ爲メ届出ヲ爲スニ方リテハ届書ニ左ノ事項ヲ記載スルヲ要スルコトヲ定メタリ

一　届出ヲ爲スヘキ者ノ氏名、出生ノ年月日及ヒ本籍　届出ヲ爲スヘキ者トハ届出事件ノ主體タルヘキ未成年者又ハ禁治產者ヲ指ス氏名ノ外年齡及ヒ本籍ヲ記載セシムルノ要ハ届出事件ノ主體タル者ヲ明カナラシメ且人違ヒナカラシメントスルニ在リ

二 無能力ノ原因 無能力ノ原因トハ未成年ナルコト又ハ禁治産者ナルコトヲ謂フ

三 屆出人カ親權ヲ行フ者又ハ後見人ナルコト 本號ハ屆出人カ未成年者ノ爲ニ爲ストキハ親權ヲ行フ父又ハ母若クハ後見人ナルコト又禁治産者ノ爲ニ爲ストキハ其後見人ナルコトヲ記載スルカ如シ

舊、四七

無能力者屆出義務者タル場合

第五十條 無能力者カ其法定代理人ノ同意ヲ得スシテ爲スコトヲ得ヘキ行爲ニ付テハ無能力者之ヲ屆出ツルコトヲ要ス

禁治産者カ屆出ヲ爲ス場合ニ於テハ屆書ニ屆出事件ノ性質及ヒ效果ヲ理會スルニ足ルヘキ能力ヲ有スルコトヲ證スヘキ診斷書ヲ添附スルコトヲ要ス

本條ハ無能力者カ屆出ヲ爲ス場合及ヒ禁治産者ノ屆出手續ヲ定ム

第一項、屆出ヲ爲スヘキ者カ未成年者又ハ禁治産者タル無能力者ナルトキハ其法定代理人カ届出義務者ナルコトハ前條ニ規定シタル所ナリ然レトモ是等無能力者カ其法定代理人ノ同意ヲ得スシテ獨斷ヲ以テ爲スコトヲ得ル行爲ニ付テハ無能力者ヲ届出權利者タラシムルト同時ニ届出義務者タラシムルコトヲ要ス從テ第一項ハ前條ノ原則ニ對スル例外規定ニシテ全ク其適用ヲ除却セラレタルヲ以テ此場合ニ於テハ法定代理人ハ何等届出義務ヲ負フコトナキナリ而シテ無能力者カ其法定代理人ノ同意ヲ得スシテ爲スコトヲ得ヘキ行爲トハ例ヘハ(一)無能力者カ隱居ヲ爲スコト(民、七五六)(二)無能力者カ私生子ヲ認知スルコト(民、八二八)(三)禁治産者カ婚姻又ハ養子縁組ヲ爲シ若クハ協議上ノ離婚又ハ協議上ノ養子離縁ヲ爲スコト(民、七七四、八四七、八一〇、八六四)等ニシテ無能力者カ是等ノ行爲ヲ爲シタルトキハ無能力者自ラ之ヲ届出ツルコトヲ要スルモノトス

禁治産者ノ届出手續

第二項ハ禁治産者カ届出ヲ爲スニ付テノ特別手續ヲ定メタルモノニシテ卽チ禁治産者カ心神喪失ノ常況ニ在リテ其喪心カ恒久、不變ノ狀態ナリセハ何等意思ヲ表示シ又ハ或ル行爲ヲ爲スコトヲ得ス意思ナキ行爲ハ法律上效

力ヲ生スルコトナシ然レトモ禁治産者ハ時ニ或ハ本心ニ回復スルコトナキニ非サルヲ以テ其本心ニ回復シタルトキハ隱居、認知、婚姻又ハ協議上ノ離婚及ヒ養子縁組若クハ協議上ノ養子離縁ヲ有效ニ爲スコトヲ得從テ是等ノ行爲ヲ爲シタルトキハ其屆出ヲ爲スコトヲ得ヘキハ當然ナリ而シテ其屆出ヲ爲スニハ之ヲ爲ス當時本心ニ回復シテ屆出事件ノ性質及ヒ效果ヲ理會スルニ足ルヘキ能力ヲ有セサルヘカラス故ニ此場合ニ於テハ之カ能力ヲ有スルコトヲ證スル爲メ醫師ノ診斷書ヲ屆出ニ添附シテ之ヲ提出スルコトヲ要ス而シテ屆出事件ノ性質及ヒ效果ヲ理會スルニ足ルヘキ能力トハ例ヘハ(一)私生子認知トハ或ル私生子カ自己ノ子ニ相違ナキコトヲ承認スル意義ナルコト及ヒ之カ爲ニ自己ト私生子トノ間ニ親族關係竝ニ扶養義務ヲ生スルコト(二)隱居トハ戸主權ヲ喪フ者ニシテ之カ爲ニ家督相續開始シ相續人カ戸主ト爲リ自己ノ地位、身分及ヒ財産其他ヲ相續セラルヘキコト(三)婚姻トハ一男一女ノ共同生活ヲ目的トスル合意ナルコト及ヒ之カ爲ニ夫婦關係ヲ生シ又同居、扶養義務ヲ生スルモノナルコトヲ辨識スルカ如キ能力アルヲ謂フ

舊、四八

證人ヲ要スル屆出

第五十一條　證人ヲ要スル事件ノ屆出ニ付テハ證人ハ屆書ニ出生ノ年月日及ヒ本籍ヲ記載シテ署名、捺印スルコトヲ要ス

本條ハ證人ヲ要スル事件ノ屆出ノ方式ヲ定ム卽チ證人ヲ要スル事件ノ屆出ニ付テハ證人ハ屆書ニ出生ノ年月日及ヒ本籍ヲ記載シテ署名、捺印スルコトヲ要ス證人ヲ要スル事件ノ屆出トハ例ヘハ婚姻(民、七七五、二項)協議上ノ離婚(民、八一〇)養子緣組(民、八四七)及ヒ協議上ノ養子離緣(民、八六四)等ノ如シ是等ノ證人ハ成年者タルコトヲ要シ(民、三)又二人以上ナルコトヲ要スルモノトス而シテ證人ハ屆書ニ右ノ記載ヲ爲シ且署名、捺印スルコトヲ要スルカ故ニ證人カ屆書ノ別紙ニ記載シ署名、捺印シタルモノヲ屆書ニ添附スルコトヲ得サルモ其別紙ト屆書トノ間ニ契印ヲ爲シ別紙ヲ屆書ノ一部ヲ爲ストキハ固ヨリ差支ナシ又證人カ署名スルコト能ハス又ハ印ヲ有セサルトキハ第六十八條ノ規定ニ依リ代書捺印又ハ代書拇印スルコトヲ得ルハ勿論ナリ

舊、四九

所在地ノ記載

第五十二條　届出人、届出事件ノ本人又ハ證人カ本籍ニ在ラサルトキハ届書ニ其所在ヲ記載スルコトヲ要ス

本條ハ届出人届出事件ノ本人又ハ證人カ本籍ニ在ラサルトキハ其届書ニ其所在地ヲモ記載スルコトヲ要スヘキ規定ニシテ所在地トハ寄留地ハ勿論一時ノ滯在地ヲモ含ムコトハ既ニ述ヘタル所ナリ(四三)

舊、五〇

記載事項ノ存セサルモノ、知レサルモノ

第五十三條　届書ニ記載スヘキ事項ニシテ存セサルモノ又ハ知レサルモノアルトキハ其旨ヲ記載スルコトヲ要ス但市町村長ハ特ニ重要ト認ムル事項ヲ記載セサル届書ヲ受理スルコトヲ得ス

本條ハ存セサルモノ又ハ知レサルモノヲ缺略スルヲ得ルコトヲ定ム即チ届書ニ記載スヘキ事項ニシテ存セサルモノ又ハ知レサルモノアルトキハ其旨ヲ記載シ之ヲ缺略スルコトヲ得ヘキ規定ヲ設ケタルモノトス然レトモ市

町村長ハ特ニ重要ト認ムヘキ事項ヲ記載セサル屆書ヲ受理スルコトヲ得ス存セサルモノトハ例ヘハ本籍又ハ職業ヲ記載スヘキニ本籍又ハ職業ヲ有セサルカ如ク又父母ヲ記載スヘキニ父母共ニ死亡シテ此世ニナキカ如ク知レサルトハ例ヘハ棄兒ハ父母ノ存否ハ勿論其本籍及ヒ年月日フ知ルヲ得サルカ如シ故ニ前例ヲ以テスレハ本籍ヲ有セス、無職業又ハ父亡何某、母亡何某ト記載シ又棄兒ノ場合ハ本籍、父母及ヒ生年月日知レサル旨ヲ記載スルコトヲ要ス特ニ重要ト認ムル事項トハ例ヘハ婚姻ヲ爲スニハ男ハ滿十七年、女ハ滿十五年ニ達セサレハ之ヲ爲スコトヲ得ス(民、七六五)又男ハ滿三十年、女ハ滿二十五年ニ達セサルトキハ其家ニ在ル父母ノ同意ヲ得ルニ非サレハ婚姻ヲ爲スコトヲ得サル(民、七七二)ヲ以テ婚姻ノ屆出ニ付テハ年齡ハ婚姻能力及ヒ父母ノ同意權ニ關係スルコト大ナルカ故ニ年齡ノ記載ヲ以テ特ニ重要ナル事項ナリト見ルカ如シ特ニ重要ナル事項ナルヤ否ヤハ事實問題ニ屬スルヲ以テ市町村長ハ各種ノ場合ニ於テ之ヲ判斷スルノ外ナシト雖モ屆出事件ノ内容及ヒ效力ヲ確知スルニ必要ナル事項ハ總テ之ニ包含スルモノト謂フヘシ

舊、五一

重要事項ノ記載

第五十四條　屆書ニハ本法其他ノ法令ニ定メタル事項ノ外戸籍ニ記載スヘキ事項ヲ明瞭ナラシムル爲メ必要ナルモノハ之ヲ記載スルコトヲ要ス

本條ハ屆書ニ記載スルコトヲ要スル特別ノ事項ヲ定ム卽チ屆書ニ記載スヘキ事項ハ本法其他ノ法令ニ於テ一々之ヲ列擧セルヲ以テ通常ノ場合ニ於テハ其屆書ニ依リ戸籍ノ記載ヲ爲スコトヲ得ヘシト雖モ斯ル列擧的ノ規定ハ往々ニシテ缺陷ヲ生シ實際戸籍ノ記載ヲ爲スニ付キ支障ヲ生スル場合ナキヲ保セサルヲ以テ本條ハ其缺陷ヲ補充スル爲メ特ニ總括的ノ規定ヲ設ケ本法其他ノ法令ニ定メタル事項ノ外戸籍ニ記載スヘキ事項ヲ明瞭ナラシムル爲メ必要ナルモノハ總テ之ヲ屆書ニ記載スルコトヲ要スルモノトセリ果シテ如何ナル事項カ之ニ屬スルヤハ各場合ニ於テ之ヲ判斷スルノ外ナシト雖モ茲ニ一例ヲ擧クレハ父母ノ婚姻ニ因リ嫡出子タル自分ヲ取得スヘキ庶子アルトキハ(民、八三六)其婚姻屆書ニハ第百條ニ規定スル事項ノ外其庶子ノ本籍、氏名、出生ノ年月日其他父母トノ續柄ヲ記載スヘキカ如シ而シテ戸籍ノ記載ヲ爲スニ付キ特ニ重要ナル事項ヲ記載セサル屆書ハ市町村長ニ於テ之ヲ受理スルコトヲ得サルハ前條但書ノ規定ニ依リ明白ナレトモ若シ市町村長カ之ヲ受理シタル後其屆書ノ缺陷ヲ發見シタルトキハ第六十五條ノ規定ニ從ヒ之カ追完ヲ爲スヘキモノトス

舊、五二

第五十五條 第二十八條第一項及ヒ第三項ノ規定ハ屆書ニ之ヲ準用ス

屆書ノ用字訂正等

本條ハ屆書ノ用字、訂正等ヲ定ム卽チ屆書ハ戸籍記載ノ基本タルヲ以テ其記載ハ極メテ明確ナルコトヲ要ス從テ略字又ハ符號ヲ用キス字畫明瞭ナルコトヲ要シ又屆書ノ文字ハ改竄スルコトヲ得ス若シ訂正、挿入又ハ削除ヲ爲シタルトキハ其字數ヲ欄外ニ記載シ又ハ文字ノ前後ニ括弧ヲ附シ屆出人之ニ捺印シ其削除ニ係ル文字ハ尙ホ明カニ讀ミ得ヘキ樣字體ヲ存スルコトヲ要シ塗抹スルコトヲ得ス但數字ノ記載ニ關スル規定(二八、二項)ノ準用ナキヲ

以テ届書ニ年月日ヲ記載スルニ付テモ壹貳參拾ノ字ヲ用ウルノ要ナク一二三十ノ字ヲ用ウルモ妨ケナキナリ本條ハ第二十八條第一項及ヒ第三項ノ準用ナルカ故ニ詳細ハ同條ノ説明ヲ見ルヘシ

舊、五三

第五十六條　二箇所以上ノ市役所又ハ町村役場ニ於テ戸籍ノ記載ヲ爲スヘキ場合ニ於テハ市役所又ハ町村役場ノ數ト同數ノ届書ヲ提出スルコトヲ要ス

本籍地外ニ於テ届出ヲ爲ストキハ前項ノ規定ニ依ルモノノ外尚ホ一通ノ届書ヲ提出スルコトヲ要ス

前二項ノ場合ニ於テ相當ト認ムルトキハ市町村長ハ届書ノ謄本ヲ作リ之ヲ以テ届書ニ代フルコトヲ得

數通ノ届書

本條ハ届書ノ數ヲ定ム

第一項ハ二箇所以上ノ市役所又ハ町村役場ニ於テ戸籍ノ記載ヲ爲スヘキ

場合ニ於テハ其役所若クハ役場ノ數ト同數ノ屆書ヲ提出スルヲ要スルコトヲ定メタルモノナリ二箇所以上ノ市役所又ハ町村役場ニ於テ戸籍ノ記載ヲ爲ス場合トハ例ヘハ甲町ノ人ト乙村ノ人トカ養子緣組ヲ爲シテ甲町長カ其屆書ヲ受理シタルトキハ第三十一條ニ依リ戸籍ノ記載ヲ爲シタル後遲滯ナク屆書ノ一通ヲ乙村長ニ送付シ乙村長ニ於テ戸籍ノ記載ヲ爲スカ如シ

本籍地外ノ屆出

第二項ハ本籍地外ニ於テ屆出ヲ爲ストキハ第一項ニ依ルモノノ外尚ホ一通ノ屆書ヲ提出スルヲ要スルコトヲ定メタルモノニシテ例ヘハ横濱ノ人ト靜岡ノ人トカ東京ニ於テ婚姻ヲ爲シ其所在地タル東京市ニ於テ屆出ヲ爲シタルトキハ東京市ノ區長ハ横濱市長及ヒ靜岡市長ニ對シテ遲滯ナク各屆書一通ヲ送付スルヲ要スルニ因リ尚ホ屆書一通即チ三通ヲ必要ナリト爲スカ如シ

屆書ノ謄本

第三項ハ第一項及ヒ第二項ノ規定ニ依リ屆書數通ヲ要スルトキ屆書カ不足ナル場合ニ於テ市町村長カ相當ト認ムルトキハ屆書ノ謄本ヲ作リ之ヲ以テ屆書ニ代フルコトヲ得ヘキ便宜規定ヲ設ク相當ト認ムルトキトハ例ヘハ

屆書三通必要ナルニ當事者ハ一通ニテ足ルヘシト信シテ一通ヲ作リ當事者、同意者及ヒ證人之ニ署名捺印シ是等ノ全員又ハ一人若クハ數人カ既ニ該地ヲ立去リタリトセンカ屆書ノ不足ナルカ爲ニ屆書ノ送付ヲ爲ス能ハサルノ不都合ヲ生スルヲ以テ此ノ如キ場合ニ於テハ市町村長ハ屆書ノ謄本ヲ作リ屆書ニ代フルコトヲ得ヘク又屆書數通ヲ要スルニ市町村長カ一通ニテ足ルヘシト思惟シテ之ヲ受理シタル場合モ亦屆書ノ謄本ヲ作リ之ニ代フルコトヲ得ヘシ

第五十七條　口頭ヲ以テ屆出ヲ爲スニハ屆出人ハ市役所又ハ町村役場ニ出頭シ屆書ニ記載スヘキ事項ヲ陳述スルコトヲ要ス

市町村長ハ屆出人ノ陳述ヲ筆記シ屆出ノ年月日ヲ記載シテ屆出人ニ讀聞カセ且屆出人ヲシテ其書面ニ署名、捺印セシムルコトヲ要ス

屆出人カ疾病其他ノ事故ニ因リ出頭スルコト能ハサルトキハ代理人ヲ以テ屆出ヲ爲スコトヲ得

本條ハ口頭屆出ニ關スル手續ヲ定ム

第一項ハ卽チ屆出ハ書面ニ依ルモ又口頭ヲ以テスルモ屆出人ノ任意ナルコトハ第四十六條ノ定ムル所ナリ殊ニ婚姻、協議上ノ離婚、養子緣組及ヒ協議上ノ養子離緣ニ付テハ口頭屆出ヲ爲スコトヲ得ヘキハ民法ノ規定スル所ナルヲ以テ(民、七七五、二項、八一〇、八四七、八六四)口頭屆出アリタルトキハ市町村長ハ如何ナル手續ヲ爲スヘキヤヲ定メサルヘカラス是レ第一項ノ規定アル所以ニシテ屆出ハ戶籍記載ノ基本ト爲ルカ故ニ之ヲ明確ニ爲スヲ要スルコトハ屢〻述フル所ナリ從テ口頭屆出ヲ爲ス場合モ亦嚴正、確實ナル手續ヲ履踐シ後日ノ確證ト爲スヲ要スルコトハ固ヨリ論ナシ故ニ屆出人カ口頭ヲ以テ屆出ヲ爲スニハ屆出人ハ市役所又ハ町村役場ニ出頭シ屆書ニ記載スヘキ事項ヲ陳述スルヲ要スルモノトス

届出ノ筆記

第二項ハ市町村長ハ届出人ノ陳述ヲ聽キ之ヲ筆記シ届出ノ年月日ヲ記載シテ届出人ニ讀聞カセタル上届出人ヲシテ其書面ニ署名、捺印セシムヘキコトヲ定ム署名トハ氏名ヲ自ラ記載スルコトヲ謂フカ故ニ辛フシテ名ノミ署スルハ署名ト謂フコトヲ得ス若シ届出人カ自署スルコト能ハサルトキハ氏名ヲ代署シ捺印セシムルヲ以テ足リ又自署スルコトヲ得ルモ印ヲ有セサルトキハ署名ノミ爲サシメ又自署スルコト能ハス且印ヲ有セサルトキハ氏名ヲ代署シ拇印ヲ爲サシムルヲ以テ足ル以上ノ場合ニ於テハ市町村長ハ其事由ヲ筆記書ニ附記スルコトヲ要ス(六八)

代理人ニ依ル届出

第三項ハ届出人カ疾病其他ノ事由ニ因リ自ラ市役所又ハ町村役場ニ出頭スルコト能ハサルトキハ代理人ヲシテ口頭ニ依ル届出ヲ爲スコトヲ得ヘキヲ定メタルモノニシテ此規定ハ第二節以下ニ特別規定ナキ限リハ總テノ届出事件ニ適用アルハ勿論ナリ則チ本項ノ適用ナキ場合ハ私生子認知(八七)養子縁組(九四)協議上ノ養子離縁(九九)婚姻(一〇三)及ヒ協議上ノ離婚(一〇六)等ノ如キ届出ニ關スル事件是レナリ代理人ヲシテ届出ヲ爲サシムル場合ニハ代

理人タルコトヲ證スルニ足ルヘキ書面卽チ委任狀ヲ提出シテ其代理權限ヲ證明セシムルコトヲ要ス

舊、五七

同意、承諾、承認ヲ要スル屆出

第五十八條 屆出事件ニ付キ戶主、父母、後見人、親族會其他ノ者ノ同意、承諾又ハ承認ヲ要スルトキハ屆書ニ其同意、承諾又ハ承認ヲ證スル書面ヲ添附スルコトヲ要ス但同意、承諾又ハ承認ヲ爲シタル者ヲシテ屆書ニ其旨ヲ附記シ署名、捺印セシムルヲ以テ足ル

屆出事件ニ付キ官廳ノ許可ヲ要スルトキハ屆書ニ許可書ノ謄本ヲ添附スルコトヲ要ス

本條ハ同意、承諾、承認及ヒ官廳ノ許可ノ證明ニ關スル手續ヲ定ム

卽チ第一項ハ屆出事件ニ付キ戶主、父母、後見人、親族會其他ノ者ノ同意、承諾又ハ承認ヲ要スルトキハ屆書ニ其同意、承諾又ハ承認ヲ證スル書面ヲ添附ス

ルカ或ハ同意、承諾又ハ承認ヲ爲シタル者ヲシテ届書ニ其旨ヲ附記シ署名、捺印セシムルコトヲ要スルコトヲ定メタルモノニシテ舊法ニ於テハ是等ノ同意、承諾又ハ承認ヲ要スル届出事件ニ付キ各別ノ規定(舊法、八七、九八、一〇三、一一〇、一四七、一五六、八二、一二一)ヲ設ケタレトモ本法ハ通則規定ヲ設ケ以テ之ヲ一般ノ届出事件ニ適用スルコトト爲シ大ニ條文ノ整理ヲ爲シタリ本項ノ適用アルヘキ届出事件ノ概要左ノ如シ

第一　同意ヲ得ルコトヲ要スル事項　即チ(一)婚姻又ハ養子縁組ニ因リテ他家ニ入リタル者カ更ニ婚姻又ハ養子縁組ニ因リテ他家ニ入ラントスルトキハ婚家又ハ養家及ヒ實家ノ戸主ノ同意ヲ得ルコト(民、七四一)(二)子カ婚姻ヲ爲スニハ其家ニ在ル父母ノ同意ヲ得ルコト(民、七七二)(三)繼父母又ハ嫡母カ子ノ婚姻ニ同意セサルトキハ子ハ親族會ノ同意ヲ得テ婚姻ヲ爲スコトヲ得(民、七七三)(四)滿二十五年ニ達セサル者カ協議上ノ離婚ヲ爲スニハ前例二、三ノ同意權者ノ同意ヲ得ルコト(民、八〇九)(五)家族ノ庶子、私生子カ戸主ノ家ニ入ルニハ戸主ノ同意ヲ得ルコト(民、七三五)(六)夫婦ノ一方カ他ノ一方ノ

子ヲ養子ト爲スニハ他ノ一方ノ同意ヲ得ルコト(民、八四一、二項)(七)成年ノ子カ養子ヲ爲シ又ハ滿十五年以上ノ子カ養子ト爲ルニハ其家ニ在ル父母ノ同意ヲ得ルコト(民、八四四)(八)養親カ死亡シタル後養子カ離緣ヲ爲スニハ戸主ノ同意ヲ得ルコト(民、八六二、三項)(九)滿二十五年ニ達セサル者カ協議上ノ離緣ヲ爲スニハ前例七ノ同意權者ノ同意ヲ得ルコト(民、八六三)其他親族入籍(民、七三七、七三八)家族カ他家ヲ相續シ分家ヲ爲シ又ハ廢絕シタル本家、分家、同家其他親族ノ家ヲ再興スル(民、七四三)場合ニ於ケル同意等其類例頗ル夥多ナリ

第二 承諾ヲ得ルコトヲ要スル事項　卽チ(一)成年ノ私生子ヲ認知スルニハ其子ノ承諾ヲ得ルコト(民、八三〇)(二)父カ胎內ニ在ル私生子ヲ認知スルニハ其母ノ承諾ヲ得ルコト(民、八三一)ヲ要スルカ如キ是ナリ

第三 承認ヲ得ルコトヲ要スル事項　例ヘハ戸主カ隱居ヲ爲スニ付キ法定ノ家督相續人アラサル爲メ豫メ家督相續人ヲ定メ其者ノ承認ヲ得ル場合ノ如シ(民、七五三)

官廳ノ許可ヲ要スル屆出

第二項ハ屆出事件ニ付キ官廳ノ許可ヲ要スルトキハ屆書ニ許可書ノ謄本ヲ添附スルヲ要スルコトヲ定ム屆出事件ニ關シ官廳ノ許可ヲ得ルコトヲ要スル事件ノ概要ヲ擧クレハ卽チ(一)六十年未滿ノ戶主カ疾病、本家ノ相續又ハ再興其他止ムコトヲ得サル事由ニ因リ家政ヲ執ルコト能ハサルニ至リタルトキニ於テ隱居ヲ爲スニハ裁判所ノ許可ヲ得ルコト(民、七五三)(二)戶主カ婚姻ニ因リ他家へ入ルカ爲メ隱居ヲ爲スニハ裁判所ノ許可ヲ得ルコト(民、七五四)(三)戶籍ノ記載ニ錯誤、遺漏又ハ法律上許スヘカラサルモノアルカ爲メ訂正ヲ申請スルニハ裁判所ノ許可ヲ得ルコト(一六四)(四)屆出ニ因リ效力ヲ生スヘキ行爲ニ付キ戶籍ノ記載ヲ爲シタル後其行爲ノ無效ナルコトヲ發見シタルトキハ裁判所ノ許可ヲ得テ戶籍ノ訂正ヲ申請スルコト(一六五)(五)外國人カ日本へ歸化ヲ爲スニハ內務大臣ノ許可ヲ得ルコト(國、七)(六)日本ノ國籍ヲ回復スルニハ內務大臣ノ許可ヲ得ルコト(國、二六)(七)有爵者又ハ其家族カ婚姻、養子緣組、隱居、協議上ノ離婚若クハ離緣又ハ家督相續人ノ指定若クハ取消ヲ爲サントスルニハ宮內大臣ノ認許ヲ得ルコト(華、一四、一七)(八)陸海軍軍人カ婚姻ヲ爲サントスルニハ所管長官ノ許可ヲ得ルコト（三七年二月勅令四五號、四一年七月勅令一八〇號）外國人ヲ養子又ハ入夫ト爲スニハ内務大臣ノ許可ヲ要スル等（三一年、法、二一號）其類例夥多ナリ

同意書、承諾書又ハ承認書ヲ屆書ニ添附スル場合ニ於テハ屆書ノ數ト同數ナル書面ヲ添フルコトヲ本則トス又添附書面ニシテ裁判所ノ許可書ナルトキハ裁判所ノ作成シタル謄本ヲ提出シ他ノ行政官廳ノ許可書又ハ辭令書ナルトキハ屆出人ノ作成シタル謄本ヲ提出スヘキモノトス蓋シ行政官廳ノ發シタル許可書又ハ辭令書ニ付テハ其謄本ヲ付與スルコトナキヲ以テナリ

第五十九條 屆書ニ關スル規定ハ第五十七條第二項及ヒ前條第一項ノ書面ニ之ヲ準用ス

本條ハ屆書ニ關スル規定ヲ屆出ノ筆記書及ヒ添附書面等ニ準用スルコトヲ定ム卽チ市町村長カ屆出人ノ陳述ヲ筆記シタル書面及ヒ屆出事件ニ付キ戶主、父母、後見人、親族會其他ノ者ノ同意、承諾又ハ承認ヲ證スル書面ニ付テハ

届書ニ關スル本法ノ規定カ總テ準用セラルヽモノトス

本條ノ準用規定ノ概要ヲ擧クレハ届書ニ記載スヘキ事項ヲ全部筆記シ又同意、承諾又ハ承認ヲ證スル書面ニハ各其旨ヲ記載スル外是等ノ書面ハ第二十八條第一項及ヒ第三項ノ方式ニ從ヒ之ヲ作成シ、第五十六條ノ規定ニ依リ數通ヲ作成スヘク又市町村長ハ第二十二條ノ規定ニ依リ之ニ受附ノ番號及ヒ年月日ヲ記載シ戸籍ノ記載ヲ爲シタル後第三十一條乃至第三十四條第四十四條等ノ規定ニ依リ之ヲ他ノ市町村長ニ送付シ又其保存ニ付テハ第三十六條乃至第三十八條ニ依ルヘキカ如シ詳細ハ各其準用規定ヲ參照スヘシ

前條第二項ノ書面卽チ官廳ノ許可書ノ謄本ニ付テハ本條ニ依リ届書ニ關スル規定ノ準用ナク特ニ之ヲ除外セラレタルヲ以テ許可書ノ謄本ハ常ニ一通ヲ提出スルヲ以テ足ルヘシ

舊、五九

第六十條　外國ニ在ル日本人ハ本法ノ規定ニ從ヒ其國ニ駐在スル日本ノ大使、公使又ハ領事ニ届出ヲ爲スコ

トヲ得

本條ハ在外日本人カ其國ニ駐在スル日本ノ大使、公使又ハ領事ニ屆出ヲ爲シ得ヘキヲ定ム即チ前數條ニ定ムル所ハ專ラ内地ニ於ケル屆出手續ニ關スル規定ナレトモ現時ニ於テハ宇内如何ナル地ト雖モ殆ント内地人ノ足跡ヲ印セサルナキ狀態ナルヲ以テ外國ニ在留スル日本人又ハ日本人間ニ婚姻、養子緣組、出生又ハ死亡其他身分ニ關スル屆出事件ノ發生シタルトキハ外國ニ在ル者ノ爲ニ屆出ニ關スル規定ヲ設クルノ必要アリ既ニ民法ニ於テモ婚姻及ヒ養子緣組ニ關シテ規定ヲ設ケタルヲ以テ(民、七七七、八五〇)本條ハ外國ニ在ル日本人ハ本法ノ規定ニ從ヒ其國ニ駐在スル日本ノ大使、公使又ハ領事ニ屆出ヲ爲スコトヲ得ト規定シタル所以ナリ而シテ在外日本人カ戶籍ニ關スル屆出ヲ爲サント欲スルトキハ屆出ノ方式ハ本國法ニ依ルヘキヤ將又外國法ニ從フヘキヤト謂フニ日本官吏ニ對シ屆出ヲ爲ス場合ハ本條ノ明定シタル如ク必ス日本法律ニ從ハサルヘカラス又在外日本官吏カ屆出ヲ受理シタルトキハ其時ヨリ效力ヲ生スルモノニシテ本籍地ノ市町村長カ書類ヲ受理

シタルト否トニ關スル所ニ非サルナリ

舊、六〇

第六十一條　外國ニ在ル日本人カ其國ノ方式ニ從ヒ屆出事件ニ關スル證書ヲ作ラシメタルトキハ一个月內ニ其國ニ駐在スル日本ノ大使、公使又ハ領事ニ其證書ノ謄本ヲ提出スルコトヲ要ス

大使、公使又ハ領事カ其國ニ駐在セサルトキハ一个月內ニ本籍地ノ市町村長ニ證書ノ謄本ヲ發送スルコトヲ要ス

外國ノ方式ニ依ル證書

本條ハ在外日本人カ其國ノ方式ニ從ヒ證書ヲ作ラシメタルトキノ手續ヲ定ム卽チ例ヘハ婚姻ノ要件ハ各當事者ノ本國法ニ依リテ定マルモ其方式ハ婚姻擧行地ノ法律ニ依ルヘキカ故ニ外國ニ在ル日本人カ其國ノ方式ニ從ヒ屆出事件ニ關スル證書ヲ作ラシメタルトキハ(法例、一三、一項)一个月內ニ其國ニ駐在スル日本ノ大使、公使又ハ領事ニ其證書ノ謄本ヲ提出スルコト又大使、

公使若クハ領事カ其國ニ駐在セサルトキハ一个月内ニ本籍地ノ市町村長ニ證書ノ謄本ヲ發送スルコトヲ要スルカ如キ是ナリ外國ノ權限アル吏員カ證書ヲ作リタル日ヨリ身分上ノ效力ヲ生スルコトハ前條ノ場合ト同シ

第六十二條 大使、公使又ハ領事ハ前二條ノ規定ニ依リ受理シタル書類ヲ一个月内ニ外務大臣ニ發送シ外務大臣ハ十日内ニ之ヲ本人ノ本籍地ノ市町村長ニ發送スルコトヲ要ス

在外官吏カ受理シタル書類ノ處理方

本條ハ在外ノ大使、公使又ハ領事カ受理シタル書類ノ處理方法ヲ定ム即チ是等ノ外國ニ在留セル官吏カ第六十條、第六十一條ノ規定ニ依リ受理シタル書類ヲ一个月ノ期間内ニ外務大臣ニ發送シ外務大臣ハ更ニ十日ノ期間内ニ之ヲ本人ノ本籍地ノ市町村長ニ發送スルコトヲ要ス發送トハ郵便ニ附託シ又ハ使ニ命スル等相手方ヘ到達スヘキ狀態ニ置キタルコトヲ謂フモノニシテ期間内ニ宛名人ヘ到達スルコトヲ要セス本條ノ期間ハ訓示規定ニシテ之

ニ違背スルモ其效力ニ影響ヲ及ホササルハ勿論ナリ

舊、六二

期間ノ起算點

第六十三條　屆出期間ハ屆出事件發生ノ日ヨリ之ヲ起算ス

裁判確定ノ日ヨリ期間ヲ起算スヘキ場合ニ於テ裁判カ送達又ハ交付前確定シタルトキハ其送達又ハ交付ノ日ヨリ之ヲ起算ス

本條ハ屆出期間ノ起算點ヲ定ム

卽チ法律カ屆出ニ關スル規定ヲ設クルモ屆出期間ヲ定メサリシトキハ不規律ニ流レ終ニ收拾スヘカラサルニ至リ戶籍制度ノ目的ハ貫徹シ難キヲ以テ屆出ニ因リ事件ノ效力發生ノ要件ト爲シタルモノ（民、七七五、八一〇、八四七、八六四、七五七、八二九、九八〇）ノ外總テ屆出期間ヲ定メ其期間ヲ懈怠シタル者ニ對シテハ或ハ過料十圓、或ハ過料二十圓（一七六、一七七）ノ制裁ヲ加ヘ其屆出ヲ勵行スルニ努メタリ既ニ屆出期間ヲ設ケ且其懈怠者ニ制裁ヲ加フルニ於テハ明確ナル期間ノ計算法ナカルヘカラス爰ニ於テ乎第一項ハ届出期間ハ届出事件ノ發生シタル日ヨリ之ヲ起算スト爲シ以テ其起算點ヲ明カナラシメタリ從テ午後十一時ニ子ノ出生アルモ其日ヲ算入スルモノトス而シテ届書ハ届出期間内ニ市町村長ニ到達セサルヘカラス

第二項ハ裁判確定ノ日ヨリ期間ヲ起算スヘキ場合ニ於テ裁判カ送達又ハ交付前確定シタルトキハ其送達又ハ交付ノ日ヨリ之ヲ起算スヘキコトヲ定メタルモノニシテ裁判所以外ノ官廳ノ許可ヲ要スル事件ニ付テハ本項ノ如キ例外規定ナシト雖モ許可書ノ到達又ハ交付ヲ受ケタル日ヨリ起算スト解スルヲ適當ナリト信ス而シテ戸主ニ非サル者カ新ニ爵ヲ授ケラレタルニ因リ一家ヲ創立シタルトキハ授爵ノ日ヨリ届出期間ヲ起算スヘク（三十八年三月法律六十二號、大正三年三月法律二十八號）又爵ヲ襲キタル場合ニ於テハ辭令書ノ交付ヲ受ケタル日ヨリ届出期間ヲ起算スヘキコト（一五五）ハ各特別ノ規定アリ

年月ノ期間計算法

一个月或ハ三个月等ノ期間ハ暦ニ從ヒ計算スヘキヤ將又一个月ハ三十日

トシテ計算スヘキヤ暦ニ從ヒテ計算スルトキハ例ヘハ大正三年三月十五日ヨリ起算シ一个月トスレハ同年四月十四日ニ滿了シ又一个月ヲ三十日トシテ計算スルトキハ同日ノ起算ヲ以テ大正三年四月十三日滿期ト爲リ一日ノ相違ヲ生スルニ至ル本法ハ年月又ハ週ニ關スル期間ノ計算法ヲ定メサルヲ以テ他ノ法律ニ依ラサレハ其期間ヲ知リ難シ然レトモ本法ハ固ヨリ獨立シタル法律ナルカ故ニ他ノ法律ニ定メタル期間ヲ本法ニ準用スルコトハ其性質トシテ許ササル所ナルカ如シサレト本法ハ或ル一面ニ於テ身分權タル私權ノ得喪又ハ變更ニ關スル事項ニ付キ公正記錄ヲ作成スル手續ニ外ナラサルニ因リ幾分民法ノ附屬性ヲ有スルモノト見得ヘカラサルニ非ス從テ卽日ヨリ起算ストノ例外規定アルモノノ外期間計算法ニ付テ何等ノ規定ナキモノハ民法第百四十三條ヲ適用シテ暦ニ從ヒ之ヲ算定スヘキモノト解ス但私法ノ規定ヲ公法タル本法ニ適用スルノ謂レナシト說ク者アリ此見解理由ナキニ非サルカ故ニ一般ノ法律ニ適用セラルヘキ期間計算ノ法則ヲ制定シテ斯ル疑問ヲ氷解スルノ期アルコトヲ望ム

期間ノ末日カ大祭日、日曜日其他ノ休日ニ當ルトキハ期間ハ其翌日ヲ以テ滿了スルヤト謂フニ前問ト同一理由ヲ以テ民法第百四十二條ヲ適用シテ其翌日ヲ以テ滿了スト解セサルヘカラス

第六十四條 市町村長カ屆出ヲ怠リタル者アルコトヲ知リタルトキハ相當ノ期間ヲ定メ屆出義務者ニ對シ其期間内ニ屆出ヲ爲スヘキ旨ヲ催告スルコトヲ要ス

屆出義務者カ前項ノ期間内ニ屆出ヲ爲ササルトキハ市町村長ハ更ニ相當ノ期間ヲ定メテ催告ヲ爲スコトヲ得

第三十九條第二項ノ規定ハ前二項ノ催告ヲ爲スコト能ハサル場合及ヒ催告ヲ爲スモ屆出ヲ爲ササル場合ニ、同條第三項ノ規定ハ裁判所其他ノ官廳、檢事又ハ吏

員カ届出ヲ怠リタル者アルコトヲ知リタル場合ニ之ヲ準用ス

本條ハ届出ノ催告及ヒ職權記載ノ手續ヲ定ム

届出ノ催告

第一項、第二項、本法ハ各種ノ届出事件ニ付テ其期間ヲ定メタルヲ以テ第一項ハ市町村長カ届出義務ヲ怠リタル者アルコトヲ知リタルトキハ相當ノ期間ヲ定メ届出義務者ニ對シ其期間內ニ届出ヲ爲スヘキ旨ヲ催告スルヲ要スルコトヲ定メ又第二項ハ届出義務者カ催告ノ期間內ニ届出ヲ爲ササルトキハ市町村長ハ更ニ相當ノ期間ヲ定メテ催告ヲ爲スコトヲ得ヘキヲ定メ以テ届出ヲ强行セントスルニ在リ相當ノ期間トハ市町村長カ届出義務者ヲシテ届出ヲ爲スニ足ルヘシト認ムヘキモノニシテ事件ノ難易、距離ノ遠近ニ因リ其自由裁量ニヨリ或ハ五日或ハ十日ト定ムヘキモノトス

職權記載

第三項ハ催告ヲ爲スコト能ハサル場合及ヒ催告ヲ爲スモ届出ヲ爲ササル場合ニ第三十九條第二項ノ準用ニ依リ市町村長ハ監督區裁判所ノ許可ヲ得

テ戸籍ノ記載ヲ爲スコトヲ得ルモノニシテ戸籍ノ記載ト實際ノ事實トノ一致ヲ期待スルノ目的ニ因リ新設セラレタル規定ナリトス此規定ハ届出ヲ怠リタル場合ニ多ク適用アルモノニシテ届出期間ノ定メナキ事項ニ付テハ固ヨリ其適用ナシ例ヘハ任意ノ認知、養子縁組、協議上ノ養子離縁、婚姻又ハ協議上ノ離婚、家督相續人ノ指定竝ニ指定取消及ヒ隱居ノ届出ノ如キハ其届出ニ因リ始メテ其效力ヲ生スルモノナレハ固ヨリ本條ハ之ニ適用ナシ而シテ届出期間ノ定マリタル事件ニ關シテハ本項ノ規定ニ依リ職權記載ヲ爲スコトヲ得ルモノトス裁判所其他ノ官廳、檢事及ヒ其他ノ吏員カ届出ヲ怠リタル者アルコトヲ知リタル場合ニハ第三十九條第三項ノ準用ニ依リ遲滯ナク届出事件ノ本人ノ本籍地ノ市町村長ニ之ヲ通知スルヲ要スルモノトス

催告費用

催告ノ費用ハ届出義務者ヲシテ之ヲ負擔セシムルコトヲ得ルヤト謂フニ市町村長カ戸籍事務ニ關シテ爲ス催告ハ國家ノ機關タル資格ヲ以テ之ヲ爲スモノナルカ故ニ本法其他ノ法令ニ何等規定ナキモノニ付テハ何人ニモ之ヲ負擔セシムルコトヲ得ス又市町村ハ條例ヲ以テ催告費用ヲ徵收スル能ハ

ス蓋シ市制町村制ハ單ニ自治體タル市町村ノ事務及ヒ市町村ノ住民トシテノ事項ニ付テノミ條例ヲ設クルコトヲ得ルニ止マリ國家ノ事務タル戸籍事務ニ關シ條例ヲ設ケテ手數料ヲ徵收スヘキニ非スト信ス

屆出義務者カ屆出ノ催告ヲ受ケ其期間內ニ正當ノ理由アルニ非スシテ屆出ヲ爲ササルトキハ第百七十七條ノ制裁ヲ受クヘシ

新設

第六十五條　市町村長カ屆出ヲ受理シタル場合ニ於テ屆書ニ欠缺アル爲メ戸籍ノ記載ヲ爲スコト能ハサルトキハ其屆出義務者ヲシテ其追完ヲ爲サシムルコトヲ要ス此場合ニ於テハ前條ノ規定ヲ準用ス

屆書ノ追完

本條ハ屆書ノ追完ノ手續ヲ定ム卽チ市町村長カ屆出ヲ受理シタル場合ニ於テ屆書ニ欠缺アル爲メ戸籍ノ記載ヲ爲スコト能ハサルトキハ屆出義務者ヲシテ追完ヲ爲サシムルコトヲ要ス屆書ニ欠缺アルトハ屆書ニ記載スヘキ要件ヲ遺脫シタル場合又ハ記載シタル事項ニ誤謬アリタル場合ヲ謂ヒ追完

トハ之ニ記載スヘキ事項ヲ遺脱シタルトキハ之ヲ追加シ又記載シタル事項ニ誤謬アリタルトキハ之ヲ更正スルヲ謂フ

市町村長カ届出義務者ヲシテ届書ノ追完ヲ爲サシムルニハ第六十四條ノ規定ノ準用ニ依リ相當ノ期間ヲ定メテ其期間内ニ其追完ノ追完ヲ爲スヘキコトヲ催告スヘク(六四、一項)届出義務者カ右ノ期間内ニ追完ヲ爲ササルトキハ市町村長ハ更ニ相當ノ期間ヲ定メテ催告ヲ爲スコトヲ得(六四、二項)又市町村長カ届出義務者ニ對シ催告ヲ爲スコト能ハサル場合又ハ催告ヲ爲スモ届書ノ追完ヲ爲ス者ナキトキハ管轄區裁判所ノ許可ヲ得テ戸籍ノ記載若クハ必要ナル處分ヲ爲スコトヲ得(六四、三項前段、三九、二項)尙ホ裁判所其他ノ官廳、檢事及ヒ吏員ハ其職務上届書ニ欠缺アリタルコトヲ知リタルトキハ遲滯ナク届出事件ノ本人ノ本籍地ノ市町村長ニ其旨ヲ通知スルヲ要スルモノトス(六四、三項後段三九、三項)但届出義務者カ届書ノ追完ノ催告ヲ受ケ正當ノ理由ナクシテ期間内ニ其追完ヲ爲ササルモ之ニ過料ノ制裁ヲ科スルコト能ハサルヘシ(一七七)

本條ハ第三十九條及ヒ第六十四條第三項ト同趣意ヲ以テ新設セラレタル規定ニシテ本法中最モ注目ニ値ヘスヘキモノトス

舊、六五

第六十六條 屆出期間經過後ノ屆出ト雖モ市町村長ハ之ヲ受理スルコトヲ要ス

期間經過後ノ屆出

本條ハ期間經過後ノ屆出ニ付テモ之ヲ受理スヘキコトヲ示ス卽チ屆出ナケレハ原則トシテハ市町村長ハ身分ニ關スル事件ヲ處理スルヲ得サルヲ以テ其期間ヲ經過シタルトキハ催告ヲ爲シ又之ニ制裁ヲ加ヘ以テ屆出ヲ促スカ故ニ假令屆出期間ノ經過後ニ至リ屆出アリタルトキト雖モ之ヲ受理セサル理由ナキノミナラス寧ロ其屆出ヲ期待スレハナリ但タ本條ハ如上ノ理論ヲ注意的ニ規定シタルニ外ナラス期間經過後ノ屆出トハ前述ノ如ク市町村長ニ對シ期間内ニ口頭屆出ヲ爲サス若クハ屆書ヲ到達セシメサル場合ヲ謂フナリ

舊、六六

第六十七條 屆出人ハ屆出ノ受理又ハ不受理ノ證明書

ヲ請求スルコトヲ得但受理ノ證明書ヲ請求スル場合ニ於テハ手數料ヲ納付スルコトヲ要ス

利害關係人ハ手數料ヲ納付シテ第三十六條ノ書類ノ閲覽ヲ請求シ又ハ其書類ニ記載シタル事項ニ付キ證明書ヲ請求スルコトヲ得

第十四條第二項ノ規定ハ前二項ノ場合ニ之ヲ準用ス

利害關係人ハ特別ノ理由アル場合ニ限リ第三十七條ノ書類ノ閲覽ヲ請求スルコトヲ得

本條ハ受理、不受理ノ證明書及ヒ閲覽竝ニ屆出事項ノ證明書ノ請求ニ關スルモノナリ

受理、不受理ノ證明書

第一項ハ屆出人ハ屆出ノ受理又ハ不受理ノ證明書ヲ請求スルコトヲ得但受理ノ證明書ヲ請求スル場合ニ於テハ手數料ヲ納付スルヲ要スルコトヲ定

メタルモノナリ抑モ戸籍ニ關スル届出ハ各個人ノ地位又ハ身分上ニ關シ重大ナル利害ノ關係アルコト言フヲ俟タス殊ニ婚姻、協議上ノ離婚、養子縁組又ハ協議上ノ養子離縁及ヒ隱居竝ニ家督相續人ノ指定及ヒ指定取消ハ市町村長ニ届出ヲ爲スニ因リ其事件ノ效力ヲ生シ又届出期間ノ定メアルモノハ其期間內ニ届出義務ヲ履行シタル證ト爲スニ付テモ亦届出受理ノ證明書ヲ請求スルノ實益アリ而シテ届出カ受理セラレサルトキハ届出人ハ抗告ヲ爲ス爲メ不受理ノ證明書ノ必要アリ受理ノ證明書ヲ請求スルニハ手數料ヲ納付スルコトヲ要スレトモ不受理ノ證明書ヲ請求スルニハ手數料ヲ納付スヘキ義務ナシ條文ニハ届出人ハトアルヲ以テ届出人以外ノ利害關係人又ハ第三者ヨリ是等ノ請求アレハトテ其交付ヲ爲スヲ要セス

閲覽、證明書ノ交付

第二項ハ戸籍ノ記載ヲ要スル事項ニ關スル届書其他受理シタル書類竝ニ戸籍ノ記載ヲ要セサル事項及ヒ日本ノ國籍ヲ有セサル者ニ關スル事項ニ付キ届出ヲ受理シタル場合ニ於テ利害關係人ハ手數料ヲ納付シテ届書其他受附ケタル書類ノ閲覽ヲ請求シ又ハ其書類ニ記載シタル事項ニ付キ證明書ノ

交付ヲ請求スル權利アルコトヲ定メタリ

證明書等ノ郵送

第三項ハ屆出人又ハ利害關係人ハ第十四條第二項ノ準用ニ依リ手數料ノ外郵送料ヲ納付シテ屆書ノ受理、不受理又ハ第二項ノ屆出事項ノ證明書ノ送付ヲ請求スルトキハ市町村長ハ之カ送付ヲ爲スヲ要スルコトヲ定メタリ

第四項ハ戶籍ノ記載ヲ完了シタル屆書其他受理シタル書類ニシテ(三六、一項)監督區裁判所ニ送付セラレ其裁判所ニ保存セラルル書類(三七)ニ付テハ利害關係人ハ特別ノ理由アル場合ニ限リ其書類ノ閱覽ヲ請求スルヲ得ヘキヲ定メタリ特別ノ理由トハ例ヘハ當事者ノ婚姻ノ取消ヲ請求セントスル親族カ婚姻ノ屆書及ヒ添附書類ヲ證據トスルノ必要アル場合ノ如キ是ナリ

舊、二一八

第六十八條

屆出人其他ノ者カ署名、捺印スヘキ場合ニ於テ印ヲ有サセルトキハ署名スルヲ以テ足ル署名スルコト能ハサルトキハ氏名ヲ代署セシメ捺印スルヲ以テ足ル署名スルコト能ハス且印ヲ有セサルトキハ

第六十八條

氏名ヲ代署セシメ拇印スルヲ以テ足ル

前項ノ場合ニ於テハ書面ニ其事由ヲ記載スルコトヲ要ス

無印無筆者

本條ハ屆出人其他ノ者カ無印、無筆ナル場合ノ手續ヲ定ム卽チ屆出事件ニ關シ屆出人其他ノ者カ署名、捺印スヘキ場合ニ於テ其者カ印ヲ有セサルトキハ單ニ署名ノミヲ爲サシメ署名スルコト能ハサルトキハ他人ヲシテ氏名ヲ代署セシメ單ニ捺印ノミヲ爲サシメ又署名スルコト能ハス且印ヲ有セサルトキハ氏名ヲ代署セシメ單ニ拇印ノミヲ爲サシムルヲ以テ署名捺印ヲ具備シタルト同一ノ效力アルモノト爲ス而シテ是等ノ場合ニ於テハ書面ニ其事由ヲ記載スルコトヲ要ス其他ノ者トハ同意者、承諾者、承認者又ハ證人ノ如キヲ謂ヒ書面ニ事由ヲ記載スルトハ例ヘハ某ハ印ヲ有セサルニ因リ捺印セス某ハ文字ヲ知ラサルニ因リ又ハ指若クハ腕ニ負傷セルニ因リ或ハ何何ノ事由ナルニ因リ署名スル能ハス代署セシムト記載スルカ如キ是レナリ

第二節　出生

出生ノ意義

人ハ何ナリヤハ法律ノ規定スル所ニ非スシテ自然ノ條件ニ因リテ解決ス人ハ如何ナル時ヨリ人ナリヤ懷胎ノ初ナリヤ將又出生ノ時ナリヤモ亦法律ノ敢テ關スル所ニ非ス唯法律ハ人カ人トシテ獨立ノ存在ヲ維持スル爲メ有スル權利便チ人格權ハ如何ナル時期ニ始マルヤヲ定ムルニ過キス則チ民法第一條ニ「私權ノ享有ハ出生ニ始マル」ト規定シ獨逸民法第一條ニ「人ノ權利能力ハ出生ノ完了ヲ以テ始マル」ト規定シ又瑞西民法第三十一條ニ「人格ハ生兒ノ出生完了ニ始マル」ト規定セルニ由リテ之ヲ見ルニ人類カ人類トシテ獨立ノ存在ヲ爲スノ時ニ至リテ人格權ヲ享有スルモノト爲スカ如シ此意義ヨリシテ出生ト爲スニハ左ノ二條件ヲ具備スルコトヲ要ス

出生ノ要件

一　胎兒カ母體ヨリ全ク分離スルコト　胎兒カ母體ヨリ分離スルニハ法律ノ力ヲ以テスルニ非スシテ自然ノ現象ナリ故ニ早產又ハ人工ノ補助ヲ加ヘタルト否トヲ問フコトナク苟モ母體ヨリ全然分離スルトキハ出生ナリ

ト謂フヲ得ヘシ

二　胎兒カ母體ヨリ分離シタル後生活スルコト　自然ノ人格ノ基本ハ生理上生存セル人類ニ在ルヲ以テ未タ出生ノ完成セサルニ先チ死亡シタル者卽チ死胎ニテ生シタル者ハ人格權ヲ享有スルコトナシ

人ハ出生ノ完了ニ因リテ公權及ヒ私權ヲ享有ス公權トハ公法上ノ權利ニシテ居住移轉ノ自由權、裁判請求權及ヒ文武官ニ任セラルルノ權等ヲ包含ス私權トハ私法上ノ權利ニシテ私法上ノ人格權、物權、債權、親族權、相續權、無體財產權及ヒ社員權等ヲ包含スルモノトス

成年、婚姻能力タル年齡、兵役ノ義務、文武官ニ任セラルルノ權及ヒ公職ニ就クノ權、選擧權又ハ被選擧權等年齡ノ起算點ハ總テ出生ノ時ヨリ始マルノミナラス人格權ノ享有ハ前述ノ如ク出生ノ時ヨリ始マルヲ以テ出生ハ人事中最モ重大ナル事項ニシテ之カ公認手續ヲ爲スハ頗ル緊急ノコトニ屬ス是レ出生ヲ屆出事項ノ劈頭第一ニ規定シタル所以ナリ

第六十九條　出生ノ屆出ハ十四日內ニ之ヲ爲スコトヲ

舊、六八

要ス

届書ニハ左ノ事項ヲ記載スルコトヲ要ス

一　子ノ氏名及ヒ男女ノ別

二　子カ私生子又ハ庶子ナルトキハ其旨

三　出生ノ年月日時及ヒ場所

四　父母ノ氏名、本籍及ヒ職業

五　子ノ入ルヘキ家ノ戸主ノ氏名及ヒ本籍

六　子カ一家ヲ創立スルトキハ其旨及ヒ創立ノ原因竝ニ場所

七　日本ノ國籍ヲ有セサル者ノ子ナルトキハ其旨

出生ノ届　出期間

本條ハ出生ノ届書ニ記載スヘキ事項及ヒ其期間ヲ定ム

卽チ第一項ハ出生ノ届出ハ十四日ノ期間內ニ之ヲ爲スヲ要スルコトヲ定

メタルモノニシテ出生ノ日ヲ加ヘテ(六三、一項)其ノ期間内ニ書面又ハ口頭ヲ以テ(四六)届出ヲ爲スコトヲ要ス但届出人カ疾病其他ノ事故ニ因リ出頭スルコト能ハサルトキハ代理人ヲ以テ届出ヲ爲スコトヲ得(五七、三項)口頭ヲ以テ届出ヲ爲ス者アリタルトキハ市町村長ハ届出人ノ陳述ヲ筆記シ届出ノ年月日ヲ記載シテ届出人ニ讀聞カセ且届出人ヲシテ其書面ニ署名、捺印セシムルコトヲ要ス(五七、二項)書面ニ依リ届出ヲ爲ストキハ其書面カ届出ノ期間内ニ市町村長ニ到達スル樣之ヲ送付スルコトヲ要ス(六三)故ニ其期間内ニ書面ヲ發送シタリトスルモ届出期間ノ滿了後ニ至リ市町村長ノ手許ニ其書面カ到達シタルトキハ第百七十六條ノ制裁ヲ受クヘシ

第二項ハ出生ノ届書ニ記載スヘキ事項ヲ定メタルモノニシテ卽チ左ノ如シ

出生ノ届書記載事項

一　子ノ氏名及ヒ男女ノ別　氏ハ其家ヲ稱シ(民、七四六)名ハ其人ヲ表稱スルモノニシテ出生後命名シタルモノヲ謂フ名ニ傍訓(フリカナ)ヲ附シタルトキハ其儘戸籍ニ記載スヘク又女子ノ名ニ漢字、新體假名(例ヘハこうヲこー)、片假名ヲ

以テ命スルモ將又同一市町村ノ區域內若クハ一戸籍內ニ同氏同名ヲ附シタル屆出アリタル場合ト雖モ名ノ選擇ハ國民ノ自由ニシテ國家ノ敢テ干涉スヘキ所ニ非サルヲ以テ市町村長ハ其屆書ヲ受理スルコトヲ要ス命名前ニ死亡シタル子ノ名ハ未タ存在セサルモノナルカ故ニ屆書ニ其旨ヲ記載シ戸籍ニハ無名ト記載スヘシ(五三)男女ノ別トハ男性、女性ノ區別ヲ謂フ故ニ此區別ニヨリ戸籍ノ記載ヲ爲スヘキ事項ヲ明瞭ナラシムル爲メ(五四)父某女某長二男女ト續柄ヲ記載スヘキモノニシテ雙タ子、三ツ子ナルトキハ其出生順ニ依リ長二三男女ノ區別ヲ爲シテ各別ニ屆出ヲスヘシ男女兩性ヲ具ヘタル子ナルトキハ如何ニ之ヲ記載スヘキヤト謂フニ屆書ニ男女ノ知レサル旨ヲ記載シ戸籍ニハ男女不詳ト記載スルノ外ナカルヘシ(五三)

二 子カ私生子又ハ庶子ナルトキハ其旨　子カ私生子又ハ庶子ナルトキハ其旨ヲ記載スルコトヲ要シ嫡出子ノ如ク長二男女ト記載スヘキモノニ非ス私生子トハ父母ノ婚姻外ニ生シタル子ヲ謂ヒ庶子トハ婚姻外ニ生シタル私生子ニシテ父ノ認知シタルモノヲ謂フ(民、八二七、二項)庶子又ハ私生子

ハ戸主ノ同意ヲ得ルニ非サレハ其家ニ入ルコトヲ得ス(民、七三五)

三　出生ノ年月日時及ヒ場所　本號ノ記載ヲ爲サシムルノ要ハ人格權享有ノ始期及ヒ出生ノ完成ノ場所ヲ公認スルヲ肝要ト爲スカ爲メナリ

四　父母ノ氏名、本籍及ヒ職業　本號ノ記載ヲ爲サシムルノ要ハ親子ハ親族關係ノ起原ナルカ故ニ血統ノ連絡ヲ明カナラシムルニ在リ私生子ハ父ノ知レサルニ非スト雖モ未タ父カ認知セサルヲ以テ父ヲ表示スルニ由ナシ而シテ母不明ナル子ハ棄兒トシテ取扱フノ外ナシ(七八)

五　子ノ入ルヘキ家ノ戸主ノ氏名及ヒ本籍　本號ノ記載ヲ爲サシムルノ要ハ家族制ヲ以テ國本ト爲ス我國ニ在リテハ人ハ必ス家アリ人ハ何レノ家ニカ所屬ヲ定ムルコトヲ要ス是レ子ノ入ルヘキ家ヲ表示セシムル所以ナリ嫡出子ハ當然戸主ノ家ニ入ルモ(民、七三三)庶子及ヒ私生子ハ第二號ニ一言シタル如ク戸主ノ同意ヲ得ルニ非サレハ其家ニ入ルコトヲ得サルカ故ニ戸主未定中ニ係ル家族ノ庶子又ハ私生子ハ如何ト謂フニ民法第七百五十一條ニ依リ親族會ノ同意ヲ得ルトキハ父又ハ母ノ家ニ入ルコトヲ

得ルモノト解ス蓋シ同條ハ戸主不存在ノ爲メ戸主權ヲ行使スル能ハサル場合ヲモ包含スルモノト信スレハナリ

六 子カ一家ヲ創立スルトキハ其旨及ヒ創立ノ原因竝ニ場所 父母共ニ知レサル子ハ一家ヲ創立ス(民、七三三、三項)又戸主ノ家ニ入ルコトヲ得サル庶子及ヒ私生子ハ一家ヲ創立スルニ因リ(民、七三五、三項)此場合ニ於テハ其旨及ヒ創立ノ原因竝ニ場所ヲ記載スルコトヲ要ス一家ノ創立者ハ隨意ニ氏ヲ選定スルコトヲ得ヘシ

七 日本ノ國籍ヲ有セサル者ノ子ナルトキハ其旨 父カ知レサルトキ又ハ國籍ヲ有セサルトキ母カ日本人ナルトキハ其子ハ日本人トシ又日本ニ生レタル子ノ父母カ共ニ知レサルトキ又ハ國籍ヲ有セサルトキハ其子ハ之ヲ日本人ト爲ス然レトモ父母共ニ知レサル場合ハ棄兒ノ取扱ヲ爲スヘキモノトス(國、三、四)日本ノ國籍ヲ有セサル者トハ日本ノ臣民タル資格ヲ有セサル者ト謂フ義ニシテ第九條ノ說明ヲ參照シテ其詳細ヲ知ルヘシ

以上ニ述ヘタルハ出生ノ届書ニ記載スヘキ事項ナリ故ニ口頭ヲ以テ届出

ヲ爲スニハ届出人ハ市役所又ハ町村役場ニ出頭シ届書ニ記載スヘキ事項ヲ陳述スルヲ要ス(五七、一項)此口頭届出ニ關スル規定ハ總テノ場合ニ適用アレトモ今後各場合ニ於ケル説明ヲ略ス

舊、六九

第七十條　出生ノ届出ハ出生地ニ於テ之ヲ爲スコトヲ得

出生ノ届出地

本條ハ出生ノ届出地ヲ定ム卽チ届出ハ届出事件ノ本人ノ本籍地又ハ届出人ノ所在地ニ於テ之ヲ爲スヲ原則ト爲セトモ出生ノ届出ハ出生地ニ於テモ届出ヲ爲スヲ得ヘキコトヲ定メタルモノナリ故ニ例ヘハ長崎市ニ本籍ヲ有スル者カ東京市ニ寄留中大磯町ニ於テ出産シタリトセンカ其届出義務者ハ東京ニ於テ届出ヲ爲スモ子ノ出生地タル大磯町ニ於テ届出ヲ爲スモ將又本籍地タル長崎市長ヘ届書ヲ郵送スルモ届出人ノ隨意ナルカ如キ是レナリ

舊、七〇

第七十一條　汽車又ハ航海日誌ヲ備ヘサル船舶中ニテ出生アリタル場合ニ於テハ到著地ニ於テ届出ヲ爲ス

コトヲ得

汽車、汽船中ニ於ケル出生届出地

本條ハ汽車、汽船中ニ生シタル子ノ届出地ヲ定ム卽チ前條ニ於テ出生ノ届出ハ出生地ニ於テ之ヲ爲スコトヲ得ヘキヲ定メタルヲ以テ汽車又ハ航海日誌ヲ備ヘサル船舶中ニテ出生アリタル場合ニ於テハ其出生地ニ於テ届出ヲ爲スコトハ却テ不便ナルノミナラス汽車又ハ汽船ハ運行極メテ迅速ニシテ出生地ヲ知ル能ハサル場合鮮シトセス故ニ此場合ニ於テハ汽車又ハ汽船ノ到著地ニ於テ届出ヲ爲スコトヲ得ヘキヲ定メタリ例ヘハ東京ヨリ銚子港ニ至ル汽車ノ進行中ニ出生アリタリトセンカ分娩者ノ到著地タル銚子町ニ於テ届出ヲ爲スコトヲ得ルカ如シ但本條ハ届出ノ場所ニ關スル特別ノ規定ナルカ故ニ届出ノ事項タル出生ノ時及ヒ場所ニ付キテハ實際出生シタル時及ヒ場所ヲ記載セサルヘカラス(六九、二項三號)

分娩者ノ到著地トハ下車又ハ下船ノ地ナリヤ例ヘハ横濱ヨリ大阪ニ行カントシ相模灣ニテ出産シ神戸ニテ下船シ更ニ汽車ニテ大阪ニ到リタルトキ

ハ何レノ地ヲ以テ到著地ト看做スヘキヤト謂フニ到著地トハ現ニ出產アリタル汽車又ハ汽船カ到著シタル地便チ分娩者カ下車又ハ下船シタル地ト解ス故ニ前示ノ例ヲ以テスレハ神戶ヲ到著地トス而シテ本條ノ規定タルヤ屆出人ノ實際ノ便宜ニ鑑ミ設ケタル特別規定ナルヲ以テ屆出人カ旅行ノ途次特別ノ屆出地ニ於テ之ヲ爲スヲ敢テ便宜ニ非ストスルトキハ一般ノ原則ニ從ヒ或ハ本籍地ノ市町村長ニ屆書ヲ郵送スルカ又ハ屆出人ノ所在地ニ於テ之カ屆出ヲ爲スヲ得ルハ勿論ニシテ必シモ到著地タル神戶ニ於テ其屆出ヲ爲スコトヲ要スルモノニ非ス(四三)尙ホ航海日誌ヲ備フル艦船中ニ於ケル出生ハ航海日誌ニ記載スヘキコト後ニ之ヲ規定セリ(七五)

舊、七一

第七十二條　嫡出子出生ノ屆出ハ父之ヲ爲シ父カ屆出ヲ爲スコト能ハサル場合又ハ民法第七百三十四條第一項、第二項但書ノ場合ニ於テハ母之ヲ爲スコトヲ要ス

庶子出生ノ屆出ハ父之ヲ爲シ私生子出生ノ屆出ハ母之ヲ爲スコトヲ要ス

前二項ノ規定ニ依リ屆出ヲ爲スヘキ者カ屆出ヲ爲スコト能ハサル場合ニ於テハ左ニ揭ケタル者ハ其順序ニ從ヒ屆出ヲ爲スコトヲ要ス

第一 戶主

第二 同居者

第三 分娩ニ立會ヒタル醫師又ハ產婆

第四 分娩ヲ介抱シタル者

本條ハ出生屆出義務者及ヒ其順序ヲ定ム

第一項ハ嫡出子出生ノ屆出義務者ヲ定メタルモノニシテ嫡出子トハ父母ノ婚姻中ニ懷胎シタル子ヲ謂フ(民、八二〇、一項)而シテ婚姻成立ノ日ヨリ二百日後又ハ婚姻ノ解消若クハ取消ノ日ヨリ三百日内ニ生レタル子ハ婚姻中ニ懷胎シタルモノト法律上ノ推定ヲ受ク(民、八二〇、二項)父ハ反對ノ證據ヲ擧ケテ法律上ノ推定ヲ覆ヘスコトヲ得(民、八二二)然レトモ婚姻後數日ニシテ生レタル子ト雖モ父カ嫡出子トシテ屆出テタルトキハ市町村長ハ之ヲ受理スルコトヲ要ス

嫡出子出生ノ屆出ハ父之ヲ爲スヲ原則ト爲セトモ母ヨリ之ヲ爲スヘキ例外ノ場合アリ卽チ左ノ如シ

一　父カ屆出ヲ爲スコト能ハサル場合　本號ノ場合ハ例ヘハ父カ疾病、旅行、在監其他止ムコトヲ得サル事故アリテ實際上屆出ヲ爲スコト能ハサルカ如キ又母カ旅行中分娩シタルトキ父カ其所ニ在ラサルトキノ如キモ父カ屆出ヲ爲スコト能ハサル場合ニ該當スヘシ

二　父カ子ノ出生前ニ離婚又ハ養子離緣ニ因リテ其家ヲ去リタル場合　本號ノ場合ハ例ヘハ父カ婿養子又ハ入夫ト爲リ母ノ家ニ入リ母ノ懷胎後、分娩前ニ父カ離婚又ハ養子離緣ヲ爲シテ實家ヘ復籍シタルトキハ子カ出生

スルモ父ハ既ニ家ニ在ラスシテ母ノ家ニ入ルヘキ場合ナルヲ以テ母ヨリ其届出ヲ爲スヘキカ如シ(民、七三四、一項)

三　父母共ニ離婚又ハ養子離縁ニ因リテ其家ヲ去リタルモ母カ子ノ出生前ニ復籍シタル場合　本號ノ場合ハ例ヘハ婿養子タル父カ養子離縁ヲ爲ス際母カ父ト共ニ其家ヲ去リタルモ懷胎後、分娩前ニ母ノミ復籍シタルトキハ父其家ニ在ラサルヲ以テ其子ハ母ノ家ニ入ルヘク從テ母ヨリ其届出ヲ爲スヘキカ如シ

第二項ハ庶子出生ノ届出ハ父之ヲ爲シ私生子出生ノ届出ハ母之ヲ爲スヲ要スルコトヲ定ム故ニ庶子ノ父カ戸主タルト家族タルトヲ問ハス又庶子カ父ノ家ニ入ルコト能ハスシテ母ノ家ニ入ルトキ若クハ一家ヲ創立スル場合ニ於テモ父其届出ヲ爲スコトヲ要シ私生子カ母ノ家ニ入ルトキト母ノ家ニ入ルコト能ハスシテ一家ヲ創立スルトキトヲ問ハス(民、七三五)母ヨリ其届出ヲ爲スコトヲ要スルモノトス而シテ庶子出生ノ届出ハ父ヨリ之ヲ爲スコトハ通例ノ場合ニ於テハ其子カ出生前ニ認知セラレタル場合ヲ豫想シタルモ

庶子、私生子ノ届出義務者

ノナルヘシト雖モ子ノ出生後、認知屆出前ニ直ニ父カ庶子出生ノ屆出ヲ爲シタルトキハ其屆出ハ認知屆出ノ效力ヲ有スルモノナルヲ以テ別ニ認知ノ屆出ヲ爲スノ要ナキナリ(八三)

特別ノ屆出義務者

第三項ハ父又ハ母ヨリ子ノ出生屆出ヲ爲ス能ハサル場合ニ於テ特別ノ屆出義務者及ヒ其順序ヲ定メタルモノニシテ卽チ左ノ如シ

第一 戸主　戸主カ出生子ノ父又ハ母ナルトキハ本號ハ其適用ナクシテ終ハルヘシト雖モ出生子ノ父又ハ母カ家族ナルトキ其屆出義務者タル父又ハ母カ止ムコトヲ得サル事由ニ因リテ屆出ヲ爲スコト能ハサルトキハ戸主タル者晏然トシテ之ヲ看過スルコトヲ得ス先ツ第一順位ノ屆出義務者トシテ其屆出ヲ爲ササルヘカラス從テ出生子カ庶子又ハ私生子ニシテ戸主カ入籍ヲ拒ム場合ニ於テモ亦其屆出義務ヲ免カルルコトヲ得ス此場合ニ於テハ入籍ヲ拒ミタルニ因リ一家ヲ創立シタル旨及ヒ其原因竝ニ場所ヲ屆書ニ記載スルコトヲ要スルノミ

第二 同居者　同居者トハ出生子ノ父又ハ母ト事實上住所若クハ居所ヲ同

フスルモノ即チ同一家屋內ニ生活スルモノヲ指スモノニシテ戶籍ヲ同フシ又ハ家族關係ノ如何ヲ問フコトナシ

第三 分娩ニ立會ヒタル醫師又ハ產婆

第四 分娩ヲ介抱シタル者　分娩ヲ介抱シタル者トハ懇親、僕婢、親族、看護婦、隣佑又ハ他人トヲ問ハス現實ニ出產ノ當時立會ヒ諸種ノ周旋、盡力ヲ爲シタル者ヲ指稱ス

以上ノ順序ニ依リ各自其屆出義務ヲ負フモノニシテ數人ノ屆出義務者ヨリ各別ニ屆出アリタル場合ニ於テハ前ニ屆出ヲ受理シタル屆書ニ基キテ戶籍ノ記載ヲ爲スヘク(四〇)同時ニ數人ノ屆出義務者アルモ其中ノ一人ヨリ屆出ヲ爲セハ其餘ノ者ハ其義務ヲ免脫セラルルニ因リ別段屆出ヲ爲スコトヲ要セス

舊、七二

第七十三條　嫡出子否認ノ訴ヲ提起シタルトキト雖モ出生ノ屆出ヲ爲スコトヲ要ス

嫡出子否認

本條ハ嫡出子否認ノ訴(民、八二二、八二三)ヲ提起シタルトキト雖モ出生ノ屆

出ヲ爲スヲ要スルコトヲ定ム卽チ男女ノ婚姻中ニ懷胎シタル子ハ夫ノ子ナリト推定セラレ(民、八二〇、一項)之ヲ嫡出子ト稱スト雖モ是レ固ヨリ單純ナル法律上ノ推定ニ過キサルヲ以テ反對ノ證據ヲ擧ケテ其推定ヲ覆ヘスコトヲ許サヽルヘカラス何トナレハ時ニ不貞ノ妻アリテ不正行爲ヲ働キタルトキハ婚姻中ニ懷胎シタル子ヲ夫ノ子ナリト爲ス法律上ノ推定ニ對シ反證ヲ以テ之ニ對抗スルノ權利ヲ夫ニ與フルコトヲ要ス此權利ヲ稱シテ否認權ト謂フ夫カ否認權ヲ行ハントスル理由ハ種々ナルヘシト雖モ概要左ノ如シ

一　法律上ノ懷胎時期中夫婦同居セサリシトキ　法律上ノ懷胎時期トハ婚姻成立ノ日ヨリ二百日後又ハ婚姻解消若クハ取消ノ日ヨリ三百日內ニ生レタル子ハ婚姻中ニ懷胎シタルモノト推定セラルルカ故ニ其時期ヲ指稱ス(民、八二〇、二項)夫婦同居セサルトキハ例ヘハ從軍、旅行、收監、入院、事變又ハ疾病其他ノ事由ニ因リ離隔セラレタル場合ノ如シ

二　生理上接近ヲ妨クル事由アリタルトキ

三　早生　早生トハ例ヘハ婚姻後百七十日內ニシテ生レタルカ如シ

否認權ハ原則トシテ夫ニ專屬スルヲ以テ他人ニ於テ之ヲ行フコトヲ得ス但タ夫カ禁治產者ナルトキハ其後見人ハ親族會ノ同意ヲ得テ否認ノ訴ヲ提起スルコトヲ得(人訴、二八)又夫カ子ノ出生前又ハ否認ノ訴ヲ提起セスシテ民法第八百二十五條ノ期間內ニ死亡シタルトキハ其子ノ爲ニ相續權ヲ害セラルヘキ者其他夫ノ三親等內ノ血族ニ限リ否認ノ訴ヲ提起スルコトヲ得ヘク此場合ニ於テハ否認ノ訴ハ夫ノ死亡ノ日ヨリ一年內ニ之ヲ提起スルコトヲ要ス尙ホ夫カ否認ノ訴ヲ提起シタル後死亡シタルトキハ其子ノ爲ニ相續權ヲ害セラルヘキ者及ヒ夫ノ三親等內ノ血族ニ於テ訴訟ヲ繼續スルコトヲ得(人訴、二九)否認ノ訴ハ子又ハ其法定代理人ニ對シ子ノ普通裁判籍ヲ有スル地ノ地方裁判所ニ提起スルモノニシテ夫カ子ノ法定代理人ナルトキハ裁判所ハ特別代理人ヲ選任スルコトヲ要ス(民、八二三、人訴、二七)否認ノ訴ハ夫カ子ノ出生ヲ知リタル時ヨリ一年內ニ之ヲ提起スルコトヲ要ス(民、八二五、)然レトモ夫カ未成年者ナルトキハ成年ニ達シタル時ヨリ期間ヲ起算ス但夫カ成年ニ達シタル後ニ子ノ出生ヲ知リタルトキハ之ヲ知リタル時ヨリ起算スヘク又

夫カ禁治産者ナルトキハ禁治産ノ取消アリタル後子ノ出生ヲ知リタル時ヨリ起算スルモノトス(民、八二六)

嫡出子否認ノ訴ヲ提起シタルトキト雖モ夫ハ出生ノ届出ヲ免除又ハ猶豫セラルルモノニ非ス蓋シ若シ否認ノ裁判確定ニ至ルマテ届出ヲ爲ササルトキハ世ニ無籍者ヲ生シ公秩序ニ害アルヲ以テナリ然レトモ夫ハ出生ノ届出ヲ爲シタレハトテ之カ爲メ其否認權ヲ失フコトナキカ故ニ後日否認ノ判決確定シタルトキハ戸籍ノ訂正ヲ申請スヘク(一六七)其子ハ母ノ私生子トシテ其家ニ入リ又ハ一家ヲ創立シ否認者トハ親族關係ナキニ至ルヘキナリ

舊、七三

第七十四條　民法第八百二十一條ノ規定ニ依リ裁判所カ父ヲ定ムヘキトキハ出生ノ届出ハ母之ヲ爲スコトヲ要ス此場合ニ於テハ届書ニ父ノ未定ナル事由ヲ記載スルコトヲ要ス

第七十二條第三項ノ規定ハ前項ノ場合ニ之ヲ準用ス

本條ハ父未定ノ子ノ届出義務者ヲ定ム卽チ民法第八百二十一條ノ規定ニ依リ裁判所カ父ヲ定ムヘキトキハ母ヨリ父ノ未定ナル事由ヲ記載シテ出生ノ届出ヲ爲スヘキコトヲ定メタルモノナリ蓋シ婚姻成立ノ日ヨリ二百日後又ハ婚姻ノ解消若クハ取消ノ日ヨリ三百日内ニ生シタル子ハ婚姻中ニ懷胎シタルモノトノ法律上ノ推定ヲ受クルカ故ニ(民、八二〇、二項)妻カ前婚解消ノ日ヨリ三百日内ニ於テ後夫ト婚姻シ其後二百日後ニ子ノ出生アリタルトキハ一面ニ於テハ後夫ノ子ナリトモ謂ヒ得ヘク又一面ニ於テハ前夫ノ子ナリトモ謂ヒ得ヘク從テ法律上二樣ノ推定ヲ受クルニ至リ前夫ノ子ナルカ後夫ノ子ナルカヲ知リ難キ場合ナルカ故ニ法律上其父ヲ定ムルコト能ハサルヲ以テ裁判所ヲシテ事實上ノ調査ヲ爲サシメ父ノ何人ナルカヲ定メシムルコトヲ要スルモノトス而シテ此訴ハ子、母、母ノ配偶者又ハ其前配偶者ヨリ子ノ普通裁判籍ヲ有スル地ノ地方裁判所ニ之ヲ提起スルコトヲ得ヘク母ノ配偶者及ヒ其前配偶者ハ互ニ其相手方ト爲ルヘク子又ハ母ヨリシテ提起スル場合ニハ母ノ配偶者及ヒ其前配偶者ヲ以テ相手方トシ其一人カ死亡シタル後ニ於テハ其生存者ヲ以テ相手方トス(八訴、二七、三〇)裁判ノ結果其子ノ父タルコト定メラレタル者ハ最早否認ノ訴ヲ提起スルヲ得サルヘシ而シテ本條ノ屆出ニ因リ戸籍ノ記載ヲ爲シタル後子ノ父カ裁判ニ因リ定マリタルトキハ其戸籍ノ訂正ヲ申請スヘキモノトス(一六七)

第二項ハ第七十二條第三項ノ準用ニ依リ母カ父未定ノ子ノ屆出ヲ爲スコト能ハサルトキハ第一戸主、第二同居者、第三分娩ニ立會ヒタル醫師又ハ產婆、第四分娩ヲ介抱シタル者ノ順序ヲ以テ各其屆出義務者タルモノトス

舊、七八

第七十五條 航海中ニ出生アリタルトキハ艦長又ハ船長ハ二十四時內ニ第六十九條第二項ニ掲ケタル事項ヲ航海日誌ニ記載シテ署名、捺印スルコトヲ要ス

前項ノ手續ヲ爲シタル後艦船カ日本ノ港ニ著シタルトキハ艦長又ハ船長ハ遲滯ナク出生ニ關スル航海日誌ノ謄本ヲ其地ノ市町村長ニ發送スルコトヲ要ス

艦船カ外國ノ港ニ著シタルトキハ艦長又ハ船長ハ遅滯ナク出生ニ關スル航海日誌ノ謄本ヲ其國ニ駐在スル日本ノ大使、公使又ハ領事ニ發送シ大使、公使又ハ領事ハ一个月内ニ之ヲ外務大臣ニ發送シ外務大臣ハ十日内ニ之ヲ本籍地ノ市町村長ニ發送スルコトヲ要ス

航海中ノ出生ノ取扱手續

本條ハ航海中ノ出生ノ取扱手續ヲ定ム

卽チ第一項ハ軍艦又ハ船舶ノ航海中ニ出生アリタルトキハ艦長又ハ船長ノ爲スヘキ手續トシテ二十四時間内ニ(一)子ノ氏名及ヒ男女ノ別(二)私生子又ハ庶子ナルトキハ其旨(三)出生ノ年月日時及ヒ場所(四)父母ノ氏名、本籍及ヒ職業(五)子ノ入ルヘキ家ノ戸主ノ名及ヒ本籍(六)子カ一家ヲ創立スルトキハ其旨及ヒ創立ノ原因竝ニ場所(七)日本ノ國籍ヲ有セサル者ノ子ナルトキハ其旨(六九、二項)ヲ航海日誌ニ記載シテ署名、捺印スルコトヲ要スルコトヲ定メタリ本法ハ此場合ニ證人ノ立會ニ關スル規定ヲ廢止ス艦船ノ航海中ニ丁リ出生アリタ

ルトキ其場所ヲ記載スルニハ例ヘハ東經何度、北緯何度ヲ航海中ニ於テト爲スカ如シ艦船カ一時或ル港灣ヘ寄港ノ際ナルトキト雖モ航海ノ繼續中ナルニ於テハ航海中タルヲ失ハス

第二項ハ艦船カ日本ノ港ニ著シタル場合ニ於ケル手續トシテ艦長又ハ船長ハ遲滯ナク出生ニ關スル航海日誌ノ謄本ヲ著港地ノ市町村長ニ發送スルヲ要スルコトヲ定メタリ

第三項ハ艦船カ外國ノ港ニ著シタル場合ニ於ケル手續トシテ艦長又ハ船長ハ遲滯ナク出生ニ關スル航海日誌ノ謄本ヲ其國ニ駐在スル日本ノ大使、公使又ハ領事ニ送付シ大使、公使又ハ領事ハ一个月ノ期間內ニ外務大臣ニ發送シ外務大臣ハ十日ノ期間內ニ更ニ之ヲ本籍地ノ市町村長ニ發送スルヲ要スルコトヲ定メタリ

舊、七四

第七十六條　病院、監獄其他ノ公設所ニ於テ出生アリタル場合ニ於テ父母共ニ屆出ヲ爲スコト能ハサルトキ

公設所ニ於ケル出生ノ届出義務者

ハ公設所ノ長又ハ管理人届出ヲ爲スコトヲ要ス

本條ハ病院、監獄、其他公設所ニ於ケル出生ノ特別ノ届出義務者ヲ定ム卽チ出生アリタルトキハ父母其届出ヲ爲スヲ本則ト爲セトモ病院、監獄其他ノ公設所ニ於テ出生アリタル場合ニ於テ父又ハ母ヨリ届出ヲ爲スコト能ハサルトキハ病院、監獄其他ノ公設所ノ長若クハ管理人ヨリ其届出ヲ爲スヲ要スルコトヲ定メ以テ實際ノ必要ニ應セシメタリ公設所トハ公益ノ目的ニ因リ設營セラレタルモノニシテ例ヘハ養育院、盲唖院、感化院、免囚保護所及ヒ免囚授產場ノ如シ又茲ニ病院中ハ私設ヲモ包含ス

舊、七七

出生届出前ノ死亡

第七十七條 出生ノ届出前ニ子カ死亡シタルトキハ死亡ノ届出ト共ニ出生ノ届出ヲ爲スコトヲ要ス

本條ハ出生ノ届出前ニ子ノ死亡シタル場合ノ手續ヲ定ム卽チ出生ニ付キ未タ届出ヲ爲ササル前既ニ死亡シタルトキハ單ニ死亡ノ届出ノミニテ足レリト爲スヘキヤ將又出生ノ届出ト死亡ノ届出トヲ各別ニ爲スコトヲ要スル

死胎ニテ生レタル場合ノ手續

ヤニ付キ死亡ノ屆出ト共ニ出生ノ屆出ヲ爲スヲ要スルコトヲ定メタリ

然ルニ胎兒カ死體ニテ分娩シタルトキハ出生及ヒ死亡ノ屆出ヲ爲スヘキヤ死亡ノ屆出ノミヲ爲スヘキヤ將又何等ノ手續ヲ爲スコトヲ要セサルヤ出生ニ關シテハ本節ノ初ニ於テ述ヘタル如ク胎兒カ死體ニテ分娩シタルトキハ出生ト謂フヘカラス何トナレハ出生トハ胎兒カ母體ヨリ全ク分離スルコト及ヒ胎兒カ母體ヨリ分離シタル後生活スルコトノ二條件ヲ具備スルコトヲ要ス故ニ死體ニテ分娩シタルモノハ出生ノ事實存スルコトナシ既ニ出生ノ事實存セストセハ安ソ死亡ノ事實アランヤ果シテ出生及ヒ死亡ナシト爲ストキハ何等戸籍ニ關スル屆出ヲ爲スヲ要セサルコト寔ニ明カナリ但タ死胎ニ關シ明治十七年十一月內務省達乙第四八號墓地及ヒ埋葬取締規則細目第十一條第三項ニ妊娠四个月以上ノ死胎ニ係ルトキハ醫師若クハ產婆ノ死產證ヲ差出シ區長又ハ戸長ノ認許證ヲ受クヘシトアルニ依リ市町村長ノ認許證ヲ受ケ火葬又ハ埋葬ヲ行フコトヲ要スレトモ妊娠四个月以下ノ死胎ニ付テハ何等ノ手續ヲ定メタルモノナキノミナラス內務省達ハ戸籍ニ關スル

規定ニ非スシテ一ノ警察規則ニ過キサレハ之ヲ以テ出生又ハ死亡ノ屆出ヲ要ストノ論據ト爲スコトヲ得サルナリ

第七十八條 棄兒ヲ發見シタル者又ハ棄兒發見ノ申告ヲ受ケタル警察官ハ二十四時内ニ其旨ヲ市町村長ニ申出ツルコトヲ要ス

前項ノ申出アリタルトキハ市町村長ハ氏名ヲ命シ本籍ヲ定メ且附屬品、發見ノ場所、年月日時其他ノ狀況及ヒ氏名、男女ノ別、出生ノ推定年月日竝ニ本籍ヲ調書ニ記載スルコトヲ要ス其調書ハ之ヲ屆書ト看做ス

棄兒發見ノ場合ニ於ケル手續

本條ハ棄兒發見ノ場合ニ於ケル手續ヲ定ム

第一項ハ棄兒ヲ發見シタル者又ハ棄兒發見ノ申告ヲ受ケタル警察官ハ二十四時間內ニ此旨ヲ市町村長ニ申出ツルヲ要スルコトヲ定メタルモノニシテ是等ノ者ハ出生ノ屆出ノ有無及ヒ保護者ノ所在ヲ調ヘタル上其屆出及ヒ

保護者ノ分明ナラサルトキ之カ申出ヲ爲スヘキハ固ヨリ其所トス

第二項ハ市町村長カ棄兒發見者又ハ警察官ヨリ右ノ申出アリタル場合ニ於ケル手續ヲ定ム卽チ左ノ如シ

第一 棄兒ニ氏名ヲ命スルコト　然レトモ棄兒ニ附帶スル守袋又ハ臍ノ緒ノ書附若クハ迷子札ノ如キモノニ因リ氏名ノ判明セル場合ハ特ニ氏名ヲ命スルコトヲ要セス

第二 本籍ヲ定ムルコト　父母共ニ知レサル子ハ一家ヲ創立スルカ故ニ(民、七三三、三項)本籍ヲ定メ新ニ戸籍ヲ作リ其家ノ戸主タラシムルモノトス從テ棄兒發見者、引受人其他本人ノ利益ヲ圖ル者卽チ隣佑又ハ本人ニ緣故アル者ヲ以テ組織シタル親族會ヲ招集シ後見人ヲ選定スルコトヲ得ヘシ

第三 調書ヲ作ルコト　調書ニハ左ノ事項ヲ記載スルコトヲ要ス但此調書ハ出生ノ屆書ト看做サルルモノトス

一 附屬品　附屬品トハ棄兒ニ添ヘアリタル玩具、衣類、縞柄ノ如キヲ謂フ

二 發見ノ場所　發見ノ場所トハ如何ナル場所ニ遺棄シアリタルカヲ謂

フ

三　年月日時其他ノ狀況　年月日時其他ノ狀況トハ發見シタル日時棄兒ノ骨相、身長、發育ノ模樣及ヒ特徵等ヲ明細ニ記載シ且如何樣ニ遺棄シアリシヤノ狀態ヲ知ルニ足ルヘキ事實ヲ錄取スルカ如シ

四　出生ノ推定年月日　推定年月日トハ出生後凡ソ何年何月何日位ヲ經過シタルヤヲ推測シ其推測ニ依ル出生ノ年月日ヲ謂フ市町村長カ之ヲ推知シ難キトキハ醫師又ハ産婆ヲシテ鑑定セシムルコトヲ得ヘシ

五　氏名、男女ノ別及ヒ本籍　氏名トハ市町村長カ命シタルモノ本籍モ亦市町村長カ定メタルモノヲ謂ヒ男女ノ別トハ男性ナリヤ又ハ女性ナリヤヲ謂フ

第七十九條　父又ハ母カ棄兒ヲ引取ルトキハ一个月內ニ第六十九條第二項ノ規定ニ依ル屆出ヲ爲シ且戶籍ノ訂正ヲ申請スルコトヲ要ス

父又ハ母カ棄兒ヲ引取ルトキノ手續

本條ハ父又ハ母カ棄兒ヲ引取リタルトキノ手續ヲ定ム即チ棄兒ノ父又ハ母カ現出シタルトキハ其子ヲ引取ルヘキコトハ言フヲ俟タス其之ヲ引取リタルトキハ一个月ノ期間內ニ出生ノ屆出(六九、二項)ヲ爲シ且棄兒ノ爲ニ設ケタル戶籍ノ訂正ヲ申請スルヲ要スルモノトス

舊、七七

棄兒死亡ノ屆出手續

第八十條　第七十八條第一項又ハ前條ノ手續ヲ爲ス前ニ棄兒カ死亡シタルトキハ死亡ノ屆出ト共ニ其手續ヲ爲スコトヲ要ス

本條ハ棄兒ノ死亡シタル場合ノ手續ヲ定ム即チ棄兒發見者又ハ棄兒發見ノ申告ヲ受ケタル警察官カ其旨ヲ市町村長ニ申告前(七八、一項)ニ死亡シタルトキハ是等ノ者ヲシテ死亡ノ屆出若クハ報告ヲ爲サシムルト同時ニ市町村長ハ棄兒ニ氏名ヲ命シ本籍ヲ定メ且附屬品、發見ノ場所、年月日時其他ノ狀況及ヒ氏名、男女ノ別、出生ノ推定年月日並ニ本籍ヲ調書ニ記載スル等ノ手續ヲ爲スコトヲ要シ(七六、二項)又父若クハ母カ棄兒ヲ引取リタルトキ一个月內ニ

六十九條第二項ニ依ル出生ノ届出並ニ戸籍訂正ノ申請前ニ死亡シタルトキハ死亡ノ届出ト同時ニ一个月内ニ第六十九條第二項ニ依ル出生ノ届出及ヒ戸籍訂正ノ申請ヲ爲スコトヲ要ス(七九)

第三節　認知

認知ノ意義

第一　認知ノ意義

私生子ハ父又ハ母ノ知レサルモノナレトモ事實トシテハ父母ナキ子アルコトナシ唯婚姻外ニ男女ノ關係ヲ認ムヘカラサルニヨリ法律上父母ヲ推定スルコトヲ得サルニ過キス故ニ父タリ母タリトシテ或ル特別ナル手續ヲ經テ親子關係ヲ定ムルニ非サレハ法律上ノ親子アルコトナシ而カモ私生子ニ對シテ父タリ母タリトノ關係ヲ生セシムルニハ父又ハ母カ自己ノ子ナリト認メタル時ヨリ親子關係初メテ定マル是レ一種ノ承認ニシテ民法ハ之ヲ名ケテ認知ト謂フ父又ハ母カ認知ヲ爲シタルトキハ其間ニ血族關係ヲ生シ又父若クハ母ノ嫡出子又ハ庶子ノ間ニハ兄弟姉妹ノ關係ヲ生スルハ當然ナリ

認知ヲ爲スニハ父又ハ母カ未成年者若クハ禁治産者タル無能力者ナル場合ト雖モ苟クモ意思能力ヲ有スルトキハ法定代理人ノ同意ヲ得ルコトヲ要セス(民、八二八)

認知ノ種類

第二　認知ノ種類

認知ニ二種アリ一ヲ任意ノ認知ト謂ヒ二ヲ裁判上ノ認知ト謂フ

一　任意ノ認知　任意ノ認知トハ父又ハ母タル者カ隨意ニ自己ノ子タルコトヲ承認スルコトヲ謂フ(民、八二七)任意認知ハ遺言ニ依リテモ亦之ヲ爲スコトヲ得(民、八二九、二項)任意認知ニ胎兒認知アリ死兒認知アリ第一胎兒認知トハ父カ胎內ニ在ル子ヲ認知スルヲ謂フ胎兒認知ノ必要ハ子ノ胎內ニ在ル間ニ父カ瀕死ノ狀態ニ在ルトキ若シ認知ヲ認メサルトキハ竟ニ之ヲ認知スルノ機ナキニ了ハルヘキヲ以テナリ此場合ニ於テハ母ノ名譽及ヒ利害ニ關スルコト重大ナルカ故ニ其承諾ヲ得ルコトヲ要件ト爲ス(民、八三一)第二死兒認知トハ父又ハ母カ死亡シタル子ノ直系卑屬アルトキニ限リ其子ヲ認知スルヲ謂フ死兒認知ノ必要ハ私生子カ子孫ヲ遺シテ死亡シタルトキハ父又ハ母ハ其孫又ハ曾孫ヲ認知スルコト能ハサルカ故ニ死兒ヲ認知シ其死兒カ受クヘカリシ利益便チ扶養又ハ相續權ノ如キヲ其孫、曾孫等ニ及ホスコトヲ得ルニ在リ此場合ニ於テハ其直系卑屬カ自ラ認知セラルト同シキ結果ヲ生スルカ故ニ是等ノ者カ成年者ナルトキハ其承諾ヲ得ルコトヲ要件ト爲ス(民、八三一、二項)胎兒認知、死兒認知共ニ特別ナル認知トス

裁判上ノ認知

二 裁判上ノ認知　裁判上ノ認知トハ任意ノ認知ヲ爲ササルニ因リ子、其直系卑屬又ハ是等ノ法定代理人ヨリ裁判所ニ認知ノ請求ヲ爲シ強制的認知ヲ爲サシムルコトヲ謂フ卽チ任意認知ヲ肯セサル父又ハ母ニ對シ父又ハ母ノ關係ナルコトノ眞實ナリトノ證據ヲ擧ケ裁判上認知ヲ求ムルモノニシテ父又ハ母ノ搜索權ト稱ス(民、八三五)此訴ハ子ノ普通裁判籍アル地ノ地方裁判所ニ提起スルモノニシテ確定判決ニ因リ其請求ヲ是認セラレタルトキハ親子タル血族關係ヲ有スルニ至ル(人訴、二七)

認知ハ任意認知ト裁判上ノ認知トヲ問ハス確定不動ノモノニシテ之カ取

消ヲ爲スコトヲ許サヽルヲ原則トス(民、八三三)然レトモ子其他ノ利害關係人便チ子ノ親族、戸主又ハ家族ハ認知ニ對シテ反對ノ事實ヲ主張スルコトヲ得(民、八三四)

認知ノ要件

第三　認知ノ要件

任意認知ナルト裁判上ノ認知ナルトヲ問ハス認知ノ形式上ノ條件トシテ身分ニ關スル事務ヲ管掌スル吏員ニ届出ヲ爲スニ依リテ其效力ヲ生ス(民、八二九、一項)認知ノ效力ヲ生シタルトキハ第三者ノ既得權ヲ害セサル限リハ子ノ出生ノ時ニ遡リテ其效力ヲ生ス卽チ認知シタル子ノ出生ノ時ヨリ效力ヲ生スルモノトス(民、八三二)右ニ述ヘタル如ク認知ハ届出ヲ爲スニ依リ效力發生ノ要件ト爲シタルカ故ニ其届出ニ關スル規定ヲ設クルコト寔ニ肝要ナリ是レ本節ノ規定アル所以ナリ

認知ニ關スル諸問題

第四　認知ニ關スル諸問題

一　戸主ノ認知　他家ノ戸主ト雖モ認知スルコトヲ得但廢家若クハ隱居スルニ非サレハ父ノ家ニ入ルコトヲ得サルノミ

二　養子及ヒ戸主ノ甥ノ認知　養子カ養親ニ依リ認知セラレタルトキハ庶子ト爲ル、戸主ノ甥カ他家ノ戸主ニ依リ認知セラレタルトキハ同シク庶子トシテ入籍ス

三　無籍者ノ認知　棄兒發見ノ屆出アリタルトキハ出生屆アリタルト同一ニ看做サルルヲ以テ直ニ父ヨリ認知スルコトヲ得

四　妻ノ認知　認知セラルヘキ者カ他人ノ妻トリテ他家ニ在ル場合ト雖モ之ヲ認知スルコトヲ得

五　婚姻中ノ認知　婚姻中妻ノ實家ニ在ル私生子ヲ認知スルトキハ子ハ嫡出子タル身分ヲ取得スルカ故ニ(民、八三六、二項)父ノ認知屆出ノミニ依リテ父ノ家ニ入ル(二)婚姻中ノ子ハ夫ノ子ト推定セラレ(民、八二〇)嫡出子出生屆ヲ爲スヘキモノナルヲ以テ(七三)他ノ男子ニ於テ其子ヲ認知セントスルトキハ否認ノ裁判アルニ非サレハ認知スルコトヲ得ス

六　數人ノ認知　同時ニ數人ヲ認知スルコトヲ得ルモ各別ニ屆出ツヘシ

七　家ヲ異ニスルモノノ認知　私生子カ婚姻又ハ縁組ニ因リテ他家ニ入

リ又ハ分家ニ因リ戸主ト爲リタル場合ニ於テハ離婚、離緣又ハ隱居等ノ手續ヲ爲スニ非サレハ認知屆ノミニ依リテ父ノ家ニ入ルコトヲ得ス私生子カ親族入籍ニ因リ他家ニ入リタル場合ハ此限ニ在ラス

八　外國人ニ因リ認知セラルル場合　日本人カ外國人ノ認知ニ因リ日本ノ國籍ヲ喪失シタルトキ(國、二三、二四)ハ認知屆ト喪失屆トヲ各別ニ爲スコトヲ要ス

舊、八〇

第八十一條　私生子認知ノ屆書ニハ左ノ事項ヲ記載スルコトヲ要ス

一　子ノ氏名、男女ノ別、出生ノ年月日及ヒ本籍

二　死亡シタル子ヲ認知スル場合ニ於テハ死亡ノ年月日

三　父カ認知ヲ爲ス場合ニ於テハ母ノ氏名竝ニ本籍

及ヒ父ノ職業

四　子カ家族ナルトキハ戸主ノ氏名、本籍及ヒ戸主ト子トノ續柄

本條ハ私生子認知ノ届書ニ記載スヘキ事項ヲ定ム卽チ左ノ如シ

一　子ノ氏名、男女ノ別、出生ノ年月日及ヒ本籍　本號ノ記載ヲ爲サシムルノ要ハ認知セラレタル子ノ何人ナルヤヲ明示セシメ以テ其人違ヒナカラシムルニ在リ

二　死亡シタル子ヲ認知スル場合ニ於テハ死亡ノ年月日　本號ノ記載ヲ爲サシムルノ要ハ死亡シタル子ノ認知ナルコトヲ明カナラシムルニ在リ此場合ニ於テ死亡シタル子ノ直系卑屬カ成年者ナルトキハ其承諾ヲ得ルヲ要スルカ故ニ届書ニ其承諾ヲ證スル書面ヲ添附スルカ又ハ届書ニ其旨ヲ附記シ承諾者ヲシテ署名、捺印セシムルコトヲ要ス（五八）又口頭届出ヲ爲ス場合ニ於テ承諾者ヲ市役所又ハ町村役場ニ同道シテ届出ニ承諾シタル旨

ヲ陳述セシムルカ若クハ承諾ヲ證スル書面ヲ提出スルコトヲ要ス(五九)以下總テ口頭屆出ニ關スル同意、承諾又ハ承認ニ關スル說明ヲ略ス死兒認知ニ付テハ本節ノ冒頭ニ於ケル任意ノ認知及ヒ死兒認知ノ說明ヲ見ルヘシ

三　父カ認知ヲ爲ス場合ニ於テハ母ノ氏名並ニ本籍　本號ノ記載ヲ爲サシムルノ要ハ父カ認知ヲ爲ス場合ニ於テモ母アルハ勿論ナルカ故ニ母ヲ表示シテ血統ノ連絡ヲ明カナラシメ且私生子ハ父ノ認知ニ因リテ庶子トナリ又庶子ハ父母ノ婚姻ニ因リ嫡出子タル身分ヲ取得スルヲ以テ此條件ヲ具備セシムルニ在リ(民、八二七、八三六)

四　子カ家族ナルトキハ戶主ノ氏名、本籍及ヒ戶主ト子トノ續柄　卽チ子カ或家ノ家族ナルトキハ其家ノ戶主ノ氏名等ヲ明示セシメ如何ナル家ニ屬セル者ナルヤ及ヒ戶主ト其子トノ親族關係ヲ知ルニ在リ

舊、八一

第八十二條　胎內ニ在ル子ヲ認知スル場合ニ於テハ屆書ニ其旨、母ノ氏名及ヒ本籍ヲ記載シ認知者ノ本籍地

ニ於テ之ヲ屆出ツルコトヲ要ス

本條ハ胎兒認知ノ屆出手續ヲ定ム卽チ任意認知ノ一種ニシテ且生前認知ニ屬スル胎內ニ在ル子ヲ認知セントスル場合ニ於テハ左ノ事項ヲ記載シタル屆書ヲ特別ノ屆出地タル認知者ノ本籍地ニ於テ之ヲ屆出ツルヲ要スルモノトス

一　母ノ氏名及ヒ本籍　胎兒ノ認知ヲ爲スニハ母ヲ明示セスシテ之ヲ爲スニ由ナキカ故ニ必ス母ノ何人ナルカヲ表示セサルヘカラス

二　胎內ノ子ヲ認知スルコト　本號ノ記載ヲ爲サシムルノ要ハ出生子ノ認知ナリヤ又ハ胎兒ノ認知ナリヤヲ知ルニ在リ

屆書ニハ胎兒ノ母ノ承諾ヲ證スル書面ヲ添附スルカ又ハ屆書ニ其旨ヲ附記シ承諾者ヲシテ署名、捺印セシムルコトヲ要スルハ勿論ナリ(民、八三一、一項、本法、五八)尙ホ胎兒認知ニ付テハ本節冒頭ノ任意ノ認知及ヒ胎兒認知ノ說明ヲ參スヘシ

新設

第八十三條

父カ庶子出生ノ屆出ヲ爲シタルトキハ其

屆出ハ認知屆出ノ效力ヲ有ス民法第八百三十六條第二項ノ規定ニ依リ嫡出子タルヘキ者ニ付キ父母カ嫡出子出生ノ屆出ヲ爲シタルトキ亦同シ

庶子出生屆出ノ效力

本條ハ庶子出生屆出ノ效力ヲ定ム卽チ私生子ノ認知ハ私生子出生ノ屆出ヲ爲シタル後其屆出ヲ爲スヲ普通ノ手續ト爲セトモ斯ル手續ニ依ラスシテ直ニ庶子出生ノ屆出アリタル場合及ヒ婚姻中若クハ婚姻前ニ父母カ私生子ノ認知ヲ爲サヽルモ其子ヲ直ニ嫡出子出生ノ屆出ヲ爲シタル場合例ヘハ父母カ婚姻後數日ニシテ生レタル子ヲ嫡出子出生ノ屆出ヲ爲シタルトキ或ハ婚姻前出生ノ子ヲ庶子若クハ私生子ノ屆出ヲ爲サスシテ父母カ婚姻後ニ至リ直ニ嫡出子出生ノ屆出ヲ爲シタルトキハ其屆出ハ同時ニ私生子認知ノ效力ヲ有スルモノト爲ス(民、八三六、二項)但此嫡出子出生ノ屆出ハ父母兩名ヨリ之ヲ爲スコトヲ要スルモノトス

庶子ハ其父母ノ婚姻ニ因リ又私生子ハ其父母カ婚姻中ノ出生屆出ニ因リ

新設

嫡出子タル身分ヲ取得スレトモ元來嫡出子又ハ私生子タル身分ハ出生ノ時ニ於テ定マルカ故ニ出生後ニ至リ其身分ヲ變更スルコトハ一ニ法律ノ擬制ニ基クモノニシテ此擬制ヲ設ケタル所以ハ父母ノ過失ノ結果ヲ可及的其子ニ及ホササラント欲スルニ在リ加之婚姻外ノ懷胎ハ父母ノ過失ナルコトハ固ヨリ其所ナレトモ父母カ後日婚姻ヲ爲シテ其過失ヲ補修シタルトキハ其懷胎ヲ以テ正當ナル懷胎ナリト看做セリ故ニ認知ノ屆出ヲ爲サスシテ父カ庶子出生ノ屆出ヲ爲シ若クハ直ニ嫡出子トシテノ出生屆出ヲ爲シタルトキハ之ヲ以テ私生子認知ノ屆出ノ效力ヲ有スルモノトセリ又從來私生子出生ノ屆出ヲ爲シ更ニ認知屆出ヲ爲スニ因リ始メテ庶子タル身分ヲ取得スト爲ス見解(民、八二七、八二九)アリタルヲ以テ本條ハ特ニ出生屆出ニ附スルニ認知屆出ノ效力ヲ以テシ屆出ノ簡便ヲ計レルモノニシテ新設規定中ノ主ナルモノトス

第八十四條 認知ノ裁判カ確定シタルトキハ訴ヲ提起シタル者ハ裁判確定ノ日ヨリ十日內ニ裁判ノ謄本ヲ

添附シ第八十一條ノ規定ニ依ル屆出ヲ爲スコトヲ要ス其屆書ニハ裁判確定ノ日ヲ記載スルコトヲ要ス

裁判上認知ノ屆出手續

本條ハ裁判上ノ認知ニ依ル屆出手續ヲ定ム卽チ子、其直系卑屬又ハ其法定代理人カ任意ノ認知ヲ爲サヽル父又ハ母ニ對シテ裁判上認知ヲ請求シタル場合ニ於テ其請求ヲ是認セラレタルトキハ訴ヲ提起シタル者ハ裁判確定ノ日ヨリ十日内ニ裁判ノ謄本ヲ添附シ第八十一條ノ規定ニ依ル認知ノ屆出ヲ爲スコトヲ要ス但屆書ニハ第八十一條ニ定メタル事項ノ外裁判確定ノ日ヲ記載スルヲ要スルモノトス裁判トハ裁判所カ爲シタル判決、決定及ヒ命令ヲ總稱スレトモ此場合ニ於テハ判決ナリトス裁判上ノ認知ニ付テハ本節冒頭、裁判上ノ認知ヲ參照スヘシ

舊、三八

第八十五條　遺言ニ依ル認知ノ場合ニ於テハ遺言執行者ハ其就職ノ日ヨリ十日内ニ認知ニ關スル遺言ノ謄本ヲ添附シ第八十一條又ハ第八十二條ノ規定ニ從ヒ

遺言ニ依ル認知ノ屆出手續

テ其屆出ヲ爲スコトヲ要ス

本條ハ遺言ニ依ル認知ノ屆出手續ヲ定ム卽チ認知ハ直ニ市町村長ニ屆出ヲ爲スニ依リテ之ヲ爲スヲ本則トナセトモ父又ハ母カ自己ノ名譽、面目上或ハ親族間ノ圓滿ヲ欲スルカ如キ內情ニ因リ生存中公然ノ屆出ヲ以テ之ヲ爲ササルコトアルヘク又死ニ臨ミテ其子ヲ認知セントスルモ屆出ヲ爲スノ遑ナキコトアルヘシ故ニ認知ハ遺言ニ依リテモ之ヲ爲スコトヲ認メ(民、八二九、二項)遺言ニ依リテ之ヲ爲シタルトキハ遺言執行者ハ就職ヲ承諾シタル日ヨリ十日ノ期間內ニ遺言書ノ謄本ヲ添附シ第八十一條又ハ第八十二條ノ規定ニ從ヒ成年ノ子、未成年ノ子、死亡シタル子又ハ胎內ニ在ル子ノ區別ニ應シテ其要件ヲ記載シテ其屆出ヲ爲スコトヲ要ス(民、八三〇、八三一)

遺言トハ遺言ヲ爲ス者カ自己ノ死後ニ於テ效力ヲ生セシムルノ目的ヲ以テ或ル事項ニ付キ單獨ナル意思表示ヲ爲シタル要式行爲ニシテ自筆證書、公正證書又ハ公證人ニ提出シタル秘密證書若クハ特別方式ニ依リテ之ヲ爲スモノヲ謂ヒ(民、一〇六七、一〇六九、一〇七〇、一〇七六)自筆證書及ヒ秘密證書ニ

遺言執行者

依リテ遺言ヲ爲シタルトキハ遺言者ノ死後遺言證書ノ保管者又ハ相續人ハ遲滯ナク相續開始地ノ區裁判所ニ之ヲ提出シテ檢認ヲ受ケタル後遺言ノ執行ヲ爲スコトヲ要ス(民、一〇六、非訟、一一一、乃至一一六)特別方式卽チ疾病其他死亡ノ危急ニ迫リタル者及ヒ艦船遭難者カ證人三人ノ立會ヲ以テ其一人ニ遺言ノ趣旨ヲ口授シテ遺言ヲ爲シタルトキハ遺言ノ日ヨリ二十日內ニ證人ノ一人又ハ利害關係人ヨリ遺言者ノ住所地又ハ相續開始地ノ區裁判所ニ請求シテ確認ヲ得タル上執行スルコトヲ要ス(民、一〇七六、一〇八一、非訟、一〇九、一一〇)但遺言カ公正證書ナルトキハ檢認又ハ確認ノ手續ヲ爲スコトヲ要セス直ニ之ヲ執行スルコトヲ得(民、一一〇六、二項、非訟、一一二)

遺言執行者トハ遺言ノ本旨ニ從ヒ執行ヲ爲サシムル爲メ任設セラレタルモノニシテ相續財産ノ管理其他遺言ノ執行ニ必要ナル一切ノ行爲ヲ爲ス權利ヲ有シ且善良ナル管理人タルノ注意ヲ以テ其任務ヲ行フ義務アル者ヲ謂フ(民、一一一四)遺言者ハ自己ノ遺言カ適當ニ執行セラルルコトヲ希望シ遺言ヲ以テ一人又ハ數人ノ遺言執行者ヲ指定シ又ハ其指定ヲ第三者ニ委託スルコトヲ得(民、一一〇八、一項)遺言執行者指定ノ委託ヲ受ケタル者ハ相續開始後遲滯ナク其指定ヲ爲シテ之ヲ相續人ニ通知スルコトヲ要ス(民、一一〇八、二項)又其指定ノ委託ヲ受ケタル者カ其委託ヲ辭セントスルトキハ遲滯ナク其旨ヲ相續人ニ通知セサルヘカラス(民、一一〇八、三項)遺言執行者カ就職ヲ承諾シタルトキハ直ニ其任務タル遺言ノ執行ヲ爲スヲ要ス(民、一一〇九)遺言執行者ト爲ルニハ未成年者、禁治產者、準禁治產者又ハ妻ノ如キ無能力者及ヒ破產者タラサルコトヲ要ス(民、一一一一)相續人其他ノ利害關係人ハ相當ノ期間ヲ定メテ其期間內ニ就職ヲ承諾スルヤ否ヤヲ確答スヘキ旨ヲ遺言執行者ニ對シ催告スルコトヲ得若シ遺言執行者カ其期間內ニ相續人ニ對シテ確答ヲ爲ササルトキハ其就職ヲ承諾シタルモノト看做サル(民、一一一〇)遺言執行者ナキトキ又ハ就職ヲ承諾セス若クハ死亡シタルカ如キ事由ニ因リ之レナキニ至リタルトキハ相續開始地ノ區裁判所ハ利害關係人ノ請求ニ因リ之ヲ選任スルコトヲ得裁判所カ選任シタル遺言執行者ハ正當ノ理由アルニ非サレハ就職ヲ拒ムコトヲ得ス(民、一一一二、非訟、一〇七、一〇八)

遺言ノ謄本

遺言カ私署證書ナルトキハ其謄本ハ屆出人之ヲ作リ之ニ裁判所ニ於テ爲シタル檢認又ハ確認ノ裁判ノ謄本ヲ添附スルヲ適當トス但裁判ノ謄本ナルトキハ裁判所ノ作リタルモノヲ以テス又遺言カ公正證書ナルトキハ其謄本ハ原本ヲ保管スル公證人ノ作リタルモノヲ提出スヘシ(公證、五一)又遺言執行者カ認知ノ屆出ヲ爲スニ付テモ胎内ニ在ル子ナルトキハ母ノ承諾ヲ得ルコト又死亡シタル子ノ直系卑屬カ成年者ナルトキハ其承諾ヲ得ルヲ要スルコトハ第八十一條ノ説明ト同趣旨ナリ

舊、八四

認知セル胎兒カ死

第八十六條

認知セラレタル胎兒カ死體ニテ生レタルトキハ出生屆出義務者ハ其事實ヲ知リタル日ヨリ十四日內ニ認知ノ屆出地ニ於テ其旨ヲ屆出ツルコトヲ要ス但遺言執行者カ前條ノ屆出ヲ爲シタル場合ニ於テハ遺言執行者其屆出ヲ爲スコトヲ要ス

本條ハ認知セル胎兒カ死體ニテ生レタル場合ノ屆出手續ヲ定ム即チ認知

体ニテ生レタル場合ノ手續

セラレタル胎兒カ死體ニテ生レタルトキハ出生ニ非ス從テ胎兒ハ人格權ヲ享有スルニ至ラスシテ終ハリタルヲ以テ其認知モ亦何等效果ヲ收ムルコトナキニ至リタルカ故ニ此場合ニ於テハ出生届出義務者ハ其事實ヲ知リタル日ヨリ十四日ノ期間內ニ認知ノ届出地ニ於テ其旨ヲ届出ツルコトヲ要シ又遺言執行者カ認知ノ届出ヲ爲シタル場合ニ於テハ遺言執行者ハ其ノ旨届出ヲ爲スヲ要スルモノトス

代理除外規定

第八十七條　第五十七條第三項ノ規定ハ第八十一條及ヒ第八十二條ノ届出ニハ之ヲ適用セス

本條ハ認知ノ届出ハ代理人ヲシテ爲サシメサルコトヲ定ム即チ第八十一條ノ規定ニ依ル認知届及ヒ第八十二條ノ規定ニ依ル胎兒ノ認知届ニハ第五十七條第三項ニ定メタル委任代理人ヲシテ届出ヲ爲スコトヲ得セシムル規定ヲ適用セサルモノトセリ蓋シ代理人ヲシテ認知ノ届出ヲ爲サシムルトキハ實際上弊害ヲ生スルノ虞アルヲ認ムルカ故ナリ

第四節　養子縁組

養子ノ起原

第一　養子ノ起原

養子縁組ノ起原ハ血統ヲ重スルノ思想ト祖先ノ祭祀ヲ繼續セシメントスルノ冀望トヨリ胚胎シタルモノニシテ自然ノ血統ナキモノヲシテ人爲ノ血統アルカノ如ク模倣スルニ在リ換言スレハ他人ノ子ヲ自己ノ子ニ擬シテ之ニ戸主權並ニ財產ヲ相續セシメ一家ヲ永遠ニ傳フルコト及ヒ祖先ノ祭祀ヲ繼續スルコトヲ圖リ且老後ヲ託シテ安堵セント欲スルニ在リ我國ニ於テハ前述ノ必要ニ起原ヲ發シ漸次發達シ殊ニ由井正雪事件後ニ至リ最モ盛ニ行ハレ乃木將軍ノ遺言ニ因リ其得失ヲ討究セラルルニ及ヒタリ養子縁組ハ一ハ家ヲ永遠ニ傳フルノ必要ニ迫ラレテ之ヲ爲スノミナラス自己ノ家女ト婚姻ヲ爲サシメントスル者亦鮮カラス更ニ又其家ニ屬スル地位待遇ヲ得セシムルノ目的ニ出ツル者アリ例ヘハ社會階級ノ異ナル男女ノ間ニ婚姻ヲ爲サシメントスルニ丁リ或ル家ノ女ヲ養フテ自己ノ子ト爲シテ他ニ嫁セシムル

コトアリ或ハ愛情ニ因リ他人ノ子ヲ養フテ己ノ子ト爲スコトアリ是等ハ家名ヲ永遠ニ傳ヘ且祖先ノ祭祀ヲ繼續スルノ目的ヲ逸スルコト甚タシト雖モ今ニ及フマテ永ク行ハレタリ故ニ民法ハ家督相續人タラシムルノ目的ヲ以テ縁組ヲ爲スコトヲ本則ト爲シ其他ノ場合ニ於テハ或ル制限ヲ加ヘ以テ縁組ヲ爲スコトヲ認ム是レ全ク古來ノ慣習ヲ襲踏シタルニ外ナラス

第二　養子縁組ノ要件

養子縁組ノ要件

養子縁組ノ要件ハ實體上ノ要件ト形式上ノ要件トニ別ツコトヲ得而シテ實體上ノ要件ハ(一)當事者双方ノ意思表示(二)縁組能力(三)同意權者ノ同意トス

甲　實體上ノ要件

縁組ノ實體上ノ要件

一　當事者双方ノ意思表示　當事者トハ養親ト爲ル者及ヒ養子ト爲ル者ヲ謂ヒ當事者双方ノ意思表示トハ養親ト爲ル者養子ト爲ル者各自ノ自由ナル意思表示ヲ謂フ養親ト爲ルヘキ者ニ配偶者アルトキハ配偶者ト共ニスルニ非サレハ養子ヲ爲スコトヲ得ス養子ト爲ル者ニ配偶者アルトキ亦同シ(民、八四一)設シ夫婦ノ一方カ意思ヲ表示スル能ハサルトキハ他ノ一方ハ雙方ノ名義ヲ以テ緣組ヲ爲スコトヲ得(民、八四二)養子ト爲ル者カ滿十五年未滿ナルトキハ其家ニ在ル父母之ニ代リテ緣組ノ承諾ヲ爲スコトヲ得但繼父母又ハ嫡母ナルトキハ親族會ノ同意ヲ得ルコトヲ要ス(民、八四三)養子ヲ爲サント欲スル者ハ遺言ヲ以テ意思表示ヲ爲スコトヲ得(民、八四八、一項)

二　緣組能力　養親及ヒ養子ト爲ル者ハ各養親ト爲リ養子ト爲ル能力ヲ有スルモノナルコトヲ要ス卽チ養親ト爲ル能力アル者トハ成年者ナルコト(民、八三七)養子ト爲ル能力アル者トハ家督相續ニ因リ戸主ト爲リタル者ニ非サルコト及ヒ推定家督相續人ニ非サルコトヲ要ス(民、七六二、七四四、)養親タルヘキ者ノ尊屬又ハ年長者ハ之ヲ養子ト爲スコトヲ得ス養子ト爲ルヘキ者ノ妻ハ緣組ノ當事者ニシテ夫ト共ニ養子ト爲ルモノニ外ナラサルヲ以テ妻モ亦養親タルヘキ者ヨリ年少者タルコトヲ要ス(民、八三八)後見人ハ遺言ヲ以テスル場合ノ外被後見人ヲ養子ト爲スコトヲ得ス(民、八四〇、八四八)法定ノ推定家督相續人タル男子アル者ハ女婿ト爲ス爲ニスル場合ノ外男子ヲ養子ト爲スコトヲ得ス(民、八三九)禁治產者カ緣組ヲ爲スニハ其後見

人ノ同意ヲ得ルコトヲ要セス(民、八四七)

三　同意權者ノ同意　成年ノ子カ養子ヲ爲スニハ其家ニ在ル父母ノ同意ヲ得ルコトヲ要ス又滿十五年以上ノ子カ養子ト爲ルニハ其家ニ在ル父母ノ同意ヲ得ルコトヲ要ス(民、八四四)養子縁組又ハ婚姻ニ因リ他家ニ入リタル者カ更ニ養子ト爲リテ他家ヘ入ラントスルトキハ妻カ夫ニ隨ヒテ他家ニ入ル場合ノ外實家ニ在ル父母ノ同意ヲ得ルコトヲ要ス(民、八四五)父母ノ一方カ知レサルトキ、死亡シタルトキ、其家ヲ去リタルトキ又ハ意思ヲ表示スル能ハサルトキハ他ノ一方ノ同意ノミヲ以テ足ル父母共ニ知レサルトキ、死亡シタルトキ、家ヲ去リタルトキ又ハ意思ヲ表示スル能ハサルトキハ養子ト爲ル者ハ後見人及ヒ親族會ノ同意ヲ得テ縁組ヲ爲スコトヲ得(民、八四六、一項、七七二、二項、三項)繼父母又ハ嫡母カ縁組ニ同意セサルトキハ子ハ親族會ノ同意ヲ得テ縁組ヲ爲スコトヲ得(民、八四六、二項、七七三)養子ト爲ルヘキ者ノ父母カ滿十五年未滿ナルトキハ例令人ノ父母タリト雖モ縁組ノ意思表示ヲ爲スコト能ハサルヲ以テ其子カ縁組ヲ爲スニハ後見人及ヒ親族

會ニ於テ縁組ノ承諾ヲ為スヘキモノトス

右ノ外養子組縁ニ付テハ戸主ノ同意ヲ得ルコトヲ要スレトモ戸主ノ同意ノ欠缺ハ縁組ノ成立ヲ妨ケサルヲ以テ純粋ナル縁組ノ成立要件ト謂フヘカラス（民、七四一、一項、七五〇一項）

乙　形式上ノ要件

形式上ノ要件

形式上ノ要件ハ當事者雙方及ヒ成年ノ證人二人以上ヨリ口頭ニテ又ハ署名シタル書面ヲ以テ市町村長ニ届出ヲ為スニ因リテ之ヲ為スヲ要ス（民、八四七、七七五）又養子ヲ為サント欲スル者ハ遺言ヲ以テ意思表示ヲ為スコトヲ得ルカ故ニ此場合ニ於テ遺言執行者、養子ト為ルヘキ者又ハ民法第八百四十三條ノ規定ニ依リ之ニ代ハリテハ承諾ヲ為シタル者及ヒ成年ノ證人二人以上ヨリ遺言カ效力ヲ生シタル後遅滞ナク前同様縁組ノ届出ヲ為スコトヲ要ス（民、八四八）外國ニ在ル日本人間ニ於テ縁組ヲ為サント欲スルトキハ其國ニ駐在スル日本ノ大使、公使又ハ領事ニ届出ヲ為スコトヲ得（六〇、民、八五〇）

市町村長ノ職責

市町村長又ハ外國在留ノ官吏ハ縁組ノ實體上ノ要件及ヒ形式上ノ要件ヲ

具備シ其他法令ニ適合シタル屆出ナルコトヲ認メタル後ニ非サレハ縁組ノ屆出ヲ受理スルコトヲ得ス何トナレハ縁組ハ屆出ヲ以テ其效力發生ノ條件ト爲スカ故ニ屆出ノ手續ヲシテ嚴密ナラシムルノ要アレハナリ(民、八四九、一項)但民法第七百七十六條但書ノ準用ニ依リ家族カ縁組ヲ爲スニ付キ戸主ノ同意ヲ得サルトキ(民、七五〇、一項)又ハ婚姻若クハ養子縁組ニ因リテ他家ニ入リタル者カ更ニ婚姻又ハ縁組ニ因リテ他家ニ入ラント欲スルトキハ婚家又ハ養家及ヒ實家ノ戸主ノ同意ヲ得サルトキト雖モ(民、七四一、一項)市町村長又ハ在外官吏カ注意ヲ爲シタルモ當事者カ屆出ヲ爲サント欲スルトキハ之ヲ受理スルコトヲ要ス

縁組ノ無效及ヒ取消

第三 縁組ノ無效及ヒ取消

縁組ノ無效

甲 縁組ノ無效　養子縁組ノ無效ナル場合ハ二トス即チ左ノ如シ

一 當事者間ニ縁組ヲ爲スノ意思ナキトキ　本號ノ場合ハ例ヘハ人違又ハ抗拒スヘカラサル强制ニ遇ヒタル爲メ全ク意思ナクシテ養子縁組ヲ爲シタルカ如シ(民、八五一、一號)

二　當事者カ縁組ノ屆出ヲ爲サヽルトキ　養子縁組ハ屆出ヲ以テ一ノ要件ト爲スカ故ニ屆出ナキトキハ絕對ニ無效ナレトモ但タ屆出ノ形式ニ欠缺アリタルニ止マリ市町村長カ之ヲ受理シタルニ於テハ縁組ハ取消サヽルマテハ有效ニ成立スルモノトス(民、八五一、二號)

此要件ヲ具備セサル養子縁組ハ固ヨリ成立セサルモノニシテ嘗テ養子縁組ナカリシト同樣ナリ故ニ追認ニ因リ其效力ヲ生スルコトナシ又無效ハ裁判ノ手續ヲ要セス利害關係人ハ何人タリトモ無效ヲ主張スルコトヲ得レトモ若シ爭アル時ハ利害關係人ヨリ養親カ普通裁判籍ヲ有スル地又ハ其死亡ノ時ニ有シタル地ノ地方裁判所ニ訴ヲ提起スルコトヲ妨ケス(人訴、二四、以下)

縁組ノ取消

乙　縁組ノ取消

凡ソ養子縁組ノ要件ヲ欠缺シタルニ因リ取消シ得ヘキモノハ公益上ノ理由ヲ以テ其取消ヲ許スモノト專ラ私益保管ノ爲メ之ヲ許スモノトアリ而シテ公益上ノ理由ニ基ク取消權ハ各當事者、其戶主又ハ親族ヨリ養親カ普通裁判籍ヲ有スル地又ハ其死亡ノ時ニ之ヲ有シタル地ノ地方裁判所ニ請求スルコトヲ得(人訴、二四、以下)此取消權ハ期間ノ經過卽チ時效ニ因リ消滅スルコトナシ故ニ幾十年ヲ經過スルモ又當事者ノ一方若クハ雙方カ死亡スルモ利害關係人ハ其取消權ヲ行使スルコトヲ得ヘシ私益保護ノ爲メ取消權ヲ認メタルモノハ當事者及ヒ或ル特定ノ場合ニ於テ親族竝ニ同意權者ニ限リ其取消權ヲ右ニ述ヘタル裁判所ニ請求スルコトヲ許ス此取消權ハ期間ノ經過又ハ追認若クハ抛棄ニ因リ效力ヲ完成ス次ニ要件ヲ缺如スルモ市町村長等ヲシテ之ヲ受理スルコトヲ禁止スルニ止マリ既ニ之ヲ受理シタルトキハ完全ナル效力ヲ發生スルコトヲ妨ケサルモノアリ例ヘハ屆出ニハ成年者二人以上ノ證人ヲ要スルニ其證人ハ一人ナリシトキ又ハ證人ハ成年者ニ非サリシカ如ク屆出ノ方式ニ關スル場合ナリ是等ハ屆出ノ受理セラレタル後ハ有效ナルコトヲ失ハサルヲ以テ取消ノ原因トナラサルモノトス(民、八五一、二號、七七五、二項、八四八)

(い) 公益上ノ理由ニ基ク取消ノ原因

一 養子カ養親ノ尊屬又ハ年長者ナリシトキ(民、八五四、八三八)

二　養親カ法定ノ推定家督相續人タル男子アルニ拘ハラス男子ヲ養子ト爲シタルトキ(民、八五四、八三九)

(ろ)　私益保護ノ理由ニ基ク取消ノ原因

一　養親カ未成年者ナリシトキ　本號ノ取消權者ハ養親又ハ其法定代理人ニシテ養親カ成年ニ達シタル後六个月ヲ經過シ又ハ追認ヲ爲シタルトキハ取消權ニ消滅ヲ來ス(民、八五三、八三七)

二　夫婦共ニスルニ非サレハ緣組ヲ爲スヘカラサル規定ニ違反シタルトキ　本號ノ取消權者ハ緣組ニ同意ヲ爲ササリシ配偶者ニ屬シ其配偶者カ緣組アリタルコトヲ知リタル後六个月ヲ經過シ又ハ追認ヲ爲シタルトキハ其取消權ニ消滅ヲ來タス(民、八五六、八四一)

三　養子カ養親ノ被後見人タリシトキ　本號ノ取消權ハ養子又ハ其實方ノ親族ニ屬シ管理ノ計算カ終ハリタル後六个月內ニ取消權ヲ行使セサルトキハ其權利ハ消滅ス若シ養子カ成年ニ達セス又ハ能力ヲ回復セサル間ニ計算ノ終ハリタルトキハ其成年ニ達シ又ハ能力ヲ回復シタルトキヨリ六

个月內ニ取消權ヲ行使セサルトキ亦同シ尚ホ養子ト爲リタル被後見人カ成年ニ達シ又ハ能力ヲ回復シタル後ニ於テ緣組ヲ追認シタルトキハ取消權ハ消滅ス(民、八五五、八四〇)

四 緣組ヲ爲ス者カ特定ノ場合ニ同意權者ノ同意ヲ得サルコト　本號ノ取消權ハ其同意權者ニ屬シ其者カ緣組アリタルコトヲ知リタル後又ハ詐欺ヲ發見シ若クハ强迫ヲ免レタル後六个月內ニ其權利ヲ行使セサルトキハ取消權ニ消滅ヲ來タシ又同意權者カ追認ヲ爲シタルトキ若クハ緣組屆出ノ日ヨリ二年ヲ經過シタルトキハ取消權ハ消滅スヘシ(民、八五七、八四四乃至八四六、七八四)

五 承諾ニ瑕疵アリタルトキ　此取消權ハ緣組ノ當事者ニ屬シ詐欺ヲ發見シ又ハ强迫ヲ免レタル後三个月ヲ經過シ又ハ追認ヲ爲シタルトキハ取消權ニ消滅ヲ來タス(民、八五九、七八五)

六 婿養子緣組ノ場合ニ於テ婚姻ノ無效又ハ取消ノ理由アルトキ　本號ノ取消權ハ各當事者ニ屬シ婚姻ノ無效ナルコト又ハ其取消アリタルコトヲ

知リタル後六个月ヲ經過シ又ハ之ヲ拋棄シタルトキハ取消權ニ消滅ヲ來タス(民、八五八)

無效及ヒ取消ノ效力

丙　無效及ヒ取消ノ效力

一　無效ノ效力　緣組ノ無效ハ初メヨリ成立セサルモノニシテ他ノ行爲ヲ附加スルモ之ヲ成立セシムルコトヲ得ス故ニ其行爲ハ現在ニ於テモ將來ニ於テモ又過去ニ於テモ毫モ親子タルノ關係ヲ存在セシムルモノニ非ス故ニ市町村長カ戶籍ノ記載ヲ爲シタル後其行爲ノ無效ナルコトヲ發見シタルトキハ屆出人又ハ屆出事件ノ本人ハ戶籍ノ訂正ヲ申請スルコトヲ得(一六五)又緣組無效ノ確定判決ヲ得タル訴ノ提起者ハ戶籍ノ訂正ヲ申請スルコトヲ得ヘシ(一六七)

二　取消ノ效力　緣組ノ取消ハ無效ノ場合ト異ナリ一旦成立セルモ裁判所ノ判決ニ依リ取消サルルモノナレハ其判決確定以後ニ於テノミ緣組ノ效力ヲ生セシメサルモノニシテ其ノ取消ノ效力ヲ既往ニ遡ラシメサルモノトス故ニ(一)緣組ニ因リ財產ヲ取得シタルトキハ現ニ利益ヲ受ケタル限度

ニ於テ返還ノ義務ヲ負フコト(二)縁組ノ當時其取消ノ原因ノ存スルコトヲ知リタル當事者ハ之ニ因リテ得タル利益ノ全部ヲ返還スルコトヲ要シ尚ホ相手方カ善意ナリシトキハ之ニ對シ損害賠償ノ責ニ任スルモノトス(民七八七、八五九)

養子縁組取消ノ訴ヲ提起シタル者カ確定判決ヲ得タルトキハ其旨ヲ届出ツルコトヲ要ス(九三)

第四 縁組ノ效力

一 養子ハ其ノ縁組ノ日ヨリ養親ノ嫡出子タル身分ヲ取得ス(民、八六〇)從テ養子ト養親ノ血族トノ間ニ於テハ血族間ニ於ケルト均シキ親族關係ヲ生ス(民、七二七)

二 養子ハ縁組ニ因リテ養親ノ家ニ入ル(民、八六一)從テ養家ノ氏ヲ稱シ族稱ヲ冒ス(民、七四六)又養子ハ養親ノ親權ニ服ス(民、八七七)

三 養子ニ養家ノ相續權ヲ生ス(民、九七〇、九九四)

四 養子ト養親及ヒ其他親族ノ間ニ扶養義務ヲ生ス(民、九五四)

縁組ニ關スル諸問題

第五　養子緣組ニ關スル諸問題

一　戸主ノ緣組　戸主カ養子緣組ニ因リ他家ニ入ラントスル場合ニ戸籍吏カ其屆出ヲ受理シ之ヲ戸籍ニ記載シタルトキハ婚姻ノ場合ニ準シ緣組ノ效力ヲ生ス(民、七五四參照)

二　推定家督相續人ノ緣組　(一)推定家督相續人ノ緣組屆出ハ本來受理スヘカラサルモノナルモ誤テ受理シタルトキハ實家ノ戸籍ヨリ養子ヲ除籍スヘシ(二)推定家督相續人ハ自己ニ男子アルトキト雖モ男子ヲ養子ト爲スコトヲ妨ケス又同一戸籍內ニ在ル者ノ養子ト爲ルコトヲ妨ケス然レトモ養親カ分家ヲ爲シタル場合ニ於テ之ト共ニ本家ヲ去ルコトヲ得ス(民、七四四)

三　嫡出子、庶子及ヒ私生子ノ緣組　私生子及ヒ庶子ハ養子ト爲スコトヲ得ルモ自己ノ嫡出子ハ養子トスルコトヲ得ス民法第七百三十七條ノ親族入籍ニ依ルヘキモノナリ

四　孫ノ緣組　推定家督相續人ノ子ハ孫ニシテ民法第七百四十四條ノ制限ヲ受ケサルカ故ニ他家ノ養子ト爲ルコトヲ得

五　棄兒ノ縁組　棄兒ハ一家ヲ創立スルニ依リ棄兒ハ廢家ノ手續ヲ為シ若クハ其者カ未成年ナルトキハ後見人及親族會(民、九四五)ノ承諾同意ヲ得テ縁組ヲ為スコトヲ得

六　親族間ノ縁組　(一)繼父母ト繼子トハ親子間ニ於ケルト同一親族關係ヲ有スルカ故ニ(民、七二八)繼父母ハ繼子ノ配偶者ヲ養子ト為スコトヲ得ルモ繼子ヲ養子ト為スコトヲ得ス(二)戸主カ弟ヲ養子ト為シタルトキハ養子トノ續柄ヲ訂正スル外他ヲ訂正スルニ及ハス(三)戸主ノ叔父カ戸主ノ長男ヲ養子ト為シタルトキハ戸主トノ續柄ヲ訂正スルニ及ハス

七　女子アル者ノ縁組　推定家督相續人タル男子アル者ハ男子ヲ養子ト為スコトヲ得サルモ女子カ推定家督相續人タルトキハ男子ヲ女婿ニ非サル單純ノ養子ト為スコトヲ得(民、八三九)

八　配偶者アル者ノ縁組　養子ト為ラントスル男子ノ配偶者ハ其實親ト養子縁組ヲ為スコトヲ得サルニ依リ夫婦カ共ニ配偶者ノ實父母ノ養子ト為ラントスルトキハ夫婦ノ一方ノミニシテ縁組ヲ為スコトフ得妻カ夫ノ實

父母ト縁組ヲ爲サントスルトキハ民法第七百八十八條ニ矛盾スルヲ以テ許スコトヲ得ス

九 再縁 (一)養子カ再ヒ縁組ヲ爲サントスルトキハ養家實家ノ戸主及ヒ實父母養父母ノ同意ヲ要ス(民、七四一、八四五、八四四)(二)養子縁組ニ因リ他家ニ入リタル者カ更ニ縁組ニ因リテ他家ニ入リタルトキハ最初ノ縁組ニ因リ生シタル親族關係ハ止マス(民、七三〇)(三)養子カ推定家督相續人ナルトキハ廢除シタル後ニ非サレハ更ニ縁組ニ因リ他家ニ入ルコトヲ得ス

十 外國人及ヒ無籍者ノ縁組 (一)外國人ヲ養子ト爲シタルトキハ其養子ハ日本ノ國籍ヲ取得ス(二)日本人カ外國人ノ養子ト爲リ養親ノ本國法ノ國籍ヲ取得スルトキハ日本ノ國籍ヲ喪フ(三)本籍(ヲ)有セサル者ト雖モ養子ト爲ルコトヲ妨ケス

第八十八條 縁組ノ屆書ニハ左ノ事項ヲ記載スルコトヲ要ス

舊、八五

一　當事者ノ氏名、出生ノ年月日、本籍及ヒ職業
二　養子ノ實父母ノ氏名及ヒ本籍
三　當事者カ家族ナルトキハ戸主ノ氏名、本籍及ヒ戸主トノ續柄
婚家又ハ養家ヨリ更ニ緣組ニ因リテ他家ニ入ル者ニ付テハ前項ニ掲ケタル事項ノ外實家ノ戸主、前養親ノ氏名及ヒ本籍ヲ記載スルコトヲ要ス

縁組ノ届書記載事項

本條ハ緣組ノ届書ニ記載スヘキ事項ヲ定ム卽チ左ノ如シ

一　當事者ノ氏名、出生ノ年月日、本籍及ヒ職業　當事者トハ養親及ヒ養子ヲ謂フ本號ノ記載ヲ爲サシムルノ要ハ何人カ養親又ハ養子ナリヤヲ明カナラシムルニ在リ養子ハ實家ノ氏ヲ稱シ實家ノ本籍ヲ記載スルモノトス

二　養子ノ實父母ノ氏名及ヒ本籍　養子ノ實父母トハ養父母ニ對スル語辭

ニシテ實家ノ父母ノ義ナルカ故ニ養子ノ實家ニ在ル繼父母、嫡母ヲ包含ス
二　當事者カ家族ナルトキハ戶主ノ氏名、族稱及ヒ戶主トノ續柄　本號ノ記
載ヲ爲サシムルノ要ハ如何ナル家ニ屬スル家族ナルヤヲ明カナラシムル
ニ在リ
婚家又ハ養家ヨリ更ニ緣組ニ因リ他家ニ入ル者ニ付テハ尙ホ實家ノ戶主、
養親ノ氏名及ヒ本籍ヲ記載スルコトヲ要ス是レ血統ノ連絡及ヒ婚姻又ハ緣
組關係ヲ明白ナラシムルニ在リ
緣組ノ屆書ニハ成年ノ證人二人以上署名スルコトヲ要ス(民、七七五、八四七、
本法、五一)又戶主、父母、配偶者、後見人又ハ親族會ノ同意ヲ得ルコトヲ要スルト
キハ其同意ヲ證スル書面ヲ添附スルカ又ハ屆書ニ其旨ヲ附記シ同意者ヲシ
テ署名捺印セシムルコトヲ要ス同意權者ニ付テハ本節第二養子緣組ノ要件、
甲實體上ノ要件、三同意權者ノ同意ヲ見ルヘシ(五八、一項、民、七四一、一項、七五〇、
一項、八四一、二項八四三、乃至八四六)
有爵者ノ家族カ他家ノ養子ト爲ルニハ宮內大臣ノ認許ヲ受クルコトヲ要

スルヲ以テ此場合ニ於テハ届書ニ其許可書ノ謄本ヲ添附スルコトヲ要ス(五八、二項、華、一七)

舊、八八

夫婦ノ一方カ雙方ノ名義ヲ以テスル縁組届書記載事項

第八十九條 配偶者ノ一方カ雙方ノ名義ヲ以テ縁組ヲ爲ス場合ニ於テハ届書ニ其事由ヲ記載スルコトヲ要ス

本條ハ夫婦ノ一方カ雙方ノ名義ヲ以テ縁組ヲ爲ス場合ノ届書記載事項ヲ定ム即チ養子縁組ヲ爲スニハ夫婦相共ニ縁組ノ當事者タルヲ要スルコトハ既ニ述ヘタル所ナルモ夫婦ノ一方カ心神喪失其他ノ事由ニ因リテ意思表示ヲ爲スコト能ハサル場合ナシトセス此場合ニ於テモ尚ホ且雙方ノ意思表示ヲ必要トスルトキハ縁組ヲ爲スコト能ハサル場合實際ニ多カルヘシ然レトモ此場合ニ於テモ縁組ノ必要ヲ生スルコトハ少カラサルカ故ニ夫婦ノ一方カ縁組ノ意思ヲ表示スル能ハサルトキハ他ノ一方カ雙方ノ名義ヲ以テ其意思表示ヲ爲スコトヲ得ヘキ便宜規定アルヲ以テ(民、八四二)届書ニ其事由ヲ記

載スルヲ要スルモノトス

舊、八六

縁組承諾者ノ届出手續

第九十條　民法第八百四十三條ノ規定ニ依リテ縁組ノ承諾ヲ爲シタル場合ニ於テハ屆出ハ其承諾ヲ爲シタル者之ヲ爲スコトヲ得

本條ハ縁組ノ承諾ヲ爲シタル者ノ屆出手續ヲ定ム卽チ養子縁組ハ養親ト爲リ養子ト爲ルヘキ雙方各本人ノ意思表示ノ合致ヲ以テ成立スルコトハ本節ノ初メニ於テ述ベタル所ナリ然レトモ我國古來ノ慣習トシテ養子ハ幼少ノ時ヨリ養フテ子ト爲スコト最モ多ク行ハルルノミナラス之ヲ實子ニ擬スルカ爲ニハ幼時ヨリ保育シ以テ雙方間ニ自然ノ愛情ヲ馴致スルノ必要アリ爰ニ於テ乎民法ハ事實上意思能力ナキ者ニ對シ之ニ代ハリテ縁組ノ承諾ヲ爲スコトヲ認ム則チ養子ト爲ルヘキ者カ十五年未滿ナルトキハ其家ニ在ル父母之ニ代ハリテ縁組ノ承諾ヲ爲スコトヲ得(民、八四、三一項)又繼父母若クハ嫡母カ右ノ承諾ヲ爲スニハ親族會ノ同意ヲ得ルコトヲ要ス(民、八四三、二項)而シテ縁組ノ届出ハ當事者之ヲ爲スコトヲ要スレトモ意思能力ナキ幼者ニ在リテハ縁組又ハ其届出ノ何タルコトヲ解セサルノミナラス自ラ其届出ヲ爲スコト不能ナル場合多カルヘキニヨリ此場合ニ於テハ其縁組ノ承諾ヲ爲シタル父母、又ハ繼父母若クハ嫡母ヲシテ該届出ヲ爲スコトヲ得セシメタルモノトス繼父母、嫡母ニ付テハ第十八條親族關係中ノ説明ヲ見ルヘシ

繼父母又ハ嫡母カ十五年未滿ノ幼者ニ代ハリテ縁組ノ承諾ヲ爲スニハ親族會ノ同意ヲ得ルコトヲ要ス然ルニ親族會員三人中其内一人カ反對ノ意見ヲ述ヘ同意セサル場合ハ如何ト謂フニ他ノ二人カ届書ニ署名捺印シ又ハ親族會ノ同意ヲ證スル書面ニ署名、捺印シ其一人カ署名、捺印セサルヲ附記シ(民、九四七)之ヲ添附スルトキハ市町村長ハ之ヲ受理スヘキモノトス又棄兒ニ付キ縁組ノ場合ハ如何ナル手續ヲ以テ之ヲ爲スヘキヤト謂フニ父母共ニ知レサル場合ナルヲ以テ其後見人ハ親族會ノ同意ヲ得テ棄兒ニ代ハリテ縁組ノ承諾ヲ爲スヘキモノトス(民、七七二、二項、三項、八四六)

舊、八九

第九十一條　民法第八百四十八條ノ規定ニ依リ縁組ノ

屆出ヲ爲ストキハ縁組ニ關スル遺言ノ謄本ヲ屆書ニ添附スルコトヲ要ス

遺言ニ依ル縁組ノ屆出手續

舊、九〇

本條ハ遺言ニ依ル縁組ノ屆出手續ヲ定ム卽チ養子ヲ爲サント欲スル者カ遺言ヲ以テ其意思ヲ表示シタルトキハ遺言者ノ死亡ニ因リ遺言カ效力ヲ發生シタルトキ又遺言ニ條件ヲ附シタルトキハ其條件ノ到來ニ因リ效力ヲ生シタルトキ遺言執行者ハ養子ト爲ルヘキ者若シ養子ト爲ルヘキ者カ十五年未滿ナルトキ之ニ代ハリテ縁組ノ承諾ヲ爲シタル其家ニ在ル父母又ハ親族會ノ同意ヲ得タル繼父母若クハ嫡母及ヒ成年ノ證人二人以上ヨリ第八十八條ノ規定ニ從ヒ縁組ノ屆書ヲ作リ且遺言ノ謄本ヲ添附シテ屆出ヲ爲スコトヲ要ス遺言ノ意義遺言ノ執行、遺言ノ謄本及ヒ遺言執行者ノ何タルコトニ付テハ第八十五條ノ説明ヲ見ルヘシ

第九十二條　縁組ノ屆出ハ養親ノ本籍地又ハ所在地ニ於テ之ヲ爲スコトヲ要ス

本條ハ縁組ノ届出地ヲ定ム即チ養子縁組ノ届出ハ養親ノ本籍地又ハ所在地ニ於テ之ヲ爲スヘキヤ將又養子ノ本籍地又ハ所在地ニ於テ之ヲ爲スヘキヤノ疑問ヲ生スルカ故ニ養親ノ本籍地又ハ所在地ニ於テ之ヲ爲スヲ要スルコトヲ定メタルモノニシテ養子ハ縁組ニ因リ養親ノ家ニ入ルヲ以テ斯ク規定シタル所以ナリ(民、八六一)

舊、九二

第九十三條　縁組取消ノ裁判カ確定シタルトキハ訴ヲ提起シタル者ハ裁判確定ノ日ヨリ十日内ニ裁判ノ謄本ヲ添附シ其旨ヲ届出ツルコトヲ要ス

届書ニハ左ノ事項ヲ記載スルコトヲ要ス

一　當事者ノ氏名及ヒ本籍

二　養子ノ實父母ノ氏名及ヒ本籍

三　養子ノ入ルヘキ家ノ戸主ノ氏名及ヒ本籍

四　養子カ一家ヲ創立スルトキハ其旨及ヒ創立ノ原因竝ニ場所但實家ヲ再興スルトキハ其旨及ヒ再興ノ場所

五　裁判確定ノ日

縁組取消ノ屆出手續

本條ハ縁組取消ノ裁判ニ依ル屆出手續ヲ定ム

第一項ハ養子縁組取消ノ裁判カ確定シタルトキハ訴ノ提起ヲ爲シタル者ハ裁判確定ノ日ヨリ十日ノ期間内ニ判決ノ謄本ヲ添附シ其旨ヲ屆出ツルヲ要スルコトヲ定メタルモノニシテ縁組ノ取消ニ付テハ本節冒頭ノ第三縁組ノ無效及ヒ取消乙縁組ノ取消ヲ見ルヘシ縁組ノ無效ノ場合ニ於ケル屆出ハ戸籍訂正申請ノ手續ニ依ル(一六五、一六七)

屆書記載事項

第二項ハ裁判ニ依ル縁組取消ノ屆書記載ノ事項ヲ定メタルモノナリ

一　當事者ノ氏名及ヒ本籍　本號ノ記載ヲ爲サシムルノ要ハ縁組ヲ取消サルヘキ養親及ヒ養子ノ何人ナルカヲ明カナラシムルニ在リ養子ハ養家ノ

氏ヲ稱シ養家ノ本籍ヲ記載スルモノトス

二 養子ノ實父母ノ氏名及ヒ本籍　第八十八條二號ノ註ト同シ

三 養子ノ入ルヘキ家ノ戸主ノ氏名及ヒ本籍　本號ノ記載ヲ爲サシムルノ要ハ養子ハ縁組ヲ取消サレ如何ナル家ニ復歸スヘキカヲ示サシムルニ在リ他家ニ入リタル者ハ復籍拒絶ノ事由ナキ限リ實家ニ復籍スルヲ以テナリ(民、七三九、七五〇)養子ノ實家カ廢絶シ其再興後ニ縁組ヲ取消サレタルトキハ養子ハ再興ノ家ニ入ルコトヲ得

四 養子カ一家ヲ創立スルトキハ其旨及ヒ創立ノ原因竝ニ場所但實家ヲ再興スルトキハ其旨及ヒ再興ノ場所　本號ノ記載ヲ爲サシムルノ要ハ前號ニ依リ復籍スヘキ家ナキ場合ニ於テ一家創立又ハ實家ノ再興ニ依リ歸屬スヘキ家ヲ示サシムルニ在リ一家創立トハ縁組ニ付キ戸主ノ同意權ニ違反シタル制裁トシテ復籍ヲ拒絶セラレ(民、七五〇、七四一、七四二)又ハ實家ノ廢家、絶家ニ因リテ復籍シ難キカ故ニ一戸別ヲ新ニ設クルコトヲ謂フ尙ホ一家創立ニ付テハ第二十六條ノ説明ヲ見ルヘシ廢家及ヒ絶家ニ付テハ第

十五節ノ說明ニ讓ル縁組ヲ取消サレタル養子ハ廢絕シタル實家ヲ再興シ得ヘキニ因リ但書ノ規定ヲ新設シタル所以ナリ(民、七四〇)

五　裁判確定ノ日　本號ノ記載ヲ爲サシムルノ要ハ裁判確定スルニ非サレハ縁組取消ノ效力ヲ生セサルニ因リ果シテ其效力ヲ生シタルヤ否ヤヲ知ルニ在リ縁組取消ノ裁判ハ判決ヲ以テ之ヲ爲ス裁判確定トハ確定ノ終局判決ヲ謂フ確定ノ終局判決トハ上訴期間ニ上訴ノ提起ナクシテ滿了シ又ハ上訴ノ終了シタルモノニシテ(民訴、四九八)控訴及ヒ上告期間ハ各一個月トシ不變期間ニシテ判決ノ送達ヲ以テ始マル(民訴、四〇〇、四三七)

舊・九四

第九十四條　第五十七條第三項ノ規定ハ縁組ノ屆出ニハ之ヲ適用セス

代理除外規定

本條ハ縁組ノ屆出ニハ代理人ヲ許サヽルコトヲ定ム卽チ養子縁組ハ殊ニ重大ナル事件ナルカ故ニ錯誤又ハ弊害ヲ防遏スルノ必要アルニ因リ委任代理人ヲシテ口頭ノ屆出ヲ爲スコトヲ許サヽルモノトス

第五節　養子離緣

離緣ノ意義

第一　離緣ノ意義

養子離緣トハ前ニ成立セシメタル緣組ヲ解消スルノ行爲ナリ離緣ハ當事者ノ協議ヲ以テ之ヲ爲スコトアリ之ヲ協議上ノ離緣ト謂ヒ又當事者ノ協議調ハサルトキハ法律上一定ノ理由アル場合ニ限リ裁判上ノ請求ヲ以テ之ヲ爲スコトアリ之ヲ裁判上ノ離緣ト謂フ元來緣組ハ人爲ニ因リ以テ自然ノ血統ナキ者ヲシテ親子關係ヲ創設セシムルカ故ニ人爲ヲ以テ其創設シタル親子關係ヲ解消セントスルニ對シ公益上之ヲ制限スル必要ヲ見ス故ニ當事者間ニ協議調ヒタルトキハ官廳ノ許可又ハ干涉ヲ要セス任意ニ其手續ヲ爲シテ前ニ創設シタル親子關係ヲ消滅セシムルコトヲ許ス

協議上ノ離緣ノ要件

第二　協議上ノ離緣ノ要件

協議上ノ離緣ノ要件ヲ實體上ノ要件ト形式上ノ要件トニ分ツコトヲ得

甲　實體上ノ要件

一　當事者雙方ノ意思表示　養子離緣ヲ爲スニ付キ養親及ヒ養子各本人ノ自由ナル意思表示ノ合致アリタルコトヲ要ス養子カ十五年未滿ナルトキハ其離緣ハ養親ト養子ニ代ハリテ緣組ノ承諾ヲ爲ス權利ヲ有スル者トノ協議ヲ以テ之ヲ爲ス養親カ死亡シタルトキハ養家ノ戶主ノ同意ヲ得テ離緣ヲ爲スコトヲ得(民、八六二)禁治產者カ離緣ヲ爲スニハ其後見人ノ同意ヲ得ルコトヲ要セサルモ(民、七七四、八六四)當事者ノ一方若クハ雙方カ心神ノ喪失其他ノ事由ニ因リ意思ヲ表示スルコト能ハサルトキハ協議上ノ離緣ヲ爲スヲ得ス

二　同意權者ノ同意　滿二十五年ニ達セサル者カ協議上ノ離緣ヲ爲スニハ緣組ヲ爲スニ付キ同意ヲ爲ス權利ヲ有スル者ノ同意ヲ得ルコトヲ要ス第四節養子緣組、第二養子緣組ノ要件、甲實體上ノ要件、三同意權者ノ同意ヲ參照スヘシ(八六三、八四四、七七二、二項、三項、七七三)但養家又ハ婚家ヨリ更ニ他家ヘ緣組シタル養子カ協議上ノ離緣ヲ爲スニハ養家ノ父母ノミノ同意ヲ得レハ足リ實家ノ父母ノ同意ヲ得ルコトヲ要セス

三　離縁能力　養子カ戸主ニ非サルコト若シ戸主ト爲リタルトキハ隱居ヲ爲シタル後離縁ヲ爲スコトヲ要ス(民、八七四、七五三)

乙　形式上ノ要件

養子離縁ハ當事者雙方又ハ養子カ十五年未滿ナルトキハ之ニ代ハリテ離縁ノ承諾ヲ爲ス權利ヲ有スル者及ヒ成年ノ證人二人以上ヨリ市町村長ニ届出ヲ爲スニ因リ效力發生ノ要件ト爲スコトハ縁組ノ場合ト同シ又市町村長カ民法其他ノ法令ノ規定ニ適合シタルコトヲ認メタル後ニ非サレハ届出ヲ受理スヘカラサルコトモ同樣ナルヲ以テ第四節養子縁組、第二養子縁組ノ要件、乙形式上ノ要件ヲ見ルヘシ(民、八六四、七七五、八六五)

第三　裁判上離縁ノ要件

裁判上ノ離縁ノ要件

當事者間ニ養子離縁ノ協議調ハサルトキハ一定ノ理由アル場合ニ限リ裁判上ノ離縁ヲ爲スコトヲ許ス民法第八百六十六條ハ其原因ヲ制限的ニ特定ス卽チ左ノ如シ

一　他ノ一方ヨリ虐待又ハ重大ナル侮辱ヲ受ケタルトキ

二 他ノ一方ヨリ惡意ヲ以テ遺棄セラレタルトキ
三 養親ノ直系尊屬ヨリ虐待又ハ重大ナル侮辱ヲ受ケタルトキ
四 他ノ一方カ懲役一年以上ノ刑ニ處セラレタルトキ(刑施、一九)
五 家名ヲ瀆シ又ハ家産ヲ傾クヘキ重大ナル過失アリタルトキ
六 養子カ逃亡シテ三年以上復歸セサルトキ
七 養子ノ生死カ三年以上分明ナラサルトキ
八 他ノ一方カ自己ノ直系尊屬ニ對シテ虐待ヲ爲シ又ハ之ニ重大ナル侮辱ヲ加ヘタルトキ
九 婿養子緣組ノ場合ニ於テ離婚アリタルトキ又ハ養子カ家女ト婚姻ヲ爲シタル場合ニ於テ離婚若クハ婚姻ノ取消アリタルトキ

養子離緣ノ訴ハ原則トシテ緣組ノ當事者ニ屬ス養子カ十五年未滿ナルトキハ其緣組ニ付キ承諾權ヲ有スル者ヨリ訴ヲ提起スルコトヲ得(民、八六七)此訴ハ養親カ普通裁判權ヲ有スル地又ハ死亡ノ時ニ之ヲ有シタル地ノ地方裁判所ニ提起スルコトヲ要ス(人訴、二四)

離緣ノ請求權ハ左ノ事由ニ因リ發生ヲ妨ケ或ハ之ヲ消滅ス

(イ) 宥恕　前示一乃至六ノ場合ニ於テ當事者ノ一方又ハ直系尊屬ノ行爲ヲ宥恕シタルトキ(民、八六八)

(ロ) 同意　四ノ場合ニ於テ一方ノ犯罪行爲ニ同意シタルトキ(民、八六九、一項)

(ハ) 同一ノ事由　四ノ事由ニ付キ雙方同一ノ事由アリタルトキ(民、八六九、二項)

(ニ) 期間ノ經過　一乃至五及ヒ八ノ事由ニ付キ請求權者カ原因タル事實ヲ知リタル時ヨリ一年其事實發生ノ時ヨリ十年ヲ經過シタルトキ(民、八七〇)六ノ事由ニ付キ養子ノ復歸シタルコトヲ知リタル時ヨリ一年、其復歸ノ時ヨリ十年ヲ經過シタルトキ(民、八七一)九ノ場合ニ於テ離婚又ハ婚姻ノ取消アリタルコトヲ知リタル後六个月ヲ經過シタルトキ(民、八七三、二項)

(ホ) 養子カ戶主ト爲リタルトキ(民、八七四)

(ヘ) 七ノ事由ニ付テ養子ノ生死カ分明ト爲リタルトキ(民、八七二)

(ト) 九ノ事由ニ付キ權利ノ拋棄(民、八七三、二項)

離緣ノ效力

第四 離緣ノ效力

養子離緣ハ緣組ヲ解消スルノ行爲ナルカ故ニ其解消ノ效果トシテ親子關係ヲ消滅ス從テ養親ノ血族トノ間ニ於ケル親族關係ヲ消滅スルモノトス(民、七三〇)假令親族關係ハ止ムモ其間ニ於テハ婚姻ヲ爲スコトヲ得ス例ヘハ養親ハ養子ヲ離緣シタル後ニ於テモ之ト婚姻ヲ爲スコトヲ得サルカ如シ(民、七七一)養子ハ離緣ニ因リテ實家ニ復歸シ(民、七三九)第三者ノ既得ノ權利ヲ害セサル限リ實家ニ於テ有セシ身分ヲ回復スヘシ(民、八七五)

夫婦カ共ニ養子ト爲リ又養子カ養親ノ他ノ養子ト婚姻シタル場合ニ於テ其一方ノミヲ離緣スルコトハ法律ノ禁セサル所ニシテ夫ノミ離緣ヲ爲シタルトキハ妻ハ夫ニ隨ヒ其家ニ入ルカ故ニ(民、七四五)夫ノ家ニ入ルト同時ニ其養家ニ於ケル親族關係ニ消滅ヲ來タス之ニ反シテ妻ノミ離緣ヲ爲シタルトキハ夫ハ依然養家ニ止マルヲ以テ養親子關係ト夫婦關係ト兩立シ難キ場合ヲ生スルニヨリ夫ハ離緣又ハ離婚ヲ選ミテ之ヲ爲スコトヲ要ス(民、八七六)

舊、九五

第九十五條 離緣ノ屆書ニハ左ノ事項ヲ記載スルコト

ヲ要ス

一 當事者ノ氏名、本籍及ヒ職業

二 養子ノ實父母ノ氏名及ヒ本籍

三 當事者カ家族ナルトキハ戸主ノ氏名及ヒ本籍

四 養子ノ復籍スヘキ家ノ戸主ノ氏名及ヒ本籍

五 養子カ一家ヲ創立スルトキハ其旨及ヒ創立ノ原因並ニ場所但實家ヲ再興スルトキハ其旨及ヒ再興ノ場所

離縁ノ届書記載事項

本條ハ離縁ノ届書ニ記載スヘキ事項ヲ定ム卽チ左ノ如シ

一 當事者ノ氏名、本籍及ヒ職業 本號ノ記載ヲ爲サシムルノ要ハ離縁スヘキ養親及ヒ養子ノ何人ナルカヲ明カナラシムルニ在リ養子ハ養家ノ氏ヲ記載シ且養家ノ本籍ヲ記載スルモノトス

第九十五條

二　養子ノ實父母ノ氏名及ヒ本籍　本號ハ第九十三條第二項二號ト同意味ナリ

三　當事者カ家族ナルトキハ戸主ノ氏名及ヒ本籍　本號ハ離緣ノ屆書ナルヲ以テ養家ノ戸主ノ氏名ヲ記載スルモノト解スヘシ是レ四號ニ養子カ復籍スヘキ戸主云々トアルニヨリテ明カナリ

四　養子ノ復籍スヘキ家ノ戸主ノ氏名及ヒ本籍

五　養子カ一家ヲ創立スルトキハ其旨及ヒ創立ノ原因竝ニ場所但實家ヲ再興スルトキハ再興ノ場所　四號ハ第九十三條第二項三號、又五號ハ同項四號ト同趣旨ナリ

養子ノ妻カ離緣シタル養子ト共ニ養家ヲ去ルトキハ屆書ニ妻ノ氏名、出生ノ年月日竝ニ本籍ヲ記載スルコトヲ要シ(四七、二項)養子ノ離緣ニ因リ同時ニ離婚ヲ爲ス場合ナルトキハ離緣ノ屆書ト離婚ノ屆書トヲ提出スルコトヲ要ス

離緣ノ屆出地ニ關シテハ特別ノ規定ナキカ故ニ屆出ノ本人ノ本籍地又ハ

屆出人ノ所在地ニ於テ屆出ヲ爲スヘキモノトス(四三)

離緣ノ屆書ニハ成年ノ證人二人以上署名スルコトヲ要ス(民、八六四、七七五二項)又戶主、父母、後見人又ハ親族會ノ同意ヲ要スルトキハ其同意ヲ證スル書面ヲ添附スルカ若クハ屆書ニ其旨ヲ附記シ同意者ヲシテ署名、捺印セシムルコトヲ要ス(五八、一項、民法、八六三、八四四、七七二、二項三項)

舊、九六

離緣ノ承諾ヲ爲シタル者ノ屆出

第九十六條 民法第八百六十二條第二項ノ規定ニ依リテ離緣ノ協議ヲ爲シタル場合ニ於テハ屆出ハ其協議ヲ爲シタル者之ヲ爲スコトヲ得

本條ハ離緣ノ承諾權者ニ依リテ爲サレタル屆出手續ヲ定ム卽チ養子緣組ハ養子ト爲ルヘキ者カ十五年未滿ナルトキハ其家ニ在ル父母又ハ親族會ノ同意ヲ得タル繼父母若クハ嫡母之ニ代ハリテ緣組ノ承諾ヲ爲スコトヲ得(民八四三)幼者ノ緣組アレハ從テ幼者ノ離緣ナカルヘカラス故ニ幼者ノ緣組ト同一ナル條件ヲ以テ協議上ノ離緣ヲ爲スコトヲ許ス(民、八六二、二項)爰ニ於テ

乎養親ト養子ニ代ハリテ離縁ノ協議ヲ爲シタル場合ニ於テハ其屆出ハ其協議ヲ爲シタル者之ヲ爲シ得ヘキモノトス

舊、九八

第九十七條　民法第八百六十二條第三項ノ規定ニ依リテ離縁ヲ爲ス場合ニ於テハ養子其屆出ヲ爲スコトヲ得

養親死亡後ニ於ケル離縁ノ屆出

本條ハ養親死亡後ニ於ケル離縁ノ屆出手續ヲ定ム即チ養子離縁ハ養親、養子間ノ意思表示ノ合致ニ因リテ之ヲ爲スモノナルヲ以テ養親ノ死亡シタルトキハ最早離縁ノ協議ヲ爲スコトハ到底不能ナルカ如シト雖モ民法ハ實際上當事者カ離縁ヲ爲スコトヲ利益ナリトスルトキハ養家ノ戸主ノ同意ヲ得テ離縁ヲ爲スコトヲ許セリ(民、八六二、三項)故ニ養子ハ戸主ノ同意ヲ證スル書面ヲ屆書ニ添附スルカ又ハ屆書ニ其旨ヲ附記シ之ニ同意者タル戸主ヲシテ署名、捺印セシメ(五八)單獨ニテ屆出ヲ爲シ得ヘキモノトス

舊、九九

第九十八條　離縁ノ裁判カ確定シタルトキハ訴ヲ提起

シタル者ハ裁判確定ノ日ヨリ十日內ニ裁判ノ謄本ヲ添附シ第九十五條ノ規定ニ依ル屆出ヲ爲スコトヲ要ス其屆書ニハ裁判確定ノ日ヲ記載スルコトヲ要ス

裁判ニ依ル離緣屆出手續

本條ハ裁判ニ依ル離緣屆出ノ手續ヲ定ム卽チ養子離緣ノ裁判カ確定シタルトキハ訴ヲ提起シタル者ハ裁判確定ノ日ヨリ十日ノ期間內ニ裁判ノ謄本ヲ添附シ第九十五條ノ規定ニ依リ屆書ヲ作リ且之ニ裁判確定ノ日ヲ記載シ屆出ヲ爲スヲ要スルモノトス本條ハ第九十三條ト同趣旨ノ規定ナルヲ以テ同條ノ說明ヲ參照シ又裁判上ノ離緣ニ付テハ本節第三裁判上ノ離緣ノ要件ヲ見ルヘシ

舊、一〇一

第九十九條 第五十七條第三項ノ規定ハ第九十五條乃至第九十七條ノ屆出ニハ之ヲ適用セス

代理除外規定

本條ハ代理人ヲシテ屆出ヲ爲サシムル規定ヲ(五七、三項)離緣(九五)承諾權者ニ依リテ爲サレタル離緣(九六)及ヒ養親死亡後ニ於ケル離緣(九七)等ノ屆出ニハ適用ナキコトヲ定ム但裁判上ノ離縁ニ依ル屆出(九八)ハ代理人ヲシテ之ヲ爲サシムルコトヲ得裁判上ノ離縁ハ錯誤弊害件ハサルヲ以テナリ(九四、參照)

第六節　婚姻

婚姻ノ意義

第一　婚姻ノ意義

婚姻ハ夫婦關係ノ起原ニシテ夫妻タリ親子タリ將又家族タルノ關係ハ之ニ因リテ始マル故ニ人事ノ關係中婚姻ヨリ重要ナルモノナルヲ見ス各國ニ於テ宗教、民俗ヲ異ニスルカ故ニ法制モ亦劃一ナラスト雖モ婚姻トハ法律カ認メタル一男、一女ノ共同生活ヲ爲スコト及ヒ此關係ヲ創設セシムルニ付テノ意思表示ナリト謂フヲ得ヘシ抑一男一女ノ共同生活ハ法律ノ認ムル所ニ因リテ成立ス法律ノ認ムル所トハ法律カ要求スル條件ヲ具備シ及ヒ方式ニ適合シタルコトヲ要ス其要件ヲ具備セス又方式ニ依ラサルモノハ縦令男女カ共同生活ヲ爲スモ一ノ事實タルニ過キスシテ法律上何等ノ效力ヲ生セス故ニ婚姻ハ一男一女ノ共同生活タルコトヲ要シ其共同生活ハ當事者タル男女ノ自由ナル意思表示ニ因リテ成立シタルモノナラサルヘカラス從テ其男女ノ自由意思ハ婚姻成立ノ當時ニ於テ存在スルコトヲ要スルカ故ニ婚姻ノ豫約ハ法律ノ認メサル所ニ屬ス

婚姻ノ要件

第二　婚姻ノ要件

婚姻ノ要件ハ養子緣組ノ如ク實體上ノ要件ト形式上ノ要件トニ區別ス

實體上ノ要件

甲　實體上ノ要件

一　當事者双方ノ意思表示　婚姻ハ一男一女ノ自由ナル意思表示ニ因リテ成立シタル結合ナルカ故ニ意思ナキ婚姻ハ無效ナリ(民、七七八)詐欺又ハ强迫ニ因リテ爲シタル婚姻ハ取消スコトヲ得(民、七八五)

二　婚姻能力　(イ)男ハ滿十七年、女ハ滿十五年ニ達シタルコト(民、七六五)(ロ)前婚ノ解消又ハ取消アリタルコト(民、七六六)(ハ)女ニ在リテハ前婚ノ解消又ハ取消ノ日ヨリ六个月ヲ經過シタルコト(民、七六七)以上絕對的制限(ニ)姦通ニ因リテ離婚又ハ刑ノ宣告ヲ受ケタル者ハ相姦者ト婚姻ヲ爲スヲ得サルコト(民、七六八)(ホ)直系血族、三親等內ノ傍系血族ノ間ニ於テハ婚姻ヲ爲スヲ得サルコト但養子ト養方ノ傍系血族トノ間ニ於テハ此限ニ在ラス(民、七六九)(ヘ)直系姻族ノ間ニ於テハ離婚ニ因リテ姻族關係カ止ミタル後ト雖モ婚姻ヲ爲スヲ得サルコト(民、七七〇、七二九)(ト)養子、其配偶者、直系卑屬又ハ其記偶者ト養親又ハ其直系尊屬トノ間ニ於テハ離縁ニ因リテ親族關係カ止ミタル後ト雖モ婚姻ヲ爲スヲ得サルコト(民、七七一、七三〇)以上相對的制限ナリ

禁治産者ハ婚姻ヲ爲スニハ後見人ノ同意ヲ得ルコトヲ要セス(民、七七四)

三 同意權者ノ同意　婚姻ヲ爲ス男カ三十年未滿、女カ二十五年未滿ナルトキハ其家ニ在ル父母ノ同意ヲ得ルコトヲ要ス(民、七七二、一項)父母ノ一方カ知レサルトキ、死亡シタルトキ、家ヲ去リタルトキ又ハ意思ヲ表示スル能ハサルトキハ他ノ一方ノ同意ノミヲ以テ足ル(民、七七二、二項)父母共ニ知レサルトキ、死亡シタルトキ、家ヲ去リタルトキ又ハ意思ヲ表示スル能ハサルトキハ未成年者ハ後見人及ヒ親族會ノ同意ヲ得ルコトヲ要ス(民、七七二、三項)繼父母又ハ嫡母カ婚姻ニ同意セサルトキハ子ハ親族會ノ同意ヲ得テ婚姻ヲ爲スコトヲ得(民、七七三)

〔右ノ外戸主ノ同意ヲ得ルコトヲ要スレトモ戸主ノ同意ノ欠缺ハ婚姻ノ成立ヲ妨ケサルヲ以テ之ヲ純粋ナル婚姻成立ノ要件ト爲スヘカラス(民、七五〇、一項、七四一、一項)

形式上ノ要件

乙 形式上ノ要件

婚姻ハ屆出ヲ以テ效力發生ノ要件ト爲シタルコトハ養子縁組及ヒ養子離縁ノ形式上ノ要件ト同シ(民、七七五、一項)形式上ノ要件ハ當事者雙方及ヒ成年ノ證人二人以上ヨリ口頭ニテ又ハ署名シタル書面ヲ以テ市町村長ニ屆出ツルニ依リテ之ヲ爲ス(民、七七五、二項)外國ニ在ル日本人間ニ於テ婚姻ヲ爲サントト欲スルトキハ其國ニ駐在スル日本ノ大使、公使又ハ領事ニ屆出ヲ爲スコトヲ得(六〇、民、七七七)市町村長又ハ外國在留ノ官吏ハ婚姻ノ實體上ノ要件及ヒ形式上ノ要件ヲ具備シ其他法令ノ規定ニ適合シタル屆出ナルコトヲ認メタル後ニ非サレハ其屆出ヲ受理スルコトヲ得ス然レトモ戸主ノ同意ヲ要スル規定ニ違反シタル場合ニ於テ市町村長等カ注意ヲ爲シタルモ當事者カ其屆出ヲ爲サント欲スルトキハ之ヲ受理セサルヘカラス(民、七七六、七四一、一項、七

五〇、一項)

第三 婚姻ノ無效及ヒ取消

甲 婚姻ノ無效

婚姻ノ無效ナル場合ハ二トス卽チ左ノ如シ

一 當事者間ニ婚姻ヲ爲スノ意思ナキコト　本號ノ場合ハ例ヘハ甲ヲ乙ト誤リテ婚姻ヲ爲シタルカ如キ又ハ抗拒スヘカラサル强制ニ遇ヒ婚姻ヲ爲シタルカ如ク全ク婚姻ヲ爲スノ意思ナキヲ謂フ故ニ詐欺又ハ强迫ニ因リテ爲シタル婚姻ノ如キハ意思全ク存セサルニ非スシテ承諾ニ瑕疵アルニキサレハ無效トナラス(民、七七八、一號)

二 當事者カ婚姻ノ屆出ヲ爲ササルトキ　婚姻ノ屆出全クナキトキハ婚姻ハ絕對ニ無效ニシテ其效力ヲ發生スルコトナシ但タ屆出ノ形式ニ欠缺アルモノ例ヘハ證人カ署名ヲ缺キタルカ如キハ市町村長カ屆出ヲ受理シタルトキハ婚姻ハ有效ニ成立シ其效力ヲ妨クルコトナシ(民、七七八、二號)

婚姻ノ無效ハ何等ノ手續ヲ爲スコトヲ要セス初メヨリ成立セサルモノニシテ何人ト雖モ無效ヲ主張スルコトヲ得但タ爭ヒアル場合ニ於テハ無效

ヲ確定スルニ付キ利益ヲ有スル者ヨリ訴ヲ提起スルコトヲ得ヘク裁判所ハ判決ヲ以テ其無效ヲ確定スルモノトス

乙　婚姻ノ取消

婚姻ノ取消ハ一旦成立シタル婚姻關係ヲ繼續セシムルコト夫レ自體カ公益ニ害アルカ故ニ法律上有效ニ成立セル婚姻ニ付キ瑕疵ヲ理由トシテ裁判所ノ判決ヲ得テ其效力ヲ將來ニ向ツテ消滅セシムルコトヲ謂フ取消原因ハ直接ニ公益ニ關スルコトアリ或ハ專ラ私益ニノミ關スルコトアリ

一　直接ニ公益ニ關スル取消原因　(イ)婚姻年齡ニ達セサルコト(民、七六五)(ロ)重婚ナルコト(民、七六六)(ハ)前婚ノ解消又ハ取消ノ日ヨリ六个月ヲ經サル婚姻ナルコト(民、七六七)(ニ)相姦者トノ婚姻ナルコト(民、七六八)(ホ)婚姻ヲ許サレサル親族間ノ婚姻ナルコト(民、七七〇、七七一)等ニシテ此規定ニ違反シタル婚姻ハ各當事者、其戶主、親族又ハ檢事ヨリ夫カ普通裁判籍ヲ有スル地又ハ其死亡ノ時ニ之ヲ有シタル地ノ地方裁判所ニ訴ヲ提起スルコトヲ得但檢事ハ當事者ノ一方カ死亡シタル後ハ之ヲ請求スルコトヲ得ス(民、七八〇、一項、人訴、一(ロ)(ハ)(ニ)ノ規定ニ違反シタル婚姻ニ付テハ當事者ノ配偶者又ハ前配偶者モ亦其取消ヲ請求スルコトヲ得(民、七八〇、二項)(イ)ノ不適齡者カ適齡ニ達シタルトキハ其取消ヲ請求スルコトヲ得ス(民、七六五、七八一、一項)不適齡者ハ適齡ニ達シタル後尙ホ三个月間婚姻ノ取消ヲ請求スルコトヲ得但適齡ニ達シタル後追認ヲ爲スコトヲ許ス(民、七八一、二項、七六五)(ハ)ノ違反ニ付テハ前婚ノ解消又ハ取消ノ日ヨリ六个月ヲ經過シ又ハ女カ再婚後懷胎シタルトキハ其取消ヲ請求スルコトヲ得ス(民、七八二、七六七)(ロ)ノ重婚(ニ)ノ相姦者ノ婚姻(ホ)ノ親族間ノ婚姻ノ場合ハ前ニ述ヘタル者ヨリ何時ニテモ取消ヲ請求スルコトヲ得ヘク時效又ハ追認ニ因リ之ヲ修補スルコトヲ得ス以上ノ場合ハ直接ニ公益ニ關スルカ故ニ絕對的取消ノ原因ヲ爲ス

二　專ラ私益ニ關スル取消原因　(一)婚姻ヲ爲スニ付キ男カ三十年未滿、女カ二十五年未滿ナルトキハ其保護者タル同意權者ノ同意ヲ得サルトキ又同意權者ノ同意ヲ得タルモ其同意カ詐欺又ハ强迫ニ因リタルトキ同意權者ニ付テハ甲實體上ノ要件、三同意權者ノ同意ヲ參照スヘシ(民、七七二、七七三)

(二)婚姻カ詐欺又ハ强迫ニ因リテ爲サレタルトキ(民、七八五)(二)婿養子緣組ノ場合ニ於テ緣組ノ無效又ハ取消ヲ理由ト爲ストキ(民、七八六)等ニシテ(一)ノ取消權ハ同意權者ニ屬シ是等ノ者カ婚姻アリタルコトヲ知リタル後又ハ詐欺ヲ發見シ若クハ强迫ヲ免レタル後六个月ヲ經過シタルトキ婚姻屆出ノ日ヨリ二年ヲ經過シ又ハ追認ヲ爲シタルトキハ取消權ハ消滅ス(民、七八四、)(二)ノ取消權ハ當事者ニ屬シ當事者カ詐欺ヲ發見シ又ハ强迫ヲ免レタル後三个月ヲ經過シ若クハ追認ヲ爲シタルトキハ取消權ヲ消滅ス(民、七八五)(三)ノ取消權ハ當事者ニ屬シ當事者カ緣組ノ無效ナルコト又ハ其取消アリタルコトヲ知リタル後三个月ヲ經過シ又ハ取消權ヲ拋棄シタルトキハ取消權ハ消滅ス(民、七八六)以上ノ場合ハ之ヲ關係的取消權ト稱ス婚姻ノ取消ヲ目的トスル訴ハ人事訴訟手續法ノ規定ニ從ヒ夫ノ普通裁判籍ヲ有スル地又ハ其死亡ノ時ニ之ヲ有シタル地ノ地方裁判所ニ提起スルモノニシテ緣組事件ニ附帶シテ婚姻ノ取消請求ヲ爲ス場合ハ本案事件ノ管轄ニ依ル(人訴、一以下)

無效及ヒ取消ノ效力

丙　婚姻ノ無效及ヒ取消ノ效力

婚姻ノ無效ハ不成立ニシテ嘗テ婚姻ナキモノト異ナラサル結果ヲ生スルモノニシテ縱令裁判所ノ判決ヲ以テ無效ナリト確定スルモ惟無效ナルコトノ判定ニ止マリ創設的ノモノニ非ス之ニ反シテ婚姻ノ取消ハ判決ノ確定ニ因リテ其效力ヲ發生シ既往ニ其效力ヲ及ホササルモノトス

一　婚姻ノ無效　(一)無效ノ婚姻中ニ生レタル子ハ嫡出子ニ非ス(二)相互ニ相續權ヲ生セス(民、九八二、九九六)無效ノ婚姻ニ因ル夫婦財產契約ハ何等效力ヲ生スルコトナシ(民、七九三、乃至、七九七)

二　婚姻ノ取消　(一)取消ノ裁判確定前ニ生レタル子ハ嫡出子タルノ身分ヲ取得ス(二)婚姻ニ因リテ生シタル姻族關係及ヒ繼父母ノ關係ハ婚姻ノ取消ニ因リテ消滅ス(民、七二九)(三)他家ヨリ入リタル妻又ハ夫ハ婚姻ノ取消ニ因リテ婚家ヲ去リ實家ニ復籍ス(民、七三九)四財產上ノ關係ニ付テモ其效力ヲ既往ニ及ホササルモノニシテ婚姻ノ當時其取消ノ原因ノ存スルコトヲ知ラサリシ當事者カ婚姻ニ因リテ財產ヲ得タルトキハ現ニ利益ヲ受クル限度ニ於テ其返還ヲ爲スコト又其原因ノ存スルコトヲ知リタル當事者ハ婚姻ニ因リテ得タル利益ノ全部ヲ返還スルコトヲ要ス尙ホ相手方カ善意ナリシトキハ之ニ對シ損害賠償ノ責ニ任スルモノトス(民、七八七)

第四　婚姻ノ效力

婚姻カ成立シタルトキハ男子ヲシテ夫タル身分ヲ取得セシメ又女子ヲシテ妻タルノ身分ヲ取得セシメ其效果トシテ當事者間ニ種種ナル權利義務ヲ發生シ又其身分及ヒ能力等ニ影響ヲ及ホスモノトス卽チ左ノ如シ

一　妻ハ婚姻ニ因リテ夫ノ家ニ入リ入夫及ヒ婿養子ハ妻ノ家ニ入ル(民、七八八)

二　妻ハ夫ト同居スル義務ヲ負ヒ夫ハ妻ヲシテ同居ヲ爲サシムルコトヲ要ス(民、七八九)

三　夫婦ハ互ニ扶養ヲ爲スノ義務ヲ負フ(民、七九〇)

四　妻ハ婚姻ニ因リ無能力者ト爲ル(民、一四、乃至一八)

五　妻カ未成年者ナルトキハ成年ノ夫ハ後見人ノ職務ヲ行フ(民、七九一)

六　夫婦間ノ契約ハ婚姻中何時ニテモ夫婦ノ一方ヨリ取消スコトヲ得(民、七九二)

七　夫婦ハ婚姻ニ因リ互ニ誠實ナルヘキ義務ヲ負ヒ殊ニ妻ハ貞操ヲ守ルコトヲ要ス(民、八一三、一、二、三號、刑、一八三)

婚姻ニ關スル諸問題

第五　婚姻ニ關スル諸問題

一　戸主ノ婚姻　分家戸主カ廢家ノ上婚姻セントスルニハ廢家屆及ヒ婚姻屆ヲ要スルモ一旦生家ニ復籍スルコトヲ必要トセス

二　推定家督相續人ノ婚姻　推定家督相續人ハ男子タルト女子タルトヲ問ハス婚姻ニ因リ他家ニ入ルコトヲ得ス(民、七四四)即チ屆出ヲ爲サントスルモ市町村長ハ之ヲ受理スルコトヲ得ス(民、七七六、八四九)

三　養子ノ婚姻　(一)未成年戸主ノ母カ養子ヲ爲シ其養子ト家女ヲ婚姻セシメントスル場合ニ於テ女子カ戸主ニ非サルトキハ戸主ノ同意ヲ得テ婿養子縁組ヲ爲スヘク女子カ戸主ナルトキハ戸主ノ同意ヲ得テ普通ノ縁組ヲ爲シ入夫婚姻ニ因リテ養子ヲ女戸主ニ配スルコトヲ得母カ親權者ナルト

キハ未成年者戶主ニ代ハリ同意スヘク戶主ト利益相反スルトキハ特別代理人ヲ選任スヘシ(民、八八八(二)養子カ養家ニ於テ婚姻ヲ爲ス場合ニハ養父母ノ同意ヲ得レハ足ル

四 親族間ノ入籍　繼父母ト繼子、嫡母ト庶子トハ民法第七百二十九條ニ依リ親族關係止ミタル後ト雖モ婚姻ヲ爲スコトヲ得ス(二)妻カ婚姻前他家ニ於テ擧ケタル子女ハ夫ノ直系卑屬(前妻ノ子)ト法律上何等親族關係ナキモノナルヲ以テ婚姻ヲ爲スコトヲ得(三)戶主ノ姉妹ニ夫ヲ迎フルニハ戶主カ養子トシテ家ニ入レタル後婚姻セシムルカ又一旦其姉妹ヲ他家ニ嫁シ戶主ノ家ニ入籍セシムル外ナシ之ト同シク未成年戶主ノ母ハ其家ニ止マリ夫ヲ迎フルコトヲ得ス

五 後見人ノ婚姻　後見人ト被後見人トノ婚姻ニ付テハ親族會ノ同意ヲ要ス

六 再婚　離婚シタル女カ其前夫ト再婚スル場合ニ於テハ離婚後六个月ノ期間ヲ經過スルコトヲ要セス(民、七六七)

七　軍人ノ婚姻　軍人ノ婚姻ニ付テハ其筋ノ許可書ノ謄本ヲ添附スルニ非サレハ之ヲ受理スルコトヲ得サルモ若シ戸籍吏カ誤テ受理シタルトキハ其婚姻ハ有效ナリ

舊、一〇二

第百條　婚姻ノ屆書ニハ左ノ事項ヲ記載スルコトヲ要ス

一　當事者ノ氏名、出生ノ年月日、本籍及ヒ職業

二　父母ノ氏名及ヒ本籍

三　當事者カ家族ナルトキハ戸主ノ氏名、本籍及ヒ戸主ト ノ續柄

四　入夫婚姻又ハ婿養子緣組ナルトキハ其旨

五　入夫婚姻ノ場合ニ於テ入夫カ戸主ト爲ルトキハ其旨

當事者ノ一方カ婚家又ハ養家ヨリ更ニ婚姻ニ因リテ他家ニ入ル場合ニ於テハ前項ニ揭ケタル事項ノ外實家ノ戸主、養親ノ氏名及ヒ本籍ヲ記載スルコトヲ要ス

本條第一項ハ婚姻ノ屆書ニ記載スヘキ事項ヲ定ム即チ左ノ如シ

一。當事者ノ氏名、出生ノ年月日、本籍及ヒ職業　本號ノ記載ヲ爲サシムルノ要ハ夫ト爲リ妻ト爲ルヘキ者ハ何人ナルヤヲ明示セシムルニ在リ婚嫁者、入夫又ハ婿養子ハ實家ノ氏及ヒ本籍ヲ記載スルモノトス

二　父母ノ氏名及ヒ本籍　本號ノ記載ヲ爲サシムルノ要ハ婚姻當事者ハ何人ノ子ナルカヲ明カナラシムルニ在リ父母トハ繼父母、嫡母ヲ包含ス

三　當事者カ家族ナルトキハ戸主ノ氏名、本籍及ヒ戸主トノ續柄　本號ノ記載ヲ爲サシムルノ要ハ當事者カ家族ナル場合ニ於テ其去ルヘキ家、入ルヘキ家ヲ知リ且戸主トノ親族關係ヲ明白ナラシムルニ在リ

四　入夫婚姻又ハ婿養子緣組ナルトキハ其旨　入夫婚姻トハ女戸主ト婚姻

シテ其家ニ入リ女戸主ノ氏ヲ冒スヲ謂ヒ婿養子緣組トハ養子緣組ヲ爲スト同時ニ養家ノ家女又ハ其他ノ女子ト婚姻ヲ爲スヲ謂フ是等ノ婚姻ハ通常ノ婚姻ト異ナリ夫カ妻ノ家ニ入ルヘキ特別ノ婚姻ナルカ故ニ其種類ヲ明瞭ナラシムルノ要アリ

五 入夫婚姻ノ場合ニ於テ入夫カ戸主ト爲ルトキハ其旨 女戸主ノ入夫婚姻ハ家督相續ノ原因ヲ爲スカ故ニ入夫ハ婚姻ニ因リ其家ノ戸主ト爲ル然レトモ當事者ハ婚姻ノ當時反對ノ意思表示ヲ爲スヲ得ヘキヲ以テ入夫カ婚姻ニ因リ戸主ト爲ルトキハ其旨ヲ明示セシメ家督相續ノ原因ヲ知ルニ在リ(民、七三六)舊法ハ入夫カ戸主ト爲ラサルトキハ其旨ヲ記載スルコトヲ要シタレトモ(舊法、一〇二、五號)本法ハ入夫カ戸主ト爲ルトキハ其旨ヲ記載スヘキモノトセリ

第二項ハ當事者ノ一方カ婚家又ハ養家ヨリ更ニ婚姻ヲ爲スニ因リテ他家ニ入ル場合ニ於テハ右ニ掲ケタル事項ヲ記載スル外實家ノ戸主、養親ノ氏名及ヒ本籍ヲ記載スヘキコトヲ定ム婚家又ハ養家ヨリ更ニ婚姻ヲ爲ス場合トハ

例ヘハ一旦婚嫁シタル妻カ夫ノ死亡シタル後亡夫ノ家ヨリ直ニ他家ニ婚嫁スルカ如キ又ハ女子ヲ養子ト爲シタル者カ更ニ他家ヘ婚嫁セシムルカ如キ是レナリ

婚姻ノ屆出ニ因リ嫡出子タル身分ヲ取得スヘキ庶子アルトキハ屆書ニ其者ノ氏名、出生ノ年月日竝ニ本籍及ヒ身分變更ノ事由ヲ記載スルコトヲ要ス(四七、二項民、八三六)

婚姻ノ屆書ニハ成年ノ證人二人以上署名スルコトヲ要ス(民、七七五)戸主、父母、後見人又ハ親族會ノ同意ヲ得ルコトヲ要スルトキハ(民、七七二、七七三)其同意ヲ證スル書面ヲ添附スルカ又ハ屆書ニ其旨ヲ附記シ同意者ヲシテ署名、捺印セシムルコトヲ要ス(五八、一項)同意權者ニ付テハ本節第二婚姻ノ要件、甲實體上ノ要件、三同意權者ノ同意ヲ見ルヘシ

婚姻當事者ノ一方若クハ雙方カ有爵者又ハ其家族ナルトキハ宮内大臣ノ認許ヲ受ケ(華、一四、一七)又當事者ノ一方カ陸海軍軍人ナルトキハ陸海軍大臣及ヒ所管長官ノ許可ヲ受ケ屆書ニ右許可書ノ謄本ヲ添附スルコトヲ要ス(五

八、二項）

第百一條　婚姻ノ屆出ハ夫ノ本籍地又ハ所在地ニ於テ之ヲ爲スコトヲ要ス但入夫婚姻又ハ婿養子緣組ノ場合ニ於テハ妻ノ本籍地又ハ所在地ニ於テ屆出ヲ爲スコトヲ要ス

本條ハ婚姻ノ屆出地ヲ定ム卽チ婚姻ノ效力ハ妻ハ婚姻ニ因リ夫ノ家ニ入ルカ故ニ（民、七八八、一項）夫ノ本籍地又ハ所在地ニ於テ之ヲ爲スコトヲ要シ又入夫及ヒ婿養子ハ妻ノ家ニ入ルニ因リ（民、七八八、二項）妻ノ本籍地又ハ所在地ニ於テ屆出ヲ爲スコトヲ要シタルモノトス

第百二條　第九十三條ノ規定ハ婚姻取消ノ裁判カ確定シタル場合ニ之ヲ準用ス

檢事カ訴ヲ提起シタル場合ニ於テハ裁判確定ノ後遲滯ナク戶籍記載ノ請求ヲ爲スコトヲ要ス

舊、一〇四

婚姻ノ屆出地

舊、一〇六

本條ハ婚姻取消ノ届出手續ヲ定ム

第一項ハ婚姻取消ノ裁判確定シタル場合ニ於テハ第九十三條ノ準用規定ニ依リ訴ヲ提起シタル者ハ裁判確定ノ日ヨリ十日ノ期間內ニ裁判ノ謄本ヲ添附シ其旨ヲ届出ツヘキコトヲ定ム婚姻ノ取消ニ付テハ本節第三婚姻ノ無效及ヒ取消、乙婚姻ノ取消ヲ見ルヘシ而シテ婚姻取消ノ届書ニハ左ノ事項ヲ記載スルコトヲ要ス

一 當事者ノ氏名及ヒ本籍

二 婚姻ニ因リ入籍シタル者ノ實父母ノ氏名及ヒ本籍

三 婚姻ニ因リ入籍シタル者カ其取消ニ因リ復籍スヘキ家ノ戶主ノ氏名及ヒ本籍

四 前號ノ者カ一家ヲ創立スルトキハ其旨及ヒ創立ノ原因並ニ場所但實家ヲ再興スルトキハ其旨及ヒ再興ノ場所

五 裁判確定ノ日

右ニ付テハ準用規定タル第九十三條ノ說明ヲ參照スヘシ

第二項ハ檢事カ婚姻取消ノ訴ヲ提起シタル場合ニ於テハ裁判確定ノ後遲滯ナク戶籍記載ノ請求ヲ爲スヲ要スルコトヲ定ム從テ此場合ニ於テハ當事者ハ何等ノ屆出ヲ爲スノ要ナキナリ

舊、一〇八

第百三條　第五十七條第三項ノ規定ハ婚姻ノ屆出ニハ之ヲ適用セス

代理除外規定

本條ハ婚姻ノ屆出ニハ代理人ヲシテ之ヲ爲サシムルコトヲ得トノ規定(五七、三項)ヲ適用セサルコトヲ定ム蓋シ錯誤若クハ弊害ヲ防止スルノ精神ニ出ツルナリ

第七節　離婚

第一　離婚ノ意義

離婚ノ意義

離婚トハ婚姻ニ因リテ生シタル一切ノ關係ヲ將來ニ向ッテ消滅セシムル原因ヲ爲スモノニシテ夫婦タル共同生活ノ解除ナリ從テ離婚ハ夫婦關係及

ヒ配偶者タリシ一方ノ血族トノ姻族關係ヲ消滅セシムルモノトス離婚ハ離緣ノ如ク協議上ノ離婚及ヒ裁判上ノ離婚ノ二種トス

第二　協議上ノ離婚ノ要件

協議上ノ離婚ノ要件及ヒヲ實體上ノ要件、形式上ノ要件ニ別ツ

甲　實體上ノ要件

一　當事者雙方ノ意思表示　離婚ヲ爲スニ付テ當事者雙方ノ自由ナル意思表示アルコトヲ要ス若シ意思ノ欠缺又ハ瑕疵ノ存在スルトキハ離婚ノ無效若クハ取消ノ理由ト爲ル

二　滿二十五年ニ達セサル者カ協議上ノ離婚ヲ爲スニハ其婚姻ヲ爲スニ付キ同意ヲ爲ス權利ヲ有スル者ノ同意ヲ得ルコトヲ要ス(民、八〇九、七七二、七七三)同意權者ニ付テハ第六節婚姻、第二婚姻ノ要件、甲實體上ノ要件、三同意權者ノ同意ヲ見ルヘシ

禁治產者カ離婚ヲ爲スニハ後見人ノ同意ヲ得ルコトヲ要セス(民、八一〇、七七四)

乙　形式上ノ要件

形式上ノ要件

當事者雙方及ヒ成年ノ證人二人以上ヨリ口頭ニテ又ハ署名シタル書面ヲ以テ屆出ヲ爲スニ因リ離婚ノ效力ヲ生スルコトハ婚姻ノ形式上ノ要件ト同シ之ヲ參照スヘシ(民、八一〇、七七五)

市町村長ハ離婚ノ屆出カ實體上ノ要件及ヒ形式上ノ要件(民、八〇九、七七五二項)ニ適合シ其他法令ニ違反セサルコトヲ認メタル後ニ非サレハ之ヲ受理スルコトヲ得ス(民、八一一、一項)然レトモ市町村長カ右ニ違反シテ屆出ヲ受理シタルトキト雖モ離婚ノ效力ヲ妨クルコトナシ(民、八一一、二項)

第三　離婚ノ無效及ヒ取消

離婚ノ無效取消

協議上ノ離婚ニ付テ其無效又ハ取消ニ關シ法律ハ特別規定ヲ設ケサリシカ故ニ一般ノ法律行爲ト同シク民法總則ノ規定ニ依リ之ヲ定ムヘキモノトス而シテ當事者カ離婚ヲ爲スノ意思ナキトキ及ヒ當事者カ其屆出ヲ爲サリシトキハ無效トナリ又離婚ノ意思表示カ詐欺又ハ强迫ニ因リテ爲サレタルトキハ取消スコトヲ得但第三者カ詐欺ヲ行ヒタル場合ニ於テハ相手方カ其

事實ヲ知リタルトキニ限リ之ヲ取消スコトヲ得ヘク是等意思表示ニ因リテ爲サレタル屆出ハ縱令市町村長カ之ヲ受理スルモ取消シ得ヘキモノナルコト疑ヒナシ

裁判上ノ離婚

第四　裁判上ノ離婚ノ要件

當事者間ニ離婚ノ協議調ハサルトキハ一定ノ理由アル場合ニ限リ裁判上離婚ヲ許ス民法第八百十三條ハ其原因ヲ制限的ニ特定ス卽チ左ノ如シ

一　配偶者カ重婚ヲ爲シタルトキ

二　妻カ姦通ヲ爲シタルトキ

三　夫カ姦淫罪ニ因リ刑ニ處セラレタルトキ

四　配偶者カ僞造、賄賂、猥褻、竊盜、强盜、詐欺取財、受寄財物費消、贓物ニ關スル罪若クハ刑法第二百六十二條、第百八十六條第二項ニ揭ケタル罪ニ因リテ輕罪以上ノ刑ニ處セラレ又ハ其他ノ罪ニ因リテ懲役三年以上ノ刑ニ處セラレタルトキ(刑施、一九)

五　配偶者ヨリ同居ニ堪ヘサル虐待又ハ重大ナル侮辱ヲ受ケタルトキ

六　配偶者ヨリ惡意ヲ以テ遺棄セラレタルトキ
七　配偶者ノ直系尊屬ヨリ虐待又ハ重大ナル侮辱ヲ受ケタルトキ
八　配偶者カ自己ノ直系尊屬ニ對シテ虐待ヲ爲シ又ハ之ニ重大ナル侮辱ヲ加ヘタルトキ
九　配偶者ノ生死カ三年以上分明ナラサルトキ
十　婿養子緣組ノ場合ニ於テ離緣アリタルトキ又ハ養子カ家女ト婚姻ヲ爲シタル場合ニ於テ離緣若クハ緣組ノ取消アリタルトキ

離婚ノ請求權ハ夫婦ノ各一方ニ屬シ人事訴訟手續法ノ規定ニ從ヒ夫カ普通裁判籍ヲ有スル地ノ地方裁判所ニ訴ヲ提起スルコトヲ得(人訴、一)夫婦ノ一方カ禁治産者ナルトキハ其後見人ハ親族會ノ同意ヲ得テ離婚ノ訴ヲ提起スルコトヲ得若シ其相手方タル配偶者カ禁治産者ノ後見人ナルトキハ後見監督人ハ親族會ノ同意ヲ得テ其訴ヲ提起スルコトヲ得ヘシ(人訴、四)

離婚ノ訴ハ婚姻カ有效ニ成立シタル時ニ於テ之ヲ提起スルコトヲ要シ無效又ハ取消サレタル婚姻又ハ當事者ノ一方カ死亡シタル後ニ於テハ固ヨリ

離婚ノ訴ヲ提起スルコトヲ得ス

離婚ノ請求權ハ左ノ事由ニ因リ發生ヲ妨ケ或ハ之ヲ消滅ス

イ　同意　前示一乃至四ノ場合ニ付テ他ノ一方ノ行爲ニ同意シタルトキ(民、八一四、一項)

ロ　宥恕　一乃至七ノ場合ニ付テ他ノ一方又ハ其直系尊屬ノ行爲ヲ宥恕シタルトキ(民、八一四、二項)

ハ　處刑ノ事實　四ノ處刑ノ事實アルトキ(民、八一五)

ニ　期間ノ經過　一乃至八ノ事由ニ付テ其原因タル事實ヲ知リタル時ヨリ一年ヲ經過シタルトキ又ハ其事實發生ノ時ヨリ十年ヲ經過シ十ノ事由ニ付テ當事者カ離緣又ハ緣組ノ取消アリタルコトヲ知リタル後三个月ヲ經過シタルトキ(民、八一六、八一八、二項)

ホ　生死分明　九ノ事由ニ付テ配偶者ノ生死カ分明トナリタルトキ(民、八一七)

ヘ　權利ノ拋棄　十ノ場合ニ付テハ當事者カ離婚ノ請求權ヲ拋棄シタルト

キ(民八一八、二項)

第五　離婚ノ効力

離婚ノ効力ハ協議上ノ離婚ニ在リテハ市町村長カ其屆出ヲ受理スルニ因リ効力ヲ生シ裁判上ノ離婚ニ在リテハ其判決確定ノトキヨリ効力ヲ生ス

一　配偶者ノ身上ニ及ホス効力

イ　離婚シタル配偶者ハ實家ニ復歸ス即チ妻ハ夫ノ家ヲ去リ入夫又ハ婿養子ハ妻ノ家ヲ去ル(民、七三九、七八八)

ロ　夫妻同居ノ義務ヲ免脱スルコト(民、七八九)

ハ　夫妻互ニ扶養義務ヲ免脱スルコト(民、七九〇)

ニ　婦ハ無能力ヲ囘復スルコト(民、一七、以下)

ホ　離婚シタル配偶者ハ各婚姻ヲ爲スノ自由ヲ有スルコト但民法第七百六十七條、第七百六十八條ノ制限アリ

二　配偶者ノ財産ニ關スル効力

配偶者雙方ハ夫婦財産契約又ハ法定財産制ニ拘束セラルルコトナシ

離婚ノ効力

舊、九〇

三　子ニ對スル效力

協議上ノ離婚ヲ爲シタル者カ其協議ヲ以テ子ノ監護ヲ爲スヘキ者ヲ定メサリシトキハ其監護ハ父ニ屬ス父カ離婚ニ因リテ婚家ヲ去リタルトキハ子ノ監護ハ母ニ屬ス(民、八一二)裁判上ノ離婚ノ場合ニ右ノ規定ヲ準用ス但裁判所ハ子ノ利益ノ爲メ其監護ニ付キ之ニ異ナリタル處分ヲ命スルコトヲ得(民、八一九)

第百四條　離婚ノ屆書ニハ左ノ事項ヲ記載スルコトヲ要ス

一　當事者ノ氏名、本籍及ヒ職業

二　父母ノ氏名、及ヒ本籍

三　當事者カ家族ナルトキハ戸主ノ氏名及ヒ本籍

四　婚家ヲ去ル者ノ復籍スヘキ家ノ戸主ノ氏名及ヒ本籍

五　婚家ヲ去ル者カ一家ヲ創立スルトキハ其旨及ヒ創立ノ原因竝ニ場所但實家ヲ再興スルトキハ其旨及ヒ再興ノ場所

離婚ノ屆書記載事項

本條ハ離婚ノ屆書ニ記載スヘキ事項ヲ定ム卽チ左ノ如シ

一　當事者ノ氏名、本籍及ヒ職業　本號ノ記載ヲ爲サシムルノ要ハ離婚スヘキ男女ノ何人ナルカヲ明示セシムルニ在リ離婚ニ因リ家ヲ去ルヘキ者ハ婚家ノ氏及ヒ本籍ヲ記載スヘキモノトス

二　父母ノ氏名及ヒ本籍　本號ハ第百條二號ト同規定ナルニヨリ同號ノ説明ヲ見ルヘシ但本籍カ婚姻當時ト異ナル場合ニ於テハ離婚當時ノ本籍ヲ記載スヘシ

三　當事者カ家族ナルトキハ戶主ノ氏名及ヒ本籍　本號ハ第百條三號ト同規定ナリ之ヲ參照スヘシ

四　婚家ヲ去ル者ノ復籍スヘキ家ノ戶主ノ氏名及ヒ本籍　本號ノ記載ヲ爲

サシムル要ハ離婚ニ因リテ妻、入夫、又ハ婿養子カ復籍スヘキ家ノ戸主ノ何人ナルカヲ知ルニ在リ(民、七三九)而シテ婚姻又ハ養子縁組ニ因リ他家ニ在リテ更ニ婚姻ニ因リテ他家ニ入リタル者カ離婚シタルトキハ本人ノ選擇ニ因リ養家又ハ前婚家ニ復歸スルモノトス

五 婚家ヲ去ル者カ一家ヲ創立スルトキハ其旨及ヒ創立ノ原因竝ニ場所但實家ヲ再興スルトキハ其旨及ヒ再興ノ場所　本號ハ第九十三條第二項四號ト同趣旨ノ規定ナルヲ以テ同號ノ註ヲ見ルヘシ

屆出地ニ付テハ第百一條ノ如キ規定ナキカ故ニ第四十三條ノ適用ニ依リ屆出事件ノ本人ノ本籍地又ハ屆出人ノ所在地ニ於テ之ヲ爲スモノトス

舊、一一一

第百五條　離婚ノ裁判カ確定シタルトキハ訴ヲ提起シタル者ハ裁判確定ノ日ヨリ十日內ニ裁判ノ謄本ヲ添附シ前條ノ規定ニ依ル屆出ヲ爲スコトヲ要ス其屆書ニハ裁判確定ノ日ヲ記載スルコトヲ要ス

裁判上ノ離婚屆出

本條ハ裁判ニ依ル離婚屆出ノ手續ヲ定ム卽チ離婚ノ裁判カ確定シタルトキハ訴ヲ提起シタル者ハ裁判確定ノ日ヨリ十日ノ期間內ニ裁判ノ謄本ヲ添附シ第百四條ノ規定ニ依ル屆出ヲ爲スコトヲ要シ其屆書ニハ裁判確定ノ日ヲ記載スルヲ要スルモノトス本條ハ第九十三條ト同趣旨ノ規定ナルヲ以テ同條ノ說明ヲ參照スヘク又裁判上ノ離婚ニ付テハ本節第四裁判上ノ離婚ノ要件ヲ見ルヘシ

舊、一一三

第百六條　第五十七條第三項ノ規定ハ第百四條ノ屆出ニハ之ヲ適用セス

代理除外規定

本條ハ代理人ヲシテ屆出ヲ爲サシムル規定ハ(五七、三項)協議上ノ離婚ノ屆出(一〇四)ニ適用ナキコトヲ定ム但裁判上ノ離婚ノ屆出(一〇五)ニ付テハ除外ナキヲ以テ此場合ニ於テハ代理人ヲシテ之ヲ爲サシムルコトヲ得ヘシ本條ハ第九十四條、第九十九條及ヒ第百三條ト同趣旨ノ規定ナリ

第八節　親權及ヒ後見

第一款　親權

第一　親權ノ意義

親權ノ意義

父又ハ母ハ其子ヲ養育シ教育スルノ義務ヲ負擔ス從テ其義務ヲ盡スニ適當ナル方法ヲ設クルコトヲ要ス而カモ父又ハ母カ其義務ヲ盡スニ付テハ絶大ナル權力ナカルヘカラス而シテ此權力ハ父又ハ母カ其親タル義務ヲ盡スカ爲ニ必要ナルモノト子ノ利益ヲ謀ルカ爲ニスルモノト公益保護ノ爲メニスルモノトヲ調和セシムルコトヲ要ス親權ハ實ニ此必要ニ起源シ漸次發達シテ今ニ及ヒタルモノトス親權トハ父又ハ母タル身分ニ依リ其子ニ對シ身上及ヒ財産ニ付キ有スル特定ノ權利、義務ノ集合ヲ意味ス

第二　親權者

親權者

親權ヲ有スル者ハ父又ハ母ニシテ養父母ナルト繼父母、嫡母ナルトヲ問フコトナシ然レトモ繼父母、嫡母カ親權ヲ行フ場合ニ於テハ後見ノ規定ヲ準用

ス(民、八七八)親權ハ其子ノ屬スル家ニ在ル親ノ權利ニシテ先ツ父ヲシテ之ヲ行ハシメ父カ知レサルトキ、死亡シタルトキ、家ヲ去リタルトキ又ハ親權ヲ行フコト能ハサルトキハ其ノ家ニ在ル母之ヲ行フ(民、八七七)若シ父母共ニ未成年者ナルトキハ其父又ハ母ニ對シテ親權ヲ行フ者又ハ其後見人代ハリテ親權ヲ行フ(民、八九五、九三四)

同一ノ家ニ實父母、養父母、繼父母又ハ嫡母トアルトキハ何人カ親權ヲ行フヘキヤト謂フニ斯ル事例ヲ生スルハ稀ナルヘシト雖モ一方ノ者カ親族入籍ノ手續(民、七三七、七三八)ニ依リテ其家ニ入リタル場合ヲ想像スルトキハ如此事例ナキニ非ス此場合ニ於テハ前ニ親權ヲ有シタル者ハ後ニ家ニ入リタル者ノ爲ニ親權ヲ失フ謂レナキヲ以テ依然親權ヲ有スルモノトス

親權者ハ後見人ト同シク一人ヲシテ之ヲ行ハシムルコトヲ要ス二人以上ノ者カ共同シテ之ヲ行フコトヲ許ササルハ所謂命令二途ニ出テ到底子ノ利益ヲ擁護スル所以ニ非サルヲ以テナリ

第三 親權ニ服スル者

親權ニ服スル者

親權ハ子ニ對スル權利ニシテ其子ノ嫡出子ナルト庶子又ハ私生子ナルト將又實子ナルト養子ナルトヲ問ハス總テ子ハ其家ニ在ル父又ハ母ノ親權ニ服ス但子カ獨立ノ生計ヲ立ツル成年者ナラサルコトヲ要ス(民、八七七、一項)

第四 親權ノ效力

一 子ノ身上ニ對スル權 (イ)未成年ノ子ノ監護、敎育ヲ爲スノ權(民、八七九)(ロ)居所指定權(民、八八〇)(ハ)兵役出願許否ノ權(民、八八二)(ニ)懲戒權(民、八八二)(ホ)職業ノ許否權(民、八八三)(ヘ)同意權卽チ未成年ノ子カ他家ノ家族ト爲リ又ハ他家ノ相續、分家、廢絕家再興(民、七四三)若クハ婚姻、養子緣組、協議上ノ離婚又ハ養子離緣ニ同意ヲ爲スノ權(民、七七二、八四四、八〇九、八六三)等是ナリ

二 子ノ財產ニ對スル權

甲 財產管理權 親權ヲ行フ父又ハ母ハ未成年ノ子ノ財產ヲ管理ス(民、八八四)財產管理トハ財產ノ保存、利用、改良等財產ノ利益ヲ謀ル行爲ヲ謂フ未成年ノ子カ其配偶者ノ財產ヲ管理スヘキ場合ニ於テハ親權ヲ行フ父又ハ母之ニ代ハリテ其ノ財產ヲ管理ス(民、八八五)父又ハ母カ其子ノ財產

ヲ管理スルニハ自己ノ爲ニスルト同一ノ注意ヲ以テスルコトヲ要シ（民、八八九、一項）母カ民法第八百八十六條ニ依リ親族會ノ同意ヲ得テ爲シタル行爲ト雖モ其責ヲ免ルルコトヲ得ス但母ニ過失ナカリシトキハ此限ニ在ラス（民、八八九、二項）親權ヲ行フ父又ハ母ハ右ノ如ク財產管理權ヲ有スレトモ無償ニテ子ニ財產ヲ與フル第三者カ親權ヲ行フ父又ハ母ヲシテ之ヲ管理セシメサル意思ヲ表示シタルトキハ其財產ハ父又ハ母ノ管理ニ屬セサルモノトス（民、八九二、一項）此場合ニ於テ第三者カ管理者ヲ指定セサリシトキハ裁判所ハ子、其親族又ハ檢事ノ請求ニ因リ其管理者ヲ選任ス（民、八九二、二項）管理者ノ權限消滅シ又ハ改任ノ必要ヲ生シタル場合亦同シ（民、八九二、三項）裁判所カ選任シタル管理者ノ職務權限ニ付テハ民法第二十七條、第二十八條ノ規定ヲ準用ス（民、八九二、四項）

親權者ノ管理權ハ親權者ノ死亡、去家、親權ノ喪失（民、八九六、八九七）母ノ管理權辭退（民、八九九）子ノ死亡又ハ成年ニ達シタル等ノ事由ニ因リ消滅ス此場合ニ急迫ナルトキハ親權者、其相續人又ハ法定代理人ハ子、其相續人又ハ法定代理人カ管理ヲ爲スヲ得ルニ至ルマテ必要ナル處分ヲ爲スコトヲ要シ又管理權ノ消滅ヲ相手方ニ通知シ又ハ相手方カ之ヲ知リタルトキニ非サレハ之ヲ以テ其相手方ニ對抗スルコトヲ得ス(民、八九三、六五四、六五五)管理權消滅ノ場合ニ於テハ親權者ハ遲滯ナク其管理ノ計算ヲ爲スコトヲ要ス(管理計算義務)但子ノ養育及ヒ財產ノ管理ノ費用ハ其子ノ財產ノ收益ト相殺シタルモノト看做サル(收益權)(民、八九〇)然レトモ但書ノ場合ハ無償ニテ子ニ財產ヲ與フル第三者カ反對ノ意思ヲ表示シタル財產ニハ適用ナシ(民、八九一)又財產管理ニ付キ親權者又ハ親族會員ト其子トノ間ニ生シタル債權ハ其管理權消滅ノ時ヨリ五年間行ハサルトキハ時效ニ因リテ消滅ス子カ未タ成年ニ達セサル間ニ管理權カ消滅シタルトキハ右ノ期間ハ其子カ成年ニ達シ又ハ後任ノ法定代理人カ就職シタル時ヨリ起算スルモノトス(民、八九四)

乙　代理權、同意權ニ對スル制限　親權者タル父カ未成年ノ子ニ代ハリテ財產ニ關スル法律行爲ヲ爲シ又ハ子ノ之ヲ爲スコトニ同意スルニハ何等制限ナシト雖モ母ニ付テハ下ニ掲クル事項ニ限リ親族會ノ同意ヲ得ルコトヲ要ス(民、四、八八六)卽チ(一)營業(二)借財又ハ保證(三)不動產又ハ重要ナル動產ニ關スル權利ノ喪失(四)不動產又ハ重要ナル動產ニ關スル和解又ハ仲裁契約(五)相續ノ抛棄(六)贈與又ハ遺贈ノ拒絕是レナリ母カ之ニ違反シタルトキハ子又ハ其法定代理人ニ於テ之ヲ取消スコトヲ得此場合ニ於テハ民法第十九條ノ規定ヲ準用ス其他取消ノ效力又ハ取消權ノ消滅ニ付テ民法第百二十一條乃至第百二十六條ノ適用ヲ妨ケス(民、八八七)

親權ノ效力トシテ親權ヲ行フ父又ハ母ハ其未成年ノ子ニ代ハリテ戶主權及ヒ親權ヲ行フモノトス(民、八九五)

第五　親權ノ喪失

親權ノ喪失

一　全部喪失　父又ハ母カ親權ヲ濫用シ又ハ著シク不行跡ナルトキハ裁判所ハ子ノ親族又ハ檢事ノ請求ニ因リ其親權ノ喪失ヲ宣告スルコトヲ得(民、八九六)

二　管理權喪失　親權ヲ行フ父又ハ母カ管理ノ失當ニ因リテ其子ノ財產ヲ

危クシタルトキハ裁判所ハ子ノ親族又ハ検事ノ請求ニ因リ其管理權ノ喪失ヲ宣告スルコトヲ得即チ管理權ノミノ剝奪ニシテ此場合ニ於テハ其管理權ハ母之ヲ行フモノトス(民、八九七)

親權喪失又ハ管理權喪失ノ原因カ止ミタルトキハ裁判所ハ本人又ハ其親族ノ請求ニ因リ失權ノ宣告ヲ取消スコトヲ得(民、八九八)右ノ親權喪失又ハ失權ノ取消ヲ求ムルニハ訴ノ形式ヲ以テスルコトヲ要シ其訴ハ親權者ノ普通裁判籍ヲ有スル地ノ地方裁判所ノ管轄ニ專屬スルモノトス(人訴、三一)又親權ヲ行フ母ハ財產ノ管理ヲ辭スルコトヲ得ヘシ(民、八九九)

新設

第百七條 父カ親權又ハ管理權ノ喪失ノ宣告ヲ受ケタル場合ニ於テ母其權利ヲ行フトキハ裁判確定ノ日ヨリ十日內ニ裁判ノ謄本ヲ添附シ其旨ヲ屆出ツルコトヲ要ス其屆書ニハ裁判確定ノ日ヲ記載スルコトヲ要ス

本條ハ父カ親權又ハ管理權ノ喪失ノ宣告ヲ受ケタル場合ノ屆出手續ヲ定ム卽チ父カ親權又ハ親權ノ一部タル未成年ノ子ノ財產管理權ヲ喪失シタル場合ニ於テ母其權利ヲ行フトキ(民、八九六、八九七、八七七)ハ之ヲ戶籍ニ記載シテ(一八、一四號)父ニ是等ノ權限ナキコトヲ周知セシムルハ一般取引ノ安全ヲ期待スルニ付テ最必要ナルカ故ニ裁判確定ノ日ヨリ十日內ニ裁判ノ謄本ヲ添附シ其旨ヲ屆出ツルコトヲ要シ其屆書ニハ裁判確定ノ日ヲ記載スルコトヲ要ス父カ親權又ハ子ノ財產管理權ノ喪失ノ宣告ヲ受ケタル場合ト雖モ母其權利ヲ行ハサルトキハ後見開始ノ原因ヲ爲スニ因リ其旨ヲ屆出テ公示ノ手續ヲ爲スノ必要ナシ親權ノ何タルコト及ヒ親權又ハ管理權ノ喪失等ニ付テハ本節第一款親權ノ說明ヲ見ルヘシ

親權管理權喪失ノ屆出手續

新設

第百八條　第九十三條第一項ノ規定ハ失權宣告取消ノ裁判カ確定シタル場合ニ之ヲ準用ス此場合ニ於テハ屆書ニ裁判確定ノ日ヲ記載スルコトヲ要ス

本條ハ失權宣告取消ノ裁判ニ依ル屆出手續ヲ定ム即チ親權又ハ子ノ財產管理權ノ喪失ノ宣告ヲ受ケタル父ニシテ其失權ノ原因カ止ミタルトキハ裁判所ハ本人又ハ其親族ノ請求ニ因リ失權ノ宣告ヲ取消スコトヲ得ヘキカ故ニ(民、八九八)其裁判カ確定シタルトキハ訴ヲ提起シタル者ハ裁判確定ノ日ヨリ十日內ニ裁判ノ謄本ヲ添附シ本法第九十三條所定ノ手續ヲ準用シ裁判確定ノ日ヲ記載シ其旨ヲ屆出ツルコトヲ要ス前條及ヒ本條ハ斬新ナル規定ニシテ注目ニ値ス

失權宣告取消ノ屆出手續

第二款 後見

第一 後見ノ意義

後見ノ意義

無能力者タル未成年者及ヒ禁治產者ハ獨立シテ生活シ又ハ自ラ保護スルノ能力ヲ欠缺シ若クハ全クレナキカ故ニ是等無能力ヲ保護スルノ方法ヲ設クルコトヲ要ス後見ハ此必要ニ因リ法律上設ケラレタル一ノ無能力者保護機關ニシテ無能力者ノ身體及ヒ財產ノ保護、監督ヲ爲スヘキ民法上ノ職務

ナリ後見人ハ親權者ト同シク一人タルコトヲ要ス(民、九〇六)蓋シ數人ノ後見人アルトキハ各後見人間ニ意見ノ衝突ヲ來タシ代表機關ヲシテ軋轢ノ府タラシムルニ至リ被後見人ノ利益ヲ圖ル所以ニ非サルヲ以テナリ

第二　後見開始

後見開始ノ原因左ノ如シ(民、九〇〇)

一　未成年者ニ對シテ親權ヲ行フ者ナキトキ若クハ親權ヲ行フ者カ管理權ヲ有セサルトキ　本號ノ場合ハ例ヘハ父又ハ母カ知レサルトキ、其家ヲ去リタルトキ、死亡シタルトキ、親權ヲ行フ能ハサルトキ、親權喪失ノ宣告ヲ受ケタルトキ、親權ヲ行フ者カ子ノ財產ノ管理權ヲ有セサルトキ又ハ母カ財產ノ管理ヲ辭シタルトキ等ノ如シ

二　禁治產ノ宣告アリタルトキ　瘋癲、白痴其他心神喪失ノ常況ニ在ルニ因リ禁治產ノ宣告ヲ受ケタル場合ナリ(民、七)

第三　後見ノ機關

甲　後見人及ヒ其種類

一　指定後見人　後見ハ親權ノ延長ナルカ故ニ最後ニ管理權ヲ有スル親權者ハ遺言ニ因リ後見人ヲ指定スルコトヲ得親權ヲ行フ父ノ生前ニ母カ豫メ財産ノ管理ヲ辭シタルトキハ父ハ遺言ヲ以テ後見人ノ指定ヲ爲スコトヲ得(民、九〇一)母モ亦親權行使中子ノ爲ニ後見人ヲ指定スルコトヲ得但母カ他家ヘ入ルカ如キ場合ニ於テ親權ヲ喪フトキニハ指定權ナシ

二　法定後見人　(イ)親權者タル父又ハ母ハ禁治産者ノ後見人ト爲ル(ロ)妻カ禁治産者ナルトキハ夫其後見人ト爲ル夫カ後見人タラサルトキハ親權者其後見人ト爲ル(ハ)夫カ禁治産ノ宣告ヲ受ケタルトキハ妻其後見人ト爲ル妻カ後見人タラサルトキ又ハ夫カ未成年者ナルトキハ親權者其後見人ト爲ル(ニ)右イ乃至ハノ場合ニ於テ後見人タル者ナキトキハ戸主其後見人ト爲ル(民、九〇二、九〇三)之ヲ法定後見人ト稱ス

三　選定後見人　指定又ハ法定ニ因ル後見人ナキトキハ親族會ハ親族其他適當ナル者ヲ後見人ニ選任ス(民、九〇四)而シテ親族會員タル者ト雖モ之ヲ後見人ニ選任スルコトヲ得但親族會員ハ自己選任ノ議事ニ表決權ヲ有ス

ルヤト謂フニ親族會カ後見人ヲ選任スルニハ過半數ヲ以テ之ヲ決スルモノニシテ(民、九四七、一項)會員ヲ後見人ニ選任セントスル議事ハ直ニ其親族會員ノ利害ニ關スル事項ナルヲ以テ此場合ニ於テハ其親族會員ハ表決ノ數ニ加ハルコトヲ得ス(民、九四七、二項)次ニ戸主ノ家族カ戸主ノ後見人ト爲リ又ハ刑ノ執行猶豫中ノ者カ後見人ト爲ルコトヲ妨ケス蓋シ刑ノ執行猶豫中ノ者ニハ公權ノ停止ナキヲ以ナリ

敍上ノ外公設ノ救育所ニ在ル未成年ノ孤兒ニ付テハ其所長後見人ノ職務ヲ行ヒ又私設ノ救育所ニ在ル者ニ付テハ其救育所所在地ノ地方長官ニ於テ後見人ノ職務ヲ行フヘキ者ヲ指定ス(三十三年法律第五十一號)棄兒、迷子、遺子其他父又ハ母ニ於テ親權ヲ行ヒ難キ情況ニ在ル未成年者ニシテ救育所ニ在ル者ノ後見ニ關シテハ孤兒ニ非サル者ト雖モ孤兒ニ關スル規定ヲ準用スヘキモノトス(三十三年內務省令第十一號)又妻カ未成年者ナルトキハ成年ノ夫ハ其後見人ノ職務ヲ行フ(民、七九一)是等ノ者ハ後見人ニ非スシテ單ニ後見人ノ職務權限ヲ行フニ過キサルカ故ニ本法ニ依ル屆出ヲ爲ス

コトヲ要セサルナリ

乙　後見義務ノ免除及ヒ無能力

後見人ハ一ノ義務的負擔ナレトモ下ニ掲クル事由アルトキハ其任務ヲ辭スルコトヲ得卽チ(一)婦人ナルコト(二)現役軍人ナルコト(三)被後見人ノ住所ノ市又ハ郡以外ニ於テ公務ニ從事スルコト(四)自己ヨリ先ニ後見人タルヘキ者ニ付キ後見ノ免除又ハ缺格タルヘキ事由ノ存セシ場合ニ於テ其事由カ消滅シタルコト(五)禁治產者ニ付テハ十年以上後見ヲ爲シタルコト但配偶者、直系血族及ヒ戶主ハ此限ニ在ラス(六)其他正當ノ事由是レナリ(民、九〇七)

後見義務ノ無能力トハ後見人タルノ資格ヲ缺クノ謂ニシテ下ニ掲クル事由アルトキハ後見人タルコトヲ得ス(イ)未成年者(ロ)禁治產者及ヒ準禁治產者(ハ)剝奪公權者及ヒ停止公權者(ニ)裁判所ニ於テ免黜セラレタル法定代理人又ハ保佐人(ホ)破產者(ヘ)被後見人ニ對シ訴訟ヲ爲シ又ハ爲シタル者及ヒ其ノ配偶者並ニ直系血族(ト)行方ノ知レサル者(チ)裁判所ニ於テ後見ノ任務ニ堪ヘサル事跡、不正ノ行爲又ハ著シキ不行跡アリト認メタル者等是レナリ(民、九〇八)

是等ノ者ハ法律上後見人タル適格ヲ有セサルナリ

丙　後見監督人

後見監督人ハ後見事務ノ實行ヲ監督スルノ任務アルモノニシテ(民、九一五)指定ニ因ルモノト選定ニ因ルモノトアリ(民、九一〇、九一一)後見監督人ハ善良ナル管理者タルノ注意ヲ以テ其事務ヲ處理スルコトヲ要シ其免除及ヒ無能力ニ關シテハ後見人ノ場合ト同シ(民、九一六、九〇七、九〇八)尙ホ後見人ノ配偶者、直系血族又ハ兄弟姉妹ハ後見監督人ト爲ルコトヲ得ス(民、九一四)

後見ノ最高機關トシテ親族會アレトモ本節ニ直接關係ナキヲ以テ其說明ヲ略ス

後見ノ事務

第四　後見ノ事務

甲　被後見人ノ身上ニ對スル事務

一　未成年者ノ後見人　未成年者ノ後見人ハ親權者ト同シク其監護及ヒ敎育ノ責ニ任シ居所指定權、出願許否ノ權、職業ノ許否權及ヒ懲戒權ヲ有ス然レトモ親權者カ定メタル敎育方法及ヒ居所ヲ變更シ未成年者ヲ懲戒場ニ

入レ營業ヲ許可シ其許可ヲ取消シ又ハ之ヲ制限スルニハ親族會ノ同意ヲ得ルコトヲ要ス(民、九二一)

二 禁治産者ノ後見人 禁治産者ノ後見人ハ禁治産者ノ資力ニ應シテ其療養看護ニ力メ又親族會ノ同意ヲ得テ禁治産者ヲ瘋癲病院ニ入ルルカ又ハ私宅ニ監置スルカヲ定ム(民、九二二)

乙 被後見人ノ財産ニ對スル事務

一 財産調査及ヒ目錄調製 後見人ハ被後見人ノ生活、敎育及ヒ財産ノ管理ヲ爲スニ當リ一ニ其財産ニ應シ適當ナル方法ヲ執ルヲ要スルカ故ニ後見人ハ就職ノ際遲滯ナク後見監督人ノ立會ヲ以テ被後見人ノ財産ヲ調査シ一个月内ニ其目錄ヲ調製スルコトヲ要ス但親族會ハ此期間ヲ延長スルコトヲ得(九一七、一項、二項)後見人ハ目錄ノ調製ヲ終ハルマテハ急迫ノ必要アル行爲ノミヲ爲ス權限ヲ有ス但之ヲ以テ第三者ニ對抗スルコトヲ得ス(民、九一八)後見人カ被後見人ニ對シ債權ヲ有シ又ハ債務ヲ負アトキハ財産調査前ニ之ヲ後見監督人ニ申出ツルコトヲ要ス若シ債權ヲ有スルコトヲ知リテ之ヲ申出テサルトキハ其債權ヲ失フ(民、九一九、一項、二項)財産目錄調製ノ義務ニ違反シ又ハ債務ヲ負フコトヲ知リテ申出ヲ爲ササルトキハ親族會ハ其後見人ヲ免黜スルコトヲ得(民、九一七、三項九一九、三項)右ニ述ヘタル事項ハ後見人就職ノ後、被後見人カ包括財産ヲ取得シタル場合例ヘハ家督相續ヲ爲シ又ハ包括受遺者ト爲リタルカ如キ場合ニ之ヲ準用ス(民、九二〇)

二　財產管理　後見人ハ被後見人ノ財産ヲ管理ス(民、九二三)被後見人カ其配偶者ノ財産ヲ管理スヘキ場合ニ於テハ後見人之ニ代ハリ其財産ヲ管理ス(民、八八五、九二一)後見人カ財産ノ管理ヲ爲スニ付テハ善良ナル管理人タルノ注意ヲ以テ其事務ヲ處理スルコトヲ要ス(民、六四四、九三六)後見人ハ親族會ノ同意ヲ得テ有給ノ財産管理者ヲ使用スルコトヲ得(民、九二六)親族會ハ後見人及ヒ被後見人ノ資力其他ノ事情ニ因リ被後見人ノ財産中ヨリ相當ノ報酬ヲ後見人ニ與フルコトヲ得但後見人カ被後見人ノ配偶者、直系血族又ハ戶主ナルトキハ此限ニ在ラス(民、九二五)後見人ハ被後見人ノ財産ヲ管理スルノ權利アレトモ無償ニテ被後見人ニ財産ヲ與フル第三者カ後見人

ヲシテ之ヲ管理セシメサル意思ヲ表示シタルトキハ後見人ノ管理ニ屬セス(民、九三六)

後見人ハ被後見人ノ財産ヲ管理スルニ付キ左ノ制限ヲ受タルモノトス

一　支出年額豫定　後見人ハ其就職ノ初ニ於テ親族會ノ同意ヲ得テ被後見人ノ生活、敎育又ハ療養看護及ヒ財産管理ノ爲メ毎年費スヘキ金額ヲ豫定スルコト此豫定ハ親族會ノ同意ヲ得ルニ非サレハ之ヲ變更スルコトヲ得ス但已ムコトヲ得サル場合ニ於テハ豫算外ノ支出ヲ爲スヲ妨ケス(民、九二四)

二　金錢ノ寄託　親族會ハ後見人就職ノ初ニ於テ領收金額カ何程ニ達セハ之ヲ如何ナル場所ニ寄託スヘキカヲ定ム後見人カ之ニ違反スルトキハ法定利息ヲ拂フ義務アリ(民、九二七)

三　財産狀況ノ報告　指定又ハ選定ニ因ル後見人ハ毎年少クトモ一回被後見人ノ財産ノ狀況ヲ親族會ニ報告スルコト(民、九二八)

四　後見人ハ被後見人ノ財産又ハ被後見人ニ對スル第三者ノ權利ヲ讓受

ケサルコト　後見人カ右ノ權利ヲ讓受ケタルトキハ被後見人ハ之ヲ取消スコトヲ得此場合ニ於テハ無能力者ノ行爲ノ取消權ニ關スル民法第十九條ノ規定ヲ準用シ又同第百二十一條乃至第百二十六條ノ一般ノ取消權ニ關スル規定ヲ適用ス(民、九三〇)

五　親族會ノ同意ヲ得ルコト　後見人ハ親族會ノ同意ヲ得ルニ非サレハ被後見人ノ財產ヲ賃借スルコトヲ得ス(民、九三一)

六　擔保ノ提供　親族會ハ被後見人ヲシテ財產ノ管理及ヒ返還ニ付キ相當ノ擔保ヲ差出サシムルコトヲ得(民、九三三)

七　臨時管理人　後見人カ其任務ヲ曠クスルトキハ親族會ハ臨時管理人ヲ選任シ後見人ノ責任ヲ以テ被後見人ノ財產ヲ管理セシムルコトヲ得(民、九三二)

丙　被後見人ノ財產上ノ法律行爲ニ關スル代表權、同意權

後見人カ被後見人ニ代ハリテ左ノ財產ニ關スル行爲ヲ爲シ又ハ未成年者ノ之ヲ爲スコトニ同意スルニハ親族會ノ同意ヲ得ルコトヲ要シ尙ホ被後見

人ノ行爲ヲ目的トスル債務ヲ生スヘキ場合ニ於テハ本人ノ同意ヲ得ルコトヲ要ス(民、九二九、八八四、但書、九二三、二項)但元本ノ領收ニ付テハ親族會ノ同意ヲ得ルコトヲ要セス

一　元本ヲ利用スルコト

二　借財又ハ保證ヲ爲スコト

三　不動產又ハ重大ナル動產ニ關スル權利ノ得喪ヲ目的トスル行爲ヲ爲スコト

四　訴訟行爲ヲ爲スコト

五　贈與、和解又ハ仲裁契約ヲ爲スコト

六　相續ヲ承認シ又ハ之ヲ拋棄スルコト

七　贈與若クハ遺贈ヲ拒絕シ又ハ負擔附ノ贈與若クハ遺贈ヲ受諾スルコト

八　新築、改築、增築又ハ大修繕ヲ爲スコト

九　民法第六百二條ニ定メタル期間ヲ超ユル賃貸借ヲ爲スコト(以上民、九二九、一二、一項)

尚ホ被後見人カ戸主ナルトキハ後見人ハ之ニ代ハリテ其戸主タル權利ヲ行フ但後見人カ被後見人ノ家族ヲ離籍シ其復籍ヲ拒ミ又ハ其家族カ分家ヲ爲シ若クハ廢絶家ヲ再興スルコトニ同意スルニハ親族會ノ同意ヲ得ルコトヲ要ス(民、九三四、一項)又後見人ハ被後見人タル未成年者ニ代ハリテ其親權ヲ行フモノトス(民、九三四、二項)

第五　後見ノ終了

後見ノ開始アレハ必ス後見ノ終了ナカルヘカラス後見ノ終了トハ後見關係ヲ解消セシムルモノニシテ絶對的終了ト相對的終了トニ之ヲ別ツコトヲ得

一　絶對的後見ノ終了　絶對的終了トハ後見人被後見人ノ兩者ニ對シテ後見關係ヲ終了セシムル者ニシテ(一)被後見人ノ死亡シタルトキ(二)未成年者カ成年ニ達シタルトキ(三)禁治産者カ禁治産ヲ取消サレタルトキ(四)未成年者ノ父又ハ母カ親權ヲ行フコトヲ得ルニ至リタルトキ(五)被後見人カ他家ニ入リタルトキ等ノ如キヲ謂フ

二　相對的後見ノ終了　相對的終了トハ後見人ニ對シテノミ後見關係ヲ解消セシムルモノニシテ(イ)後見人ノ死亡シタルトキ(ロ)後見人カ其後見人タル能力ヲ失ヒタルトキ(ハ)後見人カ適法ニ任務ヲ辭シタルトキ(ニ)後見人カ免黜セラレタルトキ等ノ如キ後見人ノ更迭ヲ來タス場合ヲ謂フ(民、九〇七、九〇八、九一七、三項九、一九、三項)

後見人ハ後見終了ト共ニ後見人ノ任務ヲ終了スト雖モ尙ホ管理ノ計算及ヒ必要處分ヲ爲スノ義務アリ即チ左ノ如シ

一　管理ノ計算　後見人ノ任務カ終了シタルトキハ後見人又ハ其相續人ハ二个月內ニ其管理ノ計算ヲ爲スコトヲ要ス但親族會ハ此期間ヲ延長スルコトヲ得(民、九三七)此計算ハ後見監督人ノ立會ヲ以テ之ヲ爲シ後見人ノ更迭アリタル場合ハ親族會ノ認可ヲ得ルコトヲ要ス(民、九三八)後見人・被後見人相互ニ返還スヘキ金額ニハ後見ノ計算終了ノ時ヨリ利息ヲ附スルコトヲ要シ又後見人カ自己ノ爲ニ被後見人ノ金錢ヲ消費シタルトキハ其消費ノ時ヨリ之ニ利息ヲ附スルコトヲ要ス尙ホ損害アルトキハ其賠償ノ責ニ

任スルモノトス(民、九四〇)

二 必要處分 後見終了ノ場合ニ於テ急迫ノ事情アルトキハ後見人、其相續人又ハ法定代理人ハ被後見人、其相續人又ハ法定代理人カ自ラ事務ヲ處理スルヲ得ルニ至ルマテ必要ナル處分ヲ爲スコトヲ要ス(民、九四一、六五四)未成年者カ成年ニ達シタル後、後見ノ計算前ニ其者ト後見人又ハ其相續人トノ間ニ爲シタル契約ハ其者ニ於テ之ヲ取消スコトヲ得其者カ後見人又ハ其相續人ニ對シテ爲シタル單獨行爲亦同シ此場合ニハ無能力者ノ取消ニ關スル民法第十九條及ヒ第百二十一條乃至第百二十六條ノ規定ヲ準用スルモノトス(民、九三九)

後見人、後見監督人又ハ親族會員ト被後見人トノ間ニ生シタル債權卽チ管理費用、報酬若クハ損害賠償請求權等ハ其管理權消滅ノ時ヨリ五年間之ヲ行ハサルトキハ時效ニ因リテ消滅ス若シ子カ成年ニ達セサル間ニ管理權カ消滅シタルトキハ其子カ成年ニ達シ又ハ後任ノ法定代理人カ就職シタル時ヨリ其時效期間ヲ起算ス(民、九四二、一項八九四)未成年者カ成年ニ達シタル後、後見ノ計算終了前ニ其者ト後見人又ハ其相續人トノ間ニ爲シタル契約若クハ其者ノ爲シタル單獨行爲ニ付キ其者カ之ヲ取消シタルトキハ右ニ述ヘタル五年ノ時效ハ其取消ノ時ヨリ起算スルモノトス(民、九四二、二項)

舊、一一四

第百九條 後見開始ノ届出ハ後見人其就職ノ日ヨリ十日内ニ之ヲ爲スコトヲ要ス

届書ニハ左ノ事項ヲ記載スルコトヲ要ス

一 後見人及ヒ被後見人ノ氏名、出生ノ年月日及ヒ本籍

二 被後見人カ家族ナルトキハ戸主ノ氏名及ヒ本籍

三 後見開始ノ原因及ヒ年月日

四 後見人就職ノ年月日

後見開始ノ届出手續

本條ハ後見開始ノ届出期間及ヒ届書ノ記載事項ヲ定ム

屆出記載事項

第一項ハ後見開始ノ屆出ハ後見人カ就職シタル日ヨリ起算シテ十日內ニ之ヲ爲スヲ要スルコトヲ定メタルモノニシテ後見ノ何タルコト後見開始ノ原因等ニ付テハ本節第二款後見ヲ見ルヘシ

第二項ハ後見開始ノ屆書ニ記載スルヲ要スヘキ事項ヲ定メタルモノニシテ卽チ左ノ如シ

一　後見人及ヒ被後見人ノ氏名、出生ノ年月日及ヒ本籍　本號ノ記載ヲ爲サシムルノ要ハ何人カ後見人ナルカ何人カ被後見人ナルカヲ明示セシムルニ在リ殊ニ年齡ノ記載ニ依リ後見人ノ一資格タル成年者ナルコトヲ知リ又被後見人カ未成年者ナリヤ否ヲ調査スルニ便ナラシムルモノトス被後見人トハ未成年者又ハ禁治產者ヲ指稱ス

二　被後見人カ家族ナルトキハ戶主ノ氏名及ヒ本籍　本號ハ第八十八條三號ト同趣旨ノ規定ナルニヨリ同號ノ註ヲ見ルヘシ茲ニ一言スヘキハ民法施行前ニ在リテハ戶主ニハ後見ヲ附シタレトモ家族ニハ之ヲ附スルコトナカリシナリ然レトモ公權、私權ノ享有ハ出生ニ始マルカ故ニ行爲無能力

者ニ付テハ戸主タルト家族タルトニ論ナク一般ニ法定代理人ナカルヘカラス從テ後見人ヲ附シテ之ヲ保護セシムルノ必要アルコトハ啻ニ戸主ノミニ限ルヘキ理ナキナリ

三　後見開始ノ原因及ヒ年月日　本號ノ記載ヲ爲サシムルノ要ハ後見ノ任務發生ノ始期ヲ明カナラシムルニ在リ而シテ禁治産ノ場合ニ於ケル後見開始ノ年月日ハ其裁判ノ送達セラレタル日トス(人訴、五二)

四　後見人就職ノ年月日　本號ノ記載ヲ爲サシムルノ要ハ後見人ノ責任ノ發生シタル起點ヲ明カナラシムルニ在リ後見人ハ後見開始スルト同時ニ就職スルコトアリ(民、九〇二)然ラサルコトアリ殊ニ選定後見人ノ如キハ後見開始ノ日ト其就職ノ日トノ間ニ必ス幾日カノ間隔アルコト固ヨリ其所トス故ニ後見就職ノ日トハ後見人タルヘキ者カ後見人ニ選任セラレタルコトヲ知リテ其任務ニ就クコトヲ承諾シタル日ナリト解スヘシ

第百十條　後見人更迭ノ場合ニ於テハ後任者ハ就職ノ

舊、一一五

日ヨリ十日內ニ其旨ヲ屆出ツルコトヲ要ス此場合ニ於テハ前條ノ規定ヲ準用ス

本條ハ後見人ノ更迭ニ因ル屆出手續ヲ定ム卽チ後見人ノ相對的終了ノ場合ニ於テ後任者ハ其就職ノ日ヨリ十日ノ期間內ニ前條ノ規定ヲ準用シテ屆書ヲ作リ屆出ヲ爲スヲ要ス此場合ニ於テハ前任者ノ氏名及ヒ任務終了ノ原因ヲ記載スルコトヲ要セス舊戸籍法ニハ前任者ノ氏名ヲ記載スルコトヲ要件ト爲シタルモ(舊戸、一一五)本法ハ之ヲ削除シタリ又舊法ニ依レハ後見人ノ任務カ其死亡ニ因リテ終了シタルトキハ後見監督人ヨリ屆出ツヘキ旨ノ規定アレトモ(舊戸、一七七)本法ハ舊法ノ如キ規定ヲ設ケス

後見人更迭ノ手續

舊、一二六

第百十一條　遺言ニ依ル後見人指定ノ場合ニ於テハ指定ニ關スル遺言ノ謄本ヲ屆書ニ添附スルコトヲ要ス
後見人選任ノ場合ニ於テハ選任ヲ證スル書面ヲ屆書ニ添附スルコトヲ要ス

指定、選定後見人ノ届出

本條ハ指定及ヒ選定ニ因ル後見人届出ノ手續ヲ定ム

第一項ハ遺言ニ依リテ指定セラレタル後見人ニ付テハ必ス遺言者ノ遺言アルヲ以テ指定ニ關スル遺言ノ謄本ヲ届書ニ添附スヘキコトヲ定メ

第二項ハ後見人カ親族會ニ於テ選任セラレタルトキハ届書ニ選任ヲ證スル書面ヲ添附スヘキコトヲ定ム然ルニ法定ノ後見人ニ付テハ其就職原因ヲ證スルコトヲ要セス是レ法律上當然後見人タルヘキカ故ナリ遺言ニ付テハ第八十五條ノ説明ヲ見ルヘシ選任ヲ證スル書面トハ親族會ニ於ケル後見人選任ニ關スル顚末ヲ錄取シ親族會員ノ署名捺印シタルモノヲ謂フ又公證人ヲシテ親族會ノ議事ヲ錄取セシメタルトキハ公證人ノ作リタル證書ノ謄本ヲ添附スヘキハ當然ナリ

舊、一一七

第百十二條 後見終了ノ届出ハ後見人十日内ニ之ヲ爲スコトヲ要ス

届書ニハ左ノ事項ヲ記載スルコトヲ要ス

一　被後見人ノ氏名及ヒ本籍

二　後見終了ノ原因及ヒ年月日

後見終了ノ屆出手續

本條ハ後見終了ノ屆出手續ヲ定ム卽チ後見ノ任務カ終了シタルトキハ後見人ハ後見タル義務的職務ヲ免脫シ其資格ハ茲ニ消滅シテ計算ヲ爲スヘキ義務ヲ生スルニ因リ其任務終了ノ屆出ハ之ヲ忽諸ニ附スルコトヲ許サス第一項ハ後見終了ノ屆出ハ後見人十日內ニ之ヲ爲スヲ要スルコトヲ定メタリ後見終了ニ付テハ第二款後見、第五後見ノ終了ヲ見ルヘシ

屆書記載事項

第二項ハ後見終了ノ屆書ニ記載スヘキ事項ヲ定メタルモノニシテ卽チ左ノ如シ

一　被後見人ノ氏名及ヒ本籍　本號ノ記載ヲ爲サシムルノ要ハ如何ナル者ニ對スル後見ノ終了ナルヤヲ明カナラシムルニ在リ

二　後見終了ノ原因及ヒ年月日　本號ノ記載ヲ爲サシムルノ要ハ後見カ如何ナル原因ニヨリテ終了シタルヤヲ知ルニ在リ

舊、一二八

第百十三條　前四條ノ屆出ハ被後見人ノ本籍地又ハ後見人ノ所在地ニ於テ之ヲ爲スコトヲ要ス

後見ノ屆出地

本條ハ後見ノ屆出地ヲ定ム即チ後見開始ノ屆出(一〇九)後見人更迭ノ屆出(一一〇)遺言ニ依ル指定後見人及ヒ後見人選任ノ屆出(一一一)後見終了ノ屆出(一一二)ハ被後見人タル未成年者又ハ禁治産者ノ本籍地又ハ後見人ノ所在地ニ於テ屆出ヲ爲スヲ要スルモノトス

第三款　保佐人

保佐人ノ意義

保佐人ハ準禁治産者ヲ保護スルノ任務ヲ有スルモノニシテ無能力者ノ後見人ニ於ケルカ如シ然レトモ保佐人ハ準禁治産者ノ法定代理人ニ非スシテ或ル特定ノ法律行爲ニ付キ同意ヲ與ヘ以テ能力ノ稍々缺乏セル者ヲ補充スルニ過キス保佐人ハ心神耗弱者、聾者、啞者、盲者及ヒ浪費者カ準禁治産タル宣告ヲ受ケタル場合ニ之ヲ附スルコトヲ得ルモノト爲ス(民、一一)

法定又ハ選定ニ因ル保佐人ニ付テハ法定又ハ選定ニ因ル後見人ト同シ(民、

九〇九、九〇二、乃至九〇四)

準禁治產者ノ行爲ニ付キ保佐人ノ同意ヲ得ルヲ要スル事項ハ後見人カ被後見人ニ代ハリテ財產ニ關スル行爲ヲ爲シ又ハ未成年者ノ之ヲ爲スニ付テ親族會ノ同意ヲ得ルコトヲ要スル事項ト同シ尙ホ準禁治產者ハ元本ノ領收ニ付キ保佐人ノ同意ヲ得ルコトヲ要ス(民、一二、一項、九二九)

保佐人ハ一人タルヲ要スルコト(民、九〇九、一項、九〇六)及ヒ保佐人ノ免除又ハ無能力ニ付テハ後見人ノ一人タルヲ要スルコト及ヒ後見人ノ免除又ハ無能力ノ條件ト同シ(民、九〇九、一項、九〇七、九〇八)

保佐人又ハ其代表スル者ト準禁治產者トノ私益相反スル行爲ニ付テハ保佐人ハ臨時保佐人ノ選任ヲ親族會ニ請求スルコトヲ要ス(民、九〇九、二項)又保佐人若クハ親族會員ト準禁治產者トノ間ニ於ケル債權ノ時效ニ付テハ民法第九百四十二條第一項ノ規定ヲ準用スルモノトス(民、九四三、九四二、八九四)

新設

第百十四條　後見人ニ關スル本節ノ規定ハ保佐人ニ之

ヲ準用ス

本條ハ保佐人ノ屆出手續ヲ定ム卽チ後見人ニ關スル本節ノ規定ハ保佐人ニ之ヲ準用セラルルカ故ニ保佐人カ就職シタルトキハ保佐人ハ其就職ノ日ヨリ十日內ニ之カ屆出ヲ爲スコトヲ要シ(一〇九、一項)其屆書ニハ(一)保佐人及ヒ準禁治產者ノ氏名、出生ノ年月日及ヒ本籍(二)準禁治產者カ家族ナルトキハ戶主ノ氏名及ヒ本籍(三)準禁治產者ト爲リタル年月日卽チ準禁治產宣告送達ノ日ヲ記載スルコト(四)保佐人就職ノ年月日等ヲ記載スルコトヲ要ス(一〇九、二項)保佐人更迭ノ場合ニ於テハ後任ノ保佐人ハ就職ノ日ヨリ十日內ニ其旨ヲ屆出ツルコトヲ要ス此場合ニ於テハ後見人更迭ノ屆出ノ規定カ準用セラルルモノトス(一一〇)保佐人カ親族會ニテ選任セラレタル場合ニ於テハ選任ヲ證スル書面ヲ屆書ニ添附スルコトヲ要ス(一一一、二項)保佐人終了ノ屆出ハ保佐人ヨリ十日內ニ之ヲ爲スコトヲ要シ其屆書ニハ(一)準禁治產者ノ氏名及ヒ本籍(二)保佐人終了ノ原因及ヒ年月日卽チ準禁治產宣告ノ取消又ハ準禁治産者カ死亡シタルカ如キ原因及ヒ其原因ノ生シタル日ヲ記載スルコトヲ要ス(一一二)保佐人ノ屆出ハ準禁禁治産者ノ本籍地又ハ保佐人ノ所在地ニ於テ之ヲ爲スヲ要ス(一一三)本條ハ親權喪失ノ屆出及ヒ失權宣告取消ノ屆出ニ關スル規定ト共ニ實際ノ必要ニ應シ新設セラレタルモノトス尙ホ保佐人ニ付テハ本節第三款保佐人ノ說明及ヒ本條ノ準用規定ノ說明ヲ見ルヘシ

第九節　隱居

第一　隱居ノ意義

隱居ノ意義

隱居トハ戶主權ノ拋棄ヲ意味シ戶主權ノ拋棄トハ戶主カ戶主タルノ地位及ヒ身分ヲ喪失スルノ目的ヲ以テ爲ス任意ノ意思表示ヲ謂フナリ故ニ隱居ハ戶主自身ノ行爲ニシテ戶主ノ自由ナル意思ヨリ出ツルコトヲ要ス從テ心神喪失ノ常況ニ在ル者及ヒ意思能力ナキ幼者ハ隱居ヲ爲スコトヲ得ス然レトモ民法ハ濫ニ戶主ヲ罷メ又ハ刑罰ニ因リ強制的ニ隱居ヲ爲サシムルコトヲ認メス却テ隱居ハ戶主ニ戶主權ヲ行使スルヲ得サルヘキ一定ノ理由アル

場合ニ限リ之ヲ許スモノトス蓋シ少壯有爲ノ戸主カ濫ニ隱居ヲ爲スハ公益ニ害アルヲ以テナリ

隱居ノ要件

第二 隱居ノ要件

隱居ノ要件ヲ實體上ノ要件ト形式上ノ要件トニ分ツ

甲 實體上ノ要件

實體上ノ要件ヲ四種ニ之ヲ類別ス卽チ(一)老年(二)家政ヲ執ルコト能ハサルニ至リタル者(三)婚姻(四)女戸主是レナリ

一 老年 老年トハ滿六十年以上ナルコトヲ謂ヒ斯ル戸主カ隱居ヲ爲スニハ其自由ナル意思表示ニ出テタルコト、家督相續人アルコト、其家督相續人ハ完全ナル能力者ナルコト則チ未成年者、禁治產者、準禁治產者及ヒ妻等ノ無能力者ニ非サルコト及ヒ其家督相續人カ單純承認ヲ爲スコトヲ其要件トス(民、七五二)但意思能力ヲ有スル禁治產者ハ法定代理人ノ同意ヲ得ルコトテ要セスシテ隱居ヲ爲スコトヲ得(民、七五六)

二 家政ヲ執ルコト能ハサルニ至リタル者 卽チ右ノ老年ニ達セサル戸主

ト雖モ自由ナル意思表示ニ出テタルコト、爾後家政ヲ執ルコト能ハサルニ至レル已ムヲ得サル事由アルコトヲ要件トシテ隱居ヲ爲スコトヲ得其事由トハ身體精神ノ恒久的衰弱ニ因ルコトアルヘク又其家ヲ去ラサルヘカラサルニ出ツルコトアルヘク民法ハ疾病、本家相續又ハ再興ヲ例示ス疾病ハ一時的ノ發作ニ非スシテ久シキニ涉ルヘキ性質ナルコトヲ必要トス又推定家督相續人アルコト若シ之レナキトキハ豫メ家督相續人ヲ指定シ其承認ヲ得ルコト及ヒ裁判所ノ許可ヲ得ルコトヲ要件トス隱居ノ許可ハ隱居ヲ爲サントスル戸主ノ住所地ノ區裁判所ノ管轄トス(民、七五三、非訟、九〇)意思能力ヲ有スル未成年者又ハ禁治產者ハ法定代理人ノ同意ヲ得ルコトヲ要セスシテ隱居ヲ爲スコトヲ得(民、七五六)以下之ニ同シ

三　婚姻　戸主カ婚姻ニ因リテ他家ニ入ラント欲スルトキハ自由ナル意思表示ヲ以テ隱居ヲ爲スコトヲ得但他家ニ入ルカ故ニ爾後家政ヲ執ルコト能ハサルコト、推定家督相續人アルコト又之レナキトキハ豫メ家督相續人ヲ指定シ其承認ヲ得ルコト、家督相續人カ單純承認ヲ爲スコト及ヒ裁判所

ノ許可アルコトヲ要スルハ前號ノ場合ト同シ(民、七五四、一項非訟、九〇)

四　女戸主　隱居ヲ爲サントスル戸主カ女子ナル場合ニ於テハ其女戸主ノ自由ナル意思表示ニ出テタルコト、家督相續人カ相續ノ單純承認ヲ爲スコト、女戸主ニ夫アルトキハ夫ノ同意ヲ得ルコトヲ要スルコト等ノ條件ヲ以テ隱居ヲ爲スコトヲ許ス女戸主ハ元來一家組織ノ變則ナルカ故ニ老年、家政ヲ執ルコト能ハサルニ至レル事由及ヒ裁判所ノ許可ヲ受クル等ノ條件ヲ必要トセス又隱居ヲ爲サントスル女戸主ノ夫ハ正當ノ理由アルニ非サレハ其同意ヲ拒ムコトヲ得ス(民、七五五)女戸主ノ隱居屆書ニハ夫ノ同意書ヲ添附スルコトヲ要ス(五八)

乙　形式上ノ要件

隱居ハ隱居者及ヒ其家督相續人ヨリ市町村長ニ對シ屆出ヲ爲スニ因リ效力ヲ生ス(民、七五七)隱居ハ屆出其モノヲ以テ效力發生ノ要件ト爲シタルコトハ養子緣組、協議上ノ養子離緣、婚姻及ヒ協議上ノ離婚、家督相續人ノ指定竝ニ其取消ノ場合ニ於ケル形式的效力ニ同シ戸主カ隱居ヲ爲スコトナク婚姻ニ因リ他家ニ入ラント欲スル場合ニ於テ市町村長カ誤テ其屆出ヲ受理シタルトキハ法律ハ婚姻ノ日ニ於テ隱居ヲ爲シタルモノト看做シテ其效力ヲ發生セシムルモノトス(民、七五四、二項)

隱居ノ效力

第三　隱居ノ效力

隱居ノ效力ニ付キ其主ナルモノヲ擧クレハ(イ)戸主ハ隱居ニ因リ戸主權ヲ喪失シテ新戸主ノ家族ト爲ル(ロ)隱居ニ因リ家督相續ヲ開始ス(民、九六四)(ハ)隱居者ハ他家ニ入ルコトヲ得(ニ)隱居者ハ財産ノ留保ヲ爲スコトヲ得(民、九八八)(ホ)戸主トシテ婚姻ヲ爲シ難キ者ハ婚姻ニ因リ他家ニ入ルコトヲ得(民、七五四)等ノ如キ是レナリ

隱居ノ無效及ヒ取消

第四　隱居ノ無效及ヒ取消

隱居ハ要式行爲ノ一種ニ屬シ隱居ヲ爲スノ意思ナキトキ又ハ屆出ニ依ラスシテ隱居ヲ爲スノ意思ヲ表示シタルトキハ無效ナリ無效ハ初メヨリ隱居ヲ不成立ナラシメ何人ト雖モ無效ヲ主張スルコトヲ得ヘク無效ヲ確定スルニ付キ何等ノ手續ヲ爲スコトヲ要セス然レトモ隱居無效ノ宣言ヲ求ムル訴

ヲ提起スルコトヲ妨ケス此訴ハ人事訴訟手續法ノ規定ニ從ヒ隱居者カ普通裁判籍ヲ有スル地ノ地方裁判所ニ之ヲ提起スヘシ(人訴、三五、以下)

隱居取消ノ原因ハ法律上特定ノ要件ニ違反シタルコト及ヒ隱居者又ハ家督相續人ノ意思ニ瑕疵アリタルコトノ二トス第一、法律上特定ノ條件ニ違反シタルコトトハ實體上ノ要件ニ付テ述ヘタル一(民、七五二)二(民、七五三)四ノ夫ノ同意權(民、七五五、二項)ニ違反シタル場合ヲ謂フ第二、隱居者又ハ家督相續人ノ意思ニ瑕疵アリタルトキトハ隱居者又ハ家督相續人カ詐欺又ハ强迫ニ因リテ隱居ヲ爲シタル場合ヲ謂フ而シテ實體上ノ要件一、二ニ違反シタル隱居ハ隱居者ノ親族又ハ檢事ヨリ四ノ夫ノ同意ヲ得スシテ爲シタル隱居ハ其夫ヨリ隱居屆出ノ日ヨリ三个月內ニ其取消ヲ裁判所ニ請求スルコトヲ得(民、七五八)又隱居者若クハ家督相續人カ詐欺又ハ强迫ニ因リテ隱居ノ屆出ヲ爲シタルトキハ隱居者又ハ家督相續人ハ其詐欺ヲ發見シ若クハ强迫ヲ免レタル時ヨリ一年內ニ隱居ノ取消ヲ裁判所ニ請求スルコトヲ得但追認ヲ爲シタルトキハ此請求權ハ消滅ス(民、七五九、一項)隱居者又ハ家督相續人カ詐欺ヲ發見セス若クハ强迫ヲ免レサル間ハ其親族又ハ檢事ヨリ隱居ノ取消ヲ請求スルコトヲ得但其請求ノ後隱居者又ハ家督相續人カ追認ヲ爲シタルトキハ取消權ハ消滅ス(民、七五九、二項)尙ホ隱居者又ハ家督相續人ノ意思ニ瑕疵アルニ基ク隱居取消ノ請求權ハ隱居屆出ノ日ヨリ十年ヲ經過シタルトキハ時效ニ因リ消滅ス(民、七五九、三項)而シテ隱居ノ取消ハ隱居無效ノ宣言ヲ求ムル裁判所ニ之ヲ請求スルコトヲ得

隱居ノ取消ハ初ヨリ隱居ナカリシモノト看做サレ當事者ハ舊地位ヲ回復スルヲ原則トナセトモ隱居ノ取消前ニ家督相續人ノ債權者ト爲リタル者ハ隱居ノ取消ニ因リ戶主ヲ回復シタル者ニ對シテ辨濟ノ請求ヲ爲スコトヲ得但家督相續人ニ對スル請求ヲ妨ケス(民、七六〇、一項)然レトモ戶主ヲ回復シタル者ニ對スル請求權ハ(一)債權者カ債權取得ノ際隱居取消ノ原因ノ存スルコトヲ知ラサリシコト(二)家督相續人カ家督相續前ヨリ負擔セル債務ニ非サルコト(三)家督相續人ノ一身ニ專屬スル債務ニ非サルコトヲ要ス(民、七六〇、二項)

第百十五條　隱居ノ屆書ニハ左ノ事項ヲ記載スルコトヲ要ス

一　隱居者ノ氏名、出生ノ年月日及ヒ本籍

二　家督相續人ノ氏名、出生ノ年月日竝ニ本籍及ヒ家督相續人ト隱居者トノ續柄

三　隱居ノ原因

本條ハ隱居ノ屆書ノ記載事項ヲ定ム卽チ左ノ如シ

一　隱居者ノ氏名、出生ノ年月日及ヒ本籍　本號ノ記載ヲ爲サシムルノ要ハ何人カ隱居者ナルカヲ明示セシメ殊ニ出生ノ年月日ヲ記載セシムルハ隱居者カ果シテ滿六十年ニ達シタルヤ否ヤ又六十年未滿ナルトキハ裁判所ノ許可ヲ得タルヤ否ヤヲ調査スルニ便ナラシムルニ在リ

二　家督相續人ノ氏名、出生ノ年月日竝ニ本籍及ヒ家督相續人ト隱居者トノ續柄　本號ノ記載ヲ爲サシムルノ要ハ隱居者ノ地位及ヒ身分ヲ承繼スヘ

キ家督相續人ノ何人ナルカヲ知リ且隱居者ト家督相續人トハ如何ナル續柄ナルカヲ明カナラシムルニ在リ

三　隱居ノ原因　本號ノ記載ヲ爲サシムルノ要ハ隱居者ハ如何ナル原因ニヨリ隱居ヲ爲スヤヲ知ルニ在リ隱居ノ原因ニ付テハ本節實體上ノ要件一、二、三、四ノ場合ヲ參照スヘシ

本條ニハ屆出義務者ヲ定メサレトモ隱居ヲ爲サントスルトキハ民法第七百五十七條ニ依リ隱居者及ヒ家督相續人ヨリ屆出ヲ爲スヘキモノトス隱居ハ屆出ニ依リ其效力發生ノ條件ト爲スカ故ニ屆出ノ義務ヲ負フコトナシ

有爵者カ隱居ノ屆出ヲ爲スニハ其屆書ニ宮內大臣ノ認許書ノ謄本ヲ添附スルコトヲ要ス(五八、二項、華、一四)又隱居ヲ爲スニ付キ裁判所ノ許可ヲ要シタル者ハ許可ノ裁判ノ謄本ヲ屆書ニ添附スヘキモノトス

第十節　死亡及ヒ失踪

第一款　死亡

人ハ出生シタル時ニ公權、私權ヲ享有シ死亡ノ時ニ之ヲ喪失ス故ニ人ノ出生ハ人類生活ノ始メニシテ死亡ハ人類生活ノ終リナリ抑々人ノ死亡ハ人生ノ終焉ナルニ因リ人カ人トシテ獨立ノ存在ヲ維持スル爲ニ有スル權利即チ人格權ハ茲ニ消滅ス從テ人類生活ノ始期ト終期トヲ詳ニスルコトハ公法上並ニ私法上極メテ緊要ナリトス之ヲ公法上ニ付テ言ヘハ例ヘハ文武官、公職又ハ榮爵ヲ有スル資格等渾テ死亡ニ因リテ喪失シ人格權ヲ保有スルカ爲ニ國家ノ保護ヲ受クルノ權利モ亦死亡ニ因リテ消滅ス之ヲ私法上ニ付テ言ヘハ例ヘハ夫婦ノ一方ノ死亡ニ因リテ婚姻關係ヲ解消シ戶主ノ死亡ニ因リテ家督相續ヲ開始シ家族ノ死亡ニ因リテ遺產相續ヲ開始スル等身分ノ變更及ヒ權利ノ得喪、移轉ノ原因タルヲ以テ死亡ハ出生ト相竢テ極メテ重要ナル事實ナリト謂ハサルヘカラス是レ此規定アル所以ナリ

第百十六條 死亡ノ屆出ハ屆出義務者カ死亡ノ事實ヲ知リタル日ヨリ七日內ニ診斷書若クハ檢案書又ハ檢

視調書ノ謄本ヲ添附シテ之ヲ爲スコトヲ要ス
屆書ニハ左ノ事項ヲ記載スルコトヲ要ス
一　死亡者ノ氏名、本籍及ヒ職業
二　死亡ノ年月日時及ヒ場所
三　死亡者カ家族ナルトキハ戸主ノ氏名及ヒ戸主ト死亡者トノ續柄

死亡屆出手續

本條ハ死亡屆出手續及ヒ屆書記載事項ヲ定ム
第一項ハ死亡ノ屆出ハ屆出義務者カ死亡ノ事實ヲ知リタル日ヨリ七日ノ期間內ニ診斷書若クハ檢案書又ハ檢視調書ノ謄本ヲ添附シテ之ヲ爲スヲ要スルコトヲ定メタルモノニシテ此屆出期間ハ舊法ノ如ク行政上ノ特別命令ヲ以テ之ヲ短縮スルコトヲ得サルヘシ

屆書記載事項

第二項ハ屆書ニ記載事項ヲ定メタルモノニシテ卽チ左ノ如シ
一　死亡者ノ氏名、本籍及ヒ職業　本號ノ記載ヲ爲サシムルノ要ハ何人カ死亡シタルヤヲ明示セシムルニ在リ命名前ノ死亡ニ付テハ其旨ヲ記載スヘシ(五三)死胎ニテ生レタルモノニ付テハ第七十七條ニ於テ論シタル如ク固ヨリ出生ナキカ故ニ死亡ノ届出ヲ爲スコトヲ要セス

二　死亡ノ年月日時及ヒ場所　本號ノ記載ヲ爲サシムルノ要ハ相續、遺子ノ嫡出其他ニ關シ極メテ肝要ナル關係ヲ生スルカ故ニ死亡ノ年月日時及ヒ場所ヲ明カナラシムルニ在リ死亡ノ場所トハ自宅ニテ死亡シタルカ又ハ病院ニテ死亡シタルカノ如シ變死者ノ如キ死亡ノ時ヲ知ル能ハサルトキハ其旨ヲ記載スヘシ(五三)戰死者ニ付テハ死亡通報ニ記載シタル日ヲ以テ死亡ノ日ト看做スノ外ナカルヘシ

三　死亡者カ家族ナルトキハ戸主ノ氏名及ヒ戸主ト死亡者トノ續柄　本號ノ記載ヲ爲サシムルノ要ハ死亡者ハ如何ナル家ニ屬スル家族ナリヤ又戸主ト如何ナル續柄ナルヤヲ知ルニ在リ

届書ニ添附スヘキ診斷書トハ醫師カ診斷シテ病症ヲ見定メタルコトヲ證スル書面ニシテ生前ヨリ治療ヲ爲シタル者ニ付キ醫師ノ作リタルモノヲ謂

ヒ檢案書トハ死骸ヲ檢メ死因ヲ確メタルコトヲ證スル書面ニシテ生前治療ヲ爲ササル醫師カ死體ヲ檢査シテ作ルモノヲ謂フ診斷書又ハ檢案書ニ記載セル死亡者ノ氏名、年齢ニ稍々相違スルコトアルモ人違ヒナキコトヲ認ムルニ足ルトキ又ハ本籍地、戸主ノ氏名等ノ記載ナキモ之ヲ受理スヘシ島嶼又ハ僻陬ノ地方ニシテ醫師ナクシテ事實上診斷書又ハ檢案書ヲ作ルコト能ハサルトキハ不能ヲ責ムル能ハサルカ故ニ之ヲ添附セサルモ妨ケナシ或ハ僅ニ一人ノ醫師アリトスルモ醫師カ他出、疾病其他差支アル場合亦同シ外國文ノ診斷書又ハ檢案書ニハ譯文ヲ添附セシムルコトヲ適當トナセトモ實際上譯文ヲ添附シ難キ場合ナルトキハ之ヲ添附セサルモ受理スヘシ

　檢視調書トハ變死人又ハ行旅病人ニ付キ警察官カ死骸ヲ檢メタル顛末ヲ錄取シタル調書ニシテ其謄本モ亦警察官ノ作リタルモノヲ謂フ警察官トハ警視、警部又ハ警部ノ事務ヲ取扱フ巡査部長ヲ指ス

　診斷書、檢案書又ハ檢視調書ヲ作ルニハ第五十五條、第二十八條第一項及ヒ第三項ニ定メタル用字、訂正等ノ方式ニ從フコトヲ要セス

舊、一二六

死亡屆出義務者順位

第百十七條 左ニ掲ケタル者ハ其順序ニ從ヒ死亡ノ屆出ヲ爲スコトヲ要ス但順序ニ拘ハラス屆出ヲ爲スコトヲ得

第一 戸主

第二 同居者

第三 家主、地主又ハ家屋若クハ土地ノ管理人

本條ハ死亡屆出義務者及ヒ其順位ヲ定ム即チ死亡ノ屆出義務者ノ順序ヲ定メタルニヨリ其順序ニ從ヒ其屆出ヲ爲スコトヲ要ス但其順序ニ拘ハラス他ノ者ヨリ屆出ヲ爲スコトヲ得屆出義務者及ヒ其順位ハ左ノ如シ

第一 戸主 戸主ハ一家ノ統轄者ニシテ家族ニ對スル一切ノ事務ヲ處理スヘキ責任ヲ有スルカ故ニ戸主ヲ屆出義務者中ノ第一位ニ置キタルハ固ヨリ其所トス戸主トハ死亡者ノ屬スル家ノ戸主ナルコト勿論ナリ戰死者ニ付テモ所屬部隊長又ハ他ノ官署ヨリ何等手續ヲ爲ササルヲ以テ遺族ニ死

亡ノ通知アリタルトキハ本條ニ依リ戸主ヲ第一ノ屆出義務者トス

第二 同居者 同居者トハ死亡者ト同一家屋ニ住居スル者ヲ指シ其同一家屋內ニ住居スルニ於テハ親族ナルト他人ナルトヲ問フコトナシ

第三 家主、地主又ハ家屋若クハ土地ノ管理人 家主トハ死亡者ノ住居セシ家又ハ死亡シタル家ノ所有者ヲ謂ヒ地主トハ死亡シタル土地ノ所有者若クハ死亡者ノ家屋ノ存在スル土地ノ所有者ヲ謂ヒ土地若クハ家屋ノ管理人トハ通稱貸地、貸家ノ差配人ヲ謂フ

以上ニ列記シタル者ハ死亡者ト密接ノ關係アルヲ以テ死亡者ノ人違ヒニ非サルコトヲ確保スルノ便アルノミナラス從來ノ慣習ニ適スルヲ以テ本條ハ是等ノ者ヲシテ屆出義務ヲ負ハシメタル所以ナリ

舊、一二七

第百十八條 死亡ノ屆出ハ死亡地ニ於テ之ヲ爲スコトヲ得

死亡屆出地

本條ハ死亡ノ屆出地ヲ定ム即チ死亡ノ屆出ハ死亡者ノ本籍地又ハ屆出人

舊、一一三

水火、事變ニ因ル死亡報告

ノ所在地ニ於テ届出ヲ爲スコトヲ得ルハ勿論ナレトモ或ハ旅行中死亡シタルカ如キ場合ニ於テ死亡地ニ於テ届出ヲ爲スヲ便利トスルトキハ死亡地ニ於テモ亦届出ヲ爲スコトヲ得セシムルモノトス

第百十九條　水難、火災其他ノ事變ニ因リ死亡シタル者アル場合ニ於テハ其取調ヲ爲シタル官廳又ハ公署ハ死亡者ノ本籍地ノ市町村長ニ死亡ノ報告ヲ爲スコトヲ要ス

本條ハ水火其他事變ニ因ル死亡報告手續ヲ定ム卽チ水難、火災其他ノ事變ニ因リ死亡シタル者アルトキハ其取調ヲ爲シタル官廳又ハ公署ハ死亡者ノ本籍地ノ市町村長ニ死亡ノ報告ヲ爲スコトヲ要スルモノトス水難トハ例ヘハ艦船ノ遭難ニ因リテ乘組員又ハ乘客ノ全部若クハ一部カ死亡シ或ハ海嘯洪水又ハ水泳中ニ溺死シタルカ如シ近クハ駿河灣頭ニ於テ愛鷹丸ノ沈沒ニ因リ其乘組員カ死亡シタルカ如キ其一例ナリ火災トハ火災ニ罹リ燒死シタ

ルヲ謂ヒ其他ノ事變トハ地震、噴火、山崩ノ如キ災害ニ因リ死亡シタルモノニシテ近クハ櫻島噴火ノ爲ニ埋沒シ又ハ秋田地方ノ震災ニ因リ死亡シタルカ如キ其一例ナリ官廳トハ遞信省、海軍省、鎮守府又ハ警察署ノ如キヲ謂ヒ公署トハ市役所、町村役場ノ如キヲ謂フ

舊、一二九

刑死者ノ報告

第百二十條　死刑ノ執行アリタルトキハ監獄ノ長ハ遲滯ナク監獄所在地ノ市町村長ニ死亡ノ報告ヲ爲スコトヲ要ス

前項ノ規定ハ在監中死亡シタル者ノ引取人ナキ場合ニ之ヲ準用ス此場合ニ於テハ報告書ニ診斷書又ハ檢案書ヲ添附スルコトヲ要ス

本條ハ刑死者及ヒ在監中ノ死亡者報告手續ヲ定ム

卽チ第一項ハ刑罰ノ執行ニ依リ監獄ニ於テ死刑ノ執行ヲ受ケタルモノアルトキハ監獄ノ長タル典獄ハ遲滯ナク監獄所在地ノ市町村長ニ對シ其者ノ

死亡ノ報告ヲ爲スヲ要スルコトヲ定ム

第二項ハ既決囚ト未決囚トヲ問ハス在監人ニシテ死亡シタル者アリテ死體ノ引取人ナキトキハ監獄ノ長ハ遲滯ナク監獄所在地ノ市町村長ニ診斷書又ハ檢案書ヲ添附シテ報告スルヲ要スルコトヲ定メタリ前者ニ在リテハ診斷書又ハ檢案書ヲ添附スルコトヲ要セサルハ其死亡ノ原因カ刑ノ執行ニ基クカ故ニ固ヨリ當然ナリ又後者ニ在リテ診斷書又ハ檢案書ヲ添附スルコトヲ要シタルハ刑死シタルニ非サルカ故ニ其死因ヲ明カナラシムルノ必要アルヲ以テナリ

旧、一二一
九、一三
報告書記載事項

第百二十一條

前二條ノ報告書ニハ第百十六條第一項ニ揭ケタル事項ヲ記載スルコトヲ要ス

本條ハ報告書ニ記載スヘキ事項ヲ定ム卽チ水難、火災其他ノ事變ニ因リ死亡シタル者アル場合ニ於テハ其取調ヲ爲シタル官廳又ハ公署カ死亡者ノ本籍地ノ市町村長ニ死亡ノ報告ヲ爲ス場合(一一九)死刑ノ執行アリタルトキ監獄ノ長カ監獄所在地ノ市町村長ニ死亡ノ報告ヲ爲ス場合(一二〇、一項)及ヒ在監中死亡シタル者ノ引取人ナキトキ監獄ノ長カ監獄所在地ノ市町村長ニ死亡ノ報告ヲ爲ス場合(一二〇、二項)ニ於テハ其報告書ニ(一)死亡者ノ氏名、本籍及ヒ職業(二)死亡ノ年月日時及ヒ場所(三)死亡者カ家族ナルトキハ戸主ノ氏名及ヒ戸主ト死亡者トノ續柄(一一六、二項)ヲ記載スルヲ要スルモノトス

舊、一三二

第百二十二條　死亡者ノ本籍分明ナラス又ハ死亡者ヲ認識スルコト能ハサル場合ニ於テハ警察官ハ檢視調書ヲ作リ之ヲ添附シテ遲滯ナク死亡地ノ市町村長ニ死亡ノ報告ヲ爲スコトヲ要ス

死亡者ノ本籍分明ナルニ至リ又ハ死亡者ヲ認識スルコトヲ得ルニ至リタルトキハ警察官ハ遲滯ナク其旨ヲ報告スルコトヲ要ス

第一項ノ報告アリタル後第百十七條第一號及ヒ第二號ニ掲ケタル者カ死亡者ヲ認識シタルトキハ十日內ニ死亡ノ屆出ヲ爲スコトヲ要ス

本條ハ行旅死亡人等ニ關スル取扱手續ヲ定ム

第一項ハ死亡者ノ本籍分明ナラス又ハ死亡者ヲ認識スルコト能ハサル場合ニ關ス斯ル場合ハ行旅死亡人又ハ漂著ノ溺死人ニ庶ク其例ヲ見ル所ニシテ是等ノ場合ニ於テ警察官ハ變死人ト同シク檢死調書ヲ作リ之ヲ添附シテ遲滯ナク死亡地ノ市町村長ニ死亡ノ報告ヲ爲スヲ要スルモノトス尙ホ檢視調書ニ付テハ第百十六條ノ說明ヲ見ルヘシ

第二項ハ死亡者ノ本籍分明ナルニ至リ又死亡者ノ何人ナルヤヲ認識スルコトヲ得ルニ至リタルトキハ警察官ハ遲滯ナク其旨ヲ報告スヘキコトヲ定メタルモノニシテ其報告ハ何人ニ對シテ之ヲ爲スヘキヤト謂フニ前ノ報告書ヲ交付シタル市町村長ナルコトハ勿論ナリ

第三項ハ死亡者ノ本籍分明ナラス又ハ死亡者ヲ認識スルコト能ハサル場合ニ於テ警察官カ檢視調書ヲ作リ之ヲ添附シテ市町村長ニ死亡ノ報告ヲ爲シタル後ニ至リ死亡者ノ戸主又ハ同居者(一一七、一、二號)カ死亡者ヲ認識シタルトキハ十日內ニ死亡ノ屆出ヲ爲スヲ要スルコトヲ定メタリ此場合ニ於テハ診斷書、檢案書又ハ檢視調書ノ謄本ヲ屆書ニ添附スルコトヲ要セス

舊八〇、一二一、一二三

汽車汽船病院等ニ於ケル死亡續取扱手

第百二十三條 第七十一條、第七十五條及ヒ第七十六條ノ規定ハ死亡ノ屆出ニ之ヲ準用ス

本條ハ汽車、汽船、病院、監獄其他公設所ニ於ケル死亡ノ取扱手續ヲ定ム卽チ汽車又ハ航海日誌ヲ備ヘサル船舶中ニテ死亡者アリタル場合ニ於テハ到著地ニ於テ屆出ヲ爲スコトヲ得(七一)航海中ニ死亡者アリタルトキハ艦長又ハ船長ハ二十四時間內ニ航海日誌ニ(一)死亡者ノ氏名、本籍及ヒ職業(二)死亡ノ年月日時及ヒ場所(三)死亡者カ家族ナルトキハ戸主ノ氏名及ヒ戸主ト死亡者トノ續柄(一一六、二項)ヲ記載シテ署名、捺印スルコト(七五、一項)右ノ手續ヲ爲シタ

ル後艦船カ日本ノ港ニ著シタルトキハ艦長又ハ船長ハ遲滯ナク死亡ニ關スル航海日誌ノ謄本ヲ其地ノ市町村長ニ發送スルコト(七五、二項)艦船カ外國ノ港ニ著シタルトキハ艦長又ハ船長ハ遲滯ナク死亡ニ關スル航海日誌ノ謄本ヲ其國ニ駐在スル日本ノ大使、公使又ハ領事ニ發送シ大使、公使又ハ領事ハ一个月内ニ之ヲ外務大臣ニ發送シ外務大臣ハ十日内ニ之ヲ本籍地ノ市町村長ニ發送スルコトヲ要ス(七五、三項)病院、監獄其他ノ公設所ニ於テ死亡者アリタル場合ハ其屆出義務者ヨリ屆出ヲ爲スコト能ハサルトキハ公設所ノ長又ハ管理人ニ於テ屆出ヲ爲スコトヲ要ス(七六)監獄内ニ於テ死亡シタル者トハ刑死者又ハ在監中ノ死亡者ニ非サルコトハ第百二十條ノ規定ニ依リテ明カナリ故ニ例ヘハ訪問者、詰合ノ吏員又ハ使用人ノ如キ是レナリ尚ホ本條ノ意義ニ付テハ準用規定ノ説明ヲ見ルヘシ

第二款　失　　踪

第一　失踪ノ意義

死亡ハ法律上一ノ事實トシテ之ヲ主張セントスル者ニ立證ノ責アリ然レトモ生死不明者ニ對シ死亡ノ立證ヲ爲スコトヲ要ストセハ或ハ不能ナルコトアルヘク或ハ頗ル困難ナルコトアルヘキニ因リ其利害關係人ノ權利ヲシテ限リナク不定ノ狀態ニ置カサルヘカラス從テ相續人ハ相續ヲ爲スコトヲ得ス又配偶者ハ更ニ婚姻ヲ爲スコトヲ得ス爰ニ於テ乎生死不明ナル人ニ對シ或ル一定ノ期間ヲ經過スルトキハ死亡者ト看做スノ擬制ヲ設クルニ至レリ即チ不在者ノ生死カ七年間分明ナラサルトキ(民、三〇、一項)戰地ニ臨ミタル者、沈沒船中ニ在リタル者其他死亡ノ原因タルヘキ危難ニ遭遇シタル者ノ生死カ戰爭ノ止ミタル後、船舶ノ沈沒シタル後又ハ其他ノ危難ノ去リタル後三年間分明ナラサルトキ裁判所ハ利害關係人ノ請求ニ因リ失踪ノ宣告ヲ爲スコトヲ得ルモノトス(民、三〇、二項)

第二　失踪宣告ノ手續

失踪宣告ノ手續

失踪宣告ノ手續ニ付テ主ナルモノヲ擧クレハ失踪ノ宣告ヲ請求スル申立ハ不在者ノ住所地ノ區裁判所ノ管轄ニ專屬ス(人訴、七一)其判決前ノ手續トシテ公示催告卽チ一定ノ期間ヲ定メ不在者又ハ第三者ヲシテ其生存又ハ死亡ノ屆出ヲ爲スヘキコトヲ公示方法ヲ以テ催告スルモノトス此手續ヲ終ハリタル後ニ非サレハ失踪ノ宣告ヲ爲スコトヲ得ス

第三　失踪宣告ノ效力

失踪ノ宣告ヲ爲スマテハ不在者ヲ生存者トシテ財產管理人ヲ置キテ其利益ヲ保護ス(民、二五、乃至、二九)而カモ一旦失踪ノ宣告アルトキハ不在者ヲ死亡者ト看做シ以テ利害關係人ノ利益ヲ圖レリ(民、三一)死亡ノ推測ハ失踪宣告ノ時ニ非スシテ失踪ノ期間滿了ノ時ニ死亡シタリト看做サレ從テ失踪期間ノ滿了前ニ於テハ生存セルモノト看做サルルナリ此效力ノ範圍ハ失踪期間滿了ノ時ニ於ケル權利關係ニ付テノミ死亡シタルモノト看做スヲ通說トス失踪宣告アリタルトキハ其者ノ配偶者ハ更ニ婚姻ヲ爲スコトヲ得ヘク相續人タルヘキ地位ニ在ル者ハ相續ヲ爲スコトヲ得ヘシ

失踪宣告ノ取消及其效力

第四　失踪宣告ノ取消及ヒ其手續竝ニ效力

死亡ノ推測ハ絕對ノ推測ニシテ反證ヲ以テ其效力ヲ妨クヘキニ非ス唯其

効力ヲ消滅セシムルニハ失踪ノ取消宣告アルコトヲ要ス卽チ(一)失踪者ノ生存スルコト(二)失踪宣告ニ於ケル時ト異ナリタル時ニ死亡シタルコトノ證明アルトキハ本人又ハ利害關係人ハ人事訴訟手續法第七十條以下ノ規定ニ依リ裁判所ニ失踪宣告ノ取消ヲ請求スルコトヲ得ルナリ(民、三二、一項)

失踪宣告ノ取消アリタルトキハ其效力既往ニ遡リ始メヨリ失踪ノ宣告ナカリシト同一ナル結果ヲ生ス例ヘハ相續人ハ相續財産ノ全部ヲ返還スヘキカ如シ但失踪ノ宣告後、其取消前ニ善意ヲ以テ爲シタル行爲ハ其效力ヲ變セサルモノトス(民、三二、一項、但書)推定家督相續人タル養子カ失踪宣告ヲ受ケタルニヨリ更ニ養子縁組ヲ爲シ其養子ト失踪者ノ妻タル家女ト婚姻ヲ爲シタル後失踪ノ宣告カ取消サレタル場合ニ於テモ其後ノ婚姻カ善意ヲ以テ爲サレタルモノナル以上ハ其婚姻ハ固ヨリ有效ナレトモ相續權ハ前ノ養子ニ在リ之ニ反シテ失踪宣告アリタル後失踪者ノ妻カ他人ト婚姻セス依然其家ニ在リタルトキ失踪宣告ノ取消アリタル場合ニ於テハ失踪者トノ婚姻關係ハ繼續ス夫ノ失踪中妻カ養子縁組ヲ爲シ其後ニ至リ失踪宣告ノ取消アリタル場合ニ於テ失踪者ト妻ノ養子トノ間ニ養親子關係ヲ生スルヤト謂フニ養親子關係ヲ生スルコトナク單ニ姻族關係ヲ生スルニ過キス又失踪宣告ニ因リテ財産ヲ得タル者ハ其取消ニ因リテ權利ヲ失フモ現ニ利益ヲ受クル限度ニ於テノミ不當利得ノ原則ニ基キ其財産ヲ返還スルノ義務アルモノトス(民、三二、二項)

舊、一二三

第百二十四條 失踪宣告ノ屆出ハ其宣告ヲ請求シタル者裁判ノ日ヨリ十日內ニ裁判ノ謄本ヲ添附シテ之ヲ爲スコトヲ要ス

屆書ニハ左ノ事項ヲ記載スルコトヲ要ス

一 失踪者ノ氏名及ヒ本籍

二 民法第三十條ニ定メタル期間滿了ノ日

三 失踪者カ家族ナルトキハ戸主ノ氏名及ヒ戸主

ト失踪者トノ續柄

失踪届出ノ手續

本條ハ失踪届出手續及ヒ届書ニ記載スヘキ事項ヲ定ム

第一項ハ失踪ノ宣告アリタルトキハ其宣告ヲ請求シタル者裁判ノ日ヨリ十日ノ期間内ニ裁判ノ謄本ヲ添附シ之カ届出ヲ爲スヲ要スルコトヲ定ム

届書記載事項

第二項ハ届書ニ記載事項ヲ定メタルモノニシテ左ノ如シ

一　失踪者ノ氏名及ヒ本籍　本號ノ記載ヲ爲サシムルノ要ハ失踪者ノ何人ナルカヲ明カナラシムルニ在リ

二　民法第三十條ニ定メタル期間滿了ノ日　本號ノ記載ヲ爲サシムルノ要ハ失踪者ハ失踪期間ノ滿了ノ日ニ死亡シタリト看做サルルカ故ナリ失踪期間トハ不在者ノ生死カ分明ナラサルトキハ七年、其他特別ノ場合ハ三年ナリ

三　失踪者カ家族ナルトキハ戸主ノ氏名及ヒ戸主ト失踪者トノ續柄　本號ハ第八十八條三號ト同趣旨ナリ

失踪ノ宣告ヲ爲ス判決ハ確定期間ナキカ故ニ其宣告ノ日ヨリ起算スヘク若シ宣告ノ即日判決ノ送達又ハ交付ヲ受ケサルトキハ其送達又ハ交付ヲ受ケタル日ヨリ起算ス(六三)

失踪宣告ノ請求者カ其屆出前ニ死亡シタルトキハ何人カ其屆出義務ヲ受繼スヘキヤニ關シ直接規定ナシト雖モ各利害關係人ハ共同ノ申立人トシテ手續ニ加ハリ又ハ申立人ニ代ハリテ手續ヲ續行スルコトヲ得ヘキニ因リ他ノ利害關係人ヨリ屆出ヲ爲スヲ至當トス(八訴、七五)

失踪ノ宣告ナキ者ノ戸籍ニ失踪宣告ノ記載ヲ爲シタルトキハ如何ナル手續ヲ以テ之ヲ取消スコトヲ得ルヤト謂フニ戸籍訂正ノ手續ニ依リテ訂正ヲ爲サシムヘク(一六四)若シ市町村長カ之ニ應セサルトキハ抗告ニ依リテ戸籍ノ記載ヲ訂正セシムヘシ(一六九、以下)失踪宣告ノ取消ノ場合亦同シ(一六四、一六七、一六九)

第十一節　家督相續

家督相續ノ意義

第一　家督相續ノ意義

相續トハ被相續人ノ權利義務ヲ包括的ニ承繼スルヲ謂ヒ分ツテ二種トス則チ一ヲ家督相續ト謂ヒ他ノ一ヲ遺產相續ト謂フ而シテ家督相續ハ一定ノ原因ニ因リ戶主タル地位及ヒ身分ヲ承繼スルヲ目的ト爲スカ故ニ其原因ハ戶主カ戶主トシテノ地位及ヒ身分ヲ喪失スルニ在ルコト是レナリ遺產相續ハ家族カ死亡シタルトキ其死者ニ屬シタル財產ヲ相續人ニ於テ承繼スルヲ目的ト爲スカ故ニ其原因ハ家族タル者ノ死亡ニ因ルコト是レナリ

家督相續ノ開始

第二　家督相續ノ開始

相續ノ開始トハ相續權發生ノ時期ニシテ此時期ハ戶主カ戶主權ヲ失ヒタル時ナリ故ニ家督相續ハ(一)戶主ノ死亡(二)戶主ノ隱居(三)戶主ノ國籍喪失(四)戶主カ婚姻又ハ養子緣組ノ取消ニ因リテ其家ヲ去リタルトキ(五)女戶主ノ入夫婚姻又ハ入夫ノ離婚(民、九六四)ニ因リテ開始シ遺產相續ハ家族ノ死亡ニ因リテ開始ス而シテ相續ノ開始ハ原因タル事實ノ效力發生シタル時ニ在リト謂フヘシ例ヘハ戶主ノ死亡シタル時、隱居ノ屆出アリタル時、去家ノ屆出アリタ

ル時、失踪期間ノ滿了ノ時ヲ以テ相續開始ノ時ト爲スカ如シ又家督相續ハ被相續人ノ住所ニ於テ開始ス(民、九六五)

家督相續人ノ資格

第三　家督相續人ノ資格

權利能力ヲ有スル者ハ何人ト雖モ相續人タル資格アルモノニシテ一般ノ人カ相續人タル資格アルコトヲ原則トシ其資格ナキヲ例外トス胎兒ハ相續ニ付テハ既ニ生マレタルモノト看做サル(民、九六八、九九三)即チ胎兒ハ出生前ト雖モ既生兒ト同一視シ相續權ノ享有ヲ認メ以テ其利益ヲ保護スルニ在リ胎兒カ相續權ヲ取得スルニハ生キテ生マレタルコトヲ必要トシ死體ニテ生マレタルトキハ右ノ適用ナキモノニシテ相續權ノ留保ニ外ナラス

家督相續人タル者ハ法律上缺格ナキコトヲ要ス故ニ適格者ニ非サルトキハ法律上當然相續ヨリ排斥セラルルモノトス法律上缺格ノ原因ハ民法第九百六十九條ニ之ヲ列擧ス

家督相續ノ回復請求

第四　家督相續ノ回復請求

家督相續ノ回復トハ正當ノ相續人カ不當ノ相續人ノ爲ニ其相續權ヲ侵害

セラレタルニ因リ裁判上之カ救濟ヲ求ムルコトヲ謂ヒ此權利ハ被害者タル正當相續人ニ屬ス相續回復ノ請求權ヲ行使スヘキ原因ニ付テハ例ヘハ相續ノ缺格者、廢除セラレタル者又ハ相續ノ順位ニ非サル者カ相續ヲ爲シタルカ如シ此訴ハ家督相續人又ハ其法定代理人ヨリ普通民事訴訟法ノ定ムル手續ニ依リ民事訴訟法第二十四條ノ定ムル特別裁判籍ニ提起スヘキモノニシテ其請求權ハ家督相續人又ハ其法定代理人カ相續權侵害ノ事實ヲ知リタル時ヨリ五年間、相續開始ノ時ヨリ二十年間行ハサルトキハ時效ニ因リ消滅ス(民、九六六)

相續費用

第五　相續費用

相續人カ相續ニ因リテ取得スヘキ財產ニ關スル費用ハ相續財產中ヨリ支辨スヘク家督相續人ノ過失ニ因ルモノハ特ニ家督相續人ノ負擔トス又相續財產ニ關スル費用ハ遺留分權利者カ贈與ノ減殺ニ因リテ得タル財產ヲ以テ支辨スルコトヲ要セス(民、九六七)

家督相續人ノ種類

第六　家督相續人ノ種類

家督相續ハ一人一家主義ヲ採ルカ故ニ何人ト雖モ同時ニ二家以上ノ家督相續ヲ爲スコトヲ得ス又遺産相續ノ如ク數人同時ニ一家ノ相續人タルコトヲ得ス是レ家族制ニ基キ遠ク胚胎シテ今ニ及ヒタル原則ナリ又家族制ハ家督相續ニ因リテ戸主ノ地位ヲ承繼シ永ク一家ノ存續ヲ圖リ以テ祖先ノ祭祀ヲ維持セントスルカ故ニ承繼ノ方法、順序ヲ設備シ家督相續人ヲ法定、指定及ヒ選定ニ別チ又各種ノ相續人中ニ幾多ノ階級ヲ設ケ各種各級自ラ前後ノ順序アリテ承繼者ヲ失フノ惧ナカラシメ彼此相侵スコトナカラシム

一 法定 法定トハ法律ノ規定ニ因リ當然家督相續人タルヘキ者ヲ謂ヒ此種ノ相續人ヲ區別シテ第一種ヲ被相續人ノ家族タル直系卑屬トシ第二種ヲ被相續人ノ家ニ在ル直系尊屬トス(民、九七〇、九八四)女戸主カ入夫婚姻ヲ爲シタルトキハ入夫ハ其家ノ戸主ト爲ルカ故ニ入夫ヲ法定家督相續人ト稱スヘキカ如シト雖モ民法ハ入夫ヲ以テ法定家督相續人ト稱セサルナリ(民、七三六、九七一)

二 指定 指定トハ法定ノ推定家督相續人ナキ場合ニ於テ被相續人ノ指定

ニ因リテ家督相續人ト爲リタル者ヲ謂フ(民、九七九)

三 選定　選定トハ法律上選定權ヲ有スル者ノ選定ニ因リテ家督相續人ト爲リタル者ヲ謂ヒ此種ノ相續人ヲ區別シテ第一種ノ選定家督相續人(民、九八二)第二種ノ選定家督相續人ノ二トス(民、九八五)

家督相續人ノ順位

第七 家督相續人ノ順位

家督相續人ニハ前述ノ如ク數種ノ區別アリ同種ノ家督相續人中數人アルヘキカ故ニ其間自ラ前後ノ順序ヲ一定スルノ必要アリ卽チ家督相續ヲ爲スヘキ順序ヲ名ケテ家督相續ノ順位ト謂フ何人ト雖モ法定ノ順位ニ依ルニ非サレハ家督相續人タルコトヲ得ス種類ニ因ル家督相續人ノ順位ハ左ノ如シ

第一 法定推定家督相續人

第二 指定家督相續人

第三 選定家督相續人

第四 尊屬家督相續人

第五 家族以外ノ選定家督相續人

右第二以下ノ相續人タルヘキ者ハ先順位者ナキトキ又ハ其者カ相續ノ拋棄ヲ爲シタルトキニ於テ相續ヲ爲シ得ヘキモノニシテ前者ニ對シテ相續權ヲ爭フコトヲ得ス

法定推定家督相續人

甲 法定推定家督相續人

家督相續ノ本義ハ血族相繼キ限リナク血統ノ連綿タルヲ期スルニ在リ故ニ子孫ヲシテ先順位ノ家督相續人ト爲シ之ニ接クニ指定又ハ選定ニ因ル家督相續人ヲ以テスルハ最モ被相續人ノ意思ニ適シ家族制ノ眞髓ナリト謂フヘシ爰ニ於テ乎被相續人ノ家族タル直系卑屬ヲ第一位ノ法定家督相續人ト爲シ以テ家督相續ノ最先順位ニ置キタリ（民、九七〇）

一 法定ノ推定家督相續人タル要件　被相續人ノ家族タル直系卑屬ニシテ當然家督相續ノ第一順位者タル者ヲ法定ノ推定家督相續人ト稱ス法定ノ推定家督相續人タルニハ（イ）被相續人ノ家族タルコト（ロ）被相續人ノ直系卑屬ナルコトノ二條件ヲ要ス

イ 被相續人ノ家族タルコト　相續人ノ家族タル者ハ必ハシモ出生ニ因

リ家族ト爲リタル者ナルコトヲ要セス故ニ養子縁組、入籍手續、離婚又ハ養子離緣ニ因ル復籍等家督相續開始ノ時ニ於テ家族タル者ナルトキハ家督相續人タルモノトス但民法第七百三十七條、第七百三十八條ノ入籍者ニ付テノミ同第九百七十二條ノ制限アリ反之既ニ被相續人ノ家ヲ去リ他家ニ入リ又ハ一家ヲ創立シタル者若クハ離籍セラレタル者等被相續人ノ家族タラサル者ハ法定ノ推定家督相續人タルコトヲ得ス

ロ　被相續人ノ直系卑屬ナルコト　卽チ嫡出子、庶子、私生子、養子及ヒ繼子等法定ノ推定家督相續人ト爲ルコトヲ得但民法第九百七十條ノ直系卑屬中ニハ姻族例ヘハ子孫ノ配偶者ノ如キヲ包含セス

二　法定ノ推定家督相續人ノ順位

第一　親等ノ異ナリタル者ノ間ニ在リテハ其親等ノ遠近ニ從ヒ近キ者ヲ先ニス　親等ニ付テハ第十八條ノ親族關係ニ關スル說明ヲ見ルヘシ

第二　親等ノ同シキ者ノ間ニ在リテハ男女ノ區別ニ從ヒ男ヲ先ニス　故ニ男子ハ長幼ニ拘ラス女子ヨリハ先順位ノ家督相續人ナリ

第三　親等ノ同シキ男又ハ女ノ間ニ在リテハ嫡庶ノ區別ニ從ヒ嫡出子ヲ先ニス　卽チ嫡出子ハ庶子ヨリハ先順位ノ家督相續人ナリ

第四　親等ノ同シキ嫡出子、庶子及ヒ私生子ノ間ニ在リテハ嫡庶子ト私生子トノ區別ニ從ヒ嫡庶子ハ女子ト雖モ之ヲ私生子ヨリ先ニス　故ニ嫡庶子又ハ私生子ノ間ニ在リテハ嫡庶子ハ女子ト雖モ男子タル私生子ヨリ先順位ノ家督相續人ナリ

第五　前四號ニ掲ケタル事項ニ付キ相同シキ者ノ間ニ在リテハ長幼ノ序ニ從ヒ年長者ヲ先ニス　卽チ出生ノ早キ者先順位ニ在ルナリ但民法第八百三十六條ノ規定ニ依リ又ハ養子縁組ニ因リテ嫡出子タル身分ヲ取得シタル者ハ家督相續ニ付テハ其嫡出子タル身分ヲ取得シタル時ニ生レタル者ト看做サル故ニ(民、九七〇、二項)庶子ハ父母ノ婚姻ニ因リテ嫡出子タル身分ヲ取得シ、婚姻中父母カ認知シタル私生子ハ認知ノ時ヨリ嫡出子タル身分ヲ取得シ(民、八三六)養子ハ縁組ノ日ヨリ嫡出子タル身分ヲ取得ス(民、八六〇)故ニ其日ニ出生シタルモノトシテ相續ノ順位ヲ定ム

三 第一例外(入夫)

女戸主カ入夫婚姻ヲ爲シタルトキハ入夫ハ其家ノ戸主ト爲ルカ故ニ(民、七三六)女戸主ニ法定ノ推定家督相續人タルヘキ者アルモ入夫ハ其者ニ先チテ家督相續人ト爲ルヲ以テ民法第九百七十條ノ例外規定ト爲スヘキナリ(民、九七一)

四 第二例外(親族入籍者)

民法第七百三十七條、第七百三十八條ノ規定ニ依リテ家族ト爲リタル直系卑屬ハ嫡出子又ハ庶子タル他ノ直系卑屬ナキ場合ニ限リ同第九百七十條ニ定メタル順序ニ從テ家督相續人ト爲ルカ故ニ是等他家ヨリ入リテ直系卑屬ト爲リタル者ハ民法第九百七十條ノ例外規定ト爲スヘキ也(民、九七二)

五 第三例外(婿養子)

法定ノ推定家督相續人ハ其姉妹ノ爲ニスル養子緣組ニ因リテ其相續權ヲ害セラレサルカ故ニ(民、九七三)民法第九百七十條ノ例外規定ト爲スヘシ

六 第四例外(代襲相續)

民法第九百七十條、第九百七十二條ノ規定ニ依リテ家督相續人タルヘキ者カ家督相續ノ開始前ニ死亡シ又ハ其相續權ヲ失ヒタル場合ニ於テ其者ニ直系卑屬アルトキハ其直系卑屬ハ第九百七十條及ヒ第九百七十二條ニ定メタル順序ニ從ヒ其者ト同順位ニ於テ家督相續人ト爲ル（民、九七四）之ヲ名ケテ代襲相續ト謂ヒ又代承相續若クハ嫡孫承祖トモ謂フ例ヘハ戸主ノ長男カ一子ヲ擧ケ被相續人ニ先チテ死亡シタルトキハ長男ノ子ハ其父ノ順位ニ於テ法定ノ推定家督相續人ト爲ルカ如シ其相續權ヲ失ヒトハ缺格又ハ廢除ハ勿論婚姻又ハ養子緣組ニ因リ他家ニ入リ若クハ離婚、養子離緣、離籍又ハ本家ノ相續等ニ因リテ其家ヲ去リタルカ爲メ相續權ナキニ至リタルカ如シ代襲相續ニハ左ノ要件ヲ具備スルコトヲ要ス

イ　代襲者ハ相續ノ缺格者ニ非サルコト（民、九六九）

ロ　代襲者ハ被代襲者ノ直系卑屬ニシテ且民法第九百七十條及ヒ第九百七十二條ニ定メタル順位ニ依リ家督相續人タルコト

ハ　被代襲者ハ民法第九百七十條及ヒ第九百七十二條ノ規定ニ依リテ家

督相續人タルヘキコト

二　被代襲者カ家督相續ノ開始前ニ死亡シ又ハ其相續權ヲ失ヒタルコト

指定家督相續人

乙　指定家督相續人

被相續人ハ(一)法定ノ推定家督相續人ナキコト(二)死亡又ハ隱居ニ因リ開始スヘキ家督相續ノ場合ナルコトノ二要件ヲ具備スルトキハ家督相續人ヲ指定スルコトヲ得然レトモ此指定ハ法定ノ推定家督相續人アルニ至リタルトキハ其效力ヲ失フ(民、九七九、一項三項)例ヘハ被相續人カ子ナキカ爲ニ家督相續人ヲ指定シタルモ後ニ至リ實子ヲ擧ケタルカ如シ

家督相續人ノ指定ハ推定家督相續人ノ爲ニ其指定權ヲ妨ケラルル外親族中ヨリ之ヲ指定スルト或ハ他人ヲ指定スルト指定權者ノ任意ニシテ指定權ノ範圍ニ付キ制限ヲ加ヘラルルコトナシ而シテ此指定權ハ一ニ被相續人ニ專屬スルモノトス

家督相續人ノ指定ハ生前行爲又ハ遺言ニ因リテ之ヲ爲スコトヲ得而シテ被相續人ハ一旦家督相續人ヲ指定スルモ何時ニテモ之ヲ取消スコトヲ得ヘ

シ(民、九七九、二項)其取消ハ指定ト同シク生前行爲又ハ遺言ヲ以テ之ヲ爲スコトヲ得

家督相續人ノ指定ハ被指定者ヲシテ相續人タラシムルノ效力ヲ生ス此效力ハ生前行爲ノ指定ナルトキハ指定者カ市町村長ニ其屆出ヲ爲シタル時ヨリ發生シ(民、九八〇)又遺言ニ因リテ指定ヲ爲シタルトキハ被相續人ノ死亡ノ時ニ遡リテ其效力ヲ生スルモノトス(民、九八一)

丙 選定家督相續人

選定家督相續人トハ法定家督相續人又ハ指定家督相續人ナキ場合ニ於テ其家ニ被相續人ノ父アルトキハ父、父アラサルトキ又ハ父カ意思ヲ表示スルコト能ハサルトキハ母、父母共ニアラサルトキ又ハ意思ヲ表示スルコト能ハサルトキハ親族會ニ於テ法定ノ順序ニ從ヒ家族中ヨリ選定シタルモノヲ謂フ(民、九八二)但家督相續人ノ選定ノ爲ニ開クヘキ親族會ニ關スル事件ハ相續開始地ノ區裁判所ノ管轄ニ屬ス(非訟、九七)

家督相續人ノ選定ヲ爲スニ付テハ左ノ順序ニ從フコトヲ要ス

第一　配偶者但家女ナルトキ
第二　兄弟
第三　姊妹
第四　第一號ニ該當セサル配偶者
第五　兄弟姊妹ノ直系卑屬

以上ノ選定セラルヘキ者ハ被相續人ノ家ニ在ル家族ニシテ被相續人ノ配偶者、兄弟姊妹又ハ兄弟姊妹ノ直系卑屬タル親族關係ヲ有スル者ナラサルヘカラス從テ(一)選定當時現ニ被相續人ノ家ニ在ル者ナルコト(二)被相續人ノ家族タルコトノ條件ヲ具備スルコトヲ要ス

此種ノ家督相續ニ付テハ選定ノ範圍ト順序トニ制限アルコトハ右ニ述ヘタル如クナレトモ(一)正當ノ事由アリ(二)裁判所ノ許可ヲ得タルトキハ其順序ヲ變更シテ選定ヲ爲シ又ハ選定ヲ爲ササルコトヲ得(民、九八三)家督相續人選定ニ關スル許可及ヒ家督相續人選定ノ爲ニ開クヘキ親族會ニ關スル事件ハ相續開始地ノ區裁判所ノ管轄トス(非訟、九四乃至九七)

家督相續人選定ノ效力ハ被選定者ヲシテ相續人タラシムルニ在リ而シテ選定ニ付テハ指定ノ如ク方式ヲ定メサルカ故ニ選定權者カ其意思ヲ表示シタルトキハ之ニ因リテ直ニ其效力ヲ發生ス

尊屬家督相續人

丁 尊屬家督相續人

被相續人ノ家族タル直系尊屬ハ上述セル選定家督相續人ナキトキ又ハ其者カ相續ノ抛棄ヲ爲シタルトキハ法律上當然家督相續人タルヘキモノトス(民、九八四)而シテ直系尊屬カ家督相續人ト爲ルニハ親等ノ異ナリタル者ノ間ニ在リテハ其近キヲ先ニシ又親等ノ同シキ者ノ間ニ在リテハ男ヲ先ニスルモノトス然ルニ一家ニ實父母ト養父母トアリタルトキハ其前後ヲ定ムル方法如何ト謂フニ斯ル場合ニ於テハ其内一方ハ必ス入籍手續ニヨリテ被相續人ノ家ニ入リタルヘキハ勿論ナルカ故ニ從來其家ニ屬シタル尊屬ニ先順位ヲ與フルヲ至當トス

家族以外ノ選定相續人

戊 家族以外ノ選定家督相續人

家族以外ノ選定家督相續人ハ以上ニ揭ケタル家督相續人ナキ場合ニ於テ

親族會ノ選定セルモノニシテ家督相續ノ順位中最後ニ位スル家督相續人ナリ親族會カ其選定ヲ爲スニハ第一次ニ被相續人ノ親族、家族、分家ノ戶主又ハ本家若クハ分家ノ家族中ヨリ選定スヘキモノトシ若シ是等ノ者ノ中ニ家督相續人タルヘキ者ナキトキハ第二次ニ於テ他人ノ中ヨリ之ヲ選定スルモノトス(民、九八五、一項、二項)此種ノ家督相續ニ付テモ選定ノ範圍ト順序トニ制限アルコトハ右ニ述ヘタル如クナレトモ正當ノ事由アリテ裁判所ノ許可ヲ得タルトキハ法定ノ順序、範圍ニ拘ラス直ニ他人ノ中ヨリ家督相續人ヲ選定スルコトヲ得ヘシ(民、九八五、三項)家督相續人ノ選定ニ關スル許可及ヒ家督相續人ノ爲ニ開クヘキ親族會ニ關スル事件ハ相續開始地ノ區裁判所ノ管轄トス(非訟、九四乃至九七)

家督相續ノ效力

第八　家督相續ノ效力

甲　一般ノ效力

相續ハ一定ノ原因ニ基キ被相續人ノ有セシ權利義務ヲ包括的ニ相續人ヲシテ承繼セシムルニ在ルコトハ家督相續ト遺產相續トニ付テ異ナル所ナシ

權利義務ノ承繼ハ相續開始ノ時ヨリ效力ヲ生シ相續人カ相續開始ノ事實ヲ知リタルト否トヲ問フコトナシ(民、九八六)又相續ノ目的タル權利義務ハ前戸主ノ有セシ權利義務ニ外ナラス而シテ此權利義務ハ身分ニ關スルモノト財產ニ關スルモノトニ別ツコトヲ得前戸主カ戸主トシテ家族ノ入籍、離籍ニ關スル權、家族ノ居所指定權、家族ノ婚姻又ハ養子緣組ノ同意權及ヒ家族ニ對スル扶養義務ノ如キハ身分ニ關スルモノニ屬シ物權、債權其他財產權及ヒ債務ノ如キハ財產ニ關スルモノニ屬ス以上ノ權利義務ハ家督相續ノ目的タリト雖モ前戸主ノ一身ニ專屬スル權利ハ家督相續ノ目的タルコトヲ得ス例ヘハ親權、夫權、終身年金權又ハ公法上ノ權利ノ如キ是レナリ但家督相續ノ特權トシテ系譜、祭具及ヒ墳墓ノ所有權ハ家督相續人ニ屬スルモノトス(民、九八七)

乙 特別ノ效力

一 隱居又ハ入夫婚姻ニ因ル家督相續　隱居又ハ入夫婚姻ヲ爲ス女戸主ハ財產ヲ留保スルコトヲ得ヘシ財產留保ハ確定日附アル證書ヲ以テスルコト及ヒ家督相續人ノ遺留分ニ關スル規定ニ違反セサルコトヲ要ス(民、九八八

八）

隱居又ハ入夫婚姻ヲ爲シタル女戸主ノ債權者ハ前戸主ニ對シテ辨濟ノ請求ヲ爲スコトヲ得ヘク又家督相續人ニ對シテモ其請求ヲ爲スコトヲ妨ケス（民、九八九、一項、三項）入夫婚姻ノ取消又ハ入夫ノ離婚ニ因ル家督相續ノ場合ニ於テハ入夫カ戸主タリシ間ニ負擔シタル債務ノ辨濟ハ其入夫ニ對シテモ之ヲ請求スルコトヲ得ヘシ（民、九八九、二項）

二　國籍喪失ニ因ル家督相續　國籍ノ喪失ハ其原因ノ如何ヲ問ハス國籍喪失者ハ之カ爲ニ自己ノ有スル一切ノ權利ヲ喪失セント欲スルモノニ非スシテ寧ロ之ヲ保有セントスルノ意思ヲ有スル者タリ故ニ國籍喪失者ノ家督相續人ハ戸主權、家督相續ノ特權ニ屬スル權利、遺留分及ヒ前戸主カ特ニ指定シタル相續財産ヲ承繼スルモノトス（民、九九〇、一項）國籍喪失者カ日本人ニ非サレハ享有スルコトヲ得サル權利ヲ有スル場合ニ於テハ一年内ニ之ヲ日本人ニ讓渡セサルトキハ其權利ハ家督相續人ニ歸屬スヘシ（民、九九〇、二項）前戸主ノ債權者ハ家督相續人ニ對シテハ其相續シタル財産ノ限度

ニ於テノミ辨濟ノ請求ヲ爲スコトヲ得(民、九九二)

第百二十五條 家督相續ノ屆出ハ戶主ト爲リタル者相續ノ事實ヲ知リタル日ヨリ一个月內ニ之ヲ爲スコトヲ要ス但入夫婚姻ニ因リテ戶主ト爲リタル者ハ此限ニ在ラス

屆書ニハ左ノ事項ヲ記載スルコトヲ要ス

一 家督相續ノ原因及ヒ戶主ト爲リタル年月日

二 前戶主ノ氏名及ヒ前戶主ト戶主トノ續柄

戶主ト爲リタル者カ外國ニ在ル場合ニ於テハ三个月內ニ屆書ヲ發送スルヲ以テ足ル

本條ハ家督相續ノ屆出手續及ヒ屆書記載ノ事項ヲ定ム

第一項ハ家督相續ノ屆出ハ家督相續ニ因リテ戶主ト爲リタル者相續ノ事

實ヲ知リタル日ヨリ一个月ノ期間内ニ之ヲ爲スヲ要スルコト但入夫婚姻ニ因リテ戸主ト爲リタル者ハ其届出ヲ要セサルコトヲ定メタルモノニシテ戸主ト爲リタル者トハ相續權發生シ戸主タル資格確定シタル者ヲ謂フ届出期間ノ起算點ニ關シテハ相續ヲ拋棄シ得ヘキ相續人例ヘハ選定ニ因ル家督相續人、指定ニ因ル家督相續人及ヒ尊屬家督相續人(民、九八四)ノ如キハ家督相續ノ開始アリタルコトヲ知リタル日ヨリ三个月内ニ相續ヲ承認スルヤ或ハ拋棄スルヤヲ決シ其手續ヲ爲スコトヲ要スルカ故ニ其期間ハ相續ヲ承認シタル日ヨリ起算ス若シ無能力者カ家督相續人ナルトキハ其法定代理人タル親權者又ハ後見人ヨリ届出ヲ爲スヘキニヨリ相續開始後ニ選定セラレタル後見人ニ付テハ後見人カ家督相續ノアリタル事實ヲ知リタル日ヨリ起算ス(民、一〇一七、一〇二〇)入夫婚姻ノ場合ニ於テ入夫カ戸主ト爲ルヘキトキハ婚姻届ニ其旨記載スルカ故ニ(一〇〇〇)之ヲ以テ相續届出アリタルモノト爲シ特別ニ家督相續ノ届出ヲ爲スコトヲ要セス舊法ハ本條但書ノ如キ規定ナカリシヲ以テ入夫婚姻ノ場合ニ於テ入夫カ戸主ト爲ルヘキトキハ先ツ家族トシテ

届書記載事項

届出義務者カ外國ニ在ルトキノ手續

登錄セラレ次ニ相續届出ニ因リ戶主ト爲ルヘキ二重ノ手續ヲ必要トシタリ第二項ハ家督相續ノ届書ニ記載スヘキ事項ヲ定メタルモノニシテ卽チ左ノ如シ

一　家督相續ノ原因及ヒ戶主ト爲リタル年月日　本號ノ記載ヲ爲サシムルノ要ハ家督相續ノ開始セラレタル原因ハ前戶主ノ死亡、隱居、國籍喪失ニ因ルカ或ハ前戶主カ婚姻又ハ養子緣組ノ取消ニ因リテ其家ヲ去リタルニ因ルカ或ハ女戶主ノ入夫婚姻又ハ入夫離婚ニ因ルカ及ヒ現戶主カ其戶主タル資格ノ確定シタルハ何日ナルカヲ知ルニ在リ

二　前戶主ノ氏名及ヒ前戶主ト戶主トノ續柄　本號ノ記載ヲ爲サシムルノ要ハ前戶主ノ何人ナルヤ及ヒ前戶主ト現戶主トノ親族關係ヲ知ルニ在リ

第三項ハ家督相續ニ關スル届出地ハ前戶主タル被相續人ノ本籍地ナルカ故ニ(一三〇)戶主ト爲リタル者カ外國ニ在ル場合ニ於テハ三个月內ニ届書ヲ發送スルヲ以テ足ルト定ム發送トハ郵便其他遞送ノ方法ニ依ル等書面カ市町村長ニ到達セラルヘキ狀態ニ置キタルコトヲ謂フナリ

新設

第百二十六條　選定ニ因ル家督相續人カ屆出ヲ爲ス場合ニ於テハ選定ヲ證スル書面ヲ屆書ニ添附スルコトヲ要ス

選定家督相續屆出手續

本條ハ家督相續人ノ選定ヲ證スル書面ヲ屆書ニ添附スヘキヲ定ム卽チ選定ニ因ル家督相續人ハ被相續人ノ家ニ在ル父、母又ハ親族會カ其選定ヲ爲スモノナレハ其家督相續ノ屆書ニハ選定ヲ證スル書面ヲ添附スルヲ要スルモノトス(民、九八二、九八三、九八五)選定家督相續人ニ付テハ本節第七家督相續人ノ順位中選定家督相續人ニ關スル部分ヲ見ルヘシ

尙ホ選定ニ付キ法定ノ順序ヲ變更シ又ハ法定ノ順序ニ依リ選定ヲ爲サス(民、九八三)若クハ法定ノ順序ニ拘ハラス選定シタル場合ハ(民、九八五)右ノ選定ヲ證スル書面ノ外許可ノ裁判ノ謄本ヲ添附スルコトヲ要ス(五八、二項)

舊、一三五

第百二十七條　家督相續人カ胎兒ナルトキハ母ハ相續ノ開始アリタルコトヲ知リタル日ヨリ一个月內ニ診

斷書ヲ添附シ家督相續ノ屆出ヲ爲スコトヲ要ス

屆書ニハ左ノ事項ヲ記載スルコトヲ要ス

一 家督相續ノ原因及ヒ相續開始ノ年月日

二 家督相續人カ胎兒ナルコト

三 前戶主ノ氏名及ヒ前戶主ト家督相續人トノ續柄

第百二十五條第三項ノ規定ハ前項ノ屆出ニ之ヲ準用ス

本條ハ胎兒ノ家督相續人屆出手續ニシテ第一項ハ家督相續人カ胎兒ナルトキハ(民、九六八)胎兒ノ母ハ相續ノ開始アリタルコトヲ知リタル日ヨリ一个月ノ期間內ニ懷胎ノ事實ヲ證スル爲メ診斷書ヲ添附シ屆出ヲ爲スヲ要スルコトヲ定メタリ而シテ胎兒トハ未タ母ノ胎內ニ在リテ生レサル子ヲ謂ヒ家督相續人カ胎兒ナル場合トハ例ヘハ戶主カ死亡シ又ハ失踪ノ宣告ヲ受ケタルモ他ニ子ナク偶〻懷胎中ノ兒アリタルカ如シ胎兒ノ家督相續人ニ付テハ本節第三家督相續人ノ資格ヲ見ルヘシ尙ホ認知セラレタル胎兒ノ相續屆出義務者ハ嫡母ニ非スシテ生母ナリト解ス

屆書記載事項

第二項ハ胎兒ノ家督相續ニ關スル屆書記載事項ヲ定ム卽チ左ノ如シ

一　家督相續ノ原因及ヒ相續開始ノ年月日　本號ノ記載ヲ爲サシムルノ要ハ家督相續ハ如何ナル原因ニ因リテ開始セラレタルヤ及ヒ何時開始セラレタルヤヲ知ルニ在リ相續開始ノ年月日トハ家督相續權發生ノ日ヲ謂フ尙ホ本節第二家督相續ノ開始ヲ參照セラルヘシ

二　家督相續人カ胎兒ナルコト　本號ノ記載ヲ要スル所以ハ胎兒ニ非サル相續人ト混同セサランカ爲メナリ

三　前戸主ノ氏名及ヒ前戸主ト家督相續人トノ續柄　本號ハ第百二十五條第二項二號ト同一規定ナルカ故ニ同號ノ註ヲ見ルヘシ

屆出義務者外國ニ在ルトキ

第三項ハ家督相續人タル胎兒ノ母卽チ屆出義務者カ外國ニ在ル場合ニ關ス此場合ニハ第百二十五條第三項ヲ之ニ準用シ三个月內ニ前戸主ノ本籍地

胎兒カ死體ニテ生レタル場合ノ手續

ノ市町村長ニ屆書ヲ發送スルヲ以テ足ルナリ

第百二十八條 前條ノ屆出ヲ爲シタル後胎兒カ死體ニテ生レタルトキハ母ハ一个月內ニ醫師又ハ產婆ノ檢案書ヲ添附シ其旨ヲ屆出ツルコトヲ要ス

母カ前項ノ屆出ヲ爲ササルトキハ家督相續人ハ分娩ノ事實ヲ知リタル日ヨリ一个月內ニ屆出ヲ爲スコトヲ要ス

本條ハ胎兒カ死體ニテ生レタル場合ノ屆出手續ヲ定ム

第一項、胎兒カ死體ニテ生レタルトキハ出生ト謂フヲ得ス出生ニ非サレハ人格權ヲ享有スルコトナシ人格權ヲ享有セサレハ安ンソ相續權ヲ發生スルコトアランヤ故ニ胎兒ハ家督相續ニ付テハ既ニ生レタルモノト看做ス規定ハ死體ニテ生レタルトキニハ全ク適用ナキニ至ルヲ以テ(民、八六八)胎兒ヲ家督相續人トシテ屆出ヲ爲シタル場合ハ死體出產ノ日ヨリ一个月ノ期間內ニ

醫師又ハ產婆ノ檢案書ヲ添附シ其旨ヲ屆出ツヘキモノトス

第二項ハ母カ右ノ屆出ヲ爲ササルトキハ家督相續人ハ分娩ノ事實ヲ知リタル日ヨリ一个月ノ期間內ニ屆出ヲ爲スヲ要スルコトヲ定メタリ胎兒ノ相續權ニ付テハ本節第三家督相續人ノ資格ニ關スル說明ヲ參照スヘシ

（舊、一三四）

第百二十九條　家督相續回復ノ裁判カ確定シタトキハ訴ヲ提起シタル者ハ裁判確定ノ日ヨリ一个月內ニ裁判ノ謄本ヲ添附シ第百二十五條ノ規定ニ依ル屆出ヲ爲スコトヲ要ス

（家督相續回復屆出手續）

本條ハ家督相續回復ニ因ル屆出手續ヲ定ム卽チ被害者タル正當家督相續人又ハ其法定代理人カ相續權ノ侵害者ニ對シ裁判上ノ救濟ヲ求ムル爲メ家督相續回復ノ訴ヲ提起シ其裁判カ確定シタルトキハ訴ノ提起者ハ裁判確定ノ日ヨリ一个月ノ期間內ニ裁判ノ謄本ヲ添附シテ屆出ヲ爲スコトヲ要ス家督相續ノ回復ニ付テハ本節第四家督相續ノ回復請求ヲ見ルヘシ

舊、一三三、一項

家督相續回復ノ屆書ニハ左ノ事項ヲ記載スルコトヲ要ス（一二五、二項）

一　相續回復ノ原因及ヒ戸主ト爲リタル年月日　相續回復ノ原因トハ例ヘハ相續ノ缺格者、廢除セラレタル者又ハ相續順位ニ非サル者カ不當ニ相續屆ヲ爲シ又ハ違法選定ニ基ク者カ家督相續屆ヲ爲シタルカ如キヲ謂ヒ戸主ト爲リタル年月日トハ眞正ナル家督相續人カ戸主ト爲リタル年月日ヲ謂フ換言スレハ眞正ナル家督相續人ハ前戸主カ戸主權ヲ失ヒ相續カ開始スルト同時ニ戸主ト爲リタルモノナレハ其相續開始ノ年月日ヲ指スナリ

二　戸主ノ名義ヲ有セシ者及ヒ戸主ノ名義ヲ有セシ者ト戸主トノ續柄　戸主ノ名義ヲ有セシ者トハ不當ニ相續權ヲ侵害シタル者ヲ謂ヒ戸主トハ家督相續ノ回復者ヲ謂フ而シテ其侵害者ト回復者トノ身分上ノ關係卽チ續柄ヲ記載スルモノトス

第百三十條　第百二十五條及ヒ前三條ノ屆出ハ被相續人ノ本籍地ニ於テ之ヲ爲スコトヲ要ス

相續ノ屆出地

本條ハ家督相續ニ關スル屆出地ヲ定ム卽チ家督相續ニ關スル屆出ハ家督相續人カ胎兒ナル場合、胎兒カ死體ニテ生レタル場合ト家督相續囘復ノ場合ナルトヲ問ハス總テ被相續人ノ本籍地ニ於テ之ヲ爲スコトヲ要ス從テ家督相續人カ外國人ニ在ルトキハ屆書ヲ被相續人ノ本籍地ノ市町村長ニ發送スヘキモノトス(一二五、三項、一二七、三項)

第十二節　推定家督相續人ノ廢除

第一　廢除ノ意義

廢除ノ意義

廢除トハ被相續人ノ意思ヲ以テ法定ノ推定家督相續人又ハ遺留分ヲ有スル推定遺產相續人ニ法律上一定ノ原因存スル場合ニ於テ判決ヲ以テ其相續權ヲ剝奪スルコトヲ謂フ蓋シ相續人ニシテ缺格者タル原因ノ存セサル場合ト雖モ是等ノ者ヲシテ相續人タラシムルハ一身若クハ一家ノ爲ニ不利益ト爲ストキハ人情ト利害トヲ考察シテ相續人タル資格ヲ剝奪シテ相續ヨリ除斥セサルヘカラス故ニ法律ハ法定ノ推定家督相續人又ハ遺留分ヲ有スル推

定遺産相續人ニシテ或ル一定ノ原因アルトキハ裁判所ノ判決ニ因リ其權利ヲ奪フモノト爲ス相續人廢除ノ原因ニ付テハ民法第九百七十五條、第九百九十八條ニ之ヲ明定ス

廢除ノ訴

第二　廢除ノ訴

被相續人カ法定ノ推定家督相續人又ハ遺留分ヲ有スル推定遺産相續人ヲ廢除セントスルニハ訴ノ形式ヲ以テ之ヲ裁判所ニ請求スルコトヲ要ス此訴ハ被相續人カ普通裁判籍ヲ有スル地ノ地方裁判所ノ管轄ニ專屬シ推定家督相續人又ハ推定遺産相續人ヲ相手ト爲シ人事訴訟手續法ノ規定ニ從ヒ之ヲ爲ス(民、九七五、人訴、三三、三四)廢除ハ遺言ニ因リテモ亦之ヲ爲スコトヲ得遺言ヲ以テ廢除ノ意思表示ヲ爲シタルトキハ遺言執行者ハ其遺言カ效力ヲ生シタル後遲滯ナク裁判所ニ廢除ノ請求ヲ爲スコトヲ要ス(民、九七六)

廢除ノ取消

第三　廢除ノ取消

廢除ノ原因止ミタルトキハ被相續人ハ廢除ノ取消ヲ裁判所ニ請求スルコトヲ要ス但廢除ノ原因カ被相續人ニ對シ虐待ヲ爲シ又ハ之ニ重大ナル侮辱

ヲ加ヘタルコトナルトキハ被相續人ハ何時ニテモ廢除ノ取消ヲ請求スルコトヲ得ヘシ又廢除ノ取消ハ遺言ニ因ル廢除ト同一方法ヲ以テ之ヲ爲スコトヲ得(民、九七七)

第四　廢除及ヒ其取消ノ效力

廢除及ヒ其取消ノ效力

廢除ハ法定ノ推定家督相續人又ハ遺留分ヲ有スル推定遺産相續人ヲシテ其相續權ヲ喪失セシムルニ在ルカ故ニ廢除ノ判決ニ因リ是等ノ者ヲシテ相續權喪失ノ效力ヲ生ス然レトモ推定家督相續人ヲ廢除セラレタルニ止マルヲ以テ指定又ハ選定ニ因ル家督相續人タルニ妨ケナシ

廢除ノ取消ハ廢除セラレタル者ヲシテ從前ノ資格ヲ回復セシムルノ效力ヲ生ス從テ是等ノ者ハ舊地位ヲ回復シ法定ノ推定家督相續人又ハ推定遺産相續人タルコトヲ得ヘシ

廢除又ハ廢除ノ取消ハ裁判確定ニ因リテ其效力ヲ生ス然レトモ遺言ニ因リ廢除又ハ其取消ノ意思ヲ表示シタル場合ハ被相續人死亡ノ時ニ遡リテ其效力ヲ生ス(九七六、九七七、四項、一〇〇〇)

廢除又ハ取消ノ訴ヲ提起シタル後其判決確定前被相續人ノ死亡シタルトキハ其訴訟手續ハ如何ニ受繼スヘキヤト謂フニ(一)或ハ婚姻ノ無效又ハ取消事件ニ付キ當事者ノ一方若クハ雙方カ死亡シタル場合ノ訴訟受繼ノ手續ヲ準用スヘシト謂ヒ(人訴、二)(二)或ハ受繼ノ手續ハ何レニモ規定ナキカ故ニ絕對ニ其途ナシト謂ヒ(三)或ハ戶主權ノ行使ニ必要ナル處分トシテ管理人ヲ選任シ(民、九七八)其管理人ヲシテ其訴訟手續ヲ受繼セシムルコトヲ得ヘシト謂ヒ諸說アリト雖モ第三說ヲ至當トス按スルニ推定家督相續人ノ廢除又ハ取消ハ戶主カ自己ニ代ハリテ戶主ト爲ルヘキ者ノ資格ノ得喪ヲ目的ト爲スニ在ルカ故ニ此種ノ權利ノ行使ヲ爲ス者ハ自己ノ地位ヲ相續セラルヘキ戶主タルコトヲ要ス則チ此種ノ權利ハ戶主ニ專屬シ戶主ニ非サレハ之ヲ行使スヘキ資格ナシ從テ戶主ヲシテ權利行使ノ適格者ト爲シ非戶主ヲ以テ其缺格者ト爲ス以上ハ此種ノ權利ハ戶主トシテノ權利行使ニ外ナラストス論定スルコトヲ得ヘク又此場合ニ於テ戶主權ノ行使者タル管理人ヲシテ其訴訟手續ヲ受繼セシメ裁判ヲ受クルコトハ最モ被相續人ノ意思ニ合シ頗ル實際ニ適シ

タルモノト謂フヘシ

舊、一三七

廢除屆出手續

第百三十一條 推定家督相續人廢除ノ裁判カ確定シタルトキハ訴ヲ提起シタル者ハ裁判確定ノ日ヨリ十日内ニ裁判ノ謄本ヲ添附シ其旨ヲ屆出ツルコトヲ要ス

屆書ニハ左ノ事項ヲ記載スルコトヲ要ス

一 廢除セラレタル者ノ氏名及ヒ本籍

二 廢除ノ原因

三 裁判確定ノ日

本條ハ廢除屆出手續及ヒ屆書ノ記載事項ヲ定ム

第一項ハ推定家督相續人廢除ノ裁判カ確定シタルトキハ訴ヲ提起シタル者ハ裁判確定ノ日ヨリ十日ノ期間内ニ裁判ノ謄本ヲ添附シ其旨ヲ屆出ツルヲ要スルコトヲ定メタルモノニシテ訴ヲ提起シタル者トハ被相續人カ訴ノ提起者ナルトキハ被相續人ヲ指セトモ被相續人カ遺言ヲ以テ推定家督相續

人廢除ノ意思表示ヲ爲シタル場合ニ於テハ遺言執行者ヲ指シ又訴ノ提起後判決前ニ被相續人ノ死亡シタルニ因リ戸主權行使ノ爲メ任設セラレタル管理人カ其訴訟手續ヲ受繼シタルトキハ其管理人ヲ指ス

第二項ハ推定家督相續人ノ廢除届書ニ記載スヘキ事項ヲ定メタルモノニシテ卽チ左ノ如シ

一 廢除セラレタル者ノ氏名及ヒ本籍　本號ノ記載ヲ爲サシムルノ要ハ何人カ廢除セラレタルカヲ明示セシムルニ在リ

二 廢除ノ原因　本號ノ記載ヲ爲サシムルノ要ハ廢除ノ原因ヲ知ルニ在リ廢除ノ原因トハ判決ノ基礎ヲ爲シタル廢除ノ事由ニシテ民法第九百七十五條ニ揭ケタル事項ヲ謂フ

三 裁判確定ノ日　本號ノ記載ヲ爲サシムルノ要ハ廢除ハ確定判決ニ因リテ效力ヲ生スルカ故ニ其日ヲ知ルニ在リ

第百三十二條 廢除取消ノ裁判カ確定シタルトキハ訴ヲ提起シタル者ハ裁判確定ノ日ヨリ十日内ニ裁判ノ

謄本ヲ添附シ其旨ヲ屆出ツルコトヲ要ス
屆書ニハ左ノ事項ヲ記載スルコトヲ要ス
一　廢除セラレタル者ノ氏名及ヒ本籍
二　裁判確定ノ日

本條ハ廢除取消ノ屆出手續及ヒ屆書ノ記載事項ヲ定ム

廢除取消ノ屆出手續

第一項ハ廢除取消ノ裁判カ確定シタルトキハ訴ヲ提起シタル者ハ裁判確定ノ日ヨリ十日ノ期間内ニ裁判ノ謄本ヲ添附シ其旨ヲ屆出ツルヲ要スルコトヲ定メタルモノニシテ訴ヲ提起シタル者トハ前條ノ說明ニ依リテ知ルヘシ

屆書記載事項

第二項ハ廢除取消ノ屆書ニ記載スヘキ事項ヲ定メタルモノニシテ卽チ左ノ如シ

一　廢除セラレタル者ノ氏名及ヒ本籍　本號ノ記載ヲ爲サシムルノ要ハ何人カ廢除ヲ取消サレタルヤヲ知ルニ在リ

二　裁判確定ノ日　本號ノ記載ヲ爲サシムルノ要ハ廢除ノ取消ハ廢除ト同シク確定判決ニ因リテ效力ヲ生スルカ故ニ其日ヲ知ルニ在リ

第十三節　家督相續人ノ指定

指定ノ意義

第一　指定ノ意義

戸主制ヲ採レル國ニ在リテハ家名ヲ永遠ニ傳ヘ祖先ノ祭祀ヲ萬世ニ維持セントスルノ必要ニ因リ子孫ニ家督相續人タルヘキ者ナキトキハ被相續人ヲシテ任意ニ適當ナル後繼者ヲ指定スルコトヲ得セシムルノ要アリ之レ最モ被相續人ノ意思ニ合シ戸主制ノ本義ニ適シタルモノト謂フヘシ法律ハ更ニ之ト同一ナル目的ニ出テタル養子制ヲ認ムト雖モ養子縁組ニハ法律上種種ナル要件アリ且被相續人ハ常ニ必スシモ適當ナル相續人ヲ得易カラサルカ爲メ家督相續人ノ指定ヲ認メ養子ト家督相續人ノ指定ト相竢テ彼此互ニ其缺點ヲ補ヒ以テ家名維持ノ一方法ト爲シタリ

指定ノ要件

第二　指定ノ要件

家督相續人指定ノ目的ハ家督相續人ヲ設クルニ在リ從テ指定ハ左ノ條件ヲ具備スルコトヲ要ス

一 法定ノ推定家督相續人ナキコト 此條件ヲ具備セサル指定カ無效ナルコト固ヨリ論ナシ而シテ指定後法定ノ推定家督相續人アルニ至リタルトキハ其指定ハ效力ヲ失フモノトス(民、九七九、一項)

二 死亡又ハ隱居ニ因ル家督相續ノ場合ナルコト 故ニ入夫婚姻、國籍喪失、婚姻又ハ養子緣組ノ取消ニ因リ其家ヲ去ルトキノ如キハ其指定ヲ許サス(民、九七九、三項)

未成年者タル戶主カ指定ヲ爲スニハ一般ノ規定ニ依リ法定代理人ノ同意ヲ得ルコトヲ要スヘシ然レトモ意思能力ヲ有セサル戶主ハ法定代理人ニ依ルモ指定ヲ爲スコトヲ得スト解スルヲ相當トス

他家ノ家族ヲ相續人ニ指定スルニハ其家ノ戶主ノ同意ヲ得ルコトヲ要セス然レトモ指定セラレタル者カ指定者ノ家督相續人トナリ其家ニ入リ相續ノ届出ヲ爲ス場合ハ從來ノ家ノ戶主ノ同意ヲ得ルコトヲ要ス

第三　指定ノ取消

（指定ノ取消）

被相續人ハ一旦家督相續人ヲ指定スルモ被指定者ニシテ其意ニ滿タサルトキハ何時ニテモ之ヲ取消スコトヲ得ヘシ(九七九、二項)被相續人ハ指定ノ自由アルト同時ニ指定取消ノ自由アリ故ニ縱令被指定者カ其指定ニ應シ承諾ノ意思ヲ表示シタルトキト雖モ指定ノ取消ヲ爲スコトヲ妨ケス

第四　指定及ヒ其取消ノ方式

（指定及ヒ取消ノ方式）

家督相續人ノ指定及ヒ其取消ハ被相續人ノ任意ナル意思表示ニ依リテ之ヲ爲スカ故ニ被指定者ノ承諾ノ有無ハ其指定及ヒ指定取消ニ付テ何等ノ影響ヲ及ホスモノニ非ス而シテ其指定及ヒ其取消ハ指定者ヨリ市町村長ニ對スル屆出ニ依リテ之ヲ爲スコトヲ要ス(民、九八〇)之レ恰モ婚姻又ハ養子縁組ノ形式的要件ト異ナル所ナシ尚ホ指定及ヒ其取消ハ遺言ニ因リテモ亦之ヲ爲スコトヲ得

第五　指定及ヒ其取消ノ效力

（指定及ヒ其取消ノ效力）

指定及ヒ指定取消ノ形式的要件トシテ指定及ヒ其取消ハ市町村長ニ屆出

ヲ爲スニ因リテ效力ヲ生ス(民、九八〇)又遺言ニ依リテ指定又ハ其取消ノ意思ヲ表示シタルトキハ遺言執行者ハ其遺言ノ效力ヲ生シタル後遲滯ナク屆出ヲ爲スコトヲ要ス此場合ニ於テハ指定又ハ其取消ハ被相續人ノ死亡ノ時ニ遡リテ其效力ヲ發生スルコトハ遺言ニ依ル推定家督相續人廢除ノ場合ト同シ(民、九八一、九七六)

指定ヲ受ケタル者カ婚姻又ハ養子緣組其他ノ事由ニ因リ他家ニ入ルモ指定ノ效力ヲ失フコトナシ然レトモ一旦指定ノ效力ヲ失ヒタル以上ハ其後ニ至リ法定ノ推定家督相續人ナキニ至ルモ指定ノ效力ヲ回復スルモノニ非ス

第百三十三條　家督相續人指定ノ屆書ニハ指定セラレタル者ノ氏名及ヒ本籍ヲ記載スルコトヲ要ス

○舊、一四

指定屆書記載事項

本條ハ指定ノ屆書ニ記載スヘキ事項ヲ定ム卽チ家督相續人指定ノ屆書ニハ「指定セラレタル者ノ氏名及ヒ本籍」ヲ記載スルコトヲ要ス本條ノ記載ヲ爲サシムルノ要ハ何人カ其指定ヲ受ケタルヤヲ明白ナラシムルニ在リ

舊、一四二

指定取消ノ届書記載事項

第百三十四條 家督相續人指定取消ノ届書ニハ指定家督相續人ノ氏名及ヒ本籍ヲ記載スルコトヲ要ス

本條ハ指定取消届書ニ記載スヘキ事項ヲ定ム即チ家督相續人指定取消ノ届書ニハ「指定家督相續人ノ氏名及ヒ本籍」ヲ記載スルコトヲ要ス本號ノ記載ヲ爲サシムルノ要ハ指定ヲ取消サルヘキ者ハ何人ナルカヲ知ルニ在リ

舊、一一四四

遺言ニ因ル指定及ヒ取消

第百三十五條 遺言ニ依ル家督相續人ノ指定又ハ指定取消ノ場合ニ於テハ指定又ハ指定取消ニ關スル遺言ノ謄本ヲ届書ニ添附スルコトヲ要ス

本條ハ遺言ニ因ル指定、指定取消ノ場合ニ於ケル添附書面ノ規定ナリ即チ家督相續人ノ指定又ハ指定取消ハ遺言ニ依リテモ意思ヲ表示スルヲ得ヘキコトハ既ニ述ヘタル所ニシテ此場合ニ於テ遺言執行者カ爲スヘキ届書ニハ指定又ハ指定取消ニ關スル遺言ノ謄本ヲ添附スルヲ要スルモノトス

舊、一四五

第百三十六條 指定家督相續人カ死亡シタルトキハ指

被指定者死亡ノ届出手續

定者ハ其事實ヲ知リタル日ヨリ十日内ニ其旨ヲ届出ツルコトヲ要ス

本條ハ被指定者死亡ノ届出手續ヲ定ム即チ被指定者カ死亡シタルトキハ其指定ハ效力ナキニ至リタルカ故ニ指定者ハ其事實ヲ知リタル日ヨリ十日ノ期間内ニ其届出ヲ爲スコトヲ要ス而シテ指定後法定ノ推定家督相續人アルニ至リタルトキ例ヘハ指定後ニ至リ實子ノ生レタル場合ハ其指定ハ法律上當然其效力ヲ失フカ故ニ（民、九七九、一項）指定者ハ指定失效ノ届出ヲ爲スコトヲ要セサルヤト謂フニ此場合ニ届出ヲ命シタル規定ナク又戸籍ノ訂正ヲ申請スヘキ條項（一六四、一六五）ニモ該當セサルヲ以テ指定者ハ何等ノ手續ヲ爲スコトヲ要セサルモノト解ス

第十四節　入籍、離籍及ヒ復籍拒絶

第一款　入籍

第一　入籍ノ意義

廣ク入籍ト稱スルトキハ或ル家ノ戸籍ヨリ他ノ家ノ戸籍ニ入ル總テノ場合ヲ包含シ便チ私生子認知、婚姻、養子緣組ニ因ル入籍、離婚又ハ養子離緣ニ因ル復籍等ノ如キモ亦入籍ナリト謂フコトヲ得ヘシ然レトモ本節ニ規定セル入籍トハ民法第七百三十七條、第七百三十八條ニ定ムル親族入籍ノ場合ニ關スルカ故ニ之ヲ狹義ノ入籍ト謂フ卽チ左ノ如シ

一　戸主ノ親族ニシテ他家ニ在ル者カ戸主ノ同意ヲ得テ其家族ト爲ル場合其者カ他家ノ家族ナルトキハ其家ノ戸主ノ同意ヲ得ルコトヲ要シ又其者カ未成年者ナルトキハ右ノ外法定代理人ノ同意ヲ得ルコトヲ要ス(民、七三七)民法第七百三十七條ニ依ル入籍ハ入籍者ヨリ届出ヲ爲スヘキカ故ニ意思能力ナキ者ハ同條ニ依リ入籍ヲ爲スコトヲ得ス又同時ニ數人ヲ入籍セシムル場合ニ於テハ各別ニ入籍ノ届出ヲ爲スヘシ(一三七)

二　婚姻又ハ養子緣組ニ因リテ他家ニ入リタル者カ其配偶者又ハ養親ノ親族ニ非サル自己ノ親族ヲ婚家又ハ養家ノ家族ト爲サントスル場合　此場

合ニ於テハ各戸主ノ同意ヲ得ルコトヲ要スル外其者カ未成年者ナルトキハ其法定代理人ノ同意ヲ得ルコト殊ニ配偶者又ハ養親ノ同意ヲ得ルコトヲ要ス(民、七三八、一項)

三　婚家又ハ養家ヲ去リタル者カ其家ニ在ル自己ノ直系卑屬ヲ自己ノ家族ト爲サント欲スル場合　此場合ニ於テモ亦各戸主ノ同意ヲ得ルコトヲ要スル外其者カ未成年者ナルトキハ其法定代理人ノ同意ヲ得ルコトヲ要ス(民、七三八、二項)

右二、三ニ揭ケタル入籍ノ屆出ハ入籍セシムル者ヨリ屆出ヲ爲スコトヲ要ス

入籍ニ關スル諸問題

第二　入籍ニ關スル諸問題

一　戸主ノ入籍　戸主カ廢家ノ上他家ヘ入籍ヲ爲ス場合ニ於テ其屆書ニ其本人ニ隨ヒテ入ルヘキ者ヲ記載スルトキハ(四七、二項)其家族ニ付テハ別ニ入籍手續ヲ要セス(民、七六三、七四五)

二　家督相續人及其子ノ入籍　(一)分家ノ戸主ノ長男ハ本家ノ戸主隱居シ本家ノ家督相續ヲ爲ス場合ニ非サレハ本家ニ入ルコトヲ得ス(民、七四四、但書)

(二)甲戸主裁判所ノ許可ヲ得テ隱居ヲ爲シ乙家族カ戸主ト爲リ他ニ家族ナキ爲メ隱居者カ推定家督相續人タル地位ニ立チタルトキハ其ノ隱居者ハ他家ニ入ルコトヲ得ス(三)家督相續人カ女子一人ナルトキハ男子ヲ養子ト爲スコトヲ得此場合ニ於テ其女子ハ他家ニ入籍スルコトヲ得(四)推定家督相續人ノ子ハ直接ノ相續人ニ非サルヲ以テ廢除ノ手續ヲ爲スコトヲ要セスシテ他家ニ入リ又ハ一家ヲ創立スルコトヲ得(五)離婚ニ因リ實家ニ復籍シタル者カ婚家ニ在ル子ヲ實家ニ入籍セシムルニハ親族入籍ノ手續ニ依ルヘシ(六)戸主隱居ノ上他家ニ入ル場合ニ於テ子ヲ其家ニ入レントスルニハ親族入籍ノ手續ニ依ル

三

養子及ヒ養子ノ子ノ入籍　(一)養子カ戸主ト爲リタル後妻子携帶其實家ニ復籍セントスルニハ裁判所ノ許可ヲ得隱居(民、七五三)ヲ爲シタル後離縁ニ因リ其妻ヲ共ニ入籍セシメ(民、七四五)次ニ子ニ付テ親族入籍ノ手續ニ因リ入ラシムヘシ子カ推定家督相續人ニシテ戸主トナリタルトキハ更ニ廢家隱居等ノ手續ヲ經ルコトヲ要ス(二)養子カ離縁後其子ヲ妻ノ實家ニ入レントスルニハ親族入籍ノ手續ニ依ルヘシ(三)養親カ養家ヲ去リタルニ因リ養家ノ推定家督相續人ト爲リタル者ハ其家ヲ去ルコトヲ得ス(四)婿養子カ離縁後分家ヲ爲シタル場合ニ於テ元養家ニ在ル子ヲ入籍セシムルニハ養子ノ手續ニ依ルコトヲ得ス親族入籍ニ依ルヘキモノトス(民、七三七)

四 庶子、私生子ノ入籍　(一)父ノ家ニ入ルコトヲ得サリシ庶子(民、七三五)カ後ニ父ノ家ニ入ルニハ親族入籍ノ手續ニ依ルヘシ(二)庶子カ母ノ家ニ入ルニハ當然母ノ家ニ入ルニ非ス母ノ家ノ戸主ノ同意ヲ得ルコトヲ要ス(民、七三五、二項)(三)親權ヲ行フ母ハ戸主ニ代ハリ自己ノ私生子ノ入籍ニ同意スルコトヲ得但其同意ヲ爲スニ付キ利益相反セサル場合ニ限ル利益相反スルトキハ特別代理人ノ選任ヲ要ス(民、八九五、八八八)

五 孫ノ入籍　祖父戸主ナルトキ孫ハ直接ノ相續人ニ非サルヲ以テ親族入籍ノ手續ニ依リ他家ニ入ルコトヲ得

六 父又ハ母ノ入籍　(一)離婚後母カ實子(舊婚家)ノ家ニ入ルニハ親族入婚ノ手續ニ依ル(二)家族タル子カ父母ヲ自己ノ家ニ入籍セシムルニハ戸主ト父

母トカ親族タル場合ニ非サレハ入籍スルコトヲ得ス(三)親權ヲ行フ場合ニ於テ未成年者タル戸主ト利益相反スル行爲ニ付テハ父又ハ母ハ子ノ爲ニ特別代理人ヲ選任スルコトヲ親族會ニ請求シ其特別代理人ノ同意ヲ得ルコトヲ要ス(民、八八八、一項、八九五)

七　夫ノ入籍　(一)夫カ入籍ノ屆出ヲ爲ス場合ニハ妻ハ別ニ入籍ノ手續ヲ爲スヲ要セス但夫入籍ノ屆出ニ其本人ニ隨ヒテ入ルヘキ者ヲ記載スルコトヲ要ス(四七、二項)(二)戸主ノ母他家ヘ嫁シタル後死亡シタル場合ニ亡母ノ夫カ他家ニ入ルトキハ姻族關係消滅スルヲ以テ(民、七二九、二項)其夫ハ亡母ノ實家ニ入ルコトヲ得ス

八　分家者ノ入籍及ヒ分家ヘノ入籍　(一)夫カ分家ヲ爲ス場合ニ於テ妻カ夫ニ隨ヒ分家ニ入ル外(民、七四五)尊屬卑屬又ハ傍系親トモ當然分家ニ入ルモノニ非ス是等ノモノハ民法第七百三十七條ニ依ル入籍手續ヲ爲スコトヲ要ス但分家ヲ爲ス場合ニ於テハ戸主ノ同意ヲ得テ自己ノ直系卑屬ヲ分家ノ家族ト爲スコトヲ得(民、七四三、二項)(二)分家者ハ廢家ノ上本家ニ復籍セス

直ニ他家ニ入ルコトヲ得但廢家ト入籍トノ各届出ヲ爲スコトヲ要ス(民、七六二、一項、七三七)(三)婿養子カ分家後更ニ養家ニ復籍スルニハ廢家ノ上入籍手續ヲ爲スヘシ(民、七六二)(四)家族カ他家ノ養子ト爲リタル後分家ヲ爲シ更ニ分家ヲ廢シタルトキハ親族入籍ノ手續ニ依リ直ニ實家ニ入籍スルコトヲ得(五)分家ノ家族タル尊屬卑屬ハ本分家ノ戸主ノ同意ヲ得テ本家ニ入籍スルコトヲ得ヘク又妻ハ當然分家ニ入ルコトヲ得(民、七四五)

九　妻ノ親族ノ入籍　入夫婚姻ノ場合ニ於ケル女戸主タリシ妻ハ入夫ト親族關係ナキ自己ノ親族ヲ入籍セシムルコトヲ得(民、七三八、參照)

十　寡婦ノ實家ヘ入籍　(一)寡婦カ生家又ハ他家ヘ入籍スルニハ離婚ノ手續ヲ以テスルニ非スシテ親族入籍ノ手續ニ依ルヘシ但寡婦カ現在ノ實家ノ戸主ト親族關係ナキトキハ親族入籍ヲ爲シ難シ(二)夫婦ノ一方カ死亡シタル場合ニ於テ生存配偶者カ婚家ヲ去ラントスルトキ實家廢絶シ又ハ實家ニ親族ナキトキハ實家ヲ再興シ他家ニ入リ若クハ分家ヲ爲スヘシ

十一　被離籍者ノ復籍手續　被離籍者カ復籍ヲ爲スニハ廢家ノ上親族入籍

ヲ爲スヘシ(民、七六二、一項)

十二 戸主ノ親族ニ非サル者ノ入籍　戸主ノ親族ニ非サル家族ノ親族ヲ入籍セシムル場合ハ總テ民法第七百三十八條ニ依ルモノトス(一三八)

第百三十七條 民法第七百三十七條ノ規定ニ依リ家族ト爲ラント欲スル者ハ左ノ事項ヲ屆書ニ記載シテ其旨ヲ屆出ツルコトヲ要ス

一　入籍スヘキ家ノ戸主ノ氏名及ヒ本籍

二　入籍スヘキ家ノ戸主ト入籍スヘキ者トノ續柄

三　原籍ノ戸主ノ氏名、本籍及ヒ其戸主ト入籍スヘキ者トノ續柄

本條ハ戸主ノ親族入籍ノ手續及ヒ屆書ノ記載事項ヲ定ム卽チ民法第七百三十七條ニ依ル戸主ノ親族ニシテ他家ニ在ル者其家族ト爲ラントスルトキ

ハ左ノ事項ヲ屆書ニ記載シテ其旨ヲ屆出ツルヲ要スルコトヲ定メタリ

一　入籍スヘキ家ノ戶主ノ氏名及ヒ本籍　本號ノ記載ヲ爲サシムルノ要ハ入籍者ノ屆書ナルカ故ニ入籍スヘキ家ノ戶主ノ如何ナル人ナルカヲ明示セシムルニ在リ

二　入籍スヘキ家ノ戶主ト入籍スヘキ者トノ續柄　本號ノ記載ヲ爲サシムルノ要ハ入籍者ハ入籍スヘキ家ノ戶主ト親族ナルコトヲ前提ト爲スカ故ニ此間ノ親族關係ヲ知ルニ在リ

三　原籍ノ戶主ノ氏名、本籍及ヒ其戶主ト入籍スヘキ者トノ續柄　本號ノ記載ヲ爲サシムルノ要ハ入籍者ノ原籍ノ戶主ハ如何ナル人ナルカ及ヒ其戶主ト入籍者トノ親族關係ヲ知ルニ在リ

入籍ノ屆書ニハ同意權ヲ有スル戶主又ハ戶主權ヲ行使スル者若クハ法定代理人ノ同意ヲ證スル書面ヲ添附スルカ又ハ其屆書ニ其旨ヲ附記シ是等ノ者ヲシテ署名、捺印セシムルコトヲ要ス(五八、一項)又入籍者カ有爵者ノ家族ナルトキハ屆書ニ宮內大臣ノ認許書ノ謄本ヲ添附スルコトヲ要スルモノトス

旧、一四六

家族ノ親族入籍手續

届書記載事項

（五八、二項）

第百三十八條

民法第七百三十八條ノ規定ニ依リ自己ノ親族ヲ家族ト爲サント欲スル者ハ其旨ヲ届出ツルコトヲ要ス

届書ニハ前條ニ掲ケタル事項ノ外入籍スヘキ者ノ氏名及ヒ出生ノ年月日ヲ記載スルコトヲ要ス

本條ハ家族ノ親族入籍手續及ヒ届書ニ記載スヘキ事項ヲ定ム

第一項ハ民法第七百三十八條ニ依リ婚姻又ハ養子縁組ニ因リテ他家ニ入リタル者カ其配偶者又ハ養親ノ親族ニ非サル自己ノ親族ヲ婚家又ハ養家ノ家族ト爲サント欲スル場合及ヒ婚家又ハ養家ヲ去リタル者カ其家ニ在ル自己ノ直系卑屬ヲ自己ノ家族ト爲サント欲スル場合ニ於テ其旨ヲ届出ツルヲ要スルコトヲ定メタリ

第二項ハ其届書ニ記載スヘキ事項ヲ定ム左ノ如シ

一　入籍スヘキ家ノ戸主ノ氏名及ヒ本籍　本號ノ記載ヲ爲サシムルノ要ハ自己ノ親族ヲ入籍セシメント欲スル家族ノ屆書ナルカ故ニ入籍スヘキ家ノ戸主ノ何人ナルカヲ明示セシムルニ在リ

二　入籍スヘキ家ノ戸主ト入籍スヘキ者トノ續柄　本號ノ記載ヲ爲サシムルノ要ハ入籍スヘキ家ノ戸主ト入籍スヘキ者トノ續柄ヲ知ルニ在レトモ本條ノ入籍手續ニ關シテハ是等ノ者ノ間ニ親族關係ノ存スルコトヲ要セス唯入籍セシメント欲スル家族ノ親族タルコト又ハ直系卑屬タルコトヲ必要トス從テ入籍スヘキ家ノ家族ノ配偶者又ハ家族ヲ經テ親族關係ヲ有スルコトアルヘク或ハ其家族トノミ親族關係ヲ有シ戸主トハ全ク親族關係ヲ有セサルコト多カルヘシ故ニ此場合ニ於テハ戸籍ニ記載スヘキ事項ヲ明瞭ナラシムヘキモノトシテ入籍スヘキ家ノ戸主ノ家族ト入籍スヘキ者トノ親族關係ヲ記載シ(五四、一八、一〇號乃至一二號)又入籍スヘキ家ノ戸主ト入籍スヘキ者トノ親族關係ノ存セサルトキハ其旨ヲ記載スルコトヲ要ス(五三)

三　原籍ノ戸主ノ氏名、本籍及ヒ其戸主ト入籍スヘキ者トノ續柄　前條三號ノ註ニ依リテ之ヲ知ルヘシ

四　入籍スヘキ者ノ氏名及ヒ出生ノ年月日　本號ノ記載ヲ爲サシムルノ要ハ入籍スヘキ者ハ如何ナル人ナルカヲ知ルニ在リ

前條ノ入籍者ハ入籍スヘキ家ノ戸主ノ親族ニシテ其屆出人ハ入籍者ナルモ本條ノ入籍者ハ入籍スヘキ家ノ家族ノ親族又ハ直系卑屬ニシテ其屆出人ハ入籍者ニ非ス自己ノ親族又ハ直系卑屬ヲ入籍セシメント欲スル家族ナリトス

同意又ハ許可ヲ證スル書面ヲ屆出ニ添附スルカ又ハ同意者ヲシテ屆書ニ其旨ヲ附記シ署名、捺印セシムルヲ要スルハ前條ノ說明ト同シ

第二款　離籍

離籍ノ意義

離籍トハ(一)戸主カ家族ノ居所ヲ指定スル權利(二)戸主カ家族ノ婚姻又ハ養子緣組ヲ爲スニ同意ヲ與フル權利ニ服從セサル家族ニ對スル制裁ニシテ戸主

自ラ家族ノ除籍ヲ爲シ以テ戸主カ家族ニ對シテ負擔スル扶養ノ義務ヲ免脱スル行爲ヲ謂フ(民、七四九、七五〇、七四二、七四七)

一　家族ニ對スル居所ノ指定權　戸主ハ家族ニ對スル居所指定權ヲ有スルカ故ニ家族ハ戸主ノ意ニ反シテ其居所ヲ定ムルコトヲ得ス(民七四九、一項)家族カ戸主ノ意ニ反シテ居所ヲ定メタルトキハ戸主ハ相當ノ期間ヲ定メ其指定シタル場所ニ居所ヲ轉スヘキ旨ヲ催告スルコトヲ得ヘシ其家族カ而カモ成年者ニシテ之ニ應セサルトキハ戸主ハ之ヲ離籍スルコトヲ得ルモノトス(民、七四九、三項)又家族ノ妻ノミニ對シ居所指定ヲ爲シタル處之ニ應セサルトキハ妻ノミヲ離籍スルコトヲ得ルヤト謂フニ夫ニ離籍ノ事由ナキトキト雖モ妻ノミ離籍ヲ爲スコトヲ妨ケス

二　家族ノ婚姻又ハ養子縁組ニ同意權　戸主ハ家族ノ婚姻又ハ養子縁組ヲ爲スニ付キ同意權ヲ有スルカ故ニ家族カ婚姻又ハ養子縁組ヲ爲スニハ戸主ノ同意ヲ得ルコトヲ要ス(民、七五〇、一項)家族カ之ニ違反シテ婚姻又ハ養子縁組ヲ爲シタルトキハ戸主ハ婚姻又ハ養子縁組ノ日ヨリ一年内ニ離籍

ヲ為スコトヲ得ヘシ（民、七五〇、二項）然レトモ法定ノ推定家督相續人タル家族ハ必ス其家ノ家督ヲ相續スヘキモノナレハ其家族カ戸主ノ同意ヲ得スシテ婚姻又ハ養子縁組ヲ為シタル場合ニ限リ民法第七百四十四條第二項ノ適用ニ依リ之ヲ離籍シ得ルニ止マリ戸主ノ居所指定權ニ違反シ且其催告ニ應セサルコトヲ理由トシテハ離籍ヲ為スコトヲ得ス（民、七四四）

離籍ヲ為スノ權利ハ戸主權ノ一内容ニ屬スルカ故ニ其地位ヲ相續シタル新戸主ニ於テ之ヲ承繼スヘキコト勿論ナリ（民、九八六）又戸主カ無能力者ナルトキハ其法定代理人代ハリテ之ヲ行フモノトス但後見人カ此權利ヲ行使スルニハ親族會ノ同意ヲ得ルコトヲ要ス（民、八九五、九三四）

離籍ノ效力ハ戸主カ家族ニ對スル扶養債務ノ負擔ヲ免脱スルニ止マリ之カ為ニ親族關係ヲ消滅セシムルモノニ非ス

舊、一四八

第百三十九條　戸主カ其家族ヲ離籍セントスルトキハ左ノ事項ヲ屆書ニ記載シテ其旨ヲ屆出ツルコトヲ

要ス

一　離籍セラルヘキ者ノ氏名

二　離籍ノ原因

離籍手續、屆書記載事項

本條ハ離籍ノ手續及ヒ屆書ニ記載スヘキ事項ヲ定ム卽チ戸主カ其家族ヲ離籍セント欲スルトキハ其手續トシテ左ノ事項ヲ屆書ニ記載シテ其旨ヲ屆出ツルヲ要スルコトヲ定メタリ

一　離籍セラルヘキ者ノ氏名　本號ノ記載ヲ爲サシムルノ要ハ何人カ離籍セラルヘキヤヲ明示セシムルニ在リ

二　離籍ノ原因　本號ノ記載ヲ爲サシムルノ要ハ離籍ノ原因ハ居所指定權ニ違反シタルカ婚姻又ハ養子縁組ヲ爲スニ付キ同意權ニ違反シタルカヲ知ルニ在リ

舊、一四九

第百四十條　離籍ニ因リテ一家ヲ創立シタル者ハ其事實ヲ知リタル日ヨリ十日内ニ其旨ヲ屆出ツルコトヲ

要ス

届書ニハ左ノ事項ヲ記載スルコトヲ要ス

一　離籍者ノ氏名及ヒ本籍

二　離籍者ト離籍セラレタル者トノ續柄

三　離籍ノ原因及ヒ年月日

本條ハ離籍ニ因ル一家創立ノ届出手續及ヒ届書ニ記載事項ヲ定メタルモノナリ即チ第一項ハ離籍セラレタル家族ハ一家ヲ創立スルカ故ニ(民、七四二)離籍ニ因リ一家ヲ創立シタル者ハ其事實ヲ知リタル日ヨリ一日ノ期間内ニ其旨ヲ届出ツルヲ要スルコトヲ定ム

第二項ハ離籍ニ因リ一家創立ノ届書ニ記載スヘキ事項ヲ定メタルモノニシテ即チ左ノ如シ

一　離籍者ノ氏名及ヒ本籍　本號ノ記載ヲ爲サシムルノ要ハ離籍ヲ爲シタル戸主ハ離籍セラレタル者カ去ルヘキ家ノ戸主ナルカ故ニ其者ノ何人ナ

ルカヲ知ルニ在リ

二　離籍者ト離籍セラレタル者トノ續柄　本號ノ記載ヲ爲サシムルノ要ハ離籍シタル者ト離籍セラレタル者トハ如何ナル親族關係ナルヤヲ知ルニ在リ

三　離籍ノ原因及ヒ年月日　本號ノ記載ヲ爲サシムルノ要ハ離籍ノ原因如何及ヒ離籍セラレタル年月日ハ何日ナルカヲ知ルニアリ離籍ノ年月日トハ離籍ハ届出ニ因リテ之ヲ爲スカ故ニ(一三九)離籍者カ其届出ヲ爲シタル年月日ヲ謂フ

尚ホ離籍セラレタル者ト共ニ離籍者ノ家ヲ去ルヘキ者アルトキハ其者ノ氏名、出生ノ年月日及ヒ本籍ヲ届書ニ記載スルコトヲ要ス(四七、二項)離籍セラレタル者ノ妻(民、七四五)又ハ離籍セラレタル養親ノ養子(民、七五〇、三項)ノ如シ

第三款　復籍拒絶

復籍トハ婚姻又ハ養子縁組ニ因リテ一旦他家ニ入リタル者カ離婚若クハ

養子離緣ヲ爲シタルニ因リテ實家ニ復歸シ(民、七三九)實家ニ於ケル身分ヲ回復スルコトヲ謂ヒ(民、八七五)復籍拒絕トハ戶主ノ同意ヲ得スシテ婚姻又ハ養子緣組ヲ爲シタル者カ離婚又ハ養子離緣ニ因リテ實家ニ復歸スルニ丁リ戶主ハ右ノ同意ヲ與フル權利ニ服從セサル制裁トシテ實家ニ復籍スルヲ拒絕スルノ行爲ヲ謂フ(民、七三九、七四一、七五〇)

復籍拒絕ヲ爲ス場合ハ一ニ婚姻又ハ養子緣組ノ場合ニノミ適用スヘキモノニシテ親族入籍、他家ノ相續、分家又ハ廢絕家再興ノ如キニ依リ他家ニ入リタルモノニハ之ヲ行フコトヲ得ス復籍ヲ拒ミ得ヘキ場合ハ實ニ左ノ二種ニ限レリ

一　家族カ戶主ノ同意ヲ得スシテ婚姻又ハ養子緣組ヲ爲シテ他家ニ入リタルトキ(民、七五〇)

二　婚姻又ハ養子緣組ニ因リテ他家ニ入リタル者カ婚家、養家若クハ實家ノ戶主ノ同意ヲ得スシテ更ニ婚姻又ハ養子緣組ヲ爲シタルトキ(民、七四一)

復籍拒絕ハ婚姻又ハ養子緣組ノ日ヨリ一年內ニ其手續ヲ爲スコトヲ要ス

復籍拒絶ノ權利ハ戸主ニ屬スル權利ニシテ家督相續ノ目的ト爲リ得ヘキコト(民、九八六)又戸主カ無能力者ナルトキハ其法定代理人之ヲ代行スルコト但後見人カ此權利ヲ代行スルニハ親族會ノ同意ヲ得ルヲ要スルコト等(民、八九五、九三四)離籍ノ場合ト同シ而シテ復籍ヲ拒絶セラレタル者ハ離婚又ハ養子離縁ニ因リテ實家ニ復歸スルヲ得ス從テ實家ニ於テ有セシ身分ヲ回復スルコト能ハサルノ效力ヲ生スルモノトス

第百四十一條 戸主カ其家族タリシ者ノ復籍ヲ拒マント欲スルトキハ左ノ事項ヲ屆書ニ記載シテ其旨ヲ屆出ツルコトヲ要ス

一 復籍ヲ拒マルヘキ者ノ氏名及ヒ本籍

二 復籍ヲ拒マルヘキ者カ家族ナルトキハ戸主ノ氏名

三 復籍拒絶ノ原因

〇舊、一五

復籍拒絶屆出手續、屆書記載事項

本條ハ復籍拒絕ノ手續及ヒ屆書ニ記載スヘキ事項ヲ定ム卽チ戶主カ家族タリシ者ノ復籍ヲ拒マントスルトキハ其手續トシテ左ノ事項ヲ屆書ニ記載シテ其旨ヲ屆出ツルヲ要スルコトヲ定メタリ

一　復籍ヲ拒マルヘキ者ノ氏名及ヒ本籍　本號ノ記載ヲ爲サシムルノ要ハ復籍ヲ拒マルヘキ者ハ何人ナルヤヲ明示セシムルニ在リ

二　復籍ヲ拒マルヘキ者カ家族ナルトキハ戶主ノ氏名　本號ノ記載ヲ爲サシムルノ要ハ復籍ヲ拒マルヘキ者カ婚姻又ハ養子緣組ニ因リテ他家ニ入リタル場合ナルカ故ニ其者カ他家ノ家族ナルトキハ其戶主ヲ表示シ如何ナル家ニ屬スルヤヲ知ルニ在リ

三　復籍拒絕ノ原因　本號ノ記載ヲ爲サシムルノ要ハ復籍拒絕ノ原因ハ復籍ヲ拒マルヘキ者カ本欵ノ冒頭ニ揭ケタル一ノ場合ニ戶主ノ同意ヲ得サリシニ因ルカ又ハ二ノ場合ニ其同意ヲ得サリシニ因ルカヲ知ルニ在リ

第百四十二條　復籍拒絕又ハ復籍スヘキ家ノ廢絕ニ因リテ一家ヲ創立シタル者カ緣組若クハ婚姻ノ取消又

復籍拒絶其他ニ因ル一家創立届出手續

ハ離縁若クハ離婚ノ届書ニ其場所ヲ記載セサリシトキハ一家創立ノ事實ヲ知リタル日ヨリ十日内ニ其届出ヲ爲スコトヲ要ス

届書ニハ左ノ事項ヲ記載スルコトヲ要ス

一　復籍拒絶者又ハ廢絶家ノ戸主ノ氏名及ヒ本籍

二　復籍拒絶ノ原因及ヒ年月日又ハ廢絶ノ年月日

本條ハ復籍拒絶又ハ復籍スヘキ家ノ廢絶ニ因ル一家創立ノ届出手續及ヒ届書ニ記載スヘキ事項ヲ定ム

第一項ハ復籍ヲ拒マレ又ハ復籍スヘキ家ノ廢絶ニ因リテ一家ヲ創立シタル者ハ養子縁組若クハ婚姻ノ取消又ハ養子離縁若クハ離婚ノ場合ニ於テ其届書ニ一家創立ノ場所ヲ(九三、二項、四號、九五、五號、一〇二、一〇四、五號)記載スヘキナレトモ若シ之カ記載ヲ爲ササリシトキハ一家創立ノ事實ヲ知リタル日ヨリ十日ノ期間内ニ更ニ其旨ヲ届出ツルコトヲ要スルコトヲ定ム

第二項ハ復籍拒絶又ハ復籍スヘキ家ノ廢絶ニ因ル一家創立ノ届書ニ記載スヘキ事項ヲ定メタルモノニシテ卽チ左ノ如シ

一　復籍拒絶者又ハ廢絶家ノ戸主ノ氏名及ヒ本籍　本號ノ記載ヲ爲サシムルノ要ハ復籍ヲ拒ミタル者又ハ廢家、絶家ノ當時ノ戸主卽チ廢絶家最終ノ戸主ノ何人ナルカヲ明示セシムルニ在リ

二　復籍拒絶ノ原因及ヒ年月日又ハ廢絶ノ年月日　本號ノ記載ヲ爲サシムルノ要ハ復籍拒絶ノ原因ハ何ナルヤ復籍拒絶ノ年月日ハ何日ナルヤ又ハ廢絶家ノ年月日ハ何日ナルヤヲ知ルニ在リ復籍拒絶ノ年月日トハ復籍ノ拒絶ハ届出ニ因リ之ヲ爲スカ故ニ(一四一)復籍拒絶者カ其届出ヲ爲シタル日ヲ謂ヒ廢絶トハ次節ニ於テ述フル所ナレトモ例ヘハ戸主カ本家ノ相續又ハ再興其他正當ノ事由ニ由リ裁判所ノ許可ヲ得テ廢家シ或ハ新ニ家ヲ立テタル者カ廢家シテ他家ヘ入ルカ如キ(民、七六二)戸主ノ死亡、失踪又ハ國籍喪失等ニ因リ戸主ヲ喪ヒタル家ニ家督相續人ナキカ爲メ絶家スルカ如シ(民、七六四)廢家ノ年月日トハ廢家ノ届出ヲ爲シタル日ヲ謂ヒ(一四三)絶家

ノ年月日トハ民法第千五十八條但書ノ期間滿了ノ時ヲ謂フ
尙ホ届出人ト共ニ創立シタル家ニ入ルヘキ者アルトキハ其者ノ氏名、出生ノ年月日及ヒ本籍ヲ届書ニ記載スルコトヲ要ス(四七、二項)

第十五節　廢家及ヒ絶家

第一款　廢家

廢家ノ意義

第一　廢家ノ意義

廢家トハ其家ヲ消滅セシムルノ意思ヲ以テスル戶主權ノ拋棄ナリ抑、家族制ノ大綱ハ家名ヲ永遠ニ維持シテ祖先ノ祭祀ヲ萬世ニ繼續セントスルニ在リ而カモ家名及ヒ祭祀ヲ重スルノ觀念ハ我カ國體ノ眞髓ヲ爲シ延テ現今ニ於ケル諸般ノ制度ノ基礎ヲ組成シタルモノトス則チ祖先ノ祭祀ヲ萬世ニ繼續セントスルニハ家名ヲ維持セサルヘカラス家廢滅スレハ祖先ノ祭祀ヲ斷ツコト言フヲ俟タサルカ故ニ家名ノ維持ハ寔ニ家族制ノ本領ナリト謂フヘシ故ニ法律ハ濫ニ廢家ヲ許ササルヲ原則トシ唯タ例外トシテ或ル特定ノ理

由アル場合ニ限リ之ヲ許ス

廢家ヲ許ス特定ノ場合

第二　廢家ヲ許ス特定ノ場合

一　新ニ家ヲ立テタル者ナルトキ　一家新立ハ戸主權ノ原始的取得ニシテ分家ト一家創立トヲ包含ス廢絕家再興者ハ本號ニ入ルヤ將又次號ニ依リ廢家ヲ爲スコトヲ得ヘキヤニ付キ疑ヒアレトモ廢絕家再興ハ承繼ニ因ル戸主權ノ取得ニ非サルコト明カナルカ故ニ本號ニ依リ廢家ヲ爲シ得ヘキモノト爲スニ遲疑セス一家新立者ニ對シテ隨意ニ廢家ヲ爲スコトヲ許ス理由ハ一家新立者ハ縱令其家ヲ廢スルモ祖先ノ祭祀ヲ斷ツノ虞ナク家名ヲ維持スルノ義務ナク又資產ヲ永遠ニ保持スルノ責任アルコトナシ卽チ戸主承繼ニ非スシテ自ラ設營シタルモノヲ自ラ廢滅スルヲ以テ敢テ祖先ヲ辱シムルモノニ非サレハナリ（民、七六二、一項）

二　家督相續ニ因リテ戸主ト爲リタル者ニ在リテハ本家ノ相續、再興其他正當ノ事由アルニ因リ裁判所ノ許可ヲ得タルトキ　卽チ承繼ニ因リ戸主ト爲リタル者ハ家名ヲ維持シ祖先ノ祭祀ヲ繼續シテ之ヲ萬世ナラシムルノ義務ヲ負フカ故ニ敢テ容易ニ廢家ヲ爲スコトヲ許サス但タ本家ノ相續、再興其他正當ノ事由アルトキニ限リ裁判所ノ許可ヲ得テ廢家ヲ爲スコトヲ得廢家ヲ爲スニ付テノ正當ノ事由トハ一ニ裁判所ノ判定ニ任スル所ナレトモ他家ニ入ル必要カ其家ヲ繼續スヘキ必要ニ比較シテ一層多キヲ要スルコトハ勿論ナリ（民、七六二、二項）

廢家ヲ爲スコトハ廢家者自身ノ行爲ナルカ故ニ之ヲ爲スニハ廢家者ノ意思能力アルコトヲ要ス故ニ未成年者又ハ禁治產者ト雖モ意思能力ヲ有スル以上ハ法定代理人ノ同意ヲ得テ廢家ヲ爲スコトヲ得之ニ反シテ意思能力ナキ者ハ法定代理人ニ依ルモ廢家ヲ爲スコトヲ得ス

廢家ノ效力トシテ附言スヘキハ戶主カ適法ニ廢家シテ他家ニ入リタルトキハ其家族ハ當然其家ニ入ルモノニシテ（民、七六三）民法第七百三十七條、第七百三十八條ニ依ル親族入籍ニ非サルコト是ナリ

舊、一五二

第百四十三條　廢家ヲ爲サント欲スル者ハ其者カ入ルヘキ家ノ戶主ノ氏名及ヒ本籍ヲ屆書ニ記載シテ其旨

廢家ノ届出手續届書記載事項

ヲ届出ツルコトヲ要ス但家督相續ニ因リテ戸主ト爲リタル者ニ非サルトキハ其旨ヲ届書ニ記載スルコトヲ要ス

本條ハ廢家ノ届出手續及ヒ届書ニ記載スヘキ事項ヲ定ム卽チ廢家ヲ爲サント欲スル者ハ「其者カ入ルヘキ家ノ戸主ノ氏名及ヒ本籍」並ニ「家督相續ニ因リテ戸主ト爲リタル者ニ非サルトキハ其旨」ヲ届書ニ記載シテ廢家ノ旨ヲ届出ツルコトヲ要ス其者カ入ルヘキ家ノ戸主ノ氏名及ヒ本籍ノ記載ヲ爲サシムルノ要ハ廢家ヲ爲スハ他家ニ入ルノ必要ニ因ルカ故ニ如何ナル家ニ入ルカヲ知ルニ在リ但本家ノ再興ヲ爲ス場合ニ於テハ戸主ナキヲ以テ其事由ヲ記載スヘシ(五三)又家督相續ニ因リテ戸主ト爲リタル者ニ非サルトキ其旨ヲ記載スルヲ要スルハ此種ノ廢家者ハ自己ノ意思ノミニ因リ裁判所ノ許可ヲ得スシテ廢家ヲナシ得ルコトヲ明カニスルニ在リ

廢家者カ家督相續ニ因リテ戸主ト爲リタル者ナルトキハ届書ニ廢家許可

ノ裁判ノ謄本ヲ添附スルコトヲ要ス(五八、二項)

第二款　絶家

絶家ノ意義

第一　絶家ノ意義

絶家トハ一家廢滅ノ一種ニシテ戶主ヲ失ヒタル家ニ家督相續人ナキトキハ自然ニ一家ノ斷絶ヲ來タス事實ヲ謂フ(民、七六四)然レトモ家督相續開始ノ當時法定ノ推定家督相續人ナキトキト雖モ指定又ハ選定ニ因リテ家督相續人タルモノアルコトアリ或ハ家督相續權ヲ有スル者ノ存在スルヤ否ヤ明白ナラサル場合アリ故ニ家督相續開始ノ時ニ於テ家督相續人ナク又ハ不明ノ一事ヲ以テ直ニ絶家ト爲スヘキニ非ス從テ民法ハ絶家ト爲スニハ幾多ノ手續ヲ履踐スヘキコトヲ命シタリ即チ左ノ如シ

絶家ノ手續

第二　絶家ノ手續

戶主ヲ失ヒタル家ニ家督相續人アルコト分明ナラサルトキハ裁判所ハ利害關係人又ハ檢事ノ請求ニ因リ相續財産ノ管理人ヲ選任シテ左ノ手續ヲ爲

スコトヲ要ス(民、一〇五一、一〇五二)

第一回公告　裁判所ハ遲滯ナク管理人選任ノ公告トシテ(一)申立人ノ氏名住所(二)被相續人ノ氏名、身分、職業及ヒ最後ノ住所(三)被相續人ノ出生及ヒ死亡ノ場所竝ニ其年月日(四)管理人ノ氏名、住所ヲ記載シテ之ヲ爲スコト(非訟、六九)

第二回公告　第一回公告ヲ爲シタル後二个月内ニ家督相續人アルコト分明ナルニ至ラサルトキハ管理人ハ遲滯ナク一切ノ相續債權者及ヒ受遺者ニ對シテ二个月ヲ下ラサル一定ノ期間内ニ其請求ノ申出ヲ爲スヘキ旨ヲ公告スルコト(民、一〇五七)右ノ公告ニハ相續債權者又ハ受遺者カ期間内ニ申出ヲ爲ササルトキハ清算ヨリ除斥セラルヘキ旨ヲ附記シ又知レタル債權者及ヒ受遺者ニハ各別ニ申出ヲ催告スルコトヲ要ス

第三回公告　第二回公告ニ定メタル期間滿了ノ後尙ホ家督相續人アルコト分明ナラサルトキハ裁判所ハ管理人又ハ檢事ノ請求ニ因リ相續人ヲ搜索スル爲メ第三回公告トシテ一年ヲ下ラサル一定ノ期間内ニ(一)請求

者ノ氏名、住所(二)被相續人ノ氏名、身分、職業及ヒ最後ノ住所(三)被相續人ノ出生及ヒ死亡ノ場所竝ニ其年月日(四)相續人ハ一定ノ期間內ニ其權利ヲ主張スヘキ旨ノ催告(非訟、七〇)ヲ記載シテ之ヲ爲スコト(民、一〇五八)但期間ハ第二回公告ニ揭ケタル期間滿了ノ時ヨリ之カ期間ヲ起算スヘキモノトス

第三回ノ公告期間內ニ相續人タル權利ヲ主張スル者ナキトキハ絕家ト爲ル(民、一〇五九)蓋シ以上ノ如ク種種ノ手續ヲ爲シテ家督相續人ヲ搜索スルモ相續人ナリトシテ權利ヲ主張スル者ナキトキハ愈々相續人ナキコト分明ト爲リタルモノト認ヲ得ヘキヲ以テナリ

絕家ノ效力

第三　絕家ノ效力

相續人ナキコト分明ナリト見得ヘキ順序ニ達シタルトキハ相續財產ハ國ニ歸屬シ(民、一〇五九、一項)相續債權者及ヒ受遺者ハ國庫ニ對シテ其權利ヲ行フコトヲ得(民、一〇五九、二項)絕家ニ在リテハ家督相續人ナラサル家族ハ各一家ヲ創立シ子ハ父ニ隨ヒ又父カ知レサルトキ、他家ニ在ルトキ若クハ死亡シ

ルトキハ母ニ隨ヒテ其家ヲ去ル但夫カ他家ニ入リ又ハ一家ヲ創立シタルトキハ妻ハ之ニ隨ヒテ其家ニ入ルハ勿論ナリ(民、七六四、七四五)

舊、一五三

第百四十四條

絕家ノ家族ハ絕家ノ事實ヲ知リタル日ヨリ十日內ニ一家創立ノ屆出ヲ爲スコトヲ要ス

屆書ニハ左ノ其項ヲ記載スルコトヲ要ス

一　絕家ノ戶主ノ氏名及ヒ本籍

二　絕家ノ原因及ヒ年月日

絕家ニ因ル一家創立ノ屆出手續

本條ハ絕家ニ因ル一家創立ノ屆出手續及ヒ屆書ニ記載事項ヲ定ム

第一項ハ絕家ノ家族ハ絕家ノ事實ヲ知リタル日ヨリ十日ノ期間內ニ一家創立ノ屆出ヲ爲スヲ要スルコトヲ定メ

第二項ハ絕家ニ因ル一立創立ノ屆書ニ記載スヘキ事項ヲ定メタルモノニシテ卽チ左ノ如シ

一　絕家ノ戶主ノ氏名及ヒ本籍　本號ノ記載ヲ爲サシムルノ要ハ絕家當時

ノ戸主ハ何人ナルヤヲ知ルニ在リ

二 絶家ノ原因及ヒ年月日　本號ノ記載ヲ爲サシムルノ要ハ絶家ノ原因ハ戸主カ死亡シテ家督相續人ナキニ因ルカ或ハ戸主カ失踪ノ宣告ヲ受ケ家督相續人ナキニ因ルカ或ハ戸主カ日本ノ國籍ヲ喪失シタルモ家督相續人ナキニ因ルカ又絶家ノ年月日即チ戸主ヲ失ヒタル家ノ家督相續人ナキコト分明ト爲リタルハ何日ナルカヲ知ルニ在リ絶家ノ年月日ニ付テハ本欵絶家ノ手續ヲ見ルヘシ

尚ホ一家創立者ニ隨ヒテ其家ニ入ルヘキ者アルトキハ其者ノ氏名、出生ノ年月日及ヒ本籍ヲ記載スルコトヲ要ス(四七、二項)

第十六節　分家及ヒ廢絶家再興

第一款　分家

分家ノ意義

分家トハ或ル家カ分岐シテ一家ヲ爲スモノニシテ家族カ戸主權ヲ離脱シテ家名ノ分與ヲ受クルコトヲ内容トスルモノヲ謂フ分家ハ一家ノ創立ヲ以

テ其目的ト爲シ本家ヨリ財産ノ分與ヲ受クルト否ト又住所ヲ別ニ構フルト否トハ敢テ分家ノ成立ニ關スルコトナシ然レトモ分家ヲ爲スニハ左ノ二條件ヲ具備スルコトヲ要ス

一　分家者ハ法定ノ推定家督相續人ニ非サルコト(民、七四四)但廢除セラレタルトキハ此限ニ在ラス

二　戸主ノ同意ヲ得ルコト(民、七四三、一項)

尚ホ未成年者ナルトキハ親權者又ハ後見人ノ同意ヲ得ルコト(民、七四三、一項但書)

舊、一五四

第百四十五條　分家ヲ爲サント欲スル者ハ左ノ事項ヲ屆書ニ記載シテ其旨ヲ屆出ツルコトヲ要ス

一　本家ノ戸主ノ氏名、本籍及ヒ其戸主ト分家ノ戸主トノ續柄

二　民法第七百四十三條第二項ノ規定ニ依リ分家

ノ家族ト爲ルヘキ者アルトキハ其氏名及ヒ出生ノ年月日

三　分家ノ戸主及ヒ家族ト爲ルヘキ者ノ父母ノ氏名及ヒ本籍

分家届出手續届書ノ記載事項

本條ハ分家手續及ヒ届書ニ記載スヘキ事項ヲ定ム即チ分家ヲ爲サントト欲スル者ハ其手續トシテ左ノ事項ヲ届書ニ記載シテ其旨ヲ届出ツルヲ要スルモノトス

一　本家ノ戸主ノ氏名、本籍及ヒ其戸主ト分家ノ戸主トノ續柄　本號ノ記載ヲ爲サシムルノ要ハ本家、分家ノ各戸主ハ何人ナルヤ及ヒ其親族關係ヲ知ルニ在リ

二　民法第七百四十三條第二項ノ規定ニ依リ分家ノ家族ト爲ルヘキ者アルトキハ其氏名及ヒ出生ノ年月日　本號ノ記載ヲ爲サシムルノ要ハ分家者ハ自己ノ直系卑屬ヲ戸主ノ同意ヲ得テ其分家ノ家族ト爲スコトヲ得ルカ

故ニ分家者ノ家族ト爲リタル者ノ如何ヲ知ラントスルニ在リ(民、七四三、二項)其家族カ滿十五年以上ナルトキハ其者ノ同意ヲ得ルコトヲ要ス(民、七四三、三項)然レトモ其者カ本家ノ法定ノ推定家督相續人ナルトキハ分家ニ入ルコトヲ得ス(民、七四四)

三　分家ノ戸主及ヒ家族ト爲ルヘキ者ノ父母ノ氏名及ヒ本籍　本號ノ記載ヲ爲サシムルノ要ハ分家ノ戸主及ヒ家族ノ血統ノ連絡ヲ明白ナラシムルニ在リ

親權者カ自ラ分家ヲ爲スニハ實際戸主ト利益相反セサルトキハ特別代理人ノ任設ヲ爲スコトヲ要セス自ラ戸主ニ代ハリテ同意ヲ爲スコトヲ得ヘシ(民、八八八、八九五)又後見人カ戸主ニ代ハリテ家族ノ分家ニ同意ヲ爲スニハ親族會ノ同意ヲ得ルコトヲ要ス(民、九三四)

分家ノ屆書ニハ戸主、法定代理人又ハ親族會ノ同意ヲ證スル書面ヲ添附スルカ又ハ屆書ニ其旨ヲ附記シ同意者ヲシテ署名、捺印セシムルコトヲ要シ又有爵者ノ家族カ分家者ナルトキハ宮内大臣ノ認許書ノ謄本ヲ屆書ニ添附ス

ルコトヲ要ス(五八、華、一七)

第二款　廢絕家再興

廢絕家再興ノ意義

廢絕家再興トハ家督相續權ヲ有セサル者カ既ニ廢絕ニ因リ消滅シタル家ノ戸主權及ヒ家督相續ノ特權ニ屬スル權利ヲ承繼スルコトヲ內容トスルモノヲ謂フ廢絕家ヲ再興スルニハ左ノ條件ヲ具備スルコトヲ要ス

一　再興者ハ法定ノ推定家督相續人ニ非サルコト　本家相續ノ必要アルトキハ法定ノ推定家督相續人ハ其家ニ入ルコトヲ妨ケサレトモ廢絕家再興ハ相續ニ非サルカ故ニ縱令其廢絕シタル家カ本家ナルトキト雖モ分家ノ法定ノ推定家督相續人ハ廢除セラレタル後ニ非サレハ其再興者タルコト能ハサルナリ(民、七四四)

二　再興者ハ戸主ノ同意ヲ得ルコト　尙ホ未成年者ハ親權者又ハ後見人ノ同意ヲ得ルコトヲ要ス(民、七四三、一項)

三　再興者カ再興セントスル家ハ其本家、分家、同家其他親族ノ關係アル家ナルコト(民、七四三、一項) 本家、分家又ハ同家ト稱スル關係ハ代替ニ因リテ消滅ニ歸セサルカ故ニ往古ヨリ是等ノ關係ヲ有スル者ハ假令親族ニ非サルモ廢絶家ヲ再興スルコトヲ妨ケス

再興者ハ廢絶家ノ戶主權及ヒ系譜、祭具竝ニ墳墓ノ所有權ヲ承繼スルニ過キスシテ(民、九八七)其遺留財產ニ關シテハ既ニ相續人ノ曠缺ニ因リ國庫ニ歸屬シタルモノナレハ(民、一〇五九)其相續ヲ爲スコトヲ得ス再興者ト最終ノ戶主トノ間ニハ養親子ノ如キ親族關係ヲ生スルモノニ非ス又再興ハ家督相續ニ非サル結果トシテ再興者ハ廢絶家ノ族稱ヲ襲フコトヲ得サルカ故ニ其廢絶家カ士族ナルトキト雖モ再興者ハ平民ト爲ルハ勿論ナリ

第百四十六條 廢絶家ヲ再興セント欲スル者ハ左ノ事項ヲ届書ニ記載シテ其旨ヲ届出ツルコトヲ要ス

一 廢絶家ノ戶主ノ氏名及ヒ本籍

二 廢絶ノ年月日

舊、一五五

廢絕家再興屆出手續、屆書記載事項

三　廢絕家ト再興ヲ爲ス者ノ家トノ續柄
四　再興ヲ爲ス者カ家族ナルトキハ戸主ノ氏名及ヒ本籍

本條ハ廢絕家再興屆出手續及ヒ屆書ニ記載スヘキ事項ヲ定ム卽チ廢絕家ヲ再興セント欲スル者ハ其手續トシテ左ノ事項ヲ屆書ニ記載シテ其旨ヲ屆出ツルヲ要スルモノトス

一　廢絕家ノ戸主ノ氏名及ヒ本籍　本號ノ記載ヲ爲サシムルノ要ハ廢絕家ノ最終ノ戸主タル者卽チ再興者ノ先代タルヘキ者ハ何人ナルカヲ明示セシムルニ在リ

二　廢絕ノ年月日　本號ノ記載ヲ爲サシムルノ要ハ廢家又ハ絕家ノ年月日ヲ知ルニ在リ廢家又ハ絕家ニ付テハ第十五節、第一款廢家及ヒ第二款絕家ヲ見ヨ

三　廢絕家ト再興ヲ爲ス者ノ家トノ續柄　本號ノ記載ヲ爲サシムルノ要ハ

双方ノ家ノ間柄ハ本家ナルカ分家ナルカ同家ナルカ或ハ如何ナル親族關係ナルカヲ知ルニ在リ

四 再興ヲ爲ス者カ家族ナルトキハ戸主ノ氏名及ヒ本籍 本號ノ記載ヲ爲サシムルノ要ハ再興者ハ如何ナル家ノ家族ナリシヤヲ知ルニ在リ

尙ホ再興者ニ隨ヒテ其家ニ入ルヘキ者アルトキハ其者ノ氏名、出生ノ年月日及ヒ本籍ヲ屆書ニ記載スルコトヲ要スルモノトス(四七、二項)而シテ廢絶家再興ヲ爲スニハ戸主又ハ法定代理人ノ同意ヲ得ルコトヲ要シ後見人カ被後見人タル戸主ニ代ハリテ家族ノ廢絶家再興ニ同意ヲ爲スニハ親族會ノ同意ヲ得ルコトヲ要ス(民、九三四)從テ廢絶家再興ノ屆書ニハ戸主、法定代理人又ハ親族會ノ同意ヲ證スル書面ヲ添附スルカ又ハ其旨ヲ附記シ同意者ヲシテ署名、捺印セシムルコトヲ要シ又有爵者ノ家族カ再興者ナルトキハ宮内大臣ノ認許書ノ謄本ヲ屆書ニ添附スルコトヲ要ス(五八、華、一七)

第十七節 國籍ノ得喪

國籍ノ意義

第一　國籍ノ意義

國籍トハ公法上ノ關係ニ於テ人民カ國家ニ對シテ國民タル分限ヲ有スル權利ヲ謂フ國民タルノ分限トハ日本ノ臣民タル資格ヲ有シ國家ノ保護ヲ受クルノ權利ヲ有スルコトヲ意味ス而シテ日本ノ國民タルノ分限ヲ有スルコトハ私權ノ得喪又ハ變更ニ關スル資格ノ基礎ヲ爲スカ故ニ國籍ハ公法上ニ於ケル國家ト其臣民トノ關係ナルト同時ニ私法上ニ於テモ亦國民ノ身分ト密接シテ分離スヘカラサル關係ヲ有スルモノト謂フヘシ國籍ヲ取得シ之ヲ喪失スル場合ハ國籍法ノ定ムル所ニ從フモノニシテ其概要ヲ擧クレハ卽チ左ノ如シ

國籍取得

第二　國籍ノ取得

一　子カ出生ノ時其父カ日本人ナルトキ及ヒ其出生前ニ死亡シタル父カ死亡ノ時日本人ナルトキ(國、一)但父カ子ノ出生前ニ離婚又ハ養子離緣ニ因リテ日本ノ國籍ヲ失ヒタル場合ニハ懷胎ノ始父カ日本人ナルトキハ子ハ日本人トナル(國、二、一項)然レトモ父母共ニ國籍ヲ喪失シタル後ニ出生シタル

子ハ外國人トシ若シ母カ子ノ出生前ニ日本ヘ復籍シタルトキハ其子ハ日本人トス（國、二、二項）

二 父カ知レサル場合又ハ國籍ヲ有セサル場合ニ於テ母カ日本人ナルトキ（國、三）

三 日本ニ生レタル子ノ父母カ共ニ知レサルトキ又ハ國籍ヲ有セサルトキ（國、四）

四 （イ）日本人ノ妻ト爲リタルトキ（ロ）日本人ノ入夫ト爲リタルトキ（ハ）日本人タル父又ハ母ニ依リテ認知セラレタルトキ（ニ）日本人ノ養子ト爲リタルトキ（ホ）歸化ヲ爲シタルトキ（國五、乃至一七）

第三　國籍喪失

一 日本ノ女カ外國人ト婚姻ヲ爲シタルトキ（國、一八）

二 婚姻又ハ養子緣組ニ因リテ日本ノ國籍ヲ取得シタル者カ離婚又ハ養子離緣ノ場合ニ於テ其外國ノ國籍ヲ取得シタルトキ（國、一九）

三 自己ノ志望ニ因リ外國ノ國籍ヲ取得シタル者（二〇）

四　日本ノ國籍ヲ失ヒタル者ノ妻及ヒ子カ其者ノ國籍ヲ取得シタルトキ(國、二一)但離婚又ハ離緣ニ因リテ日本ノ國籍ヲ失ヒタル者ノ妻及ヒ子ニハ適用ナシ然レトモ妻カ夫ノ養子離緣ノ場合ニ於テ離婚ヲ爲サス又ハ子カ父ニ隨ヒテ其家ヲ去リタル場合ハ此限ニ在ラス(國、二二)

五　日本人タル子カ認知ニ因リ外國ノ國籍ヲ取得シタルトキ但日本人ノ妻入夫又ハ養子ト爲リタル者ハ此限ニ在ラス(國、二三)

国籍回復

第四　國籍回復

一　婚姻ニ因リテ日本ノ國籍ヲ失ヒタル者カ婚姻解消ノ後日本ニ住所ヲ有スルトキ(國、二五)

二　外國ヘ歸化シタルカ爲ニ日本ノ國籍ヲ喪失シタル者カ日本ニ住所ヲ有スルトキ(國、二〇、二六)

三　日本ノ國籍ヲ喪失シタル者ノ妻及ヒ子カ其者ノ國籍ヲ取得シタルニ因リ日本ノ國籍ヲ喪失シタル場合ニ於テ其者ト共ニ日本ニ住所ヲ有スルトキ(國、二一、二六)

舊、一五七

右ノ外日本ノ國籍ヲ取得スル者ノ妻ハ夫ト共ニ日本ノ國籍ヲ取得ス(國、二七、一三)日本ノ國籍ヲ取得シタル者ノ妻カ右ノ規定ニ依リテ日本ノ國籍ヲ取得セサリシトキハ歸化ノ條件ヲ具備セサルトキト雖モ歸化ヲ爲スコトヲ得(國、二七、一四)日本ノ國籍ヲ取得スル者ノ子カ其本國法ニ依リテ未成年者ナルトキハ父又ハ母ト共ニ日本ノ國籍ヲ取得ス但子ノ本國法ニ反對ノ規定アルトキハ此限ニ在ラス(國、二七、一五)

認知ニ因リテ國籍ヲ取得スルニハ法定ノ條件ヲ具備スルコトヲ要シ(國、六)外國人カ歸化ヲ爲スニハ法定ノ條件ヲ具備シテ內務大臣ノ許可ヲ得ルコトヲ要シ(國、七乃至九)外國人ヲ養子又ハ入夫ト爲スニハ法定ノ條件ヲ具備シテ內務大臣ノ許可ヲ得ルコトヲ要ス(明治三十一年七月十一日法律第二十一號、同三十二年九月十四日內務省令第五十一號)又國籍回復ノ場合ハ總テ內務大臣ノ許可ヲ得ルコトヲ要ス(國、二五乃至二七)以上ノ內務大臣ノ許可ヲ得ルコトヲ要スル場合ニ於テハ屆書ニ右ノ許可書ノ謄本ヲ添附スルコトヲ要ス(五八、二項)

第百四十七條　外國人カ養子緣組又ハ婚姻ニ因リテ日

縁組又ハ婚姻ニ因ル國籍取得ノ屆書

舊、一一五八

本ノ國籍ヲ取得スヘキトキハ縁組又ハ婚姻ノ屆書ニ國籍取得者ノ原國籍ヲ記載スルコトヲ要ス

本條ハ養子縁組又ハ婚姻ニ因ル國籍取得ノ屆書ニ記載スヘキ事項ヲ定ム卽チ外國人ニシテ日本人ノ養子ト爲リタル者ハ日本ノ國籍ヲ取得シ日本人タル養親ノ家ニ入リ(國、五、一號、民、八六一)又日本人ノ妻ト爲リ若クハ入夫ト爲リタル者ハ是レ亦日本ノ國籍ヲ取得シ夫又ハ妻ノ家ニ入ル(國、五、二號、四號、民七八八)ヘキヲ以テ養子縁組又ハ婚姻ノ屆書(一〇〇、八八)ニ日本ノ國籍ヲ取得スヘキ者ノ原國籍ヲ記載スルコトヲ要ス國籍取得者ノ原國籍トハ例ヘハ其者カ英國人ナリシトキハ英國人又ハ原國籍、英國ト記載スルカ如シ

第百四十八條　外國人カ認知ニ因リテ日本ノ國籍ヲ取得スヘキトキハ認知ノ屆書ニ子ノ原國籍ヲ記載スルコトヲ要ス

認知者カ父ナルトキハ屆書ニ母ノ國籍ヲ記載スルコ

舊、一五九

トヲ要ス

本條ハ認知ニ因ル國籍取得ノ届書ニ記載スヘキ事項ヲ定ム卽チ外國人カ日本人タル父又ハ母ニ依リテ認知セラレタルトキハ其外國人タル子ハ日本ノ國籍ヲ取得シ(國、五、三號)日本人タル認知者ノ家ニ入ルヘキ場合ニシテ(民、八二七、七三三、七三五)日本人カ外國人タル子ヲ認知スルニハ(一)本國法ニ依リ未成年者ナルコト(二)外國人ノ妻ニ非サルコト(三)父母ノ中認知者カ日本人ナルコト(四)父母カ同時ニ認知ヲ爲シタルトキハ其父ハ日本人ナルコト等ノ條件ヲ具備スルコトヲ要ス(國、六)此條件ヲ具備シタル認知ノ届出ヲ爲スニ當リテハ其届書ニハ第八十一條ニ記載シタル事項ヲ記載スル外子ノ原國籍卽チ米國人ナルトキハ米國人ト記載スヘク又認知者カ父ナルトキハ届書ニ母ノ國籍ヲ記載スルヲ要スルモノトス

第百四十九條　歸化ノ届出ハ許可ノ日ヨリ十日內ニ之ヲ爲スコトヲ要ス

第百四十九條

屆書ニハ左ノ事項ヲ記載スルコトヲ要ス

一　歸化ヲ爲シタル者ノ原國籍

二　父母ノ氏名及ヒ國籍

三　許可ノ年月日

四　歸化ヲ爲シタル者ト共ニ日本ノ國籍ヲ取得シタル者アルトキハ其氏名、出生ノ年月日及ヒ其者ト歸化人トノ續柄

歸化ヲ爲シタル者ノ妻又ハ子カ歸化人ト共ニ日本ノ國籍ヲ取得セサルトキハ屆書ニ其事由ヲ記載スルコトヲ要ス

本條ハ歸化ノ屆出手續及ヒ屆書ニ記載スヘキ事項ヲ定ム

第一項ハ外國人ハ内務大臣ノ許可ヲ得テ歸化ヲ爲スコトヲ得ルカ故ニ(國、

届書記載事項

五、五號、七乃至一五）其許可ヲ得タル者ハ許可ノ日ヨリ十日ノ期間内ニ届出ヲ爲スヲ要スルコトヲ定ム

第二項ハ其届書ニ記載スヘキ事項ヲ定メタリ即チ左ノ如シ

一　歸化ヲ爲シタル者ノ原國籍　本號ノ記載ヲ爲サシムルノ要ハ歸化人カ歸化前ニ有シタル國籍ハ何國ナルカヲ明白ナラシメンカ爲メナリ

二　父母ノ氏名及ヒ國籍　本號ノ記載ヲ爲サシムルノ要ハ歸化人ノ父母及ヒ父母ノ國籍ハ何國ナルカヲ知リ以テ血統ノ連絡ヲ明白ナラシメントスルニ在リ外國人ノ氏名ト雖モ日本ノ文字ヲ以テ記載スルコトヲ要ス

三　許可ノ年月日　本號ノ記載ヲ爲サシムルノ要ハ外國人ハ歸化ノ許可ニ因リ日本ノ國籍ヲ取得シ且許可ノ日ハ届出期間ノ起算點ナルカ故ニ之ヲ明白ナラシメンカ爲メナリ

四　歸化ヲ爲シタル者ト共ニ日本ノ國籍ヲ取得シタル者アルトキハ其氏名、出生ノ年月日及ヒ其者ト歸化人トノ續柄　本號ノ記載ヲ爲サシムルノ要ハ歸化人ニ隨ヒテ日本ノ國籍ヲ取得スル者ノ如何ヲ知ルニ在リ歸化ヲ爲

舊、一六
〇、一六
一

シタル者ト共ニ日本ノ國籍ヲ取得シタル者トハ日本ノ國籍ヲ取得スル者ノ妻ハ本國法ニ反對ノ規定ナキ限リハ夫ト共ニ日本ノ國籍ヲ取得シ(國、一三)又日本ノ國籍ヲ取得スル者ノ子カ其本國法ニ依リ未成年者ナルトキ子ノ本國法ニ反對ノ規定ナキ限リハ父又ハ母ト共ニ日本ノ國籍ヲ取得スルカ如キ是ナリ(國、一五)

第三項ハ歸化人ノ妻又ハ子カ其者ト共ニ日本ノ國籍ヲ取得セサルトキハ屆書ニ其事由ヲ記載スルヲ要スルコトヲ定メタルモノニシテ其事由トハ其本國法ニ日本ノ國籍法ノ規定ト反對ノ規定アルニ依リテ日本ノ國籍ヲ取得シ難キカ如キヲ謂フ

第百五十條　國籍喪失ノ屆出ハ戸主又ハ家督相續人其事實ヲ知リタル日ヨリ一个月内ニ之ヲ爲スコトヲ要ス

屆書ニハ左ノ事項ヲ記載スルコトヲ要ス

一　國籍喪失者ノ氏名及ヒ本籍
二　國籍喪失ノ原因及ヒ年月日
三　新ニ國籍ヲ取得シタルトキハ其國籍

本條ハ國籍喪失ノ屆出手續及ヒ屆書ノ記載事項ヲ定ム
第一項ハ國籍喪失ノ場合ニ於テハ戸主又ハ家督相續人タル者ハ其事實ヲ知リタル日ヨリ一个月ノ期間內ニ屆出ヲ要スルコトヲ定ム
第二項ハ其屆書ニ記載スヘキ事項ヲ定メタリ卽チ左ノ如シ
一　國籍喪失者ノ氏名及ヒ本籍　本號ノ記載ヲ爲サシムルノ要ハ國籍喪失者ノ何人ナルカヲ知ルニ在リ
二　國籍喪失ノ原因及ヒ年月日　本號ノ記載ヲ爲サシムルノ要ハ國籍喪失ノ原因ハ何ナルヤ日本ノ臣民タル資格ヲ失ヒタル日ハ何日ナルヤヲ知ルニ在リ國籍喪失ノ原因トハ本節ノ初ニ於テ述ヘタル第二國籍喪失ノ場合ナリ

三　新ニ國籍ヲ取得シタルトキハ其國籍　本號ノ記載ヲ爲サシムルノ要ハ國籍喪失者ノ新ニ歸屬スヘキ國ヲ知ルニ在リ

内國人ナルト外國人ナルトニ付キ行政、司法共ニ其取扱ヲ異ニシ又公法上ニ於テモ私法上ニ於テモ權利ノ得喪及ヒ行使ニ關シ著シキ差異ヲ生スルヲ以テ舊法ニ於テハ國籍喪失前豫メ其屆出ヲ爲サシムヘキ規定アリタレトモ(舊戸、一六〇)國籍ノ喪失ヲ豫期シ豫メ其屆出ヲ爲スコトハ頗ル難事ナルカ故ニ本法ニ於テハ右ノ規定ヲ廢止シタリ

國籍喪失ノ屆出ヲ爲スニ方リ其喪失ノ原因ヲ證セシムヘキ直接規定ナシト雖モ他ノ國籍ヲ取得スヘキ國ニ駐在スル日本ノ大使、公使又ハ領事若クハ他ノ官憲ノ證明書ヲ添附シテ其原因ヲ證スヘキハ固ヨリ當然ナル所トス

舊、一六二

第百五十一條　國籍喪失者カ滿十七年以上ノ男子ナルトキハ其者カ陸海軍ノ現役ニ服シタルコト又ハ之ニ服スル義務ナキコトヲ證スヘキ書面ヲ屆書ニ添附ス

證明義務アル國籍喪失者

ルコトヲ要ス

國籍喪失者カ日本ノ官職ヲ帯ヒタル者ナルトキハ其官職ヲ失ヒタルコトヲ證スヘキ書面ヲ届書ニ添附スルコトヲ要ス

本條ハ證明義務アル國籍喪失者ヲ定ム

即チ滿十七年以上ノ男子ニ在リテハ國籍ヲ喪失スヘキ正當ノ理由アリトスルモ其者カ既ニ陸海軍ノ現役ニ服シタルトキ又ハ之ニ服スル義務ナキトキニ非サレハ日本ノ國籍ヲ失ハシメサルモノニシテ兵役義務ノ忌避ヲ防遏スルノ必要ニ出ツ(國、二四、一項)故ニ第一項ハ國籍喪失者カ滿十七年以上ノ男子ナルトキハ其者カ陸海軍ノ現役ニ服シタルコト又ハ之ニ服スル義務ナキコトヲ證スヘキ書面ヲ届書ニ添附スルヲ要スルコトヲ定メタリ

文武ノ官職ヲ帯フル者ハ日本ノ國家ニ取リテ有用ノ材ト爲ササルヘカラサル場合ナキニ非サルカ故ニ國籍ヲ喪失スヘキ正當ナル理由アルトキト雖

モ其官職ヲ失ヒタル後ニ非サレハ日本ノ國籍ヲ失ハシメサルモノニシテ是レ兵事、外交又ハ特別ナル技藝ニ關シ其者ヲシテ日本ノ國籍ヲ保有セシムルノ必要ト外國人ハ官職ニ任セラレサルノ必要トニ出ツ(國、二四、二項)是レ第二項カ此場合ニ於テ其官職ヲ失ヒタルコトヲ證スヘキ書面ヲ屆書ニ添附スルヲ要スト定メタル所以ナリ

舊、一六三

第百五十二條　國籍囘復ノ屆出ハ許可ノ日ヨリ十日内ニ之ヲ爲スコトヲ要ス

屆書ニハ左ノ事項ヲ記載スルコトヲ要ス

一　日本ノ國籍ヲ失ヒタル原因及ヒ年月日

二　國籍囘復前ニ有セシ國籍

三　許可ノ年月日

四　國籍囘復者ト共ニ日本ノ國籍ヲ取得シ又ハ之ヲ囘復シタル者アルトキハ其氏名、出生ノ年月日

及ヒ其者ト國籍回復者トノ續柄

第百四十九條第三項ノ規定ハ前項ノ屆出ニ之ヲ準用ス

本條ハ國籍回復ノ屆出手續及ヒ屆書ニ記載スヘキ事項ヲ定ム

第一項ハ前ニ日本ノ國籍ヲ失ヒタル者ハ内務大臣ノ許可ヲ得テ國籍回復ヲ爲スコトヲ得ルカ故ニ(國、二五乃至二七)其許可ヲ得タル者ハ許可ノ日ヨリ十日ノ期間内ニ屆出ヲ爲スヲ要スルコトヲ定ム

第二項ハ其屆書ニ記載スヘキ事項ヲ定メタリ卽チ左ノ如シ

一　日本ノ國籍ヲ失ヒタル原因及ヒ年月日　本號ノ記載ヲ爲サシムルノ要ハ國籍回復ノ屆書ナルニ因リ前ニ日本ノ國籍ヲ失ヒタル原因及ヒ年月日ヲ知ルニ在リ

二　國籍回復前ニ有セシ國籍　本號ノ記載ヲ爲サシムルノ要ハ例ヘハ日本ノ國籍ヲ失ヒ獨逸ノ國籍ヲ取得シ更ニ日本ノ國籍ヲ回復スルカ如ク國籍

ノ經路ヲ知ルニ在リ

三　許可ノ年月日　本號ハ第百四十九條第二項三號ト同一趣旨ノ規定ナリ

四　國籍回復者ト共ニ日本ノ國籍ヲ取得シ又ハ之ヲ回復シタル者アルトキハ其氏名、出生ノ年月日及ヒ其者ト國籍回復者ノ續柄　本號ノ記載ヲ爲サシムルノ要ハ國籍回復者ト共ニ其妻子カ國籍ヲ回復シタルコトヲ知ルニ在リ其場合ハ本節ノ初ニ於テ述ヘタル第三國籍回復ノ場合ヲ見ルヘシ第三項ハ國籍回復者ハ妻又ハ子カ其者ト共ニ日本ノ國籍ヲ取得セサルトキハ如何ナル事由ニ因リ國籍ヲ取得セサルカヲ屆書ニ記載スルコトヲ定メタリ(一四九、三項)

第十八節　氏名、族稱ノ變更及ヒ襲爵

氏名、族稱ノ意義

氏名トハ其人ヲ表稱スルモノヲ謂ヒ族稱トハ人ノ社會上ニ於ケル地位貴號ヲ表稱スルモノヲ謂フ族稱ハ華族、士族、平民ノ三階級ニ別ツ從來氏名ニ關スル纒リタル實體法規ナク唯單行法又ハ慣行ニ依ル例規ニ基キテ定レルノ

ミ茲ニ其重ナル法令ヲ擧クレハ左ノ如シ

（明治三年九月十九日太政官布告）

自今平民苗字差許候事

（明治八年二月十三日太政官布告第二十二號）

平民苗字被差許候旨明治三年布告候處自今必ス苗字可申尤祖先以來苗字不分明ノ向ハ新ニ苗字ヲ設ケ候樣可致候事

明治維新前ニ在リテハ平民ハ氏ヲ稱スルコト能ハサリシカ明治三年ノ布告ヲ以テ氏ヲ稱スルコトヲ許サレ明治八年ノ布告ニ於テ必ス氏ヲ稱セサルヘカラサルニ至レリ

（明治五年五月七日太政官布告第百四十九號）

從來通稱名乘兩樣相用候輩自今一名タルヘキ事

大政維新前ニ在リテハ例ヘハ那須與市宗高ト謂ヘル如ク與市ナル通稱ト宗高ナル名乘ト兩樣ニ用キ來リタレトモ明治五年ノ布告ニ依リ與市ナレハ與市、宗高ナレハ宗高ト一個ノ名ヲ限リ用ユルコトトナレリ

（明治五年八月二十四日太政官布告第二百三十五號）

華族ヨリ平民ニ至ル迄自今苗字並屋號共改稱不相成候事

但同苗同名等無餘儀差支有之者ハ管轄廳ヘ改名可願出事（明治九年第五號布告ヲ以テ但書改正）

明治五年ノ布告ニ依リ一旦定メタル氏名ハ之ヲ變更スルコトヲ許サザルヲ原則ト爲スモ氏ニ誤謬アリタルトキ又ハ祖先ノ氏ニ復姓スル場合ハ行政官廳ニ於テ特ニ許可ス又布告ニ餘儀ナキトハ同苗、同名ハ勿論僧尼ノ輩歸俗ノ際佛徒タル時ノ名ヲ廢シ普通一般ノ俗名ニ更稱候歟商家ノ輩慣習ニテ代々其家ノ戶主ト相成時ハ幼名ヲ廢シ世襲ノ名ヲ用ヰサレハ商業上差支有之趣出願ノ向ハ聞屆候儀ト可相心得事ト明治八年四月十四日茨城縣ノ伺ニ對スル內務省ノ指令アリ爾來行政官廳カ改名ノ許可ヲ與フル例規ト爲レリ

華族ノ稱ハ明治二年六月太政官達ニ依リ「官武一途上下協同之思食ヲ以テ自今公卿諸候ノ稱被廢改テ華族ト可稱旨被仰出候事但官位ハ可爲是迄之通候事」トアルニ基キタリ

爵ハ明治十七年七月ノ　詔ニ因由スルカ故左ニ奉揭ス

朕惟フニ華族勳冑ハ國ノ瞻望ナリ宜シク授クルニ榮爵ヲ以テシ用テ寵光ヲ示スヘシ文武諸臣中興ノ偉業ヲ翼贊シ國ニ大勞アル者宜シク均シク優列ニ陞シ以テ殊典ヲ昭ニスヘシ茲ニ五爵ヲ敍テ其有禮ヲ秩ス卿等益ス爾ノ忠貞ヲ篤クシ爾ノ子孫ヲシテ世世其美ヲ濟サシメヨ

爵ヲ制定シタルコトハ　詔書ニ依リ昭カニシテ敢テ説明ヲ要セス而シテ有爵者ヲ華族トシ其家族ハ華族ノ族稱ヲ享ク爵ハ公、侯、伯、子、男ノ五等トス(華、一、二)爵ヲ授クルニハ勅旨ヲ以テシ男子ノ家督相續人ヲシテ襲カシム(華、三、九)有爵者死刑又ハ懲役ノ宣告ヲ受ケ裁判確定シタルトキハ其爵ヲ失フ(華、二一)又華族ノ體面ヲ汚辱スル失行アリタル者ハ情狀ニ依リ爵ヲ返上セシメ且華族ノ族稱ヲ除クコトヲ得ルモノトス(華、二四)

士族ノ稱ハ明治二年十二月二日太政官達ヲ以テ初メテ中下大夫士等ヲ士族ト爲スコトヲ定メ明治四年八月二十八日同布告ヲ以テ穢多非人ヲ庶民僧尼ト同シク平等ト爲ス旨定メラレタリ

舊、一六四

第百五十三條　氏名變更ノ屆出ハ許可ノ日ヨリ十日內

ニ之ヲ爲スコトヲ要ス

屆書ニハ左ノ事項ヲ記載スルコトヲ要ス

一　變更前ノ氏名

二　變更シタル氏名

三　許可ノ年月日

氏名變更ノ屆出手續

本條ハ氏名變更ノ屆出手續及ヒ屆書ノ記載事項ヲ定ム

第一項ハ改氏又ハ改名ノ許可ヲ得タル者ハ其許可ノ日ヨリ十日ノ期間內ニ屆出ヲ爲スヲ要スルコトヲ定ム

屆書記載事項

第二項ハ其屆書ニ記載スヘキ事項ヲ定メタリ卽チ左ノ如シ

一　變更前ノ氏名　卽チ舊氏名ヲ記載ス

二　變更シタル氏名　卽チ新氏名

三　許可ノ年月日

氏變更ノ場合ハ例ヘハ明治四年ノ戸籍編製ノ際誤記セラレタル氏ヲ復舊

舊、一六五

華、士族屆出手續

スルカ如キ場合トス

第百五十四條 新ニ華族ニ列セラレ又ハ士族ニ編入セラレタル者ハ十日內ニ辭令書又ハ許可書ノ謄本ヲ添附シ其旨ヲ屆出ツルコトヲ要ス

屆書ニハ左ノ事項ヲ記載スルコトヲ要ス

一 新舊族稱

二 族稱變更ノ原因

三 辭令又ハ許可ノ年月日

本條ハ華士族屆出手續及ヒ屆書ノ記載事項ヲ定ム

第一項ハ新ニ華族ニ列セラレ又ハ士族ニ編入セラレタル者ハ辭令書又ハ許可書下付ノ日ヨリ十日ノ期間內ニ辭令書又ハ許可書ノ謄本ヲ添附シテ其旨ヲ屆出ツルヲ要スルコトヲ定ム

第二項ハ其屆書ニ記載スヘキ事項ヲ定メタリ卽チ左ノ如シ

一　新舊族稱
二　族稱變更ノ原因　本號ノ記載ヲ爲サシムルノ要ハ新ニ爵ヲ授ケラレタルトカ陞爵シタルトカ或ハ士族ニ編入セラレタルトカノ原因ヲ知ルニ在リ
三　辭令又ハ許可ノ年月日　卽チ其書面ニ記載セル日附ヲ記載ス

新設

百五十五條　爵ヲ襲キタル者ハ辭令書ノ交付ヲ受ケタル日ヨリ十日內ニ其謄本ヲ添附シ其旨ヲ屆出ツルコトヲ要ス
屆書ニハ辭令ノ年月日ヲ記載スルコトヲ要ス

襲爵屆出手續、

本條ハ襲爵屆出手續及ヒ屆書ノ記載事項ヲ定ム
卽チ第一項ハ有爵者ノ家督相續人タル男子カ被相續人ノ爵ヲ襲キタルトキハ其者ハ辭令書ノ交付ヲ受ケタル日ヨリ十日ノ期間內ニ辭令書ノ謄本ヲ添附シ其旨ヲ屆出ツルコトヲ定ム

第二項ハ其屆書ニハ右ノ辭令書ニ掲ケタル年月日ヲ記載スルヲ要スルコトヲ定メタリ

新設

華、士族喪失屆出手續、

第百五十六條　華族又ハ士族ノ族稱ヲ喪失シタル場合ニ於テハ戸主ハ十日内ニ其旨ヲ屆出ツルコトヲ要ス
屆書ニハ族稱喪失ノ原因及ヒ年月日ヲ記載スルコトヲ要ス

本條ハ華士族ノ稱號喪失屆出手續及ヒ屆書ニ記載スヘキ事項ヲ定ム

即チ第一項ハ華族又ハ士族ノ族稱ヲ喪失シタル場合ニ於テハ戸主ハ其之ヲ喪失シタル日ヨリ十日ノ期間内ニ其旨ヲ屆出ツルコトヲ定ム

第二項ハ其屆書ニハ族稱喪失ノ原因及ヒ年月日ヲ記載スルヲ要スルコトヲ定メタリ華族ノ族稱ヲ喪失スル原因ハ例ヘハ有爵者其品位ヲ保ツ能ハサルトキハ宮内大臣ヲ經テ爵ノ返上ヲ請願シタル場合ノ如シ(華、二六)士族ノ族稱ヲ喪失スル場合ハ士族ノ族稱ヲ辭シタルトキノ如シ分家、廢絶家再興、婚姻、離婚、養子緣組。養子離緣、認知及ヒ親族入籍等ニ因リ他家ニ入ルノ結果華、士族ノ族稱ニ喪失ヲ來タスモ其入籍ニ因リテ戸籍ノ記載カ自然訂正セラルルカ故ニ是等ノ場合ニ於ケル族稱喪失ニ關シテハ本條ノ適用ナキモノトス

舊、一六六

第百五十七條 前條ノ規定ハ處刑ニ因リテ族稱ヲ喪失シタル場合ニハ之ヲ適用セス此場合ニ於テハ裁判所ハ本人ノ本籍地ノ市町村長ニ其旨ヲ報告スルコトヲ要ス

處刑ニ因ル族稱喪失

本條ハ處刑ニ因ル族稱喪失ノ屆出ヲ要セサルコトヲ定ム卽チ處刑ニ因リテ族稱ヲ喪失シタル場合ニハ前條ノ喪失ニ關スル屆出ヲ爲スコトヲ要セス裁判所ハ本人ノ本籍地ノ市町村長ニ其旨ヲ報告シテ戸籍ノ記載ヲ訂正セシムルモノトス(華、二一、刑施、三七、舊刑、三一)

第十九節　轉籍及ヒ就籍

轉籍トハ甲地ヨリ乙地ヘ本籍ヲ移轉スルヲ謂フ例ヘハ千葉縣東葛飾郡市川町ノ者カ東京市京橋區紺屋町ヘ本籍ヲ移サントスルカ如キ或ハ右市川町大字市川ヨリ同町大字國府臺ヘ本籍ヲ移サントスルカ如シ就籍トハ屆出ノ闕漏其他ノ事由ニ因リ本籍ヲ有セサル者ニ付キ新ニ戶籍ヲ設クルヲ謂フモノニシテ例ヘハ子ノ出生アリタレトモ屆出ヲ怠リタルトキ又ハ屆出ヲ爲シタルモ戶籍ニ記載漏レトナリタルカ如ク本籍ヲ有セサル者ニ付キ裁判所ノ許可ヲ得テ新ニ戶籍ヲ編製シ又ハ他ノ戶籍ニ入ラシムル場合ナリ法律ハ無籍者ヲシテ速ニ就籍スルコトヲ期待スト雖モ猥ニ就籍ヲ許ストキハ却テ弊害ヲ釀成スルカ故ニ就籍ヲ爲スニハ裁判所ノ許可ヲ要スルコトト爲シタリ

轉籍ニ附加シテ一言スヘキハ轉籍ノ屆出ニ關シテハ原籍地ノ市町村ノ作成シタル印鑑證明書ヲ提出セシムルカ若クハ他ノ方法ヲ以テ本人ヲシテ其屆出ヲ爲サシメ且本人タルコトヲ認識スルニ足ルヘキ確實ノ途ヲ講シ從來

第百五十七條

鮮カラス慣用セラレタル犯罪ヲ防遏シ不知不識ノ間ニ他人ニ不測ノ迷惑ヲ蒙ムルコトヲ免レシメサルヘカラス

舊、一九五、一九六

第百五十八條　轉籍セントスルトキハ新本籍ヲ屆書ニ記載シ戸主其旨ヲ屆出ツルコトヲ要ス

他ノ市町村ニ轉籍スル場合ニ於テハ戸籍ノ謄本ヲ屆書ニ添附スルコトヲ要ス

轉籍屆出手續、屆書記載事項

本條ハ轉籍ノ手續及ヒ屆書ニ記載スヘキ事項ヲ定ム卽チ第一項ハ本籍ヲ移轉セントスルトキハ新本籍ヲ屆書ニ記載シ戸主ヨリ其旨ヲ屆出ツヘキコトヲ定メ第二項ハ轉籍地カ他ノ市町村ナルトキハ戸籍ノ謄本ヲ屆書ニ添附スルヲ要スルコトヲ定メタリ戸籍ノ謄本ヲ添附セシムルハ他ノ市町村ニ轉籍シタルトキハ新本籍地ノ市町村長ハ戸籍ヲ編製スヘキニ因リ其編製ノ材料ニ供セシムルニ在リ

舊、一九五

第百五十九條　轉籍ノ屆出ハ轉籍地ニ於テ之ヲ爲スコ

トヲ得

本條ハ轉籍ノ届出地ヲ定ム卽チ轉籍ノ届出ハ原籍地又ハ届出人ノ所在地ニ於テ之ヲ爲シ得ルノ外轉籍地ニ於テモ亦之ヲ爲スコトヲ得ルナリ

轉籍ノ届出地

舊、一九七、一九八

第百六十條　本籍ヲ有セサル者ハ其就籍セント欲スル地ヲ管轄スル區裁判所ノ許可ヲ得テ十日內ニ就籍ノ届出ヲ爲スコトヲ要ス

届書ニハ第十八條ニ掲ケタル事項ノ外就籍許可ノ年月日ヲ記載スルコトヲ要ス

就籍届出手續、届書記載事項

本條ハ就籍ノ届出手續及ヒ届書ニ記載スヘキ事項ヲ定ム第一項ハ本籍ヲ有セサル者ハ其就籍セント欲スル地ヲ管轄スル區裁判所ノ許可ヲ得テ十日ノ期間內ニ就籍ノ届出ヲ爲スコトヲ定メ第二項ハ其届書ニハ第十八條ニ掲ケタル戸籍ニ記載スヘキ事項ノ外就籍許可ノ年月日ヲ記載スルヲ要スルコトヲ定メタリ就籍許可ノ裁判ハ非訟事件手續法ニ依リ決定ノ形式ヲ以テ之

ヲ爲シ其決定ハ告知ニ因リ效力ヲ生スルモノナルヲ以テ通常其送達又ハ交付アリタル日ヨリ本條ノ屆出期間ヲ起算スヘキモノトス（非訟、一八）

第百六十一條　就籍ノ屆出ハ就籍地ニ於テ之ヲ爲スコトヲ得

舊、一九八
就籍ノ屆出地

本條ハ就籍ノ屆出地ヲ定ム卽チ就籍ノ屆出ハ就籍セント欲スル地ニ於テ爲スコトヲ得ルモノニシテ仍ホ通則ニ依リ屆出人ノ所在地ニ於テモ亦之ヲ爲スコトヲ得ヘシ是レ第百五十九條ト同趣旨ノ規定ナリ（四三）

第百六十二條　就籍許可ノ裁判ヲ得タル者カ就籍ノ屆出ヲ爲サヽルトキハ戸主之ヲ爲スコトヲ要ス

舊、二〇〇
就籍ノ屆出義務者

本條ハ就籍ノ屆出義務者ヲ定ム卽チ就籍ノ屆出ハ其許可ヲ得タル者例ヘハ屆出事件ノ本人又ハ其親權者若クハ後見人カ就籍許可ノ裁判ヲ得タルトキハ其者ハ第一次ノ屆出義務者ナレトモ其者カ屆出ノ義務ヲ盡サヽルトキハ戸主ニモ尙ホ屆出義務ヲ負ハシメタルモノトス

確定判決ニ因ル就籍ノ届出手續

戸籍ノ訂正

第百六十三條 第百六十條ノ規定ハ確定判決ニ因リテ就籍ノ届出ヲ爲スヘキ場合ニ之ヲ準用ス此場合ニ於テハ判決ノ謄本ヲ届書ニ添附スルコトヲ要ス

本條ハ確定判決ニ因ル就籍届出手續ヲ定ム卽チ確定判決ニ因リテ就籍ノ届出ヲ爲スヘキ場合ニ於テハ判決確定ノ日ヨリ十日ノ期間内ニ(一六〇)就籍ノ届出ヲ爲スコトヲ要ス確定判決ニ因リ就籍ノ届出ヲ爲ス場合トハ例ヘハ家族カ戸主ノ居所指定ノ催告ニ應セス又ハ家族カ戸主ノ同意ヲ得スシテ婚姻若クハ養子緣組ヲ爲シタリトシテ戸主カ其家族ヲ離籍シタルトキ其離籍セラレタル者カ居所又ハ婚姻若クハ緣組ニ付キ戸主ノ同意ヲ得タルコトヲ理由トシ其戸主カ爲シタル離籍ヲ失當ナリトシテ離籍取消ノ訴ヲ提起シ勝訴ノ確定判決ヲ得タル場合ノ如キ是レナリ

第五章 戸籍ノ訂正

戸籍ノ訂正トハ實際ノ事實ト戸籍ノ記載トカ符合セサル場合ニ於テ之ヲ一致セシムルノ目的ヲ以テ爲ス行爲ヲ謂フ從テ戸籍ノ記載ニ錯誤、遺漏アル場合ニ於テ補正シ得ヘキ性質ノモノナルトキハ之ヲ補正シ其錯誤カ其全部若クハ一部ヲ抹消スルヲ要スルトキハ之ヲ抹消シ其錯誤カ不正ニ戸籍ヲ抹消セラレタルモノナルトキハ原戸籍ヲ回復シ又戸籍ノ記載ニシテ不法又ハ不當ナルトキハ之ヲ抹消スルカ如シ戸籍訂正ノ申請ハ利害關係人ヨリ之ヲ爲ス然レトモ事件ノ性質ニ因リ屆出人又ハ屆出事件ノ本人ニ限ルコトアリ(一六五)其申請ニ付テハ裁判所ノ許可ヲ得ルヲ要スルコトアリ又確定判決ニ基クコトアリ而カモ第三十九條ニ於テ述ヘタル如ク市町村長カ是等ノ申請ニ依ルコトヲ要セス職權ヲ以テ戸籍ノ訂正ヲ爲シ得ヘキ場合アリ然レトモ戸籍ノ記載ヲシテ眞實ナラシムルコトハ法律ノ期待スル所ナレトモ戸籍ノ正確ヲ保スル爲メ猥ニ之カ訂正ヲ爲スコトヲ許スヘキニ非ス其訂正ヲ爲スニハ必ス戸籍ノ嚴正ニ副ハシムヘキ鄭重ナル手續ヲ履踐スルコトヲ要ス是レ戸籍ノ訂正ヲ爲スニハ裁判所ノ許可又ハ確定判決ニ依ルコトヲ要シタル

所以ナリ

本章ノ規定タルヤ舊法ニ於ケル各章節ノ規定ヲ收拾シ以テ其適用ノ範圍ヲ頗ル擴大ナラシメタリ其主ナルモノヲ擧クレハ即チ左ノ如シ

一 舊法ニ依レハ養子緣組ノ無效(舊、九二)婚姻ノ無效(舊、一〇六)隱居ノ取消(舊、一二二)及ヒ失踪宣告ノ取消(舊、一二四)ハ各節ニ屆出ニ關スル規定アレトモ是等ハ本書各節ノ冐頭ニ於テ述ヘタル如ク無效ハ不成立ニシテ初メヨリ何等ノ效力ヲ生セス又隱居若クハ失踪宣告ノ取消ハ其行爲若クハ宣告ヲ無效ナラシメ之ヲ原狀ニ回復スルモノニシテ戶籍ノ記載ヲ全部抹消シテ原戶籍ヲ回復スルコトハ總テ同一ナリ故ニ之ヲ各節ヨリ取除キ本章ニ收メタリ(一六五乃至一六七)

二 舊法ニ依レハ複本籍ヲ有スル者例ヘハ同一人ニシテ二個以上ノ本籍ヲ有スル者カ除籍ヲ爲スニハ就籍ノ場合ト同シキ規定アリタレトモ(舊、一九九乃至二〇一)之ヲ取除キ本章ニ收メタリ(一六四、一六七)

三 舊法ニ依レハ身分登記ニ錯誤アリタルトキハ身分登記變更ノ手續ニ依

リ之ヲ訂正スルコトトセルモ全部之ヲ抹消スル場合例ヘハ庶子認知ノ屆出ヲ誤リテ嫡出子出生ノ屆出ヲ爲シタルカ爲メ之ニ依リテ爲サレタル身分登記ノ如キハ身分ノ變更ニ非スシテ戸籍吏ニ對スル抗告ニ依リ之ヲ抹消スヘシトノ說アリ實例モ是ニ依ルモノ多シ又例ヘハ詐欺取財ノ目的ヲ以テ他人ノ轉籍屆書ヲ僞造シ其屆出ヲ爲シタルトキ本人ハ如何ナル方法ニ依リ之ヲ囘復スヘキヤト謂フニ舊法ニ於テハ是レ亦戸籍吏ニ對スル抗告ニ依リ新戸籍ヲ抹消シ原戸籍ヲ復活スルノ外ナカリシモ本章ノ規定ニ收メテ訂正ヲ爲スコトヲ得セシム(一六四、一六七)

四　屆出ニ因リ效力ヲ生スヘキ行爲例ヘハ養子緣組、協議上ノ養子離緣、婚姻、協議上ノ離婚、隱居、認知、家督相續人ノ指定及ヒ其取消ニ付キ戸籍ノ記載ヲ爲シタル後其行爲ノ無效ナルコトヲ發見シタルトキハ其訂正手續ヲ本條ノ規定ニ依リテ爲スコトヲ得ヘク(一六五、舊、九一、一〇五)其他民法一般ノ原則ニ從ヒ無效ナルヘキ行爲ノ屆出ニ因リ戸籍ノ記載ヲ爲シタルトキ例ヘハ行爲意思ナキトキ卽チ抗拒スヘカラサル强制ニ遇ヒ爲シタルモノニシテ何等效力ヲ生スルコトナキモノハ本條ノ規定ニ因リ戸籍ノ抹消又ハ原戸籍ノ囘復ヲ爲スコトヲ得ヘシ唯養子緣組ノ取消及ヒ婚姻ノ取消ハ將來ニノミ其效力ヲ生シ將來ニ向テ無效ニシテ既往ニ其效力ヲ遡及セシメサルニ因リ其取消ノ判決確定以前ノ行爲ハ有效ナルヲ以テ各節ニ規定ヲ設ケ(九三、一〇二)其取消ノ記載ヲ爲スモノトセリ

右ニ述ヘタル如ク本章ノ規定ニ依リ戸籍ノ訂正ヲ爲シ得ヘキ範圍ハ廣汎ニシテ戸籍ニ記載セラレタル事項ノ錯誤、遺漏ノ補正又ハ全部若クハ一部ノ抹消及ヒ抹消ノ囘復竝ニ不法、不當ノ記載ヲ抹消スルコト等一切ノ戸籍訂正ヲ網羅シタルモノト謂フヘシ

舊、一一六

七

第百六十四條 戸籍ノ記載カ法律上許スヘカラサルモノナルコト又ハ其記載ニ錯誤若クハ遺漏アルコトヲ發見シタル場合ニ於テハ利害關係人ハ其戸籍ノ存スル市役所又ハ町村役場ノ所在地ヲ管轄スル區裁判所

利害關係人ヨリスル戸籍訂正

ノ許可ヲ得テ戸籍ノ訂正ヲ申請スルコトヲ得

本條ハ利害關係人ヨリ爲スヘキ戸籍訂正ノ申請手續ヲ定ム卽チ戸籍ノ記載ハ鄭重ニ之ヲ爲スト雖モ時ニ或ハ届出ノ錯誤、遺漏ニ因リ或ハ執務者ノ過誤ニ因リ戸籍ノ記載ニ錯誤、遺漏ヲ生シ又ハ不法ノ記載ナキヲ保セス而シテ市町村長ハ戸籍ヲ編製シ之ヲ記載スルノ權限ヲ有スト雖モ一旦戸籍ノ記載ヲ終ハルトキハ一ノ公正證書ヲ完成スルカ故ニ縱令市町村長カ作成後ニ至リ其記載ニ過誤アルコトヲ知リタルトキト雖モ敢テ自ラ戸籍ノ記載事項ノ追完、補正ヲ爲シ又ハ其記載事項ノ全部若クハ一部ヲ抹消スルコトヲ許サス故ニ市町村長ハ此場合ニ於テ届出人又ハ届出事件ノ本人ニ通知シテ是等ノ者ヨリ訂正ノ手續ヲ爲サシムルコトヲ原則トス唯是等ノ者カ其申請手續ヲ爲スコト能ハサルトキ又ハ市町村長ノ過誤ニ出テタルトキハ裁判所ノ許可ヲ經テ職權訂正ヲ爲シ得ルニ過キス(三九)故ニ戸籍ノ記載ニ錯誤若クハ遺漏アルコト又ハ其記載カ法律上許スヘカラサルモノナルコトヲ發見シタル場合ニ於テハ利害關係人ハ其戸籍ノ存スル市役所又ハ町村役場ノ所在地ヲ管

舊、九一、一〇五

届出ニ因リ效力ヲ生スル行爲ノ無效ナル場合ノ戸籍訂正

轄スル區裁判所ノ許可ヲ得テ戸籍ノ訂正ヲ申請シ得ルモノトス戸籍ノ記載ニ錯誤若クハ遺漏アルコト又ハ其記載カ法律上許スヘカラサルコトノ意義ニ付テハ第三十九條ノ説明及ヒ本章ノ冒頭ヲ見ルヘシ

第百六十五條 届出ニ因リ效力ヲ生スヘキ行爲ニ付キ戸籍ノ記載ヲ爲シタル後其行爲ノ無效ナルコトヲ發見シタルトキハ届出人又ハ届出事件ノ本人ハ前條ノ區裁判所ノ許可ヲ得テ戸籍ノ訂正ヲ申請スルコトヲ得

本條ハ届出ニ因リ效力ヲ生スヘキ行爲ノ無效ナル場合ノ戸籍訂正ノ手續ヲ定ム卽チ養子縁組、協議上ノ養子離縁、婚姻、協議上ノ離婚、認知、隱居、家督相續人ノ指定又ハ其取消ノ如キ届出ヲ以テ效力發生ノ條件ト爲シタル行爲ニ付キ戸籍ノ記載ヲ爲シタル後其行爲ノ無效ナルコトヲ發見シタルトキハ届出人又ハ届出事件ノ本人ハ戸籍ノ存スル市役所又ハ町村役場ノ所在地ヲ管轄スル區裁判所ノ許可ヲ得テ戸籍ノ訂正ヲ申請シ得ルモノトス本條ニ依リ戸籍訂正ノ申請ヲ爲スニハ當事者間ニ爭ヒナキコトヲ認メ得ヘキコトヲ要ス故ニ若シ當事者間ニ爭ヒアルトキハ第百六十七條ニ依ル確定判決ニ基ク訂正ノ申請ヲ爲スノ外ナシ又無效ハ何人タリトモ之ヲ主張スルヲ得ヘキニヨリ利害關係人ハ總テ本條戸籍訂正ノ申請人タルコトヲ得ヘキカ如シト雖モ本條ニ依ル申請人ハ届出人又ハ届出事件ノ本人ニ限定セラレタルカ故ニ利害關係人カ此此場合ニ於ケル戸籍改訂ノ申請人タルニハ第百六十七號ノ規定ニ從フヘキモノトス

舊、一六八

第百六十六條　前二條ノ許可ノ裁判アリタルトキハ一个月内ニ其謄本ヲ添附シ戸籍ノ訂正ヲ申請スルコトヲ要ス

戸籍訂正ノ申請期間

本條ハ戸籍訂正ノ申請期間ヲ定ム卽チ戸籍ノ記載ニ錯誤若クハ遺漏アルコト又ハ其記載カ法律上許スヘカラサルモノナルコトヲ發見シタル利害關

係人(一六四)及ヒ届出ニ因リ效力ヲ生スヘキ行爲ニ付キ記載ヲ爲シタル後其行爲ノ無效ナルコトヲ發見シタル届出人又ハ届出事件ノ本人(一六五)ハ其戸籍ノ存スル市役所又ハ町村役場ノ所在地ヲ管轄スル區裁判所ノ許可ヲ得タルトキハ一个月ノ期間内ニ許可ノ裁判ノ謄本ヲ添附シ戸籍訂正ヲ申請スルコトヲ要スルモノトス

確定判決ニ因ル戸籍訂正

舊、一六九

第百六十七條 確定判決ニ因リ戸籍ノ訂正ヲ爲スヘキトキハ訴ヲ提起シタル者ハ判決確定ノ日ヨリ一个月内ニ判決ノ謄本ヲ添附シ訂正ノ申請ヲ爲スコトヲ要ス

檢事カ訴ヲ提起シタル場合ニ於テハ判決確定ノ後遲滯ナク戸籍ノ訂正ヲ請求スルコトヲ要ス

本條ハ確定判決ニ因ル戸籍訂正ノ申請手續ヲ定ム卽チ確定判決ニ因リ戸籍ノ訂正ヲ爲スヘキ場合頗ル頻繁ナルヲ以テ第一項ハ確定判決ニ因リ戸籍

ノ訂正ヲ爲スヘキトキハ訴ヲ提起シタル者ハ判決確定ノ日ヨリ一个月ノ期間内ニ判決ノ謄本ヲ添附シ戸籍訂正ノ申請ヲ爲スコト要シ第二項ハ檢事カ訴ノ提起者ナル場合ハ判決確定ノ後遲滯ナク戸籍訂正ヲ請求スルコトヲ要スルコトヲ定メタリ

舊、一六八

戸籍訂正ニ關スル準用規定

第百六十八條　第四十三條、第四十六條乃至第五十條、第五十二條乃至第五十九條及第六十三條乃至第六十八條ノ規定ハ戸籍訂正ノ申請ニ之ヲ準用ス

本條ハ戸籍訂正ノ申請ニ準用スヘキ規定ヲ定ム卽チ届出ノ通則ニ定メタル届出地(四三)届出ハ書面又ハ口頭ヲ以テ爲スコト(四六)届書記載事項(四七)届出人ト届出事件ノ本人ト異ナル場合ノ記載事項(四八)無能力者ノ届出義務者及ヒ其届書記載事項(四九)無能力者ノ爲シ得ル届出及ヒ禁治産者ニ關スル特別手續(五〇)所在地ノ記載(五二)知レサルモノ存セサルモノノ記載缺略(五三)法令ニ規定スル以外ノ必要事項ヲ記載スルコト(五四)用字、訂正、挿入又ハ削除ノ

方式（二八、一項、三項、五五）屆書ノ數（五六）口頭屆出及ヒ其筆記書ノ作成（五七）屆出事件ニ付キ戶主、父母、後見人、親族會其他ノ者ノ同意、承諾又ハ承認及ヒ官廳ノ許可ノ證明（五八）同意、承諾、承認權者ノ同意、承諾又ハ承認ヲ筆記ニ依ラシムル場合ノ準用規定（五九）屆出期間ノ起算點（六三）屆出ノ催告、職權記載及ヒ屆出ノ懈怠者ニ通知スル義務（六四）屆書追完ノ催告、職權記載及ヒ追完懈怠者ニ通知スル義務（六五）屆出期間經過後ノ屆出ト雖モ受理スルコト（六六）受理、不受理ノ證明書、書類ノ閱覽及ヒ其記載事項ノ證明書並ニ送付（六七）署名、捺印ヲ要スル場合ノ無筆、無印ニ關スル特別規定（六八）等ハ戶籍訂正ノ申請手續ニ之ヲ準用セラルルモノトス故ニ詳細ハ各準用ノ規定ヲ參照スヘシ

第六章　抗告

抗告ハ總テノ訴訟手續ニ於テ見ル所ノモノニシテ抗告トハ戶籍ニ關スル事務ニ付キ市町村長ノ處分ヲ不當ナリトシテ又取消又ハ變更ヲ管轄裁判所ニ要求スル所ノ申立ヲ謂フ故ニ戶籍記載ニ錯誤遺漏アルトキハ全部タルト

一部タルトヲ問ハス訂正ノ手續ニ依ルヘキモノトス抑々訴訟ニ於テ控訴、上告ヲ認ムル必要アルト同シク戸籍ニ關スル市町村長ノ處分ニ付キ特種ノ上訴ヲ認メ抗告審ニ於テ之カ調査ヲ爲サシメ抗告ヲ理由ナシトスルトキハ之ヲ却下シ其理由アリト爲ストキハ市町村長ニ對シ相當ノ處分ヲ命シ吾人人民ヲシテ浣ク法律ノ保護ニ浴スルコトヲ得セシムルノ必要アルモノトス抗告ニ通常ノ抗告ト卽時抗告トノ二種アリ卽チ通常抗告トハ抗告期間ノ定メナキモノヲ謂ヒ卽時抗告トハ裁判ノ送達又ハ言渡アリタル日ヨリ七日ノ期間內ニ爲スヘキモノヲ謂フ(非訟、二〇乃至二五、民訴、四五五、乃至四六六)

舊、二〇三

第百六十九條 戸籍事件ニ付キ市町村長ノ處分ヲ不當トスル者ハ市役所又ハ町村役場ノ所在地ヲ管轄スル區裁判所ニ抗告ヲ爲スコトヲ得

抗告事件管轄裁判所

本條ハ抗告事件及ヒ其管轄裁判所ヲ定ム民事訴訟法ニ於テハ抗告ヲ以テ不服ヲ申立ツルコトヲ得ヘキ事件ニ關シテハ法律ヲ以テ之ヲ限定セリ卽チ

訴訟手續ニ關スル申請ヲ口頭辯論ヲ經スシテ却下シタル裁判又ハ特ニ規定ヲ設ケタル裁判ニ限リ之ニ對シテ抗告ヲ爲スコトヲ得セシム本法ニ於テハ汎ク戶籍ニ關スル事件ニ付キ市町村長ノ處分ヲ不當ト爲ス者ハ抗告ヲ爲スコトヲ得而シテ其抗告ヲ爲スコトヲ得セシムル場合ハ積極的ナルト消極的ナルトヲ問フコトナシ又抗告ニ付テノ管轄裁判所ハ戶籍事件ニ付キ不當處分ヲ爲シタリトスル市町村長ノ屬スル市役所又ハ市町村役場ノ所在地ヲ管轄スル區裁判所ニ爲スモノトス然ルニ本條ニハ抗告ヲ爲シ得ヘキ者ハ何人ナルヤヲ示サスト雖モ屆出人、屆出事件ノ本人及ヒ利害關係人ハ勿論戶籍ノ謄本、抄本又ハ書類ノ證明書、受理、不受理ノ證明書ノ交付若クハ送付又ハ閲覽ヲ拒絕セラレタル者（一四、六七、一六八）ハ抗告ニ依リ救濟ヲ仰キ得ヘキモノト爲ササルヘカラス

舊、二〇四

第百七十條　抗告ハ管轄區裁判所ニ抗告狀ヲ提出シテ之ヲ爲ス

抗告狀ニハ屆書又ハ申請書及ヒ關係書類ヲ添附スル

コトヲ要ス

抗告手續　本條ハ抗告人ノ抗告手續ヲ定ム卽チ抗告ヲ爲サント欲スル者ハ抗告狀ヲ作成シ之ヲ管轄區裁判所ニ提出シテ爲スヘキモノトス而シテ抗告狀ニハ市町村長ノ戶籍ニ關スル事件ニ付テノ處分ヲ示シ之ニ抗告ヲ以テ不服ノ申立ヲ爲ス理由ト且如何ナル裁判ヲ得ント欲スルヤヲ記載スヘキモノトス抗告狀ニハ各種ノ届書又ハ申請書(一六四)及ヒ他ノ書類一切ヲ添ヘテ抗告裁判所ニ差出スコトヲ要ス

舊、二〇五

第百七十一條　抗告ヲ受ケタル裁判所ハ抗告ニ關スル書類ヲ市町村長ニ送付シテ其意見ヲ求ムルコトヲ要ス

意見請求　本條ハ抗告裁判ノ前提要件ヲ定ム卽チ抗告裁判所ハ裁判ヲ爲ス前抗告ニ關スル一件記錄ヲ市町村長ニ送付シテ意見ヲ求ムルコトヲ要ス裁判所ハ場合ノ如何ヲ問ハス又管轄違ナルト若クハ抗告カ適法ナラスト認メ得ヘキ場

舊、二〇六

市町村長ノ取ルヘキ手續

合ナルトヲ問ハス必ス此手續ヲ踐マサルヘカラス

第百七十二條　市町村長ハ抗告ヲ理由アリト認ムルトキハ處分ヲ變更シテ其旨ヲ裁判所及ヒ抗告人ニ通知スルコトヲ要ス

抗告ヲ理由ナシト認ムルトキハ意見ヲ附シ送付ヲ受ケタル日ヨリ五日内ニ書類ヲ裁判所ニ返還スルコトヲ要ス

本條ハ市町村長ノ取ルヘキ手續ヲ定ム

第一項ハ市町村長カ抗告ヲ理由アリト認メ自己ノ爲シタル處分ノ非ナルコトヲ悟リタルトキハ其處分ヲ變更シテ其旨ヲ裁判所及ヒ抗告人ニ通知シ抗告人ノ希望ヲ達セシメ以テ抗告裁判所ノ手數ヲ省クヘキ手段ヲ講スヘキコトヲ定ム

第二項ハ市町村長ハ自己ノ爲シタル處分ノ正當ナルコトヲ信シ抗告ヲ理

由ナシト認メタルトキハ之ニ意見ヲ附シ書類ヲ其送付ヲ受ケタル日ヨリ五日ノ期間内ニ抗告裁判所ニ返還シテ其裁判ヲ求ムルヲ要スルコトヲ定メタリ

第百七十三條 裁判所ハ抗告ヲ理由ナシトスルトキハ之ヲ却下シ理由アリトスルトキハ市町村長ニ相當ノ處分ヲ命スルコトヲ要ス

抗告ヲ却下シ又ハ處分ヲ命スル裁判ハ決定ヲ以テ之ヲ爲シ市町村長及ヒ抗告人ニ送達スルコトヲ要ス

舊、二〇七

本條ハ抗告裁判所ノ爲スヘキ手續ヲ定ム

第一項ハ抗告裁判所ハ抗告狀、添附書類及ヒ市町村長ノ意見書ニ依リ市町村長ノ戸籍ニ關スル事件ニ付キ爲シタル處分ノ正當ナルヤ不當ナルヤヲ審理シ抗告ハ不當ニシテ理由ナシトスルトキハ之ヲ却下シ又抗告ハ正當ニシテ理由アリトスルトキハ市町村長ニ相當ノ處分ヲ命スルコトヲ定

裁判手續

舊、二〇八

メタルモクニシテ相當ナル處分トハ例ヘハ市町村長カ屆出ヲ受理セサリシトキハ其市町村長ニ對シ屆出ヲ受理スヘキコトヲ命ス又戶籍ノ記載カ當ヲ得スト爲ストキハ之ヲ訂正スヘキコトヲ命スルカ如ク抗告人ノ主張ヲ容レ其申立ヲ達セシムルニ足ルヘキ處分ヲ命スルコトヲ謂フ

第二項ハ抗告ヲ却下シ又ハ相當ナル處分ヲ命スル裁判ハ決定ノ形式ニ因リテ之ヲ爲シ其決定書ノ正本又ハ謄本ヲ市町村長及ヒ抗告人ニ送達シテ其裁判ヲ告知スルヲ要スルコトヲ定メタリ

第百七十四條 裁判所ノ決定ニ對シテハ法律ニ違背シタル裁判ナルコトヲ理由トスルトキニ限リ非訟事件手續法ノ規定ニ從ヒテ抗告ヲ爲スコトヲ得

抗告裁判所ノ裁判ニ對シテハ不服ヲ申立ツルコトヲ得ス

本條ハ再抗告ヲ爲シ得ル場合ヲ定ム

第一項抗告裁判所カ爲シタル決定ニ對シテ不服ナリトスルトキハ更ニ抗告ヲ上級裁判所ニ提起シテ覆審ヲ求ムルコトヲ得ルモノニシテ之ヲ再抗告ト稱ス民事訴訟法第四百五十六條第二項ニ依レハ抗告裁判所ノ裁判ニ對シテハ新ナル獨立ノ抗告理由ヲ生シタルトキニ非サレハ更ニ抗告ヲ爲スコトヲ得ストアルモ本條ハ之ト趣ヲ異ニシテ裁判所ノ決定ニ對シテ法律ニ違背シタルコトヲ理由トスルトキニ限リ非訟事件手續法ノ規定ニ從ヒテ抗告ヲ爲スコトヲ得トアリテ本條ノ規定タルヤ再抗告ヲ爲シ得ル場合ヲ法律ニ違背シタルコトヲ理由トスルトキニ限定シタルコト是レナリ故ニ事實上ノ認定ニ對シテハ縱令不服アルモ再抗告ヲ爲ス事ヲ得サルモノトス其理由トスル所ハ蓋シ戸籍ニ關スル事件ハ極メテ簡易ナル事實ナルヲ以テ再審ノ必要ヲ認メサリシニ因ルモノナランカ而シテ再抗告ヲ爲シ得ヘキ法律ニ違背シタル裁判トハ抗告裁判所カ法律、命令ヲ適用セス又ハ不當ニ之ヲ適用シタル場合ヲ謂フ例ヘハ法律ニ依リ職務ノ執行ヨリ除斥セラレタル判事カ裁判ニ關與シタルトキ或ハ判事カ忌避セラレ且忌避ノ申請ヲ理由アリト認メタルニ拘ラス裁判ニ關與シタルトキ或ハ裁判所カ其管轄又ハ管轄違ヲ不當ニ認メタルトキ或ハ法律ニ於テ許サレタル届書、申請書ヲ法律カ許ササル届書、申請書ナリトシテ却下ノ裁判ヲ爲シタルトキ其他法律ノ解釋ヲ誤リタルカ如キ是レナリ

第二項抗告ヲ爲スニハ最初ノ抗告裁判所ノ直近上級裁判所ニ之ヲ爲スモノニシテ例ヘハ東京區裁判所カ最初ノ抗告裁判所ナルトキハ東京地方裁判所ニ再抗告ヲ爲スモノトス右地方裁判所ノ裁判ニ對シテハ其上級裁判所又ハ大審院ヘ不服ヲ申立テ審理ヲ求ムルコトヲ得サルモノトス

第百七十五條　抗告ノ費用ニ付テハ非訟事件手續法ノ規定ヲ準用ス

舊、二〇九

抗告費用

本條ハ抗告費用ノ負擔方ヲ定ム抗告費用ニ付テハ非訟事件手續法(非訟、二六、乃至三二)ノ規定カ準用セラルルモノニシテ則チ裁判前ノ手續例ヘハ抗告狀及ヒ添附書類ヲ市町村長ニ送付スル費用及ヒ裁判ノ告知ノ費用タル抗告

決定ノ正本又ハ謄本送達ノ費用ノ如キハ事件申立人ノ負擔トス(非訟、二六)若シ市町村長ニ於テ抗告裁判所ノ裁判ヲ不當トシテ抗告ヲ爲シタル場合ハ其市役所又ハ町村役場ノ負擔トス抗告裁判所ハ抗告費用ニ付裁判ヲ爲スコトヲ必要ト認ムルトキハ其額ヲ確定シテ本案事件ノ裁判ト共ニ之ヲ爲スヘシ(非訟、二七)抗告裁判所ハ特別ノ事情アルトキハ第三者ヲシテ費用ノ全部又ハ一部ノ負擔ヲ命スルコトヲ得(非訟、二八)數人ノ申立人アルトキハ連帶、共同或ハ其内一人若クハ數人ニテ負擔スヘキコトヲ命スルコトヲ得(非訟、二九)費用ノ裁判ニ對シテハ不服ヲ申立ツルコトヲ得ス但本案ノ事件ト共ニスル場合ハ此限ニ在ラス(非訟、三〇)債權者ハ費用ノ裁判ニ付强制執行ヲ爲スコトヲ得民事訴訟法第六編ノ規定(强制執行)準用セラル但執行ヲ爲ス前裁判ノ送達ヲ爲スコトヲ要セス又費用ノ裁判ニ對スル抗告アリタルトキハ民事訴訟法第五百條ノ規定ヲ準用ス(非訟、三一)抗告裁判所カ職權ヲ以テ爲ス探知、證據調、呼出、告知其他必要ナル處分ノ費用ハ國庫ニ於テ立替フルモノトス(非訟、三二)尙ホ本條抗告費用トハ第百六十九條乃至第百七十四條ノ抗告ニ關シ生シタル

費用ヲ指ス

第七章　罰則

罰則トハ本法ノ規定スル條項ニ違反シタル者ニ對シ科スヘキ制裁規定ニシテ若シ法ニシテ制裁ナキトキハ徒法ニ歸スルカ故ニ苟モ法律ノ實施ヲ強行セントスルトキハ自由刑又ハ財產刑等ノ罰ヲ加ヘ以テ法律ノ威信ヲ保持セサルヘカラス是本章ノ規定ヲ設ケタル所以ナリ本章ニ定メタル罰ハ過料ト懲役トノ二種トス

一　過料　過料ハ科料ト異ナリ一種ノ民事罰(秩序罰)トシテ民事ノ裁判手續ニ依リテ之ヲ科ス從テ刑事訴訟法ニ定メタル公訴ノ時效ニ關スル規定ノ適用ナキカ故ニ幾年月ヲ經過スルモ其制裁ヲ免ルルコトヲ得ス

二　懲役　懲役ハ刑事訴訟法ニ依リ裁判所カ被告人ソレ自身及ヒ犯狀ニ鑑ミ再犯加重、法律上ノ減刑、併合罪ノ加重、酌量減輕其他刑法總則ノ規定ヲ適用シテ刑ヲ量定スルモノトス

舊、二一六

懈怠罰

第百七十六條　正當ノ理由ナクシテ期間内ニ爲スヘキ屆出又ハ申請ヲ爲ササル者ハ十圓以下ノ過料ニ處ス

本條ハ屆出又ハ申請ヲ怠リタル者ニ科スヘキ制裁ヲ定ム即チ本法ハ屆出又ハ申請ニ付キ夫レ夫レ期間ヲ定メ以テ其期間内ニ屆出又ハ申請ヲ爲スノ義務ヲ盡スヘキコトヲ命シタルモノニシテ當事者ノ任意ニ之ヲ放任スルヲ許ササルカ故ニ苟モ正當ノ理由ナクシテ期間ヲ懈怠シタル者ニ對シ過料ノ制裁ヲ加ヘントスルニ在リ而シテ裁判所ハ是等懈怠者ニ對シ事情ヲ審案シ情狀ヲ酌量シ十圓以下ニ於テ、自由ニ過料ヲ量定スルコトヲ得ヘシ法定ノ期間ヲ經過スルモ正當ノ理由アルトキハ過料ニ處セラルルコトナシ正當ノ理由トハ疾病、旅行、天災不可抗力其他ノ事由ニ因リ實際上屆出又ハ申請ヲ爲シ能ハサル場合ノ如キ又ハ屆出若クハ申請事件ノ發生シタルコトヲ知ラサルカ如キ場合是レナリ

舊、二一一

第百七十七條　第六十四條ノ規定ニ依リ市町村長カ期

催告ニ因ル届出懈怠罰

舊、一二二三

間ヲ定メテ屆出又ハ申請ノ催告ヲ爲シタル場合ニ於テ正當ノ理由ナクシテ其期間內ニ屆出又ハ申請ヲ爲ササル者ハ二十圓以下ノ過料ニ處ス

本條ハ催告ヲ受ケナカラ屆出又ハ申請ヲ怠リタル者ニ科スヘキ制裁ヲ定ム卽チ法定ノ期間內ニ屆出又ハ申請ヲ爲ササル者ニ對シ市町村長ハ期間ヲ定メテ屆出又ハ申請ヲ促シ正當ノ理由ナクシテ尙ホ之ヲ履行セサル懈怠者ニ付テハ毫モ酌量ノ餘地ナク其罪責一層重カルヘキナリ故ニ初メノ違反ヨリハ之ヲ重クシテ二十圓以下ノ過料ニ處スヘキモノト爲ス市町村長ハ其催告ニ應セサル者ニ對シ更ニ又期間ヲ定メテ屆出又ハ申請ノ催告ヲ繰返スコトヲ得而シテ之ニ違反シタル者ハ其都度二十圓以下ノ過料ニ處セラルヘキモノトス

第百七十八條 市町村長ハ左ノ場合ニ於テハ三十圓以下ノ過料ニ處ス

第百七十八條

一　正當ノ理由ナクシテ屆出又ハ申請ヲ受理セサルトキ

二　戸籍ノ記載ヲ爲スコトヲ怠リタルトキ

三　正當ノ理由ナクシテ戸籍簿、除籍簿又ハ第三十六條ノ書類ノ閲覽ヲ拒ミタルトキ

四　正當ノ理由ナクシテ戸籍若クハ除カレタル戸籍ノ謄本、抄本又ハ第六十七條ノ說明書ヲ交付セサルトキ

五　其他戸籍事件ニ付キ職務ヲ怠リタルトキ

市町村長ニ對スル制裁

本條ハ市町村長ニ對スル制裁ヲ定ム卽チ市町村長ハ國家ノ機關トシテ戸籍事務ヲ管掌スルノ職務ニ在リナカラ之ニ違背シ又ハ其職責ヲ盡ササルハ屆出又ハ申請義務者ノ其義務違反ニ比較シ一層重カルヘキヲ以テ三十圓以

下ノ過料ニ處セラルヘキモノトス市町村長ハ本條ノ處罰ヲ受クルト同時ニ一般行政上ノ懲戒處分ヲ受クヘキモノニシテ假令裁判所ヨリ過料ニ處セラルルト雖モ一般行政上ノ懲戒處分ヲ免除セラルヘキモノニ非ス從テ本條ノ規定ハ市町村長カ戶籍事件ニ付キ其職務ヲ怠ルモ一般行政上ノ懲戒處分ヲ除外シタルニ非スト解スヘキナリ

本條ハ市町村長ノ戶籍事件ニ關スル職務違反ヲ例示ス卽チ左ノ如シ

一　正當ノ理由ナクシテ屆出又ハ申請ヲ受理セサルトキ　市町村長ハ如何ナル場合ニ於テモ屆出又ハ申請ヲ受理スヘキモノニ非ス屆出又ハ申請ヲ受理スルニハ本法ハ勿論民法其他ノ法令ニ適合シタルモノナラサルヘカラス故ニ法定ノ條件ヲ具備セス若クハ適法ナラサルモノハ之ヲ却下シ或ハ書面ニ不備ナルモノアリト認ムルトキハ之ヲ補正セシムルコトヲ要ス市町村長ニ對シ制裁ヲ加フルニハ正當ナル理由アルニ非スシテ屆出又ハ申請ヲ受理セサル場合ニ限ルモノトス

二　戶籍ノ記載ヲ爲スコトヲ怠リタルトキ　受附事件多クシテ卽日處理シ

難ク其翌日モ亦受附事件頗ル多クシテ爲ニ數日遲延シタリトスルモ戸籍ノ記載ヲ怠リタリト謂フヘカラス戸籍ノ記載ヲ怠リタリトハ其記載ヲ爲スヘキ時間充分アリナカラ敢テ之ヲ爲サス而カモ喫烟又ハ無用ノ雜話ニ耽リテ空シク時間ヲ徒消シ遂ニ其職務ヲ怠リタルカ如キヲ謂フ

三　正當ノ理由ナクシテ戸籍簿、除籍簿又ハ第三十六條ノ書類ノ閲覽ヲ拒ミタルトキ　水火其他事變ニ因リ書類ヲ他ニ搬出シ事變後之ヲ取リ入レタレトモ秩序回復セス亂雜ヲ極メ實際上閲覽ノ請求ニ應シ難キカ如キ場合ハ正當ノ理由アリト謂フコトヲ得ヘシ故ニ市町村長ニ對シ制裁ヲ加フルニハ何等ノ理由ナクシテ書類ノ閲覽ヲ拒ミタル場合ナラサルヘカラス

四　正當ノ理由ナクシテ戸籍若クハ除カレタル戸籍ノ謄本、抄本又ハ第六十七條ノ證明書ヲ交付セサルトキ　受附事件山積シテ小數ノ吏員ニテハ卽日又ハ翌日中ニ處理シ難キ場合ノ如キハ正當ノ理由タルコトヲ失ハス唯閑談、雜話ニ數時間ヲ徒費シナカラ敢テ書類ノ謄本、抄本若クハ證明書ノ交付ヲ爲ササルカ如キハ場合本號ノ制裁ヲ免レサルモノトス

五　其他戸籍事件ニ付キ職務ヲ怠リタルトキ　其他戸籍事件ニ付キ職務ヲ怠リタルトキトハ其範圍頗ル廣汎ニシテ其類例モ亦極メテ夥多ナルヲ以テ其二三ヲ擧クレハ(一)新ニ戸籍ヲ編製スルニ當リ市町村長ハ數十日ヲ經過スルモ監督區裁判所ニ其副本ヲ送付セサルトキ(一二)(二)除籍ヲ爲スヘキ者ノ本籍カ他ノ市町村ノ區域ニ轉屬スル場合ニ於テ入籍ノ通知ヲ受ケスシテ除籍ヲ爲シタルトキ(二七)(三)離籍者カ一家創立ノ屆出ヲ爲ササルニ拘ラス除籍ヲ爲シタルトキ(二七)(四)戸籍ノ記載ヲ爲スニ略字、符號ヲ用ヰ若クハ年月日ヲ記載スルニ一二三十ノ字ヲ用ヰ又ハ訂正ノ挿入若クハ削除ヲ爲スニ法定ノ手續ヲ爲ササリシトキ(二八)(五)戸籍ノ記載ヲ爲スニ當リ文末ニ認印ヲ爲ササルトキ(二九)其他第三十條乃至第四十二條ノ規定ニ違反シタルカ如キ其最モ顯著ナルモノトス

市町村長カ戸籍事件ニ付キ職務ヲ怠リタル行爲數個卽チ數十又ハ數百若クハ數千ノ多キニ及フモ一行爲トシテ過料三十圓以下ニ處スヘキヤト謂フニ各個ノ行爲カ他ノ事件ニ何等牽連スルコトナク獨立シタル違反行爲ナル

トキハ各個ノ違反行爲ニ付キ制裁ヲ加フヘキコトハ明カニシテ數百又ハ數千ノ衆キニ達シタル場合ニ於テ合併シテ一個ノ處罰ヲ加フヘキモノニ非ス市町村長ノ代理者カ戸籍事件ヲ取扱フニ當リ本條ニ該當スヘキ行爲アルモ其代理者ニ付テハ除斥竝ニ損害賠償ノ責任ニ關スル規定ノ外準用ナキヲ以テ(七)代理者カ取扱ヒタル事件ニ付テハ之ニ處罰ヲ加フルコトヲ得サルヘシ

舊、二一四

過料ノ管轄裁判所

第百七十九條　過料ノ裁判ハ過料ニ處セラルヘキ者ノ住所又ハ居所ノ地ヲ管轄スル區裁判所之ヲ爲ス其裁判及ヒ裁判ノ執行ニ付テハ非訟事件手續法ノ規定ヲ準用ス

本條ハ過料處分ヲ爲スヘキ管轄裁判所及ヒ其裁判手續竝ニ裁判執行ニ關スル手續ヲ定ム即チ本章ニ定メタル過料ノ裁判ハ過料ニ處セラルヘキ者ノ住所又ハ居所ノ地ヲ管轄スル區裁判所之ヲ爲スヘキモノトス市町村長カ違

反者ナル場合ニ於テモ亦市町村長ノ住所又ハ居所ノ地ヲ管轄スヘキ區裁判所ナルコトハ勿論ナリ違反者ノ住所又ハ居所ノ地ヲ管轄スヘキ區裁判所ト定メタルハ專ラ違反者ノ便宜ト費用ノ節減トヲ謀リタルニ外ナラス

過料ノ裁判手續ハ非訟事件手續法第二百七條ノ準用ニ依リ(一)其裁判ハ理由ヲ附シタル決定ヲ以テ爲スコト(二)裁判所ハ裁判前當事者及ヒ檢事ノ意見ヲ聽クコト(三)當事者及ヒ檢事ハ過料ノ裁判ニ對シテ卽時抗告ヲ爲スコトヲ得抗告ハ執行停止ノ效力ヲ生ス(四)裁判費用ハ過料ニ處スル言渡アリタルトキハ其言渡ヲ受ケタル者ノ負擔トシ其他ノ場合及ヒ抗告裁判所カ當事者ノ申立ヲ理由アリトスル裁判ヲ爲シタルトキハ前審及ヒ抗告手續ノ費用ハ國庫ノ負擔タルモノトス又其執行手續ハ非訟事件手續法第二百八條ノ準用ニ依リ(イ)檢事ノ命令ヲ以テ過料ノ裁判ヲ執行スルコト(ロ)此命令ハ執行力ヲ有スル債務名義ト同一ノ效力ヲ有スルモノトス(ハ)過料ノ裁判ハ民事訴訟法第六編强制執行ノ規定ニ從ヒテ之ヲ爲ス但其執行ヲ爲スニ付キ裁判ノ送達ヲ要セス

舊、二一五

虛僞ノ屆出者ニ對スル罰則

第百八十條　戸籍ノ記載ヲ要セサル事項ニ付キ虛僞ノ屆出ヲ爲シタル者ハ一年以下ノ懲役又ハ百圓以下ノ罰金ニ處ス日本ノ國籍ヲ有セサル者ニ關スル事項ニ付キ虛僞ノ屆出ヲ爲シタル者亦同シ

本條ハ虛僞ノ屆出ヲ爲シタル者ニ對スル處罰ヲ定ム舊法第二百十五條ニ依レハ自己又ハ他人ノ利ヲ圖リ若クハ他人ヲ害スルノ目的ヲ以テ身分又ハ戸籍ニ關シ詐欺ノ屆出若クハ申請ヲ爲シタル者云云トアルモ本條ハ戸籍ノ記載ヲ要セサル事項ニ付キ虛僞ノ屆出ヲ爲シタル者ハ云々(中略)日本ノ國籍ヲ有セサル者ニ關スル事項ニ付キ虛僞ノ屆出ヲ爲シタル者亦同シトアリテ頗ル其趣ヲ異ニスルコトニ注意ヲ拂フコトヲ要ス即チ戸籍ノ記載ヲ要セサル事項及ヒ日本ノ國籍ヲ有セサル者ニ關スル事項ニ付キ虛僞ノ屆出ヲ爲シタル者ハ本法ニ依リ處罰セラルヘシト雖モ其他ノ場合例ヘハ相續權ヲ得ンカ爲ニ被相續人ノ所在不明ナルニ乘シ被相續人死亡ノ屆出ヲ爲シ市町村長

ヲシテ戸籍ノ記載ヲ爲サシメ之ニ由テ以テ身分上及財産上不法ノ利益ヲ得タルカ如キ戸籍ノ記載ヲ要スル事項ニ付キ虛僞ノ屆出又ハ申請ヲ爲シタル者ハ刑法第百五十七條、第二百四十六條、第五十四條ニ依リ之ヲ罰スヘキモノトス而シテ戸籍ノ記載ヲ要セサル事項及ヒ日本ノ國籍ヲ有セサル者ニ關スル事項ニ付キ虛僞ノ屆出ヲ爲シタル者ハ一年以下ノ懲役又ハ百圓以下ノ罰金ニ處セラルヘキニ因リ裁判所ハ事件ヲ審按シタル上右範圍ニ於テ刑ヲ量定スヘキモノトス本條ニ定メタル罪ヲ構成スルニハ(一)罪ヲ犯スノ意思アルコト(二)戸籍ノ記載ヲ要セサル事項又ハ日本ノ國籍ヲ有セサル者ニ關スル事項ナルコト(三)虛僞ノ屆出ヲ爲シタルコト等ノ條件ヲ具備スルコトヲ要ス戸籍ノ記載ヲ要セサル事項及ヒ日本ノ國籍ヲ有セサル者ニ關スル事項トハ第三十六條第二項ノ說明ヲ見ルヘシ尙ホ舊法第二百十五條ノ身分又ハ戸籍ニ關シ詐欺ノ屆出若クハ申請ヲ爲シタル者ハ十一日以上四年以下ノ重禁錮又ハ二圓以上百圓以下ノ罰金ニ處セラルヘク刑法第百五十七條ノ公務員ニ對シ虛僞ノ申立ヲ爲シ權利義務ニ關スル公正證書ノ原本ニ不實ノ記載ヲ爲サ

シメタル者ハ二年以下ノ懲役又ハ百圓以下ノ罰金ニ處セラルヘク彼此比較シテ權衡ヲ失スル嫌ヒアルニ因リ此規定ヲ設ケタルナリ

本條ノ規定ニ依ル制裁ハ刑事罰ナルヲ以テ事件ノ管轄裁判所ハ過料ノ裁判ト全ク異ナリ裁判所構成法第十六條第二十七條及ヒ刑事訴訟法第二十六條以下ノ規定ニ從ヒ被告人ノ所在地又ハ犯罪地ノ裁判所ニシテ其事件カ豫審ヲ經サルトキハ區裁判所其管轄權限ヲ有シ若シ豫審ヲ經タルトキハ地方裁判所ノ管轄ニ屬スルモノトス

市町村長ハ其職務ヲ行フニ因リ犯罪アルコトヲ認知シ又ハ犯罪アリト思料シタルトキハ刑事訴訟法第五十二條ニ依リ速ニ其職務ヲ行フ地ノ檢事ニ告發ヲ爲スノ義務アルモノトス

附則

附則

附則トハ過渡時代ノ交渉ヲ定メ或ハ之ニ付テ本法ノ委任規定ヲ設ケ(八、二項一六、二項、三八)或ハ施行ニ關スル細則ヲ定メ或ハ施行期日ニ關スル規定ヲ

設ケ以テ之ヲ本則ニ附加シタルモノヲ謂フ

施行期日

第百八十一條　本法施行ノ期日ハ勅令ヲ以テ之ヲ定ム

本條ハ本法ノ施行期日ヲ勅令ヲ以テ定ムルコトヲ規定ス卽チ本法施行ニ關スル種種ノ規則ヲ命令ヲ以テ定ムルコトヲ要スルカ故ニ本法施行ノ準備ノ成リタルトキハ適當ナル時機ニ於テ勅令ヲ以テ施行期日ヲ定ムヘキモノトス

施行細則

第百八十二條　本法ノ施行ニ關スル細則ハ司法大臣之ヲ定ム

本條ハ本法ノ施行細則ヲ司法大臣ヲシテ定メシムヘキコトヲ規定ス卽チ本法ノ施行ニ關スル細則ハ司法大臣ニ委任シ省令ヲ以テ之ヲ定メシム

第百八十三條　本法ノ規定ハ本法施行前ノ屆出其他ノ事由ニ因リテ戸籍ノ記載ヲ爲シ又ハ新ニ戸籍ヲ編製スル場合ニモ亦之ヲ適用ス

本條ハ本法施行前ニ受附ケタル事件ノ取扱方ヲ定ム卽チ本法施行前、舊法ノ規定ニ依リ屆書、申請書其他受附ケタル事件カ處理セラレスシテ本法施行セラレタルトキハ市町村長ハ受附ケタル當時ノ法律ニ依リ取扱フヘキヤ否ヤト謂フニ新ナル手續法ハ舊法ニ優ルカ故ニ新法ヲ適用スルヲ利益ト爲スノミナラス新法ノ適用ニ依リ屆出人其他利害關係人ノ權利ヲ害スルコトナキヲ以テ一般ノ立法例ニ倣ヒ本法ノ規定ヲ適用シテ戶籍ノ記載ヲ爲シ又ハ新ニ戶籍ヲ作ルモノトス

第百八十四條　舊法ノ規定ニ依ル戶籍ハ本法ノ規定ニ依ル戶籍トシテ其效力ヲ有ス但本法ノ規定ニ依リ戶籍ニ記載スヘキ事項ニシテ舊法ノ規定ニ依ル戶籍ニ記載ナキモノハ身分登記ニ依リ之ヲ記載スルコトヲ得

司法大臣ハ前項ノ規定ニ拘ハラス本法ノ規定ニ依リ

舊法ニ依リタル戸籍ノ效力

戸籍ヲ改製スヘキコトヲ命スルコトヲ得

本條ハ舊法ニ依ル戸籍ノ效力ヲ定ム卽チ舊法ノ規定ニ依リ編製セラレタル戸籍ノ效力如何ト謂フニ本法ノ施行ニ依リ何等效力ニ差異ヲ生スルコトナク本法ノ規定ニ依リ編製セラレタル戸籍ト看做シテ其效力ヲ有スル一ノ擬制ヲ設ク本法ニ於テ戸籍ニ記載スヘキコトヲ命シタル事項ニシテ舊法ノ規定ニ依ル戸籍ニ記載ナキモノハ舊法ニ依ル身分登記ニ基キ之ヲ戸籍ニ記載シテ其補充ヲ爲スコトヲ得ルモノトス然レトモ司法大臣ハ本法ノ定ムル所ニ依リ新ニ戸籍ノ編製ヲ命スルコトヲ得ヘシ

第百八十五條 舊法ノ規定ニ依リテ改製セサリシ戸籍ハ司法大臣ノ命スル所ニ依リ本法ノ規定ニ依リテ之ヲ改製スルコトヲ要ス但記載ヲ要スル事項ニシテ從前ノ戸籍ニ依リ其事實ヲ知ルコト能ハサルモノハ其記載ヲ省クコトヲ得

舊法時代ニ戸籍ヲ改製セサル地ニ於ケル改製手續

本條ハ舊法ニ依リ戸籍ヲ改製セサル地ニ於ケル戸籍改製ノ手續ヲ定ム舊法ノ規定卽チ明治三十一年法律第十二號戸籍法ニ依リテ戸籍ヲ改製セサリシ地ニ在リテハ司法大臣ノ命スル所ニ依リ戸籍ヲ改製スルコトヲ要ス戸籍ヲ改製スルニ付キ從前ノ戸籍ニ依リテ其事實ヲ知ルコト能ハサルモノハ其記載ヲ省略スルコトヲ得ヘシ事實ヲ知ルコト能ハサルモノトハ例ヘハ從前ノ戸籍ニハ父母ノ氏名ノ記載ナキカ如シ此場合ニ於テハ新戸籍ニハ父母未詳ト記載スルヲ以テ足ル

帳簿保存

第百八十六條　身分登記簿及ヒ舊法ニ保存期間ノ定アル帳簿竝ニ書類ノ保存期間ハ司法大臣之ヲ定ム

本條ハ身分登記簿及ヒ舊法ニ保存期間ノ定メアル帳簿竝ニ書類ヲ保存スヘキ期間ニ付テハ司法省令ニ讓リ司法大臣ヲシテ之ヲ定メシムヘキコトヲ規定シタルモノトス

改正戸籍法義解畢

附

改正寄留法

改正 寄留法

總論

寄留法ハ寄留ニ關スル法則手續ヲ定メタルモノナリ抑々寄留制度制定ノ目的ハ戸籍法ノ緒言ニ於テ戸籍制度ニ關シ一言シタルト同シク民衆ノ所在ヲ明カニシ人口ノ數ヲ詳ニシ以テ戸籍制度ト相竢チ國家ノ經濟民衆ノ福利增進ヲ計ルニ在リ故ニ明治四年四月太政官布告ヲ以テ戸籍法第三十三則ヲ設ケ其中ニ寄留ニ關スル規定(一二、一三、一六、二四則)ヲ加ヘタリ然レトモ寄留ハ人ノ身分及ヒ家族關係ヲ主眼トスルモノニ非ス全然戸籍ト其性質ヲ異ニスルヲ以テ明治三十一年法律第十二號戸籍法ニ於テハ之ヲ除外シ今日ニ臻ル迄數個ノ單行規定ヲ設ク其單行規定ハ右明治四年四月戸籍法中殘存セラレタル第十六則逗留九十日以上ハ寄留トスル旨ノ規則及ヒ明治十九年九月

内務省令第十九號ノ屆出手續五个條明治十九年十月内務省令第二十二號市町村長ノ寄留簿記載方五个條ナリトス

戸籍トハ家ノ本籍地及ヒ身分關係ヲ指稱シ寄留トハ各人ノ居住關係ヲ指稱ス故ニ身分關係ハ寄留ノ目的トスル所ニ非ス而シテ戸籍ノ在ル所ヲ本籍ト稱シ本籍以外ノ各人ノ居住地ヲ寄留地ト稱ス寄留ニ二種アリ入寄留及ヒ出寄留是ナリ入寄留トハ他ノ市町村ヨリ寄留スルヲ謂ヒ出寄留トハ寄留地ヲ去リ他ノ市町村ニ移ルヲ謂フ寄留法ハ前記數個ノ單行法規ヲ參酌シ一個ノ法規ト爲シタルモノニシテ戸數法改正案ト同時ニ帝國議會ニ提出セラレ多少ノ修正ヲ經テ戸籍法ト同時ニ大正三年三月三十日法律第二十七號ヲ以テ公布セラレタルモノナリ

第一條　九十日以上本籍外ニ於テ一定ノ場所ニ住所又ハ居所ヲ有スル者ハ之ヲ寄留者トス本籍ナキ者、本籍分明ナラサル者及日本ノ國籍ヲ有セサル者ニシテ九

寄留者

十日以上一定ノ場所ニ居住スルモノ亦同シ
寄留ニ關スル事項ハ屆出ニ因リ又ハ職權ヲ以テ之ヲ寄留簿ニ記載スルコトヲ要ス

本條ハ寄留者ノ意義及ヒ屆出ニ關スル事項ヲ定ム

第一項　寄留者トハ九十日以上本籍外ニ於テ一定ノ場所ニ住所又ハ居所ヲ有スル者ヲ指稱ス本籍トハ家ノ本據地即チ戶籍ノ在ル所ヲ謂ヒ住所トハ生活ノ本據地居所トハ一時ノ滯在地ヲ謂フ生活ノ本據トハ衣食住ノ根據地ノ意義ニシテ一定ノ場所ニ家ヲ設ケ家族ト共ニ宿泊シタルトキハ住所タルコト明白ニシテ官吏カ本籍ニ家族ヲ殘シ置キ任地ニ一戶ヲ設ケ傭人ヲ使用シ宿泊スルトキハ同シク住所タルヲ妨ケス又獨立ノ生計ヲ營ムニ足ルヘキ獨身者カ下宿ニ在リ不定期間在留スルヲ目的トスルトキハ住所タリ一時ノ滯在地トハ衣食住ノ本據地ニ非ス一時在留スル場所ヲ謂ヒ官吏カ出張シテ旅館ニ在ルトキ私人カ觀光ノ爲メ旅行シテ客舍ニ在ルトキノ如キ比較的短

期間居住ノ目的ニテ在留スル場所ヲ謂フ故ニ住所ト居所トヲ二重ニ有スルトキハ二重ノ寄留ヲ生ス縱令ハ衆議院議員カ議會開會中東京ニ在ル場合ノ如シ在留九十日ヲ以テ寄留者タルト否ラサル者トノ限界ヲ設ケタルハ明治四年四月布告第十六則ニ逗留九十日以上ハ寄留トストノ規定アリシヲ採用シタルモノニシテ九十日ハ殆ト三个月ニ該當シ行政取締上適當ナル期間ナリ九十日以上居住セサル場合ハ縱令住所居所ヲ有スル者ト雖モ寄留者ト稱スヘカラス故ニ寄留者タルノ要件ハ實ニ左ノ如シ

一　本籍外ニ在ルモノナルコト

二　住所又ハ居所ヲ有スルモノナルコト

三　住所又ハ居所ヲ有スルコト九十日以上ニ亘ルコト

日本ノ國籍ヲ有スルモ本籍ヲ有セス又ハ本籍アルモ明確ナラサル者及ヒ日本ノ國籍ヲ有セサル外國人カ九十日以上日本國內ニ於テ一定ノ場所ニ住所又ハ居所ヲ有スルトキハ同シク寄留者トス

屆出

第二項　寄留ニ關スル事項ハ市町村長カ屆出ニ因リ又ハ職權ヲ以テ寄留

ニ關スル帳簿卽チ寄留簿ニ記載シ若シ寄留者ヨリ屆出アラサルトキハ市町村長ハ其調査スル所ニ基キ職權ヲ以テ寄留簿ニ記載スヘキモノトス右ノ職權記載ノ規定ハ戶籍法ニ於ケル職權訂正(戶、三九、六四、六五)ノ規定ト共ニ改正ノ要點ナリトス屆出方法ニ付テモ書面屆出ト口頭屆出トノ二種ノ方法ヲ許スヘキヤ否ヤハ勅令ヲ以テ規定セラルルニ至ルヘシ(寄、三、戶、四六)

第二條 寄留ニ關スル事務ハ市町村長之ヲ管掌ス

戶籍法第三條、第五條及第六條ノ規定ハ寄留ニ關スル事務ニ之ヲ準用ス

事務管掌者

本條ハ寄留事務管掌者及ヒ監督機關ニ關スル規定ナリ

第一項　寄留事務ヲ取扱フヘキ者ハ何人ナリヤト云フニ寄留事務ハ戶籍事務ト同シク自治體ノ機關タル市町村長ニ於テ取扱フヘキモノトス市町村長ノ意義ニ付テハ戶籍法第二條ニ說明シタルヲ以テ就テ見ルヘシ

監督機關其他

第二項　監督機關區長及ヒ市町村制ヲ施行セサル地ニ於ケル事務取扱者ニ

關スル規定ニシテ戸籍法第三條第五條及ヒ第六條ヲ準用ス

一　市寄留事務ハ市役所又ハ町村役場ノ所在地ヲ管轄スル區裁判所ノ一人ノ判事又ハ監督判事之ヲ監督ス監督ニ付テハ司法行政ニ關スル規定ヲ準用ス

二　市制第六條及ヒ第八十二條第三項ノ市卽チ東京、京都、大阪及ヒ名古屋ニ在リテハ市、市長市役所ニ關スル規定ハ區、區長及ヒ區役所ニ之ヲ準用スルヲ以テ右四市ニ於ケル寄留事務ハ區長ニ於テ取扱ヒ市町村長ト同一ノ監督權ニ服從スルモノナリ

三　市町村制ヲ施行セサル地ニ在リテハ本法中市町村、市町村長及ヒ市役所並ニ町村役場ニ關スル規定ヲ之ニ相當スル地區吏員及ヒ公民ニ之ヲ準用ス又右市町村長ノ職務ヲ行フヘキ吏員ノ事務ヲ代理スル吏員ナキ地ニ在リテハ其地ヲ管理スル地方裁判所長ニ於テ司法大臣ノ認可ヲ得テ豫メ其代理者ヲ定メ置クヘキモノトス戸籍法第三條第五條第六條ノ說明ヲ參照スヘシ

届出ニ關スル

第三條　寄留ニ關スル屆出、屆出義務者、屆出期間、寄留簿其ノ他寄留ニ關スル事項ハ勅令ヲ以テ之ヲ定ム

本條ハ屆出、屆出義務者、屆出期間、寄留簿、其他寄留ニ關スル事項ハ勅令ヲ以テ定ムヘキコトヲ規定ス

(一)屆出トハ屆出ニ關スル方式卽書面屆出手續ノ外口頭屆出手續ヲ設クルヤ、屆書記載事項ハ如何等ヲ謂ヒ(二)屆出義務者トハ寄留屆ハ何人カ屆出ツヘキモノナルヤヲ謂ヒ(三)屆出期間トハ寄留後何日間ニ屆出ツヘキヤ屆出義務ノ起算點ハ何時ナルヤ舊法タル明治十九年九月內務省令第十九號ニ依レハ屆出期間ヲ十日以內トシタリ然トモ何時ヲ以テ起算點トスヘキヤハ規定セラレス本法第一條ニ依レハ九十日以上住所又ハ居所ヲ有スル者ハ寄留者トストアルヲ以テ特別ノ規定ナキ限リハ寄留九十日ノ滿了ヲ以テ起算點トスルヲ妥當トス其他期間計算法ニ付テハ民法ノ規定ニ依ルヘキヤニ付キ戶籍法ト本法トニ通シ明確ナル規定ヲ設ケ誤解ヲ避クルノ必要アリ(戶、六三參照)

(四)寄留簿トハ寄留者ノ氏名寄留ノ場所其他寄留ニ關スル事項ヲ記載シ置クヘキ帳簿ヲ謂ヒ(五)其他寄留ニ關スル事項トハ屆書記載雛形、用紙及ヒ保存廢棄等ニ關スル手續ヲ謂フ

第四條　寄留ニ關スル屆出ヲ怠リタル者ハ五圓以下ノ過料ニ處ス

戸籍法第百七十九條ノ規定ハ前項ノ過料ニ付之ヲ準用ス

本條ハ屆出義務者ノ屆出懈怠ニ對スル制裁及ヒ其裁判竝ニ執行方法ヲ規定ス

制裁

第一項　寄留ニ關スル屆出ヲ怠リタル者ハ五圓以下ノ過料ニ處セラル屆出ヲ怠リタル者トハ屆出義務者ニシテ所定ノ屆出ヲ怠リ一定ノ期間內ニ屆出ヲ爲サヽル者ヲ謂フ過料ハ民事罰ニシテ刑事罰ニ非ス故ニ此民事裁判所ニ於テ裁判スヘク又刑事罰ノ如ク時效ニ因リ消滅スルモノニ非ス

第二項　過料ノ裁判ヲ爲スヘキ管轄裁判所裁判手續及ヒ其執行方法ニ付テハ戸籍法第百七十九條ノ規定ヲ準用スルニ依リ管轄裁判所ハ屆出義務者ノ住所又ハ居所ヲ管理スル區裁判所之ニ該ルヘク其裁判及ヒ裁判ノ執行ニ付テハ非訟事件手續法ノ規定ニ依ルヘキモノトス詳細ハ戸籍法第百七十九條ニ關スル說明ヲ參照スヘシ

附則

本法施行ノ期日ハ勅令ヲ以テ之ヲ定ム

本法モ亦戸籍法ト同シク其施行期日ヲ勅令ヲ以テ定ムルコトト爲セリ

改正寄留法　畢

大正三年六月二十二日印刷
大正三年六月二十五日發行
大正三年七月　三日再版發行

定價金壹圓五拾錢

著作者　増永正一

發行兼印刷者　金谷萬壽三
東京市本所區緑町三丁目八番地

發行所　東京神田錦町
振替口座東京一三四七九番
電話本局三四九六番
成文閣出版部

大賣捌所
東京神田　有斐閣書房
同　巖松堂書店
同　清水書店

（印刷所　東京市本所區番場町四番地　凸版印刷株式會社本所分工場）

改正戸籍法義解　全　　　　別巻 1425

2024(令和６)年10月20日　　復刻版第１刷発行

著　者　増　永　正　一
発行者　今　井　　　貴
発行所　信　山　社　出　版

〒113-0033　東京都文京区本郷６-２-９-102
モンテベルデ第２東大正門前
電　話　03（3818）1019
ＦＡＸ　03（3818）0344
郵便振替 00140-2-367777(信山社販売)

Printed in Japan.

制作／(株)信山社，印刷・製本／松澤印刷・日進堂

ISBN 978-4-7972-4438-0 C3332

別巻　巻数順一覧【1349 ～ 1530 巻】※網掛け巻数は、2021 年 11 月以降刊行

巻数	書　名	編・著・訳者 等	ISBN	定　価	本体価格
1349	國際公法	W・E・ホール、北條元篤、熊谷直太	978-4-7972-8953-4	41,800 円	38,000 円
1350	民法代理論 完	石尾一郎助	978-4-7972-8954-1	46,200 円	42,000 円
1351	民法總則編物權編債權編實用詳解	清浦奎吾、梅謙次郎、自治館編輯局	978-4-7972-8955-8	93,500 円	85,000 円
1352	民法親族編相續編實用詳解	細川潤次郎、梅謙次郎、自治館編輯局	978-4-7972-8956-5	60,500 円	55,000 円
1353	登記法實用全書	前田孝階、自治館編輯局（新井正三郎）	978-4-7972-8958-9	60,500 円	55,000 円
1354	民事訴訟法精義	東久世通禧、自治館編輯局	978-4-7972-8959-6	59,400 円	54,000 円
1355	民事訴訟法釋義	梶原仲治	978-4-7972-8960-2	41,800 円	38,000 円
1356	人事訴訟手續法	大森洪太	978-4-7972-8961-9	40,700 円	37,000 円
1357	法學通論	牧兒馬太郎	978-4-7972-8962-6	33,000 円	30,000 円
1358	刑法原理	城數馬	978-4-7972-8963-3	63,800 円	58,000 円
1359	行政法講義・佛國裁判所構成大要・日本古代法 完	パテルノストロ、曲木如長、坪谷善四郎	978-4-7972-8964-0	36,300 円	33,000 円
1360	民事訴訟法講義〔第一分冊〕	本多康直、今村信行、深野達	978-4-7972-8965-7	46,200 円	42,000 円
1361	民事訴訟法講義〔第二分冊〕	本多康直、今村信行、深野達	978-4-7972-8966-4	61,600 円	56,000 円
1362	民事訴訟法講義〔第三分冊〕	本多康直、今村信行、深野達	978-4-7972-8967-1	36,300 円	33,000 円
1505	地方財政及税制の改革〔昭和12年初版〕	三好重夫	978-4-7972-7705-0	62,700 円	57,000 円
1506	改正 市制町村制〔昭和13年第7版〕	法曹閣	978-4-7972-7706-7	30,800 円	28,000 円
1507	市制町村制 及 関係法令〔昭和13年第5版〕	市町村雑誌社	978-4-7972-7707-4	40,700 円	37,000 円
1508	東京府市区町村便覧〔昭和14年初版〕	東京地方改良協会	978-4-7972-7708-1	26,400 円	24,000 円
1509	改正 市制町村制 附 施行細則・執務條規〔明治44年第4版〕	矢島誠進堂	978-4-7972-7709-8	33,000 円	30,000 円
1510	地方財政改革問題〔昭和14年初版〕	高砂恒三郎、山根守道	978-4-7972-7710-4	46,200 円	42,000 円
1511	市町村事務必携〔昭和4年再版〕第1分冊	大塚辰治	978-4-7972-7711-1	66,000 円	60,000 円
1512	市町村事務必携〔昭和4年再版〕第2分冊	大塚辰治	978-4-7972-7712-8	81,400 円	74,000 円
1513	市制町村制逐条示解〔昭和11年第64版〕第1分冊	五十嵐鑛三郎、松本角太郎、中村淑人	978-4-7972-7713-5	74,800 円	68,000 円
1514	市制町村制逐条示解〔昭和11年第64版〕第2分冊	五十嵐鑛三郎、松本角太郎、中村淑人	978-4-7972-7714-2	74,800 円	68,000 円
1515	新旧対照 市制町村制 及 理由〔明治44年初版〕	平田東助、荒川五郎	978-4-7972-7715-9	30,800 円	28,000 円
1516	地方制度講話〔昭和5年再版〕	安井英二	978-4-7972-7716-6	33,000 円	30,000 円
1517	郡制注釈 完〔明治30年再版〕	岩田徳義	978-4-7972-7717-3	23,100 円	21,000 円
1518	改正 府県制郡制講義〔明治32年初版〕	樋山廣業	978-4-7972-7718-0	30,800 円	28,000 円
1519	改正 府県制郡制〔大正4年 訂正21版〕	山野金蔵	978-4-7972-7719-7	24,200 円	22,000 円
1520	改正 地方制度法典〔大正12第13版〕	自治研究会	978-4-7972-7720-3	52,800 円	48,000 円
1521	改正 市制町村制 及 附属法令〔大正2年第6版〕	市町村雑誌社	978-4-7972-7721-0	33,000 円	30,000 円
1522	実例判例 市制町村制釈義〔昭和9年改訂13版〕	梶康郎	978-4-7972-7722-7	52,800 円	48,000 円
1523	訂正 市制町村制 附 理由書〔明治33年第3版〕	明昇堂	978-4-7972-7723-4	30,800 円	28,000 円
1524	逐条解釈 改正 市町村財務規程〔昭和8年第9版〕	大塚辰治	978-4-7972-7724-1	59,400 円	54,000 円
1525	市制町村制 附 理由書〔明治21年初版〕	狩谷茂太郎	978-4-7972-7725-8	22,000 円	20,000 円
1526	改正 市制町村制〔大正10年第10版〕	井上圓三	978-4-7972-7726-5	24,200 円	22,000 円
1527	正文 市制町村制 並 選挙法規 附 陪審法〔昭和2年初版〕	法曹閣	978-4-7972-7727-2	30,800 円	28,000 円
1528	再版増訂 市制町村制註釈 附 市制町村制理由[明治21年増補再版]	坪谷善四郎	978-4-7972-7728-9	44,000 円	40,000 円
1529	五版 市町村制例規〔明治36年第5版〕	野元友三郎	978-4-7972-7729-6	30,800 円	28,000 円
1530	全国市町村便覧 附 全国学校名簿〔昭和10年初版〕第1分冊	藤谷崇文館	978-4-7972-7730-2	74,800 円	68,000 円

別巻　巻数順一覧【1309 ～ 1348 巻】※網掛け巻数は、2021 年 11 月以降刊行

巻数	書　名	編・著・訳者　等	ISBN	定　価	本体価格
1309	監獄學	谷野格	978-4-7972-7459-2	38,500 円	35,000 円
1310	警察學	宮國忠吉	978-4-7972-7460-8	38,500 円	35,000 円
1311	司法警察論	高井賢三	978-4-7972-7461-5	56,100 円	51,000 円
1312	增訂不動産登記法正解	三宅德業	978-4-7972-7462-2	132,000 円	120,000 円
1313	現行不動産登記法要義	松本修平	978-4-7972-7463-9	44,000 円	40,000 円
1314	改正民事訴訟法要義 全〔第一分冊〕	早川彌三郎	978-4-7972-7464-6	56,100 円	51,000 円
1315	改正民事訴訟法要義 全〔第二分冊〕	早川彌三郎	978-4-7972-7465-3	77,000 円	70,000 円
1316	改正強制執行法要義	早川彌三郎	978-4-7972-7467-7	41,800 円	38,000 円
1317	非訟事件手續法	横田五郎、三宅德業	978-4-7972-7468-4	49,500 円	45,000 円
1318	旧制對照改正官制全書	博文館編輯局	978-4-7972-7469-1	85,800 円	78,000 円
1319	日本政体史 完	秦政治郎	978-4-7972-7470-7	35,200 円	32,000 円
1320	萬國現行憲法比較	辰巳小二郎	978-4-7972-7471-4	33,000 円	30,000 円
1321	憲法要義 全	入江魁	978-4-7972-7472-1	37,400 円	34,000 円
1322	英國衆議院先例類集 巻之一・巻之二	ハッセル	978-4-7972-7473-8	71,500 円	65,000 円
1323	英國衆議院先例類集 巻之三	ハッセル	978-4-7972-7474-5	55,000 円	50,000 円
1324	會計法精義　全	三輪一夫、松岡萬次郎、木田川奎彦、石森憲治	978-4-7972-7476-9	77,000 円	70,000 円
1325	商法汎論	添田敬一郎	978-4-7972-7477-6	41,800 円	38,000 円
1326	商業登記法 全	新井正三郎	978-4-7972-7478-3	35,200 円	32,000 円
1327	商業登記法釋義	的場繁次郎	978-4-7972-7479-0	47,300 円	43,000 円
1328	株式及期米裁判例	繁田保吉	978-4-7972-7480-6	49,500 円	45,000 円
1329	刑事訴訟法論	溝淵孝雄	978-4-7972-7481-3	41,800 円	38,000 円
1330	修正刑事訴訟法義解 全	太田政弘、小濵松次郎、緒方惟一郎、前田兼寶、小田明次	978-4-7972-7482-0	44,000 円	40,000 円
1331	法律格言・法律格言義解	H・ブルーム、林健、鶴田忞	978-4-7972-7483-7	58,300 円	53,000 円
1332	法律名家纂論	氏家寅治	978-4-7972-7484-4	35,200 円	32,000 円
1333	歐米警察見聞録	松井茂	978-4-7972-7485-1	38,500 円	35,000 円
1334	各國警察制度・各國警察制度沿革史	松井茂	978-4-7972-7486-8	39,600 円	36,000 円
1335	新舊對照刑法蒐論	岸本辰雄、岡田朝太郎、山口慶一	978-4-7972-7487-5	82,500 円	75,000 円
1336	新刑法論	松原一雄	978-4-7972-7488-2	51,700 円	47,000 円
1337	日本刑法實用 完	千阪彦四郎、尾崎忠治、簑作麟祥、西周、宮城浩藏、菅生初雄	978-4-7972-7489-9	57,200 円	52,000 円
1338	刑法實用詳解〔第一分冊〕	西園寺公望、松田正久、自治館編輯局	978-4-7972-7490-5	56,100 円	51,000 円
1339	刑法實用詳解〔第二分冊〕	西園寺公望、松田正久、自治館編輯局	978-4-7972-7491-2	62,700 円	57,000 円
1340	日本商事會社法要論	堤定次郎	978-4-7972-7493-6	61,600 円	56,000 円
1341	手形法要論	山縣有朋、堤定次郎	978-4-7972-7494-3	42,900 円	39,000 円
1342	約束手形法義解 全	梅謙次郎、加古貞太郎	978-4-7972-7495-0	34,100 円	31,000 円
1343	戸籍法 全	島田鐵吉	978-4-7972-7496-7	41,800 円	38,000 円
1344	戸籍辭典	石渡敏一、自治館編輯局	978-4-7972-7497-4	66,000 円	60,000 円
1345	戸籍法實用大全	勝海舟、梅謙次郎、自治舘編輯局	978-4-7972-7498-1	45,100 円	41,000 円
1346	戸籍法詳解〔第一分冊〕	大隈重信、自治館編輯局	978-4-7972-7499-8	62,700 円	57,000 円
1347	戸籍法詳解〔第二分冊〕	大隈重信、自治館編輯局	978-4-7972-8950-3	96,800 円	88,000 円
1348	戸籍法釋義 完	板垣不二男、岡村司	978-4-7972-8952-7	80,300 円	73,000 円

別巻　巻数順一覧【1265 ～ 1308 巻】

巻数	書　名	編・著・訳者 等	ISBN	定　価	本体価格
1265	行政裁判法論	小林魁郎	978-4-7972-7386-1	41,800 円	38,000 円
1266	奎堂餘唾	清浦奎吾、和田鍊太、平野貞次郎	978-4-7972-7387-8	36,300 円	33,000 円
1267	公證人規則述義 全	箕作麟祥、小松濟治、岸本辰雄、大野太衛	978-4-7972-7388-5	39,600 円	36,000 円
1268	登記法公證人規則詳解 全・大日本登記法公證人規則註解 全	鶴田皓、今村長善、中野省吾、奥山政敬、河原田新	978-4-7972-7389-2	44,000 円	40,000 円
1269	現行警察法規 全	内務省警保局	978-4-7972-7390-8	55,000 円	50,000 円
1270	警察法規研究	有光金兵衛	978-4-7972-7391-5	33,000 円	30,000 円
1271	日本帝國憲法論	田中次郎	978-4-7972-7392-2	44,000 円	40,000 円
1272	國家哲論	松本重敏	978-4-7972-7393-9	49,500 円	45,000 円
1273	農業倉庫業法制定理由・小作調停法原義	法律新聞社	978-4-7972-7394-6	52,800 円	48,000 円
1274	改正刑事訴訟法精義〔第一分冊〕	法律新聞社	978-4-7972-7395-3	77,000 円	70,000 円
1275	改正刑事訴訟法精義〔第二分冊〕	法律新聞社	978-4-7972-7396-0	71,500 円	65,000 円
1276	刑法論	島田鐵吉、宮城長五郎	978-4-7972-7398-4	38,500 円	35,000 円
1277	特別民事訴訟論	松岡義正	978-4-7972-7399-1	55,000 円	50,000 円
1278	民事訴訟法釋義 上巻	樋山廣業	978-4-7972-7400-4	55,000 円	50,000 円
1279	民事訴訟法釋義 下巻	樋山廣業	978-4-7972-7401-1	50,600 円	46,000 円
1280	商法研究 完	猪股淇清	978-4-7972-7403-5	66,000 円	60,000 円
1281	新會社法講義	猪股淇清	978-4-7972-7404-2	60,500 円	55,000 円
1282	商法原理 完	神崎東藏	978-4-7972-7405-9	55,000 円	50,000 円
1283	實用行政法	佐々野章邦	978-4-7972-7406-6	50,600 円	46,000 円
1284	行政法汎論 全	小原新三	978-4-7972-7407-3	49,500 円	45,000 円
1285	行政法各論 全	小原新三	978-4-7972-7408-0	46,200 円	42,000 円
1286	帝國商法釋義〔第一分冊〕	栗本勇之助	978-4-7972-7409-7	77,000 円	70,000 円
1287	帝國商法釋義〔第二分冊〕	栗本勇之助	978-4-7972-7410-3	79,200 円	72,000 円
1288	改正日本商法講義	樋山廣業	978-4-7972-7412-7	94,600 円	86,000 円
1289	海損法	秋野沆	978-4-7972-7413-4	35,200 円	32,000 円
1290	舩舶論 全	赤松梅吉	978-4-7972-7414-1	38,500 円	35,000 円
1291	法理學 完	石原健三	978-4-7972-7415-8	49,500 円	45,000 円
1292	民約論 全	J・J・ルソー、市村光惠、森口繁治	978-4-7972-7416-5	44,000 円	40,000 円
1293	日本警察法汎論	小原新三	978-4-7972-7417-2	35,200 円	32,000 円
1294	衞生行政法釈釋義 全	小原新三	978-4-7972-7418-9	82,500 円	75,000 円
1295	訴訟法原理 完	平島及平	978-4-7972-7443-1	50,600 円	46,000 円
1296	民事手続規準	山内確三郎、高橋一郎	978-4-7972-7444-8	101,200 円	92,000 円
1297	國際私法 完	伊藤悌治	978-4-7972-7445-5	38,500 円	35,000 円
1298	新舊比照 刑事訴訟法釋義 上巻	樋山廣業	978-4-7972-7446-2	33,000 円	30,000 円
1299	新舊比照 刑事訴訟法釋義 下巻	樋山廣業	978-4-7972-7447-9	33,000 円	30,000 円
1300	刑事訴訟法原理 完	上條慎藏	978-4-7972-7449-3	52,800 円	48,000 円
1301	國際公法 完	石川錦一郎	978-4-7972-7450-9	47,300 円	43,000 円
1302	國際私法	中村太郎	978-4-7972-7451-6	38,500 円	35,000 円
1303	登記法公證人規則註釋 完・登記法公證人規則交渉令達註釋 完	元田肇、澁谷慥爾、渡邊覺二郎	978-4-7972-7452-3	33,000 円	30,000 円
1304	登記提要 上編	木下哲三郎、伊東忍、緩鹿實彰	978-4-7972-7453-0	50,600 円	46,000 円
1305	登記提要 下編	木下哲三郎、伊東忍、緩鹿實彰	978-4-7972-7454-7	38,500 円	35,000 円
1306	日本會計法要論 完・選擧原理 完	阪谷芳郎、亀井英三郎	978-4-7972-7456-1	52,800 円	48,000 円
1307	國法學 完・憲法原理 完・主權論 完	橋爪金三郎、谷口留三郎、高槻純之助	978-4-7972-7457-8	60,500 円	55,000 円
1308	圀家學	南弘	978-4-7972-7458-5	38,500 円	35,000 円

巻数	書　名	編・著・訳者 等	ISBN	定　価	本体価格
1225	獄制研究資料　第一輯	谷田三郎	978-4-7972-7343-4	44,000円	40,000円
1226	歐米感化法		978-4-7972-7344-1	44,000円	40,000円
1227	改正商法實用 完 附 商業登記申請手續〔第一分冊 總則・會社〕	清浦奎吾、波多野敬直、梅謙次郎、古川五郎	978-4-7972-7345-8	60,500円	55,000円
1228	改正商法實用 完 附 商業登記申請手續〔第二分冊 商行為・手形〕	清浦奎吾、波多野敬直、梅謙次郎、古川五郎	978-4-7972-7346-5	66,000円	60,000円
1229	改正商法實用 完 附 商業登記申請手續〔第三分冊 海商・附録〕	清浦奎吾、波多野敬直、梅謙次郎、古川五郎	978-4-7972-7347-2	88,000円	80,000円
1230	日本手形法論 完	岸本辰雄、井本常治、町井鐵之介、毛戸勝元	978-4-7972-7349-6	55,000円	50,000円
1231	日本英米比較憲法論	川手忠義	978-4-7972-7350-2	38,500円	35,000円
1232	比較國法學 全	末岡精一	978-4-7972-7351-9	88,000円	80,000円
1233	國家學要論 完	トーマス・ラレー、土岐僙	978-4-7972-7352-6	38,500円	35,000円
1234	税關及倉庫論	岸﨑昌	978-4-7972-7353-3	38,500円	35,000円
1235	有價證劵論	豐田多賀雄	978-4-7972-7354-0	60,500円	55,000円
1236	帝國憲法正解 全	建野郷三、水野正香	978-4-7972-7355-7	55,000円	50,000円
1237	權利競爭論・權利爭鬪論	イエーリング、レーロア、宇都宮五郎、三村立人	978-4-7972-7356-4	55,000円	50,000円
1238	帝國憲政と道義 附 日本官吏任用論 全	大津淳一郎、野口勝一	978-4-7972-7357-1	77,000円	70,000円
1239	國體擁護日本憲政本論	寺内正毅、二宮熊次郎、加藤弘之、加藤房藏	978-4-7972-7358-8	44,000円	40,000円
1240	國體論史	清原貞雄	978-4-7972-7359-5	52,800円	48,000円
1241	商法實論 附 破産法 商法施行法 供託法 競賣法 完	秋山源藏、井上八重吉、中島行藏	978-4-7972-7360-1	77,000円	70,000円
1242	判例要旨定義學說試驗問題准條適條對照 改正商法及理由	塚﨑直義	978-4-7972-7361-8	44,000円	40,000円
1243	辯護三十年	塚﨑直義	978-4-7972-7362-5	38,500円	35,000円
1244	水野博士論集	水野錬太郎	978-4-7972-7363-2	58,300円	53,000円
1245	強制執行法論 上卷	遠藤武治	978-4-7972-7364-9	44,000円	40,000円
1246	公証人法論綱	長谷川平次郎	978-4-7972-7365-6	71,500円	65,000円
1247	改正大日本六法類編 行政法上卷〔第一分冊〕	磯部四郎、矢代操、島巨邦	978-4-7972-7366-3	55,000円	50,000円
1248	改正大日本六法類編 行政法上卷〔第二分冊〕	磯部四郎、矢代操、島巨邦	978-4-7972-7367-0	68,200円	62,000円
1249	改正大日本六法類編 行政法上卷〔第三分冊〕	磯部四郎、矢代操、島巨邦	978-4-7972-7368-7	55,000円	50,000円
1250	改正大日本六法類編 行政法下卷〔第一分冊〕	磯部四郎、矢代操、島巨邦	978-4-7972-7369-4	66,000円	60,000円
1251	改正大日本六法類編 行政法下卷〔第二分冊〕	磯部四郎、矢代操、島巨邦	978-4-7972-7370-0	57,200円	52,000円
1252	改正大日本六法類編 行政法下卷〔第三分冊〕	磯部四郎、矢代操、島巨邦	978-4-7972-7371-7	60,500円	55,000円
1253	改正大日本六法類編 民法・商法・訴訟法	磯部四郎、矢代操、島巨邦	978-4-7972-7372-4	93,500円	85,000円
1254	改正大日本六法類編 刑法・治罪法	磯部四郎、矢代操、島巨邦	978-4-7972-7373-1	71,500円	65,000円
1255	刑事訴訟法案理由書〔大正十一年〕	法曹會	978-4-7972-7375-5	44,000円	40,000円
1256	刑法及刑事訴訟法精義	磯部四郎、竹内房治、尾山萬次郎	978-4-7972-7376-2	91,300円	83,000円
1257	未成年犯罪者ノ處遇 完	小河滋次郎	978-4-7972-7377-9	33,000円	30,000円
1258	增訂普通選挙法釋義〔第一分冊〕	濱口雄幸、江木翼、三宅正太郎、石原雅二郎、坂千秋	978-4-7972-7378-6	55,000円	50,000円
1259	增訂普通選挙法釋義〔第二分冊〕	濱口雄幸、江木翼、三宅正太郎、石原雅二郎、坂千秋	978-4-7972-7379-3	60,500円	55,000円
1260	會計法要義 全	山崎位	978-4-7972-7381-6	55,000円	50,000円
1261	會計法語彙	大石興	978-4-7972-7382-3	68,200円	62,000円
1262	實用憲法	佐々野章邦	978-4-7972-7383-0	33,000円	30,000円
1263	訂正增補日本行政法講義	坂千秋	978-4-7972-7384-7	64,900円	59,000円
1264	增訂臺灣行政法論	大島久滿次、持地六三郎、佐々木忠藏、髙橋武一郎	978-4-7972-7385-4	55,000円	50,000円

別巻　巻数順一覧【1185 ～ 1224 巻】

巻数	書　名	編・著・訳者　等	ISBN	定　価	本体価格
1185	改正衆議院議員選擧法正解	柳川勝二、小中公毅、潮道佐	978-4-7972-7300-7	71,500 円	65,000 円
1186	大審院判決例大審院檢事局司法省質疑回答 衆議院議員選擧罰則　附 選擧訴訟、當選訴訟判決例	司法省刑事局	978-4-7972-7301-4	55,000 円	50,000 円
1187	最近選擧事犯判決集　附 衆議院議員選擧法、同法施行令選擧運動ノ爲ニスル文書圖畫ニ關スル件	日本撿察學會	978-4-7972-7302-1	35,200 円	32,000 円
1188	民法問答全集 完	松本慶次郎、村瀬甲子吉	978-4-7972-7303-8	77,000 円	70,000 円
1189	民法評釋 親族編相續編	近衛篤麿、富田鐵之助、山田喜之助、加藤弘之、神鞭知常、小林里平	978-4-7972-7304-5	39,600 円	36,000 円
1190	國際私法	福原鐐二郎、平岡定太郎	978-4-7972-7305-2	60,500 円	55,000 円
1191	共同海損法	甲野荘平、リチャード・ローンデス	978-4-7972-7306-9	77,000 円	70,000 円
1192	海上保險法	秋野沆	978-4-7972-7307-6	38,500 円	35,000 円
1193	運送法	菅原大太郎	978-4-7972-7308-3	39,600 円	36,000 円
1194	倉庫證券論	フォン・コスタネッキー、住友倉庫本店、草鹿丁卯次郎	978-4-7972-7309-0	38,500 円	35,000 円
1195	大日本海上法規	遠藤可一	978-4-7972-7310-6	55,000 円	50,000 円
1196	米國海上法要略 全	ジクゾン、秋山源蔵、北畠秀雄	978-4-7972-7311-3	38,500 円	35,000 円
1197	國際私法要論	アッセル、リヴィエー、入江良之	978-4-7972-7312-0	44,000 円	40,000 円
1198	國際私法論 上巻	跡部定次郎	978-4-7972-7313-7	66,000 円	60,000 円
1199	國法學要義 完	小原新三	978-4-7972-7314-4	38,500 円	35,000 円
1200	平民政治 上巻〔第一分冊〕	ゼームス・ブライス、人見一太郎	978-4-7972-7315-1	88,000 円	80,000 円
1201	平民政治 上巻〔第二分冊〕	ゼームス・ブライス、人見一太郎	978-4-7972-7316-8	79,200 円	72,000 円
1202	平民政治 下巻〔第一分冊〕	ゼームス・ブライス、人見一太郎	978-4-7972-7317-5	88,000 円	80,000 円
1203	平民政治 下巻〔第二分冊〕	ゼームス・ブライス、人見一太郎	978-4-7972-7318-2	88,000 円	80,000 円
1204	國法學	岸崎昌、中村孝	978-4-7972-7320-5	38,500 円	35,000 円
1205	朝鮮行政法要論 總論	永野清、田口春二郎	978-4-7972-7321-2	39,600 円	36,000 円
1206	朝鮮行政法要論 各論	永野清、田口春二郎	978-4-7972-7322-9	44,000 円	40,000 円
1207	註釋刑事記録	潮道佐	978-4-7972-7324-3	57,200 円	52,000 円
1208	刑事訴訟法陪審法刑事補償法先例大鑑	潮道佐	978-4-7972-7325-0	61,600 円	56,000 円
1209	法理學	丸山長渡	978-4-7972-7326-7	39,600 円	36,000 円
1210	法理學講義 全	江木衷、和田經重、奧山十平、宮城政明、粟生誠太郎	978-4-7972-7327-4	74,800 円	68,000 円
1211	司法省訓令回答類纂 全	日下部りゅう	978-4-7972-7328-1	88,000 円	80,000 円
1212	改正商法義解 完	遠藤武治、横塚泰助	978-4-7972-7329-8	88,000 円	80,000 円
1213	改正新會社法釋義　附 新舊對照條文	美濃部俊明	978-4-7972-7330-4	55,000 円	50,000 円
1214	改正商法釋義 完	日本法律學校内法政學會	978-4-7972-7331-1	77,000 円	70,000 円
1215	日本國際私法	佐々野章邦	978-4-7972-7332-8	33,000 円	30,000 円
1216	國際私法	遠藤登喜夫	978-4-7972-7333-5	44,000 円	40,000 円
1217	國際私法及國際刑法論	L・フォン・バール、宮田四八	978-4-7972-7334-2	50,600 円	46,000 円
1218	民法問答講義	吉野寛	978-4-7972-7335-9	88,000 円	80,000 円
1219	民法財産取得編人事編註釋　附法例及諸法律	柿嵜欽吾、山田正賢	978-4-7972-7336-6	44,000 円	40,000 円
1220	改正日本民法問答正解　總則編物權編債權編	柿嵜欽吾、山田正賢	978-4-7972-7337-3	44,000 円	40,000 円
1221	改正日本民法問答正解　親族編相續編　附民法施行法問答正解	柿嵜欽吾、山田正賢	978-4-7972-7338-0	44,000 円	40,000 円
1222	會計法釋義	北島兼弘、石渡傳藏、德山銓一郎	978-4-7972-7340-3	41,800 円	38,000 円
1223	會計法辯義	若槻禮次郎、市來乙彦、松本重威、稲葉敏	978-4-7972-7341-0	77,000 円	70,000 円
1224	相續稅法義解	會禰荒助、若槻禮次郎、菅原通敬、稲葉敏	978-4-7972-7342-7	49,500 円	45,000 円

別巻　巻数順一覧【1147 ～ 1184 巻】

巻数	書　名	編・著・訳者　等	ISBN	定　価	本体価格
1147	各國の政黨〔第一分冊〕	外務省欧米局	978-4-7972-7256-7	77,000 円	70,000 円
1148	各國の政黨〔第二分冊〕・各國の政黨 追録	外務省欧米局	978-4-7972-7257-4	66,000 円	60,000 円
1149	獨逸法	宮内國太郎	978-4-7972-7259-8	38,500 円	35,000 円
1150	支那法制史	淺井虎夫	978-4-7972-7260-4	49,500 円	45,000 円
1151	日本法制史	三浦菊太郎	978-4-7972-7261-1	44,000 円	40,000 円
1152	新刑法要説	彦阪秀	978-4-7972-7262-8	74,800 円	68,000 円
1153	改正新民法註釋 總則編・物權編	池田虎雄、岩﨑通武、川原閑舟、池田攜卿	978-4-7972-7263-5	66,000 円	60,000 円
1154	改正新民法註釋 債權編	池田虎雄、岩﨑通武、川原閑舟、池田攜卿	978-4-7972-7264-2	44,000 円	40,000 円
1155	改正新民法註釋 親族編・相續編・施行法	池田虎雄、岩﨑通武、川原閑舟、池田攜卿	978-4-7972-7265-9	55,000 円	50,000 円
1156	民法総則編物權編釋義	丸尾昌雄	978-4-7972-7267-3	38,500 円	35,000 円
1157	民法債權編釋義	丸尾昌雄	978-4-7972-7268-0	41,800 円	38,000 円
1158	民法親族編相續編釋義	上田豊	978-4-7972-7269-7	38,500 円	35,000 円
1159	民法五百題	戸水寛人、植松金章、佐藤孝太郎	978-4-7972-7270-3	66,000 円	60,000 円
1160	實用土地建物の法律詳説　附 契約書式 登記手續	宮田四八、大日本新法典講習會	978-4-7972-7271-0	35,200 円	32,000 円
1161	鼇頭伺指令内訓　現行類聚　大日本六法類編　行政法〔第一分冊〕	王乃世履、三島毅、加太邦憲、小松恒	978-4-7972-7272-7	77,000 円	70,000 円
1162	鼇頭伺指令内訓 現行類聚　大日本六法類編　行政法〔第二分冊〕	王乃世履、三島毅、加太邦憲、小松恒	978-4-7972-7273-4	71,500 円	65,000 円
1163	鼇頭伺指令内訓　現行類聚大日本六法類編 民法・商法・訴訟法	玉乃世履、三島毅、加太邦憲、小松恒	978-4-7972-7274-1	66,000 円	60,000 円
1164	鼇頭伺指令内訓　現行類聚大日本六法類編 刑法・治罪法	玉乃世履、三島毅、加太邦憲、小松恒	978-4-7972-7275-8	71,500 円	65,000 円
1165	國家哲學	浮田和民、ウィロビー、ボサンケー	978-4-7972-7277-2	49,500 円	45,000 円
1166	王權論 自第一册至第五册	ロリュー、丸毛直利	978-4-7972-7278-9	55,000 円	50,000 円
1167	民法學說彙纂 總則編〔第一分冊〕	三藤久吉、須藤兵助	978-4-7972-7279-6	44,000 円	40,000 円
1168	民法學說彙纂 總則編〔第二分冊〕	三藤久吉、須藤兵助	978-4-7972-7280-2	66,000 円	60,000 円
1169	民法學說彙纂 物權編〔第一分冊〕	尾﨑行雄、松波仁一郎、平沼騏一郎、三藤卓堂	978-4-7972-7281-9	93,500 円	85,000 円
1170	民法學說彙纂 物權編〔第二分冊〕	尾﨑行雄、松波仁一郎、平沼騏一郎、三藤卓堂	978-4-7972-7282-6	55,000 円	50,000 円
1171	現行商法實用	平川橘太郎	978-4-7972-7284-0	44,000 円	40,000 円
1172	改正民法講義 總則編 物權編 債權編 親族編 相續編 施行法	細井重久	978-4-7972-7285-7	88,000 円	80,000 円
1173	民事訴訟法提要 全	齋藤孝治、緩鹿實彰	978-4-7972-7286-4	58,300 円	53,000 円
1174	民事問題全集	河村透	978-4-7972-7287-1	44,000 円	40,000 円
1175	舊令参照 罰則全書〔第一分冊〕	西岡逾明、土師經典、笹本栄蔵	978-4-7972-7288-8	66,000 円	60,000 円
1176	舊令参照 罰則全書〔第二分冊〕	西岡逾明、土師經典、笹本栄蔵	978-4-7972-7289-5	66,000 円	60,000 円
1177	司法警察官必携 罰則大全〔第一分冊〕	清浦奎吾、田邊輝實、福田正已	978-4-7972-7291-8	49,500 円	45,000 円
1178	司法警察官必携 罰則大全〔第二分冊〕	清浦奎吾、田邊輝實、福田正已	978-4-7972-7292-5	57,200 円	52,000 円
1179	佛郎西和蘭陀ノテール〔公証人〕規則 合卷	黒川誠一郎、松下直美、ヴェルベツキ、ラッパール、中村健三、杉村虎一	978-4-7972-7294-9	71,500 円	65,000 円
1180	公證人規則釋義・公證人規則釋義 全	箕作麟祥、石川惟安、岸本辰雄、井本常治	978-4-7972-7295-6	39,600 円	36,000 円
1181	犯罪論	甘糟勇雄	978-4-7972-7296-3	55,000 円	50,000 円
1182	改正刑法新論	小河滋次郎、藤澤茂十郎	978-4-7972-7297-0	88,000 円	80,000 円
1183	現行刑法對照改正刑法草案全説明書・改正草案刑法評論	辻泰城、矢野猪之八、關内兵吉、岡田朝太郎、藤澤茂十郎	978-4-7972-7298-7	61,600 円	56,000 円
1184	刑法修正理由 完	南雲庄之助	978-4-7972-7299-4	50,600 円	46,000 円

巻数	書　名	編・著・訳者　等	ISBN	定　価	本体価格
1106	英米佛比較憲法論　全	ブートミー、ダイセイ、岡松參太郎	978-4-7972-7210-9	33,000円	30,000円
1107	日本古代法典(上)	小中村清矩、萩野由之、小中村義象、増田于信	978-4-7972-7211-6	47,300円	43,000円
1108	日本古代法典(下)	小中村清矩、萩野由之、小中村義象、増田于信	978-4-7972-7212-3	71,500円	65,000円
1109	刑政に關する緊急問題	江木衷、鵜澤總明、大場茂馬、原嘉道	978-4-7972-7214-7	39,600円	36,000円
1110	刑事訴訟法詳解	棚橋愛七、上野魁春	978-4-7972-7215-4	88,000円	80,000円
1111	羅馬法 全	渡邉安積	978-4-7972-7216-1	49,500円	45,000円
1112	羅馬法	田中遜	978-4-7972-7217-8	49,500円	45,000円
1113	國定教科書に於ける法制経済	尾﨑行雄、梅謙次郎、澤柳政太郎、島田俊雄、簗轍	978-4-7972-7218-5	71,500円	65,000円
1114	實用問答法學通論	後藤本馬	978-4-7972-7219-2	77,000円	70,000円
1115	法學通論	羽生慶三郎	978-4-7972-7220-8	44,000円	40,000円
1116	試驗須要 六法教科書	日本法律學校内法政學會	978-4-7972-7221-5	77,000円	70,000円
1117	試驗須要 民法商法教科書	日本法律學校内法政學會	978-4-7972-7222-2	77,000円	70,000円
1118	類聚罰則大全〔第一分冊〕	松村正信、伊藤貞亮	978-4-7972-7223-9	60,500円	55,000円
1119	類聚罰則大全〔第二分冊〕	松村正信、伊藤貞亮	978-4-7972-7224-6	55,000円	50,000円
1120	警務實用	髙﨑親章、山下秀實、奥田義人、佐野之信、和田鏟三郎、岸本武雄、長兼備	978-4-7972-7226-0	66,000円	60,000円
1121	民法と社會主義・思想小史 全	岡村司	978-4-7972-7227-7	82,500円	75,000円
1122	親族法講義要領	岡村司	978-4-7972-7228-4	39,600円	36,000円
1123	改正民法正解 上卷・下卷	磯部四郎、林金次郎	978-4-7972-7229-1	55,000円	50,000円
1124	登記法正解	磯部四郎、林金次郎	978-4-7972-7230-7	44,000円	40,000円
1125	改正商法正解	磯部四郎、林金次郎	978-4-7972-7231-4	55,000円	50,000円
1126	新民法詳解 全	村田保、鳩山和夫、研法學會(小島藤八、大熊實三郎、光信壽吉)	978-4-7972-7232-1	88,000円	80,000円
1127	英吉利内閣制度論・議院法改正資料	H・ザフェルコウルス、I・ジェニングス、國政研究會	978-4-7972-7233-8	38,500円	35,000円
1128	第五版警察法規 全〔上篇〕	内務省警保局	978-4-7972-7234-5	55,000円	50,000円
1129	第五版警察法規 全〔下篇〕	内務省警保局	978-4-7972-7235-2	77,000円	70,000円
1130	警務要書 完	内務省警保局	978-4-7972-7237-6	121,000円	110,000円
1131	國家生理學 第一編・第二編	佛郎都、文部省編輯局	978-4-7972-7238-3	77,000円	70,000円
1132	日本刑法博議	林正太郎、水内喜治、平松福三郎、豊田鉦三郎	978-4-7972-7239-0	77,000円	70,000円
1133	刑法新論	北島傳四郎	978-4-7972-7240-6	55,000円	50,000円
1134	刑罰及犯罪豫防論 全	タラック、松尾音次郎	978-4-7972-7241-3	49,500円	45,000円
1135	刑法改正案批評 刑法ノ私法觀	岡松參太郎	978-4-7972-7242-0	39,600円	36,000円
1136	刑法合看 他之法律規則	前田良弼、蜂屋玄一郎	978-4-7972-7243-7	55,000円	50,000円
1137	現行罰則大全〔第一分冊〕	石渡敏一、堤一馬	978-4-7972-7244-4	88,000円	80,000円
1138	現行罰則大全〔第二分冊〕	石渡敏一、堤一馬	978-4-7972-7245-1	66,000円	60,000円
1139	現行民事刑事訴訟手續 完	小笠原美治	978-4-7972-7247-5	38,500円	35,000円
1140	日本訴訟法典 完	名村泰蔵、磯部四郎、黒岩鐵之助、後藤亮之助、脇屋義民、松井誠造	978-4-7972-7248-2	66,000円	60,000円
1141	採證學	ハンス・グロース、設楽勇雄、向軍治	978-4-7972-7249-9	77,000円	70,000円
1142	刑事訴訟法要義 全	山﨑恵純、西垣為吉	978-4-7972-7250-5	44,000円	40,000円
1143	日本監獄法	佐藤信安	978-4-7972-7251-2	38,500円	35,000円
1144	法律格言釋義	大日本新法典講習會	978-4-7972-7252-9	33,000円	30,000円
1145	各國ノ政黨〔第一分冊〕	外務省欧米局	978-4-7972-7253-6	77,000円	70,000円
1146	各國ノ政黨〔第二分冊〕	外務省欧米局	978-4-7972-7254-3	77,000円	70,000円